이름이 뭐길래

이름이 뭐길래

발행일	2025년 6월 30일

지은이	안현덕		
펴낸이	손형국		
펴낸곳	(주)북랩		
편집인	선일영	편집	김현아, 배진용, 김다빈, 김부경
디자인	이현수, 김민하, 임진형, 안유경, 한수희	제작	박기성, 구성우, 이창영, 배상진
마케팅	김회란, 박진관		
출판등록	2004. 12. 1(제2012-000051호)		
주소	서울특별시 금천구 가산디지털 1로 168, 우림라이온스밸리 B동 B111호, B113~115호		
홈페이지	www.book.co.kr		
전화번호	(02)2026-5777	팩스	(02)3159-9637
ISBN	979-11-7224-666-2 03180 (종이책)		979-11-7224-667-9 05180 (전자책)

잘못된 책은 구입한 곳에서 교환해드립니다.
이 책은 저작권법에 따라 보호받는 저작물이므로 무단 전재와 복제를 금합니다.
이 책은 (주)북랩이 보유한 리코 장비로 인쇄되었습니다.

(주)북랩 성공출판의 파트너

북랩 홈페이지와 패밀리 사이트에서 다양한 출판 솔루션을 만나 보세요!

홈페이지 book.co.kr • 블로그 blog.naver.com/essaybook • 출판문의 text@book.co.kr

---

작가 연락처 문의 ▶ ask.book.co.kr

작가 연락처는 개인정보이므로 북랩에서 알려드릴 수 없습니다.

건 강 한 성 명 학 단 상

이름이 뭐길래

안현덕 지음

추천사

박정인(단국대 대학원 과학기술정책융합학과 교수)

이름은 단순한 기호가 아니다. 이름은 한 사람의 평생을 함께하는 상징이며, 그 의미와 소리, 그리고 글자가 조화를 이루며 인생의 에너지를 담아낸다. 그것은 우리의 정체성을 형성하고, 사회적 관계를 구축하며, 삶의 방향성을 결정하는 중요한 요소이다. 현대 사회가 과학기술의 발전으로 빠르게 변화하고 있지만, 이름이 가지는 힘과 의미는 여전히 변함없이 중요한 가치로 남아 있다.

『이름이 뭐길래, 부제-건강한 성명학 단상』은 오랜 세월 성명학을 연구하고 실천해 온 저자의 깊은 통찰과 철학이 담긴 역작으로, 기존 성명학의 기형적인 틀을 넘어 이름의 본질적인 가치를 새롭게 조명하는 의미 있는 저술이다. 나 역시 저자에게 연구소와 이름의 빚을 지고 있고 거짓말처럼 이름이 가지는 힘과 의미대로 정체성을 찾아가는 여정을 여전히 펼치고 있다.

이 책은 단순히 숫자의 길흉만을 따지는 기존의 수리 성명학적 접근을 넘어, 이름을 이루는 '소리·뜻·글자'의 조화에 주목하며, 성명학 본연의 역할을 바로잡고자 한 책이라 하겠다. 그래서 독자들은 이 책을 통해 이름이란 단순한 기호가 아니라, 자신의 정체성과 조화를 이루는 중요한 요소임을 깨닫게 될 것이다.

성명학이 단순한 미신이 아니라 우주의 조화와 인문학적 지혜가 결합된 학문임을 여실히 보여주며, 이름을 짓는 것은 단순한 행위가 아니라, 삶의 방향성을 정하는 과정임을 깨닫게 해준다. 또한 좋은 이름이란 숫자에 의해 결정되는 것이 아니라, 이름 안에 담긴 뜻과 그 뜻에 의해 나타난 소리·글자의 조화가 중요함을 이 책은 명확히 밝혀준다고 하겠다.

AI와 빅데이터가 보편화되는 시대에도, 사람의 정체성과 개별성을 인식하는 과정에서 이름의 중요성은 더욱 커지고 있으며 기업이 브랜드 네이밍에 엄청난 투자를 하고, 심리학과 뇌과학에서도 이름이 개인의 인식과 행동에 미치는 영향을 연구하는 이유도 바로 여기에 있다고 하겠다. 오늘날 우리는 데이터와 알고리즘으로 많은 것을 분석하고 예측할 수 있지만, 인간의 삶은 여전히 숫자로만 설명될 수 없는 요소들로 이루어져 있다. 이름이 우리의 정체성과 에너지를 담고 있으며, 그것이 삶에 미치는 영향은 과학기술이 발전한 시대에도 결코 무시할 수 없는 부분이다.

이 책은 성명학을 단순한 미신이 아닌 삶의 조화와 방향성을 위한 실용적인 도구로 활용할 수 있도록 안내한다. 이름이란 나 자신을 세상에 알리는 가장 첫 번째 신호이며, 그것이 조화로운 에너지를 가질 때 우리는 더욱 건강하고 긍정적인 삶을 살아갈 수 있다.

이 책은 올바른 작명에 대한 새로운 기준을 제시하며, 보다 건강한 성명학의 길로 나아갈 수 있도록 이끄는 훌륭한 안내서로서 이름에 대한 철학적 이해를 넓히고자 하는 모든 분들이 꼭 한번은 읽어야 할 필독서로 성명학의 본질과 현대적 가치를 생각해 볼 많은 사람들에게 매우 유익한 여정이 될 것임을 믿어 의심치 않는다.

머리말

작명풍토의 개선을 바라며

진정으로 성인(聖人)의 고단하고 헌신적인 삶을 뒤따를 사람이 얼마나 되랴!

석가부처님이나 예수님 그리고 공자님을 경배하거나 존경은 할지언정 형극(荊棘)의 길을 마다하지 않고 가셨던 그분들의 고통스러운 삶을 우리는 감히 욕심(慾心)내지 않는다.

사주팔자(四柱八字)에 일희일비(一喜一悲)하는 분들에게 위로의 한 말씀을 드리자면 정녕코 자신의 사주팔자를 성인들의 가시밭길 사주팔자와 비교하지 마시라!

원망도 자학도 시간만 죽일 뿐 부질없으니 돌아보면 찰라일지라도 의식이 있는 동안은 자신이 어떤 마음으로 어떻게 살아가고 있는지 그것보다 더 중요한 것은 없지 않을까?

젊은 날 진위(眞僞)가 뒤섞인 종교라는 틀 안에서 실망과 혼란이 가중되던 신앙의 단계를 벗어나 배신도 속임도 없는 자연(自然)의 편안함에 눈뜨게 되면서 가까이하게 되었던 역학(易學)과 성명학(姓名學)에 대한 관심과 재미에 빠져 작명(作名)을 업(業)으로 해온 지가 어느덧 한평생, 걸어온 길을 되돌아보면서『이름이 뭐길래, 부제-건강한 성명학 단상』을 글로 남기게 되어 감개무량하다!

벌써 꽤 오래전인 2000년도에 필자가 쓴『안현덕新작명법』이란 작명책을 통해서 소리기운의 변화에 대해서 언급한 적이 있으나 자세하지 못했던 아쉬움을 계속 가지고 있었던 터라 이번 기회를 통해 좀더 자세하게 밝히게 되어 다행스럽고 감사할 따름이다.

『이름이 뭐길래, 부제-건강한 성명학 단상』은 기존 성명학에서 소리기운을 파악하는 음령오행(音靈五行)이라는 이론에 의해 초성(첫받침)의 의미만을 획일적으로 적용하므로 인하여 발생하는 수많은 소리기운의 왜곡현상(歪曲現象)을 해소하고 보완하는 데 중점을 둔 책이다.

예를 들면, 「불」이라는 소리의 뜻기운은 火기운이지만 소리의 기운은 정반대인 차가운 水기운(ㅂ받침)으로 봐야 하는 경우, 또 「돌」이라는 소리의 뜻기운은 金기운이지만 소리의 기운은 상극(相克)인 火기운(ㄷ받침)으로 봐야 하는 경우, 또한 「파랑」이라는 소리의 뜻기운은 木기운이지만 소리의 기운은 전혀 별개의 水火기운(ㅍㄹ받침)으로 봐야 하는 경우처럼 이러한 소리기운의 왜곡현상은 비일비재하다.

그럼에도 불구하고 오늘날까지 이 문제를 근본적으로 심도 있게 다루면서 이를 해소할 수 있는, 거의 대부분이 공감할 수 있는 명백한 이론적 근거와 해소 방안을 구체적이고 자세하게 언급하거나 밝힌 책은 아직까지 전무(全無)한 실정이다.

책 내용 중 가장 핵심인 〈2장. 변화가 일어나는 소리기운의 비밀〉은 소리기운이 다양하게 변화가 일어나게 되는 근본 이치와 수많은 소리의 왜곡현상이 어떻게 해소가 되는지를 직접 확인할 수 있도록 구체적인 많은 사례 중심으로 꾸며져 있어 교과서와 같은 가치를 가지고 있다.

또 글자의 존재의미이자 가치인 글자의 기운이 아니라 글자의 획수에서 비롯된 네 가지 숫자, 즉 사격수리(四格數理)의 길흉(吉凶)에 지나치게 치우쳐서 본말(本末)이 전도(顚倒)된 기형적인 작명풍토를 개선해 나가기 위해 과연 그것이 절대적인 근거가 있는지 의문을 제기하면서 발전적인 방안을 개진하였다.

사실 한국, 일본, 대만에서 성행해온 수리작명법은 성명의 획수조합에서 나온 숫자들을 고정된 81수 이론에 의해서 간단하게 파악하여 쉽게 길흉을 판단해 왔다.

그런데 채침의 홍범81수 이론이든 구마사키 겐오의 81수 이론이든 두 사람이 언급한 81개 숫자의 의미가 오류가 전혀 없는 완전한 이론이란 근거는 그 어디에도 없다.(두 사람의 81수 중에서 27개의 길흉이 상반된다는 점 자체가 벌써 완전함을 부정하고 있다. 또한 채침의 81수는 수리성명학하고는 아무런 관련도 없는 이론이었다.)

또 두 이론 다 제대로 입증된 바도 없었는데, 이를 마치 신앙인이 절대적인 믿음을 가지고 보는 불경이나 성경처럼 대한다고 생각해 보라! 더구나 신앙인도 아닌데….

대명천지(大明天地)에 이처럼 절대적 신뢰를 가질 만한 근거도 없고 입증도 안 된 이론을 그동안 사람의 일생 중 시기 별로(초년, 장년, 중년, 말년) 운명처럼 작용하는 듯이 믿고 숫자풀이를 해온 잘못된 작명풍토는 이제라도 변해야 하지 않겠는가!

만약 일반인이 이런 내막을 안다면 81수 이론에 얼마만큼 의미부여를 하겠는가? 물론 작명책마다 그리고 여기저기 상담소에서 이구동성으로 수리길흉의 중요성을 되풀이 반복하는 그런 환경이 사라진 다음을 전제로 한다면… 아마 제로(0)에 가깝지 않을까?

또한 『이름이 뭐길래, 부제-건강한 성명학 단상』은 누구나 공감할 수 있는 근거도 팩트도 전혀 없는데도 불구하고 오랫동안 지금도 여전히 수많은 사람들에게 근심과 불안을 안겨주면서 미신적인 풍토를 조장해 오고 있는 심각한 불용문자(不用文字)의 문제점에 대해서도 자세하게 밝혔다.

대자연의 변화의 이치가 가득 담겨 있는 학문이 바로 역학(易學)이다. 제각각 고유한 의미와 기운을 가지면서도 서로 호응하는 기운을 만나거나 상충하는 기운을 만나면 다양한 변화가 일어나는 이치를 밝혀 놓은 것이 바로 천간(天干)과 지지(地支)의 합(合)과 충(沖)이요 방합(方合)과 삼합(三合)과 육합(六合)과 암합(暗合)… 등등이다.

이처럼 변화의 학문인 역학이 있어 성명학(姓名學)도 존재하는 것인데, 대자연의 변화의 이치와 기운으로 가득한 역학과는 달리 성명학에는 고정된 단순한 기준과 의미만을 반영하는 경우가 많다 보니 고여 있는 물처럼 정체가 되어 지속적인 발전 그 자체를 기대하기가 어려운 실정이다.

성명학(姓名學)의 종류(種類)에는 수리성명학(數理性名學), 오행성명학(五行姓名學), 음양성명학(陰陽姓名學), 용신성명학(用神姓名學), 측자파자성명학(測字破字姓名學), 성격성명학(性格姓名學), 육효성명학(六爻姓名學), 주역성명학(周易姓名學) 등등 수많은 성명학이 있으나 수리성명학(數理性名學)을 반영하여 이름을 짓는 경우가 대부분이다.

수리성명학을 포함한 모든 성명학이 이론 중심으로만 성명학을 논할 뿐 살아 있는 사람 마음의 뜻(=의미=기운)이 작용하여 나타나는 영향력에 의해서 소리에 변화가 일어나는 이치에 대해서는 지금까지 제대로 다루어지거나 언급된 적이 없는 것 같다.

성명학에서 이름의 근본인 「소리·뜻·글자」의 의미(이치)보다 앞서는 것은 없다!

이름은 이름의 본질인「뜻」과 그「뜻」을 나타내는「소리」와「글자」로 이루어져 있으며,「소리·뜻·글자」이 세 가지가 없다면 이름이 이름으로써 존재할 수 없으니 이는 이름을 이루고 있는 가장 중요한 근본(根本)으로 이름에 있어서 삼위일체에 해당한다.

모든 것의 본질인「뜻」을 표현하기 위해서「소리」와「글자」가 나왔듯이「획수(숫자)」는「글자」에 의해서 생겨났고 정해진 것으로「글자」가 없이는「획수」는 존재할 수 없다.

지금까지 중요성에 비해 간과하여 놓치고 있었던 부분은「글자」의 존재 의미는 획수가 아니라 이름의 본질인「뜻」의 소중한 의미(기운)가 담겨지는 그릇으로서의「글자의 기운」에 있다는 점이다. 또한「글자」는 바로 우리가 그렇게나 애지중지하는 몸(육체)을 의미하기도 한다.

따라서 이름의 근본 중 하나인 글자, 그것도 글자의 기운이 아닌 글자의 획수에 의해서 발생되는 단순한 셈수로서의 숫자의 의미가 대표성과 상징성을 가지는 사격수리(四格數理)로 둔갑(?)되면서 한국의 성명학은 근본(根本)이 꼬여버렸다.

즉 성명(姓名) 삼자(三字)의 세 가지「글자」획수(숫자)를 가지고 중복이 되지 않게 각기 더한 결과 발생하는 '네 가지 숫자'인 사격수리(四格數理)가 마치 이름의 근본 인양 절대적인 의미를 부여하다 보니 본말(本末)이 전도(顚倒)가 되어 기형적인 작명풍토가 조성되었다.

이는「삼라만상의 모든 이치가 수리(數理)로 이루어져 있다」는 논리에서 비롯된 것이겠지만 모든 이치가 수리에만 국한되는 것은 아니다.

진리성(眞理性)을 내포하고 있는 모든 것은 무수한 그물망으로 짜여져 있으면서 서로 상응(相應)하기 때문이다.

그래서 도(道) 즉 진리(眞理)의 속성(屬性)으로 보자면, 사랑으로 모든 것을 보면 사랑 천지요 미움으로 보면 미움 천지요 감사로 보면 감사 천지요 원망으로 보면 원망 천지이다.

「모든 것이 수리의 이치로 이루어져 있다」는 의미도 셈수가 아닌 대표성과 상징성을 가지는 수리를 의미하는 것이며, 셈수인 숫자의 의미로는 실제 우리의 삶 속에서 할 수 있는 것은 지극히 제한적이다.

먼저 이름부터가 불가능하다! 가능했다면 사람의 이름도 모두 다 숫자로 부르고 써 왔을 것이다. 그러나 현실은 전혀 그렇지 않다. 그것은 사람의 이름이 단순한 셈수의 의미로 불리워질 수는 없기 때문이다.

즉 사람의 이름은 대표성과 상징성을 가지는 부호(符號)로서, 즉 철학적 의미를 가지고 있기 때문이다. 그래서 이름에는 숫자가 아닌「소리·뜻·글자」가 있다.

또한 평상시 우리가 금전 거래를 할 때의 숫자도 그냥 셈수일 뿐이지 상징적인 수리의 의미를 생각하면서 거래를 하는 사람은 없다.

이처럼 숫자의 제한성(制限性)과 수리의 무한성(無限性)은 비교 차원이 아니다.

따라서 대표성과 상징성을 가지는 수리는 그에 합당한 근거를 분명하게 가질 때 의미부여와 함께 작용력을 가지게 되는 것이므로 함부로 쉽게 예단(豫斷)하는 것은 지극히 위험함과 동시에 혹세무민(惑世誣民)이 될 수도 있다.

우주의 조화의 이치를 밝히고 있는 『천부경』 81자도 다 숫자로만 되어 있는 것이 아니라 숫자와 글자의 조합으로 되어져 있음은 학인(學人)이라면 누구나 다 알고 있는 사실이다.

숫자는 단순히 셈수로만 쓰여져 온 것이 아니라 부호(符號)로, 즉 대표성과 상징성을 가지는 철학적 의미로도 쓰여져 왔다.

사실 그러한 의미로 쓰여질 때 숫자는 우주의 조화의 이치를 다 담을 수 있게 되며, 또 드러낼 수도 있게 되므로 「삼라만상의 모든 이치가 숫자로 이루어져 있다」는 수리(數理)로서의 존재 의미를 가지게 된다.

숫자는 단순히 셈수의 의미로만 쓰여지거나 또는 부호의 의미로만 쓰여지거나 또는 셈수와 부호의 의미로 같이 쓰여질 수도 있다.

글자의 획수나 금액을 나타내거나 옷이나 신발 사이즈를 나타내는 숫자는 단순히 셈수의 의미로만 쓰여지는 경우이다.

반면에 천부경에 쓰여져 있는 숫자와 성명학에서 말하는 사격수리는 대표성과 상징성을 가지는 부호(符號)로서, 즉 철학적 의미를 가지고 있는 경우이다.

인문학 발전에 크나큰 기여를 하신 어산 박용숙 선생은 저서인 『천부경 81자 바라밀』에서 다음과 같이 밝혔다.

『천부경』 81자의 비밀열쇠는 81의 숫자가 셈수가 아니라 천문학자들이 양피지에 적었던 천문학이나 점성술의 부호(符號)라는 것이다. 바로 이것 때문에 『천부경』 81자는 많은 연구자들을 삼천포로 끌고 가게 만들었다.
....

이 책 『천부경 81자 바라밀』은 '삼사성환오칠일묘연(三四成環五七一妙衍)' 의 도(道)가 지구의 자전 공전을 뜻하고, 전체 9×9=81자가 그냥 우리가 일상적으로 사용하는 숫자가 아니라 고대의 천문학자들이 사용하는 비밀의 문자임을 밝힌다.

이 비밀의 문자를 풀면 요지부동의 『천부경』 81자가 불교의 『반야경』과 만나게 된다는 사실은 놀라움이라고 할 수 있을 것이다.
....

『천부경』 81자의 수(數)는 셈수가 아니고 목자들이 양피지에 별을 관찰하며 사용했던 부호(符號)로, 지구가 자전하면서 공전하는 이미지를 전하기 위한 방편이었다.

『천부경』의 첫 자인 일(一)자는 한 해의 시작을 의미한다. 이 일년을 천문학자들은 '회귀년(回歸年 : tropical year)'이라고 말한다. 지구가 한 바퀴를 돌아 제자리로 돌아왔다는 뜻이다.

『천부경』의 문장이 난해한 것은 이분법의 한계를 넘어서 논리를 가졌기 때문이다. 그러니까 시작과 끝이 둘이 아니라 하나의 원이 되는 것이다. 『천부경』은 지구가 자전 공전한다는 말을 '일적십거(一積十鉅)'라고 쓴다. 글자 그대로라면 '하나를 쌓아서 열로 크게 불어난다'는 뜻으로 난해한 말이다.

『천부경』은 불교 이전인 천문학 시대의 경전이다. '일적십거(一積十鉅)'에서 일(一)은 자전이고 십(十)은 공전으로 해석해야 한다. 따라서 '일적십거(一積十鉅)'는 지구가 자전하면서 동시에 공전한다는 뜻으로 읽게 된다. 또 이것을 시간으로 계산하면 자전은 24시간이고, 공전은 그것의 열 배가 되는 24절기(節氣)가 된다.

한국의 성명학(姓名學)은 이름의 근본인 「소리·뜻·글자」중에서 이름의 본질인 「뜻」의 의미(기운)가 담겨지는 그릇인 「글자의 기운」보다도 「글자의 획수(숫자)」를 가지고 지나치게 확대해석한 이론들이 많아서 그 이론들에

주의를 기울이다 보면 정작 이름의 근본이자 이름 그 자체인 「소리·뜻·글자」가 부실(不實)해지는 경우가 참으로 많았다.

기존의 성명학 이론들에 대해서는 그것을 자세하게 다룬 책들이 많으므로 『이름이 뭐길래, 부제-건강한 성명학 단상』에서는 작명 시 가장 중요한 이름의 근본인 「소리·뜻·글자의 조화」에 더욱더 충실한 작명이 이루어질 수 있도록 앞서 밝힌 대로 이를 어렵게 하고 저해하는 부분들을 집중적으로 다루었다.

존재하는 모든 것은 의미(뜻)를 가지고 있으며, 또한 그 의미(뜻)로서 존재한다. 그래서 우리는 항상 의미(뜻)를 찾고, 의미(뜻)를 부여하면서 살아간다. 왜냐하면 모든 것이 의미(뜻)를 가지고 있고, 의미(뜻) 그 자체로서 존재하고 있기 때문이다.

이러한 이치는 이름에도 그대로 적용이 되며, 그래서 이름을 이루는 근본인 「소리·뜻·글자」 중에서도 이름의 본질(本質)인 「뜻」이 가장 중요하다.

그리고 그 「뜻」은 자연히 당연히 소리와 글자에 영향을 주게 되며, 그러한 이치와 이유로 소리와 글자의 의미 역시 자연히 당연히 그 「뜻」으로 모아지게 된다.

오행(五行)은 저마다 가지고 있는 특성(特性), 즉 각각의 오행이 가지고 있는 「뜻(意)」이 바로 그 각각인 오행의 본질(本質)이자 그 자체이다.

따라서 오행마다 가지고 있는 그 「뜻」이 그대로 소리와 글자에도 영향을 주게 되어 각각의 소리와 글자로 나타나게 되었다.

즉 각각의 오행은 주체(主體)인 그 「뜻」과 그 뜻을 표현하는 「소리」와 그 뜻을 담는 그릇인 「글자」의 기운이 하나의 기운으로서 순수하게 일체를 이루고 있다.

예를 들면, 오행 중 「목(木)기운」은 '뜻'과 '소리'와 '글자'의 기운이 다 木기운으로 이루어져 있는 것이지 '뜻'과 '글자'의 기운은 木기운인데, '소리'의 기운은 초성(初聲)이 'ㅁ받침'으로 시작된다고 하여 水기운이 작용하는 소리로 보는 것은 **오행의 순수성(純粹性)과 일체성(一體性)을 부정하는 것**이다.

즉 오행의 「뜻기운」과 일체를 이루고 있는 본래의 「소리기운」이 초성(첫받침)의 의미만으로 무조건 획일적으로 적용하는 음령오행(音靈五行)이라는 이론이 가지고 있는 맹점(盲點)에 의해 - 어떤 이론이든 완전할 수가 없다 - 왜곡되어진 것이다.

나머지 오행들도 「화(火)기운」은 초성이 'ㅎ받침'이므로 土기운으로, 「토(土)기운」은 초성이 'ㅌ받침'이므로 火기운으로, 「금(金)기운」은 초성이 'ㄱ받침'이므로 木기운으로, 「수(水)기운」은 초성이 'ㅅ받침'이므로 金기운으로 각각 보게 되어 〈오행의 뜻과 글자가 가지는 기운〉과는 〈소리기운〉이 하나도 맞지 않으니 **역학의 근본인 오행(五行)의 소리기운이 다 심각하게 왜곡되어 있음**을 알 수 있다.

이는 완전할 수 없는 음령오행이라는 이론의 맹점(盲點)이 명백하게 노출된 경우로 획일적인 음령오행의 이론 적용으로 인한 문제점을 분명하게 보여주고 있다.

심각한 소리기운의 왜곡현상에 대해서 간략하게 좀더 언급해보면 다음과 같다.

'불'이라는 소리는 초성(初聲 : 첫받침)의 의미만으로 모든 소리를 획일적으로 정하는 음령오행(音靈五行)이라는 이론으로 보면 - 초성이 'ㅁㅂㅍ'이면 水기운이 작용한다고 봄 - 초성이 「ㅂ받침」이므로 차가운 水기운으로 본다.

그래서 시중에 나와 있는 거의 대부분의 작명책에는 초성(첫받침)이 「ㅁ받침」과 「ㅂ받침」으로 시작되는 '물'과 '불'이라는 소리기운은 서로 「의미(뜻=기운)」하는 바가 정반대임에도 불구하고 똑같이 차가운 '水기운(물)'으로 표기되어 있다.

즉 「뜻(기운)」이 강한 火기운(불)을 가지고 있는 '불'이라는 소리의 특성(대표성과 상징성)을 고려하여 火기운으로 파악하지 못하고, 초성(첫받침)의 의미만으로 획일적으로 소리기운을 정함으로써 소리기운이 왜곡되어져 정반대인 차가운 水기운(물)으로 봐야 하는 어처구니없는 왜곡현상이 발생한 경우이다.

또 '**파랑**'이라는 소리가 의미(뜻=기운)하는 색상은 청색(靑色)으로 木기운 이다.

하지만 이 경우도 초성(첫받침)으로 보면 '파랑'이라는 소리기운이 水기운(ㅍ받침 : 파)과 火기운(ㄹ받침 : 랑)이 되어 - 수극화(水克火)의 이치에 따라서 - 서로 상극(相克)이 되는 소리기운이 되며, 정작 '파랑'이라는 소리의 의미(뜻=기운), 즉 본질(本質)인 木기운(청색)과는 전혀 상관이 없다.

즉 강한 木기운의 의미(뜻=기운)를 가지고 있는 '파랑'이라는 소리의 특성(대표성과 상징성)을 고려하여 木기운으로 파악하지 못하고, 초성(첫받침)의 의미만으로 획일적으로 소리기운을 정함으로써 소리기운이 왜곡되어 서로 상극(相克)인 水기운(물)과 火기운(불)으로 봐야 하는 왜곡현상이 발생한 경우이다.

또한 '**바다**'라는 소리가 의미(뜻=기운)하는 오행의 기운은 역학에서 임수(壬水)에 해당하는 水기운이다.

하지만 이 경우도 초성(첫받침)으로 보면 '바다'라는 소리기운이 水기운(ㅂ받침 : 바)과 火기운(ㄷ받침 : 다)이 되어 - 수극화(水克火)의 이치에 따라서 - 서로 상극(相克) 관계가 되면서 소리기운이 순수(純粹)하지 못하고 불순(不順)해지니 원래의 '바다'라는 소리가 가지고 있던 단일(單一)되고 순수한 의미(뜻=기운)가 불순해지는 왜곡현상이 발생한 경우이다.

또한 '**강철**'이라는 소리가 의미(뜻=기운)하는 오행의 기운은 金기운이다.

즉 '강철'이라는 두 가지 소리가 서로 어우러져 분명한 강한 한 가지 뜻(金기운)을 가지게 된 것이다.

따라서 「한 가지 뜻」이 가지고 있는 강한 기운이 소리에도 그래도 반영되어 강한 金기운을 가지고 있는 소리기운이 되었으며, 이로써 소리·뜻·글자의 기운이 金기운이라는 하나의 기운으로 순수하게 통합되었다.

하지만 이를 초성(첫받침)의 의미만으로 파악해서 두 가지 소리기운을 각각 木기운(ㄱ)·金기운(ㅊ)으로 나누어(구분해) 보는 것은 '강철'이라는 전체 소리가 가지고 있는 한 가지 강한 뜻은 보지 않고 초성이라는 부분적인 의미에 매몰된 왜곡된 시각이며, 그 결과 소리기운도 서로 상극(相克)인 木기운(ㄱ)·金기운(ㅊ)으로 왜곡되었다.

'강철'이라는 두 소리가 서로 어우러지게 되면 '강'이란 소리가 '철'이란 소리를 수식(修飾)·강조(强調)해 주므로 「강철(强鐵) 즉 강한 철」을 의미하며, 또한 「부식되지 않는 강철(鋼鐵)」을 의미하는 강한 뜻을 갖게 되었다.

따라서 강한 그 뜻기운에 의해서, 즉 뜻기운대로 초성으로 본 두 가지 소리기운(木기운, 金기운)이 한 가지 강한 金기운의 소리기운으로 변하게 되었다.

그런데 이를 단순히 음령오행의 기준으로 본 초성(첫받침)의 의미대로 '木기운(ㄱ)'과 '金기운(ㅊ)'으로 봐서 금극목(金克木)의 상극(相克) 관계가 되므로 「교통사고를 당할 수 있는 흉한 이름」이라는 식의 해석은 난센스가 된다.

또한 '**무궁화**'라는 소리가 의미(뜻=기운)하는 오행의 기운은 木기운이다. 즉 '무궁화'라는 세 가지 소리가 서로 어우러져 분명한 강한 한 가지 뜻(木기운)을 가지게 된 것이다.

따라서 「한 가지 뜻」이 가지고 있는 강한 기운이 소리에도 그래도 반영되어 강한 木기운을 가지고 있는 소리기운이 되었으며, 이로써 소리·뜻·글자의 기운이 木기운이라는 하나의 기운으로 순수하게 통합되었다.

하지만 이를 초성(첫받침)의 의미만으로 파악해서 세 가지 소리기운을 각각 水기운(ㅁ)·木기운(ㄱ)·土기운(ㅎ)으로 나누어(구분해) 보는 것은 '무궁화'라는 전체 소리가 가지고 있는 한 가지 강한 뜻은 보지 않고 초성이라는 부분적인 의미에 매몰된 왜곡된 시각이며, 그 결과 소리기운도 각기 다른 水기운(ㅁ)·木기운(ㄱ)·土기운(ㅎ)으로 왜곡되었다.

또한 '**돌**'이라는 소리가 의미(뜻=기운)하는 오행의 기운은 차가운 金기운이다.

'돌'이라는 소리는 초성(初聲)의 의미만으로 모든 소리를 획일적으로 정하는 음령오행(音靈五行)이라는 이론으로 보면 - 초성(첫받침)이 'ㄴㄷㄹㅌ'이면

火기운이 작용한다고 봄 - 초성이 「ㄷ받침」이므로 뜨거운 火기운으로 본다.

즉 「뜻(기운)」이 강한 金기운을 가지고 있는 '돌'이라는 소리의 특성(대표성과 상징성)을 고려하여 차가운 金기운으로 파악하지 못하고, 초성(첫받침)의 의미만으로 획일적으로 소리기운을 정함으로써 소리기운이 왜곡되어져 상극(相克) 관계인 뜨거운 火기운으로 봐야 하는 왜곡현상이 발생한 경우이다.

또한 '**새싹**'이라는 소리가 의미(뜻=기운)하는 오행의 기운은 木기운이다.

'새싹'이라는 소리는 초성(初聲)의 의미만으로 모든 소리를 획일적으로 정하는 음령오행(音靈五行)이라는 이론으로 보면 - 초성(첫받침)이 'ㅅㅈㅊ'이면 金기운이 작용한다고 봄 - 초성이 「ㅅ받침」이므로 金기운으로 본다.

즉 「뜻(기운)」이 강한 木기운을 가지고 있는 '새싹'이라는 소리의 특성(대표성과 상징성)을 고려하여 木기운으로 파악하지 못하고, 초성(첫받침)의 의미만으로 획일적으로 소리기운을 정함으로써 소리기운이 왜곡되어져 木기운이 아닌 金기운으로 봐야 하는 왜곡현상이 발생한 경우이다.

이러한 많은 소리기운의 왜곡현상에 대해서는 음령오행(音靈五行)이라는 이론에 근거하여 소리연구를 해보신 분이나 작명을 업(業)으로 하시는 분이라면 누구나 의아심을 가지거나 고민을 해보지 않은 분은 단 한 사람도 없었을 것이다.

필자의 오랜 연구 결론은 「이러한 소리기운의 왜곡현상을 해소하려면 강한 의미(뜻=기운)를 가지고 있는 소리는 이미 「대표성과 상징성을 가지고 있는 소리」이므로 그 대표성과 상징성이 가지고 있는 강한 뜻(의미=기운)대로 소리기운을 파악하면 된다」는 것이다.

「이렇게 볼 때 '소리기운의 왜곡현상'은 일어나지 않으니」 그 이유는 '눈에 보이지 않는 사람의 마음(뜻)과 그 마음을 표현하는 말(소리)'은 「둘이 아닌 하나로서 일체(一體)를 이루고 있기 때문」이다.

즉 말(소리) 속에 어떤 「뜻」이 담기느냐에 따라서 표현되어지는 소리의 의미(기운)도 온도도 달라진다!

이것이 의미하는 것은 「'뜻(기운)'이 소리와 글자에도 근본적인 영향을 주어 변화시키는 주체가 됨」을 의미한다.

예를 들면, 사랑하는 연인 사이에서 상대에게 뜨거운 애정이 담긴 마음(뜻)으로 「미워! 몰라!」라고 말(소리)했을 때 그 말(소리)을 들은 상대에게 그 말(소리)은 정반대의 뜻(의미)인 「너무 좋아! 너무 잘 알아!」라는 의미(소리)로 전달된다.

이는 '눈에 보이지 않는 사람의 마음(뜻)과 그 마음을 표현하는 말(소리)'은 「둘이 아닌 하나로서 일체(一體)를 이루고 있기 때문」이다.

반대로 어떤 사이코가 흑심(黑心)을 품고 어두운 밤길에 능글맞은 표정으로 가까이 다가와 「사랑해! 달링!」이라고 말했을 때 그 말(소리)을 들은 여성에게 「사랑해! 달링!」이라는 말은 그 말의 뜻(의미)과는 정반대로 「극단의 공포감과 혐오감」을 주는 의미(소리)로 전달될 뿐이다.

이처럼 이름의 근본(根本)인 「소리·뜻·글자」 중에서도 **「뜻」이 가장 중요한 본질(本質)인 것은 「뜻(마음)」이 발현(發現)되어 나타난 것이 「소리」이며 「글자」이기 때문이다.**

이를 아주 쉽게 얘기하면, 아득한 옛날이나 지금이나 사람은 자신의 속마음(뜻)을 말(소리)이나 글자로 표현하면서 살아왔다. 물론 무언(無言)의 몸짓이나 자세와 얼굴 표정도 몸짓언어에 포함된다.

모든 것은 「한 뜻(생각)」에서 비롯된 것이며, 그래서 「뜻이 있는 곳에 길이 있다」는 속담 역시 막연한 추상적인 의미가 아니라 불변의 진리성(眞理性)을 나타내고 있으니 「뜻」이란 살아 있는 '생명체(生命體)가 간절히 원(願)하고 지향(志向)하는 생명의 기운이 강력하게 응집(凝集)된 것'으로서 그 자체로 역동적(力動的)이기 때문이다.

한국의 성명학(姓名學)에서 오래도록 불문율처럼 지속되어온 소리기운을 구분하는 이론인 음령오행(音靈五行)과 수리길흉(數理吉凶) 그리고 불용문자(不用文字)에 대해 보완과 개선을 바라는 필자의 주장과 내용에 대해서는 큰 변화가 불가피하므로 당장은 공감보다는 거부감이 훨씬 클 수도 있겠지만 그 의미와 가치는 시간이 경과함에 따라 자연스레 드러나게 될 것이라고 믿는다.

  물론 말이 많은 세상에서 많은 이해관계가 얽혀 있어 말거리가 되는 글을 남기는 것에 대한 망설임도 있으나 그것보다는 한국의 성명학 발전에 온전함과 유익함을 더해줄 수 있을 것이라는 생각과 믿음이 훨씬 더 앞서기에 글을 전할 따름이다.

  아무쪼록 한평생 작명을 업(業)으로 해오면서 절실하게 느꼈던 바 단순하고 지엽적이며 획일적인 이론 적용이 많은 작명풍토에서 『이름이 뭐길래, 부제-건강한 성명학 단상』이 발전적인 변화의 물꼬를 트는 계기가 되어 이름의 근본(소리·뜻·글자의 조화)에 더욱 충실하면서 또한 다양한 변화의 이치도 제대로 파악하여 반영해 나감으로써 성명학이 크게 발전해 나가기를 진심으로 바랄 뿐이다.

  젊은 날 귀한 가르침을 주셨던 이고복 선생님께 무량한 감사를 드린다. 평생 해오던 것을 분명하게 정리를 해둠으로써 성명학 발전에 뜻이 있는 후학들과 상식을 소중하게 생각하면서 성명학에 관심이 있는 분들에게 부족함과 아쉬움이 많지만 참고와 도움이 되기를 바라면서 이만 글을 맺는다.

2025년 6월
작명가 안현덕

목차

추천사 / 5
머리말 / 8

1장. 나와 평생을 함께하는 내 이름의 의미
- 이름은 자신의 평생 이미지! … 33

1. 이름은 뜻이 살아 있어야 한다!
    (자존감과 경쟁력을 가진 이름인가?) / 35
2. 이름은 자신의 평생 이미지 / 44
3. 이름이 가지고 있는 이미지 / 48
4. 색상이 가지고 있는 이미지 / 54
5. 이름의 이미지(소리·뜻·글자)가 조화를 이루지 못하고 있는
    이름 / 57
6. 글자가 분파(分破)가 되면 정말 안 좋은가? / 64
7. 한자 이름과 한글 이름의 차이점 / 67

2장. 변화가 일어나는 소리기운의 비밀 … 101

1. 강한 의미(=뜻=기운)를 가지고 있는 소리기운은 뜻과 같은 기운이다! / 110

    1) 오행(五行)의 소리기운 / 119
    2) 십간(十干)의 소리기운 / 127
    3) 십이지(十二支)의 소리기운 / 136
    4) 육십갑자(六十甲子)의 소리기운 / 147
    5) 방위(方位)의 소리기운 / 150
    6) 사계절(四季節)의 소리기운 / 155
    7) 오상(五常)의 소리기운 / 162
    8) 색상(色相)의 소리기운 / 171
    9) 오장육부(五臟六腑)의 소리기운 / 177
    10) 기타 대표성을 가지는 소리기운들 / 186

2. 서로 다른 소리끼리 만나 강한 뜻을 가지게 되면서 변하는 소리기운 / 234

3. 소리 주체(主體)의 특성(特性)에 따라 달라지는 소리기운 / 278

4. 음령오행으로 봤을 때 나타나는 소리기운의 왜곡현상(오행·십간·십이지·아라비아 숫자) / 280

5. 힘이 있는 소리와 힘이 없는 소리 / 286

6. 작명 시 실제로 사용할 수 있는 소리는 너무 부족하다 / 288

3장. 음령오행의 맹점과 보완 … 291

1. 음령오행(音靈五行) / 293
2. 소리기운의 왜곡현상(歪曲現象) / 300
3. 음령오행의 맹점(盲點)과 한계(限界) / 307
4. 음령오행의 맹점을 보완한 자음오행(字音五行) / 311
5. 순음(脣音)과 후음(喉音)의 정확한 소리기운 / 320
6. 성명(姓名)의 소리오행 배열(配列)의 의미 / 323

4장. 사격수리의 의미와 문제점 … 329

1. 숫자와 수리(數理)의 의미 / 331
2. 사격수리(四格數理)의 의미와 문제점 / 335
3. 81수리의 근거와 문제점 / 348
4. 언제부터 수리길흉? / 352
5. 기본수와 81수의 의미 / 359

5장. 왜곡된 불용문자의 문제점 … 373

1. 왜곡된 불용문자 / 379
2. 부정적인 뜻과 자형(字形)을 가진 글자는 누구나 쓸 수 없는 불용문자 / 469
3. 상대적으로 쓸 수 없는 불용문자
   (=자신의 타고난 기운에 맞지 않는 글자) / 471
4. 근거도 없는 불용문자의 오류와 미신은 확대해석하면 아웃! / 473

6장. 좋은 이름과 나쁜 이름의 사례 … 481

7장. 건강한 작명법(=근본작명법) … 529

1. 건강한 작명법의 핵심 -"뜻이 살아있는 이름" / 531
2. 이름에 수리길흉 꼭 반영해야 하나? / 534
3. 작명 시 소리기운의 왜곡 여부 반드시 체크해 보기 / 539
4. 성명학과 작명가가 존중받기 위하여 / 545
5. 작명가와 의뢰자의 입장을 절충한 이름풀이 예시 / 548

참고문헌 / 562

1장

나와 평생을 함께하는 내 이름의 의미

- 이름은 자신의 평생 이미지! -

1. 이름은 뜻이 살아 있어야 한다!
   (자존감과 경쟁력을 가진 이름인가?)
2. 이름은 자신의 평생 이미지
3. 이름이 가지고 있는 이미지
4. 색상이 가지고 있는 이미지
5. 이름의 이미지(소리·뜻·글자)가 조화를 이루지 못하고 있는 이름
6. 글자가 분파(分破)가 되면 정말 안 좋은가?
7. 한자이름과 한글이름의 차이점

1. 이름은 뜻이 살아 있어야 한다!
- 자존감과 경쟁력을 가진 이름인가?

존재하는 모든 것은 이름이 있다. 그래서 존재하는 것에는 이름을 붙인다. 그렇게 함으로써 비로소 존재감을 가지며 존재할 수 있기 때문이다.

그래서 아기도 태어나면 이름부터 지어서 불러주게 된다. 건물이나 가게도 이름이 없는 곳이 없다. 그런데 이름에는 이름이 가지는 「이미지」에 따라서 다양한 존재감을 가지게 된다.

그것은 「이미지」란 추상적인 막연한 느낌이 아니라 바로 기운 그 자체이기 때문이다.

마치 꽃처럼 고유의 빛깔과 향기가 있다.

이름도 고유한 이미지에 따라서 다양한 개성을 가지게 된다.

자신에게 맞는 개성 있는 좋은 이름이란 이름의 고유한 이미지를 나타내는 이름의 「소리·뜻·글자」가 자신의 타고난 기운(년월일시)과 맞아서 조화를 이룰 때 가능해진다.

이름의 근본인 「소리·뜻·글자」 중에서도 이름의 본질인 「뜻」이 가장 중요하다.

그것은 「뜻」을 표현하기 위해서 「소리」와 「글자」가 나왔기 때문이다.

우리 역시 마음의 「뜻」을 말(소리)과 행동(글자)으로 표현하면서 살고 있지 않은가?

그리고 눈에 보이는 것과 보이지 않는 모든 것을 보고 느끼는 것도 눈에는 보이지 않는 우리의 마음이다.

즉 지상 최고 최대의 보물이 있다 한들 그것을 보고 느끼는 우리의 마음이 없다면 그것은 아무런 존재가치도 없는 물질에 불과할 뿐이다.

마음의 「뜻」이란 살아 있는 '생명체(生命體)가 간절히 원(願)하고 지향(志向)하는 생명의 기운이 강력하게 응집(凝集)된 것'으로서 그 자체로 역동적(力動的)이기 때문에 「소리」와 「글자」가 아닌 「뜻이 있는 곳에 길이 있다!」는 격언도 존재하는 이유이다.

존재하는 모든 것은 의미(뜻)를 가지고 있으며, 또한 그 의미(뜻)로서 존재한다.

그래서 우리는 항상 의미(뜻)를 찾고, 의미(뜻)를 부여하면서 살아간다.

왜냐하면 모든 것이 의미(뜻)를 가지고 있고, 의미(뜻) 그 자체로서 존재하고 있기 때문이다.

우리는 모든 의미를 그렇게나 찾아다니면서도 정작 자기 자신인 「자신의 이름이 뜻이 살아 있는 이름인지의 여부」와 관련해서는 미처 생각조차 제대로 해볼 수 없을 정도로 우리는 온통 눈에 보이는 물질에만 이목이 쏠려 있는 세상에서 살고 있다.

하지만 몰라서 자신의 이름이 「뜻이 살아 있는 이름」인지의 여부를 확인하지 못했다고 하더라도 안 이상에는 방치해 둘 수는 없지 않겠는가?

우리가 살아 있음을 확인하기 위해 기울이는 관심과 노력을 한 번 생각해 보라?

이름이 **「뜻이 살아 있는 이름」인지의 여부가 정말 중요한 것은 「뜻」이 생기(生氣)가 나오는 근원(根源)**이기 때문이다.

그래서 「마음을 잘 먹을 때」, 즉 「좋은 뜻을 가질 때」 그 뜻에 해당하는 좋은 기운을 받게 된다. 「뜻이 살아 있는 이름」이란 바로 좋은 기운을 가지고 있는 힘 있는 이름이다.

그래서 **이름의 뜻이 살아있을 때 이름은 자존감도 경쟁력도 가지게 된다!**

이 세상에서 나 자신이라고 할 수 있는 것은 자신의 이름밖에 없다.

물론 나의 분신이라고 할 수 있는 자식이 있지만 엄연히 나와는 개체가 다른 독립된 인격체이므로 진정 이 세상에서 나 자신이라고 할 수 있는 것은 자신의 이름밖에 없다.

따라서 자존감이 있는 인생을 살기 위해서는 먼저 일체유심조(一切唯心造)의 놀랍고 위대한 작용력을 가질 수 있는 자신의 마음을 가장 소중히 해야 하며, 그 다음으로는 자신의 타고난 기운에 맞는 자존감이 있는 이름을 부르고 써야 한다!

그리고 자신의 행복추구를 위한 무한 경쟁의 시대에 경쟁력은 입는 옷보다도 먼저 진정 자신을 대표하고 상징할 수 있는 자신의 이름에서부터 찾아야 할 것이다!
과연 치열하게 살아가야 할 세상에서 경쟁력을 가지고 있는 이름인지….

우리는 평소 자신을 위해서나 주위를 의식해서는 많은 것들을 신경 쓰며 비용을 아끼지 않고 살아가고 있으며, 이는 오늘을 사는 대부분 현대인들의 모습이다.

 하지만 정작 자기 자신이란 존재를 일컫는 자신의 이름, 그것도 평생을 자신과 함께하는 자신의 이름에 대해서는 과연 「그 무엇과도 비교할 수 없는 소중한 자신의 존재감에 걸맞은 제대로 된 이름」을 부르고 쓰고 있는지에 대한 관심은 아직도 여전히 낮다.

 물론 이미지를 중시 여기는 세상이 되면서 아기들 이름의 이미지에 현저히 신경을 많이 쓰게 된 변화는 크게 바람직하지만 여전히 외양과 입는 옷에 기울이는 관심과 비교해 본다면 너무 차이가 난다.

 몸에 입는 물질인 옷이 자신의 육신을 위한 것이라면 물질이 아닌 자신의 이름은 자신의 영혼과 육신을 동시에 함께 아우르는 존재가치를 가지고 있다.
 그것도 평생 동안을!

 이 세상에 와서 살다 가는 자신의 모든 이력과 존재감도 결국에는 자신의 이름에 담겨지며, 죽지도 썩지도 않는 자신의 이름만을 남긴 채 돌아갈 곳으로 돌아가는 게 우리의 인생이다.

 이름은 「**한 평생 날마다 반복해서 부르는 가장 짧은 영혼의 노래!**」라고 표현할 수 있다.

날마다 반복해서 보고 듣고 느끼는 것들은 이미 나의 삶 속에 깊숙이 자리하고 있는 참으로 소중하고도 중요한 특별한 환경이 아닐 수 없다.

그중에서도 특히 모든 사람들로부터 평생 '나 자신'으로 불려지며, '나의 인격과 동일시되는 이름'이란 「나와 평생을 함께하는 특별한 환경」이므로 그 중요성과 영향력은 아무리 강조하여도 지나침이 없을 것이다.

세상은 갈수록 더욱더 보고 듣고 느껴지는 모든 것들이 물질적 가치 위주로 흘러가는 것이 대세(大勢)라서 「옷이 날개」라는 말처럼 값비싼 멋진 '옷'과 아름다운 '보석'이 더욱더 자기 자신의 존재감을 업(up)시켜 주는 것은 분명하지만 그러나 그 아이들(?)을 바로 자기 자신이라고 착각할 사람은 없을 것이다.

값의 고하(高下)를 떠나서 입거나 벗을 수 있는 '옷'과 끼거나 뺄 수 있는 '보석'은 고가(高價)일수록 더욱더 아름다움과 높은 예술적 가치도 가질 수 있는 값비싼 물질이며 액세서리임에는 틀림이 없겠지만….

이름은 그러한 값비싼 '옷'과 아름다운 '보석'을 몸에 입고 지닐 당사자. 곧, 바로 '자기 자신을 의미하는 것'이 「이름」이다.

즉 '자신의 이름'이란 평생을 자신과 함께하는 「바로 자기 자신」이며, 죽지도 썩지도 않는 불멸의 존재감을 가지고 있는 것이 '자신의 이름'이다.

과연 그 무엇과도 비교할 수 없는 소중한 자신의 존재감에 걸맞은 제대로 된 의미가 자신의 이름에 담겨져 있는지?

적지 않은 인생을 살아온 이라면 '팔자는 길들이는 대로 간다'는 말을 부정할 사람은 극히 드물 것이다. 그만큼 습관의 중요성은 살아갈수록 더욱 크고도 절실하게 느껴지기 때문이다.

이름은 썩어 없어지는 물질이 아니라 영혼을 가진 인간존재의 특성에 걸맞게 영성(靈性)을 가지고 있어 반복해서 부르고 쓰는 과정 속에서 강한 영동력(靈動力)이 작용하게 된다.

「운(運)의 원리(原理)」는 반복(=노력=습관)에 있다. 그래서 「습관을 고치면 팔자(운명)를 고친다」는 말은 거짓 없는 진실이요 사실이다.

'운(運)' 字 앞에 '기운 기(氣)' 字가 생략되어져 있으니 기운(氣運)은 기르면(반복=노력=습관) 반드시 생기는 것이 자연의 이치이다.

쉬운 예를 들면, 흰 눈을 뭉쳐 반복해서 굴리면 굴릴수록 눈덩이가 커져가는 것과 같은 이치이다. 또한 보디빌딩을 통하여 특정 부위의 근육을 반복해서 단련하는 만큼 정직하게 근육이 발달하게 되는 것도 같은 이치이다.

그래서 「자신을 도와주는 좋은 기운을 가진 이름을 반복해서 부르고 쓴다는 것」은 자신을 위해 세련된 옷을 입고 교양을 갖추며 좋은 이미지를 주기 위해 화장(化粧)이나 성형(成形)을 하는 그 마음과 같은 맥락에서 「자신의 타고난 기운(사주)과의 조화를 통해 부단(不斷)히 건강과 발전을 지향해 나가는 자기 노력」인 것이지 결코 미신이 아니다.

하지만 기독교 신앙을 가진 분들 중에는 작명이나 개명을 무조건 미신으로만 생각하는 분들이 많은데, 창세기(創世記)를 참조하면 미처 알지 못함에서 비롯된 오해임을 쉽게 확인할 수 있다.

존재하는 것에 대해서 처음으로 작명과 개명을 해주신 분은 다름 아닌 창세기에 나오는 하나님이시다.

창세기 1장에는 창조물에 대하여 이름을 명명(名銘)하시는 기사가 언급되어 있으며, 17장 5절과 15절에는 '아브람'과 그의 아내 '사래'의 이름을 「아브라함」과 「사라」로 개명해 주신 기사가 그리고 19절에는 장차 태어날 아브람의 아들 이름을 「이삭」이라고 미리 지어주신 기사가 언급되어 있다.

이는 작명과 개명의 중요성을 친히 창조주 하나님께서 보여주신 것이다. 따라서 자신에게 맞는 좋은 이름을 부르고 쓴다는 것은 성서적(聖書的)인 것이지 결코 비성서적인 것이 아님을 이 기회에 교회를 다니는 분들에게 알려드리고 싶다.

따라서 작명과 개명은 결코 미신이 아니며, 또한 이름의 가치도 옷과 보석이 가지고 있는 가치와는 결코 비교할 수 없는 것이 「사람의 이름」이다.

진정한 자기 자신의 가치와 존재감을 우선해서 생각한다면, 백번 옷보다 보석보다도 자기 자신의 이름의 가치가 먼저이다! 옷과 보석은 결코 자기 자신이 될 수 없다!

자기 자신의 운명에 가장 큰 영향을 주는 것은 일관된 자기 자신의 마음과 행동이지만 사실 일관되게 살아간다는 것은 참으로 어려운 일이다.

하지만 계속 반복되는 좋은 습관, 즉 노력의 정도에 따라 운명에 변화가 생기는 것은 틀림없는 사실이며, 평생을 반복해서 부르고 쓰는 이름의 중요성도 여기에 있다.

시대 흐름이 아무리 배금주의와 표면적인 현상에 민감해진다 하더라도 **언제나 항상 모든 것에는 근본이 있으며, 그 근본을 이루는 핵심 알맹이가 가장 중요하다는 것을 아는 지혜로운 사람들은 결코 이를 놓치지 않는다!**

2. 이름은 자신의 평생 이미지

오늘날 이미지를 얼마나 중히 여기는 세상인지를 단적으로 표현하는 말이 있다면 바로 「폼생폼사」가 되겠다. 처음에는 이 말이 웃음과 함께 젊은이들의 겉멋을 가볍게 표현하는 의미로 쓰였으나 시간이 경과할수록 곱씹어볼수록 우리가 살고 있는 이 시대의 흐름을 정확하게 제대로 표현한 말로서 그 무게감을 더해가고 있다.

어떤 옷을 입고 있느냐에 따라서 존재감, 즉 이미지(기운)가 달라지듯이 이름도 듣는 순간 그 이름이 가지고 있는 이미지(에너지)가 상대방에게 전달된다.

가벼운 / 무거운 / 따뜻한 / 차가운 / 부드러운 / 샤프한 / 촌스러운 / 세련된 / 여성적인 / 남성적인 / 중성적인…

사람의 이름으로 느껴지지 않는 이름, 무미건조하거나 모호하게 느껴지는 이름보다 백번 이름은 「분명한 개성이 느껴지는 이름」이 좋은 이름이다.

음식에도 맛이 있듯이 이름도 분명한 개성을 가질 때 맛이 느껴지는, 즉 개성 있는 이름으로서의 좋은 이미지를 갖게 된다.

이름의 이미지가 자신의 타고난 기운(사주)과 조화를 이루는 좋은 이미지이든 그렇지 못한 이미지이든 계속 반복해서 부르고 쓰는 한 「그 이름은 자신의 평생 이미지」가 되어 플러스 또는 마이너스 알파로서 계속 작용하게 될 것은 심은 대로 거두는 이치만큼이나 자명하다.

나와 평생을 함께하는 존재의 의미는 무엇이라도 소중하지 않으랴만은 만약 나 자신을 지칭하며 평생 부르고 쓰는 내 이름의 이미지가 나와 맞지 않고 겉돈다면….

예를 들면, 얼굴은 서구적인 마스크인데 이름의 소리가 '연자'이거나 반대로 얼굴은 동양적인 마스크인데 이름의 소리가 '세빈'인 경우, 또한 얼굴과 개성이 이지적이고 당당한 여성인데 이름의 소리가 '귀련'인 경우에는 얼굴 이미지나 개성과는 전혀 맞지 않는 이름의 소리가 되겠다.

또한 차가운 성격과 개성이 강한 사람이 이름의 소리도 차갑고 강한 느낌을 주는 이름이라면 당연히 따뜻하고 부드러운 느낌의 이름의 소리가 필요하다.

반대로 너무 정(情)도 열(熱)도 많은 사람이 이름의 소리도 따뜻하거나 뜨겁거나 산만한 느낌을 주는 이름이라면 시원하거나 차분한 느낌의 이름의 소리와 뜻과 글자가 필요하다.

「소리·뜻·글자」로 이루어진 이름에서 가장 짧은 영혼의 노래인 이름의 소리(名音)에는 좋은 음악처럼 심신을 편안하게 해줄 수 있는 기운을 반영할 수 있다.

또 이름의 뜻(名意)에는 자신에게 맞고 좋은 뜻을 북돋워주면서 심신을 인도해주는 기운을 반영할 수 있으며, 또한 이름의 글자(名字)에는 보이지 않는 영혼을 감싸주는 육체가 있듯이 심신이 편히 쉴 수 있는 안식처와 같은 좋은 기운을 반영할 수 있다.

이처럼 이름의 근본(根本)인 「소리·뜻·글자」가 다 같은 좋은 기운으로 순수하게 반영되면 심신(心身)이 조화를 이루어가게 된다.

인간의 영혼과 육체에 상응(相應)하는 「소리·뜻·글자」 이 세 가지는 「이름에 있어서의 삼위일체(三位一體)」로 바로 이름 그 자체이다.

따라서 자신의 평생 이미지인 이름에 관심을 가지고 그 이름의 의미와 가치를 제대로 알고 싶은 경우에 확인해봐야 할 가장 중요한 것은 '이름의 삼위일체'인 「소리·뜻·글자」에 자신의 타고난 기운(사주)과 조화를 이루는 좋은 기운이 고루 충실하게 반영된 이미지(에너지)를 가지고 있는 이름인지의 여부가 되겠다.

자신의 타고난 기운에 맞는 좋은 이미지의 이름은 곧 자신의 자존감이자 경쟁력이다.

3. 이름이 가지고 있는 이미지

　우리는 항상 보고(모양) 듣고(소리) 또한 그것을 참작하여 의미(뜻)를 생각하면서 최종적으로 판단하고 결정한다.

　이처럼 분명한 영향력을 가지는 세 가지 정보, 즉「소리·뜻·글자」는 바로 유형·무형의 기운(=에너지)인 '이미지'로서 우리의 삶 속에 지속적인 영향력을 가진다.

　이처럼 우리에게 영향을 주는 '이미지'는「허상이 아니라 유형·무형의 힘을 가진 실체」이다. 마치 무형의 영혼과 유형의 육신을 가진 사람이 허상이 아닌 실존하는 존재이듯이… 그러므로 '이미지(에너지)'가 얼마나 중요한가!

　이름에는 세 가지 이미지가 있다. 바로 이름을 이루는 근본인「소리·뜻·글자가 가지고 있는 이미지」이다.

> 소리가 가지고 있는 이미지 - 청각적(聽覺的)인 이미지
> 뜻이 가지고 있는 이미지 - 심정적(心情的)인 이미지
> 글자가 가지고 있는 이미지 - 시각적(視覺的)인 이미지

세 가지 이미지 중에서도 가장 중요한 이미지는 이름의 「뜻」이 가지고 있는 이미지이다. 그 이유는 눈으로 보고(視) 귀로 듣는(聽) 모든 것은 어떤 의미를 가지게 되면서 뜻(意)으로 모아져 마음에 전달되기 때문이다.

그리고 그 마음을 움직이는(표현하는) 것도 「뜻(생각)」이며, 「뜻」을 표현하는 과정에서 즉 「뜻」이 투영(投影)되어져 「소리」와 「글자」가 생겨(나타)났으므로 이름에서는 「뜻」이 가장 중요하다.

그래서 소리도 글자도 아닌 「뜻이 있는 곳에 길이 있는 것」이다.

따라서 이름에 분명한 뜻을 가지고 있지 못한 이름이란 뜻을 가지고 사는 존엄한 인격체의 이름으로는 보기 어려우니 혼(魂)이 담겨 있지 못한 이름이기 때문이다.

이름의 이미지(에너지)가 가지는 영향력이란 분명히 「뿌린 대로 거두는 이치」처럼 이름의 소리·뜻·글자를 반복해서 부르고 느끼며 쓸 때마다 그 가치가 발현되면서 작용하게 된다.

이름이 좋은 이미지를 갖기 위해서는 이름의 근본인 「소리·뜻·글자」에

자신에게 좋은 오행의 기운이 제대로 반영되어야 한다. 이것이 「이름의 일관성」이며, 이는 곧 「불순물이 없는 순수한 이름」을 의미한다.

인간관계도 순수할 때 사랑도 우정도 가장 뜨겁고 건고하듯이 이름도 순수할 때 가장 완성도가 높은 힘 있는 좋은 이름이 된다.

♧ 청각적(소리), 심정적(뜻), 시각적(글자)인 세 가지 이미지를 분명하게 가지고 있는 이름의 예를 들어 보면 다음과 같다.

도윤(燾阮)

♣ 청각적인 이미지 : **도윤**(火기운, 土기운)

'도윤'이란 이름의 소리는 「따뜻하고 중후하며 편안한 안정적인 이미지」를 가지고 있다.

♣ 심정적인 이미지 : **태양이 비칠**(火기운) + **높은 언덕**(土기운)

'태양이 비칠 도(燾)'란 뜻과 '높은 언덕 윤(阮)'이란 글자의 뜻(심정적인 이미지)이 서로 어우러져 '**태양이 따뜻하게 비치는 언덕**'이라는 이름의 뜻이 되어 생각만 해도「따뜻하면서도 편안한 안정적인 이미지」를 느낄 수 있다.

♣ 시각적인 이미지 : 燾阮 : **불 화**(灬=火기운=태양을 의미함) + **언덕 부**(阝=阜=土기운)

'불 화(灬=태양을 의미함)' 字와 '언덕 부(阝=阜)' 字를 뜻하는 글자(시각적인 이미지)도 「따뜻하면서도 편안한 안정적인 이미지」를 가지고 있다.

민찬(珉澯)

♣ 청각적인 이미지 : **민찬**(水기운, 金기운)

'민찬'이란 이름의 소리(청각적인 이미지)는 「시원 또는 차가우면서 샤프하며 추진력이 느껴지는 이미지」를 가지고 있다.

♣ 심정적인 이미지 : **옥돌**(金기운) + **물 맑을**(水기운)

'옥돌 민(珉)'이란 뜻과 '물 맑을 찬(澯)'이란 글자의 뜻(심정적인 이미지)이 서로 어우러져 '**맑은 강물에 씻겨져 더욱 빛나는 옥돌**'이라는 이름의 뜻이 되어 생각만 해도 「시원 또는 차가우면서 냉철하여 이지적이고 단단한 즉 당찬 이미지」를 느낄 수 있다.

♣ 시각적인 이미지 : 珉澯 : **구슬 옥**(王=玉=金기운) + **물 수**(氵=水기운)

'구슬 옥(王=玉)' 字와 '물 수(氵=水)' 字를 뜻하는 글자(시각적인 이미지)도 「시원 또는 차가우면서 단단한 이미지」를 가지고 있다.

다현(茶炫)

♣ **청각적인 이미지 : 다현**(火기운, 木기운)

'다현'이란 이름의 소리(청각적인 이미지)는 「따뜻하면서도 '현'이란 소리가 있어 부드러운 이미지」를 가지고 있다.

♣ **심정적인 이미지 : 차잎**(木기운) + **(태양이) 빛날**(火기운)

'차 다(茶)'란 뜻과 '(태양이) 빛날 현(炫)'이란 글자의 뜻(심정적인 이미지)이 서로 어우러져 '따뜻한 햇빛을 듬뿍 받는 싱그러운 녹차밭'을 연상하게 하는 이름의 뜻이 되어 생각만 해도 「따뜻하면서도 싱그럽고 부드러운 이미지」를 느낄 수 있다.

♣ **시각적인 이미지 : 茶炫 : 풀 초**(⺿=艸=木기운) + **불 화**(灬=火기운=태양을 의미함)

'풀 초(⺿)' 字와 '불 화(火=태양을 의미함)' 字를 뜻하는 글자(시각적인 이미지)도 「따뜻하면서도 부드러운 이미지」를 가지고 있다.

▶ 많지도 않은 두 개의 음(音)과 글자(字)에 담기는 이름의 의미는 그만큼 대표성·상징성·함축성을 가지고 있다. 따라서 '차 다(茶)'字가 사람 이름에 쓰일 경우에는 '이 세상에 존재하는 모든 차(茶)'를 의미한다.

연재(硏在)

♣ 청각적인 이미지 : **연재**(土기운, 金기운)

'연재'란 이름의 소리(청각적인 이미지)는 올드한 느낌의 '재연'이란 소리에 비해 「모던하면서도 중성적이며 소리의 강약이 적당하여 편안한 이미지」를 가지고 있다.

♣ 심정적인 이미지 : **갈고 닦을·연구할**(교육)·**벼루**(金기운) + **있을**(金기운)

'갈·연구할·벼루 연(硏)'이란 뜻과 '있을 재(在)'란 글자의 뜻(심정적인 이미지)이 서로 어우러져 '**학문을 갈고 닦으며 연구함을 의미**(상징)**하는 소중한 벼루를 가지고 있다**'는 이름의 뜻이 되어 생각만 해도 「학구적이고 지적인이미지」를 느낄 수 있다.

♣ 시각적인 이미지 : 硏在 : **돌 석**(石=金기운) + **흙·땅 토**(土기운)

'돌 석(石)' 字와 '흙·땅 토(土)' 字를 뜻하는 글자(시각적인 이미지)도 「시원 또는 차가운 느낌과 단단하고 안정적인 이미지」를 가지고 있다.

▶ 여기서 '벼루'는 학문(學問)을 상징하는 의미를 가진다.

수현(洙賢)

♣ 청각적인 이미지 : **수현**(水기운, 木기운)

'수현'이란 이름의 소리(청각적인 이미지)는 「시원하고 이지적이며 '현'이란 소리가 있어 부드러운 이미지」를 가지고 있다.

♣ 심정적인 이미지 : **강 이름**(水기운) + **어질·어진 사람·현명할**(木기운)

'강 이름 수(洙)'란 뜻과 '어질·어진 사람·현명할 현(賢)'이란 글자의 뜻(심정적인 이미지)이 서로 어우러져 '**순리**(順理)**대로 흐르는 강처럼 지혜로우면서 어진 덕이 있는 사람**'을 연상하게 하는 이름의 뜻이 되어 생각만 해도 「시원하고 이지적이면서도 어진 인품을 가진 이미지」를 느낄 수 있다.

♣ 시각적인 이미지 : 洙賢 : **물 수**(氵=水=水기운) + **어질 현**(賢=木기운)

'물 수(氵=水)' 字와 '어질 현(賢)' 字를 뜻하는 글자(시각적인 이미지)도 「시원하고 이지적이며 어진 인품을 가진 이미지」를 가지고 있다.

4. 색상이 가지고 있는 이미지

빨간색 카드와 검은색 카드를 동시에 같이 봤을 때의 느낌은 당연히 같을 수가 없다. 그것은 색상(色相)에 따라 가지고 있는 기운이 다르기 때문이다.

정신력은 기르면 강해지고, 몸의 근육도 기르면 강해진다. 이것을 가능하게 하는 기운의 작용원리는 「반복」에 있다. 「반복(=노력, 습관)」을 통해서 기운은 활성화되며 축적되어 커진다. 그래서 「날마다 반복되는 것」은 자신의 인생에 있어서 정말 중요한 의미와 영향력을 가지게 된다.

그러한 이유로 날마다 반복해서 부르고 쓰는 이름의 의미(기운)와 날마다 반복해서 입는 옷의 특정 색상(기운)과 날마다 반복해서 마음으로 생각하거나 가까이하는 특정 사물(기운)은 자신에게 중요한 의미를 가진다.

1) 木기운이 좋고 필요한 경우에는 푸른색(청색) 계통의 옷을 자주 입고 푸른 나무나 숲을 자주 생각하며 떠올리는 것이 습관이 되면 실제 木기운을 흡수·보충할 수 있다. 무심하게 마음을 비우게 되면서 혼란한 마음

과 스트레스를 날려버릴 수 있는 꽃멍때리는 것도 참으로 좋다.

　그것은 **보이지 않는 마음이 바로 대자연의 기운을 끌어당기는 자석**이기 때문이다. 그래서 「일체유심조(一切唯心造)」는 위대한 자연의 법칙이요 진리이다. 이러한 습관은 자연을 전혀 훼손하지도 않고, 누구든지 가져가는 사람이 임자이며, 대자연의 기운은 무한대이므로 서로 욕심내거나 싸울 필요도 없다.

　2) **火기운이 좋고 필요한 경우**에는 붉은색(적색) 계통의 옷을 자주 입고 태양을 자주 생각하며 떠올리는 것이 습관이 되면 실제 火기운을 흡수·보충할 수 있다. 무심하게 마음을 비우게 되면서 혼란한 마음과 스트레스를 날려버릴 수 있는 불멍때리는 것도 참으로 좋다.

　3) **土기운이 좋고 필요한 경우**에는 노란색(황색) 계통의 옷을 자주 입고 들판이나 웅장한 산을 자주 생각하며 떠올리는 것이 습관이 되면 실제 土기운을 흡수·보충할 수 있다. 아스팔트나 시멘트 위가 아닌 실제 땅을 밟으며 산책하는 것도 참으로 좋다.

　4) **金기운이 좋고 필요한 경우**에는 하얀색(백색) 계통의 옷을 자주 입고 흰 눈이나 황금을 자주 생각하며 떠올리는 것이 습관이 되면 실제 金기운을 흡수·보충할 수 있다. 값의 고하를 떠나서 몸에 금속이나 보석을 지니는 것도 참으로 좋다.

5) 水기운이 좋고 필요한 경우에는 검은색(흑색) 계통의 옷을 자주 입고 강이나 바다나 맑은 계곡 물을 자주 생각하며 떠올리는 것이 습관이 되면 실제 水기운을 흡수·보충할 수 있다. 무심하게 마음을 비우게 되면서 혼란한 마음과 스트레스를 날려버릴 수 있는 물멍때리는 것도 참으로 좋다.

5. 이름의 이미지(소리·뜻·글자)가 조화를 이루지 못하는 이름

1) 이름에 분명한 뜻(=혼, 정신)이 없거나 뜻이 잘못된 이름

- 박소정(朴疏鄭) : 통할, 트일 소(疏) / 정나라 정(鄭) → 아무런 뜻이 없다.

- 허동윤(許棟閏) : 들보, 용마루 동(棟) / 윤달 윤(閏) → 아무런 뜻이 없다.

- 김나현(金奈炫) : 어찌 나(奈) / 빛날 현(炫) → 아무런 뜻이 없다.

- 김연우(金延祐) : 맞이할 연(延) / 도울 우(祐) → 아무런 뜻이 없다.

모든 것에는 중심이 있듯이 이름의 중심은 이름의 「뜻」이다. 그런데 '무엇을 맞이하고 무엇을 돕는지' 주체가 없다. 부드럽고 중성적인 소리가 가지고 있는 좋은 이미지 이외에는 뜻과 글자의 의미가 부실(不實)하여 마치 「속 빈 강정」과 같은 이름이다.

- 최동인(崔銅仁) : 구리 동(銅) / 어질 인(仁) → 뜻과 글자의 기운이 상극(相克)인 金기운(銅)과 木기운(仁)으로 이루어져 있어 뜻과 글자의 기운이 크게 잘못된 이름으로 갈등과 마찰을 야기(惹起)하는 흉한 이름이다.

이처럼 네 가지 수리길흉을 우선적으로 맞추는 데에 급급하다 보니 이름에 분명한 뜻이 없거나 잘못된 경우가 너무 많다.

그러한 연유로 이름의 혼(魂)이자 정신(精神)인 이름의 뜻이 없어서 작명증서에 기재해 주지 못하는 경우가 다반사이니 이러한 작명풍토는 정말 시급히 개선되어야 한다.

사람이 혼이 나가버리면 식물인간과 다를 바가 없는데, 그러한 혼이 없는 이름을 미래세대의 주역이 될 아이들이 평생 부르고 쓴다는 것을 생각하면 끔찍하다.

그리고 이름 그 자체인 「소리·뜻·글자」에 어떤 기운과 의미가 담겨 있는지에 대한 자세한 언급도 없이 수리풀이 위주의 간략한 작명증서를 작성하는 경우가 대부분인 작명풍토는 이제라도 늦었지만 개선해 나가야 한다.

이름의 가치와 내용을 당사자가 제대로 알고 부르고 쓸 수 있도록 이름에 관한 가장 중요한 기본적인 정보를 공유하는 것은 믿고 작명을 의뢰해

주신 분에 대한 도리이자 예의이며, 또한 전문작명가로서 존중을 받기 위해서라도 그렇게 해야 한다고 생각한다.

2) 이름의 끝소리에 힘이 실리지 않아서 힘껏 부를 수 없는 이름

- 박서아(朴敍我) : 차례 서(敍) / 나 아(我) → 이름의 끝소리에 힘이 실리지 않는다.

- 이서우(李瑞祐) : 상서 서(瑞) / 도울 우(祐) → 이름의 끝소리에 힘이 실리지 않는다.

- 김효지(金效池) : 본받을 효(效) / 못 지(池) → 이름의 끝소리에 힘이 실리지 않는다.

- 장하은(張嘏恩) : 클, 장대할 하(嘏) / 은혜 은(恩) → 이름의 끝소리에 힘이 실리지 않는다.

- 황민하(黃瑉賀) : 옥돌 민(瑉) / 하례할, 경사 하(賀) → 이름의 끝소리에 힘이 실리지 않는다.

이처럼 흔치 않은 이름의 소리에만 너무 초점을 맞추거나 수리길흉 위주로 이름을 짓다 보면 소리의 조합이 잘못되어 힘이 제대로 실리지 않는 이름이 지어지는 경우가 많다.

자신의 이름의 소리가 힘이 있는 소리인지의 여부를 쉽게 알아볼 수 있는 방법은 이름의 끝소리의 톤이 떨어지는지 떨어지지 않는지의 여부를 확인해보면 쉽게 알 수 있다.

이름의 소리에 힘이 실리지 않아서 힘껏 부를 수도 없는, 힘이 약한 이름을 일정 기간이 아닌 평생을 부르고 들어야 한다면, 그 이름이 물건 이름도 아닌 바로 자기 자신을 의미하는 이름이라고 생각한다면, 자신을 위해서라도 한번 진지하게 개명을 생각해 보는 것도 충분한 이유가 되고도 남을 것이다.

3) 이름의 뜻과 글자 오행의 기운이 치우치거나 약한 이름

- 임동규(林東槻) : 동녘 동(東) / 물푸레나무 규(槻) → 뜻과 글자의 기운이 木기운으로만 채워져 다른 좋은 오행은 반영할 수 없으므로 가장 좋은 이름이 되기는 어렵다.

- 정일영(丁日映) : 해, 태양 일(日) / 비칠 영(映) → 뜻과 글자의 기운이 火기운으로만 채워져 다른 좋은 오행은 반영할 수 없으므로 가장 좋은 이름이 되기는 어렵다.

- 박지윤(朴址崙) : 터 지(址) / 산 이름 윤(崙) → 뜻과 글자의 기운이 土 기운으로만 채워져 다른 좋은 오행은 반영할 수 없으므로 가장 좋은 이름이 되기는 어렵다.

- 안선영(安璿玲) : 아름다운 옥 선(璿) / 옥 소리 영(玲) → 뜻과 글자의 기운이 金기운으로만 채워져 다른 좋은 오행은 반영할 수 없으므로 가장 좋은 이름이 되기는 어렵다.

- 이수진(李洙溱) : 물가, 강 이름 수(洙) / 많을, 강 이름 진(溱) → 뜻과 글자의 기운이 水기운으로만 채워져 다른 좋은 오행은 반영할 수 없으므로 가장 좋은 이름이 되기는 어렵다.

가장 좋은 이름이 되기 위해서는 기본적으로 자신에게 좋은 두 가지 오행의 기운이 이름의 「소리·뜻·글자」에 고루 충실하게 반영되어야 한다.

하지만 수리길흉 위주로 이름을 짓다 보면 두 가지 오행의 기운을 제대로 반영하지 못하게 되는 경우가 너무나 많아 자연히 이름의 완성도가 떨어질 수밖에 없다.

- 정성우(鄭聖遇) : 성인 성(聖) / 만날 우(遇) → '성인 성(聖)' 字나 '신선 선(仙)' 字의 의미는 이미 일반적인 인간의 범주나 차원을 초월한 존재를 의미한다.

특히 가장 큰 의미에서 「성인(聖人)」이란 의미는 인류역사에 진리를 전해주고 가신 위대한 스승으로 그 가르침과 덕화(德化)가 오늘날에 이르기까지도 이어지고 있는 사대성인(四大聖人)을 의미한다.

그다음으로는 역시 개인의 행복을 추구하는 삶을 버리고 오로지 인류의 구원을 위해 헌신하는 삶을 사셨거나 사시는 분을 일컫는다.

따라서 일 개인으로서의 행복은 포기하고 성직자로서 성인의 길을 따르거나 아니면 불우한 이웃들을 위해 오로지 봉사하는 삶을 사는 경우를 제외하고, 자신의 행복 추구를 최우선으로 하는 범속(凡俗)한 사람의 이름에 쓰기에는 '성인 성(聖)' 字의 의미가 너무나 크기 때문에 감당하기가 버거워 눌리게 되므로 부적합하다.

- 김아연(金芽姸) : 싹 아(芽) / 고울 연(姸) → 외부의 자극과 충격에 약하여 쉽게 훼손되기 쉬운 '싹'이란 뜻은 너무나 약해서 굳건하게 한 평생을 살아갈 사람 이름에는 부적합하다.

4) 성(姓)과 명(名)의 소리가 편하게 이어지지 못하고 끊어지는 이름

- 권류안(權留鴈) : 머무를 류(留) / 기러기 안(鴈) → 성(姓)과 명(名)의 소리를 분명하게 발음할 경우 소리가 편하게 이어지지 못하고 끊어진다는 것은 「소리기운이 소통(疏通)되지 못하고 중단(中斷) 또는 단

절(斷絶)이 됨」을 의미하므로 힘 있는 소리가 되기 어렵다. 이 이름의 경우에는 뜻도 「철새인 기러기처럼 잠시 머문다」는 의미가 되니 소중한 사람 이름의 뜻이라고는 전혀 보기가 어려운 경우이다.

• 곽근형(郭根衡) : 뿌리 근(根) / 저울대 형(衡) → 성(姓)과 명(名)의 소리를 분명하게 발음할 경우 소리가 편하게 이어지지 못하고 끊어질 뿐만 아니라 명(名)의 소리도 이름의 끝소리에 힘이 실리지를 않아서 소리를 힘껏 크게 부를 수 없는 이름이다.

• 강응식(姜應植) : 응할 응(應) / 심을 식(植) → 성(姓)과 명(名)의 소리를 분명하게 발음할 경우 소리가 편하게 이어지지 못하고 끊어질 뿐만 아니라 명(名)의 소리도 이름의 끝소리에 힘이 실리지를 않아서 소리를 힘껏 크게 부를 수 없는 이름이다.

• 한홍은(韓弘恩) : 클, 넓을 홍(弘) / 은혜 은(恩) → 성(姓)과 명(名)의 소리를 분명하게 발음할 경우 소리가 편하게 이어지지 못하고 끊어질 뿐만 아니라 명(名)의 소리도 이름의 끝소리에 힘이 실리지를 않아서 소리를 힘껏 크게 부를 수 없는 이름이다.

• 방영환(方榮煥) : 꽃, 영화 영(榮) / 불꽃, 밝을 환(煥) → 성(姓)과 명(名)의 소리를 분명하게 발음할 경우 소리가 편하게 이어지지 못하고 끊어질 뿐만 아니라 명(名)의 소리도 이름의 끝소리에 힘이 실리지 않아서 소리를 힘껏 크게 부를 수 없는 이름이다.

6. 글자가 분파(分破)가 되면 정말 안 좋은가?

분파(分破)란 분리되고 파괴됨을 의미하는 몹시 부정적인 의미의 글자이다.

그런데 이런 의미를 성명(姓名)의 한자 자형이 좌우로 또는 위아래로 나누어져 있는 경우에도 같은 의미를 적용해서 언급한다는 것은 전혀 근거가 없다.

우리가 입으로 사지(四肢)를 말하고 글자로 사지를 적는다고 한 몸뚱어리인 몸이 실제로 쪼개어져 사지로 나뉘는 것은 결코 아니다.

- 기둥 주(柱) : 좌우로 나누어져 있다고 기둥이 쪼개어지지 않는다.

- 기쁠 희(喜) : 위아래로 나누어져 있다고 기쁨이 반감되지 않는다.

한자는 부수(部首)가 정해지기 전이든 이후이든 여러 의미가 합쳐져 좌우로 또는 위아래로 조합된 뜻글자로서의 그 존재의미가 명백하다.

그럼에도 불구하고 이러한 제자원리를 도외시하고 이를 부정적으로만 확대해석하여 의미부여를 하는 것은 지나친 비약이다.

만약 우리 몸의 장기(臟器)가 지금처럼 모여 있지 않고 다 독립적으로 뚝뚝 떨어져 있다면 신진대사가 어떻게 일어날 것이며, 사람의 몸은 어디에서 찾을 것인가?

말로는 오장육부로 또는 사지로 구분하지만 한 몸이듯이 글자도 매한가지 이치이다.

건강한 비약은 필요하고 좋지만 긍정적이든 부정적이든 지나친 비약은 사실이 아니므로 모두에게 바람직하지 않다.

사람은 생명현상으로 끊임없이 의미부여를 하면서 존재감을 느끼고자 한다. 그래서 때로는 의욕 과잉으로 지나칠 때도 있다.

그러다 보니 기본적으로 여기저기서 가져온 재료를 섞어 보기도 하고, 저마다의 특성까지 도외시하면서 무리하게 인용 또는 적용하여 짬뽕(?)을 만들어놓곤 새로운 발견(?)을 한 듯 뿌듯해하면서 오류의 대물림이 시작된다.

음식은 연구해서 만든 것을 바로 먹어보면 새로운 맛의 유무를 알 수 있으니 금방 결론이 나지만 사상이나 이론은 전혀 그렇지가 않다. 하여 한번 잘못된 오류와 왜곡은 오래도록 지속되면서 많은 문제를 야기하게 된다.

물론 그에 따른 업보는 대자연의 이치대로 뿌린 대로 거두게 되겠지만….

7. 한자 이름과 한글 이름의 차이점

표의문자(表意文字)인 한자와 표음문자(表音文字)인 한글은 음(陰)과 양(陽)의 문자로 음(陰)의 문자인 한자가 세상에 먼저 나왔으며, 그 이후에 양(陽)의 문자인 한글이 세상에 나타났다.

본시(本是) 하나에서 나누어진 음(陰)과 양(陽)이 다시 어우러지면 하나이듯이 한자와 한글도 같은 이치로 이 세상에 나온 문자이므로 나온 출처(出處)가 같다.

이렇듯 음양의 이치로 보면 지극히 명확하여 한자의 출처에 대해서 더 이상 시비의 여지가 있을 수 없다. 진심으로 음양의 이치를 믿는다면….

1) 한자 이름

한자는 표의문자(表意文字)이므로 한자 이름은 「뜻 중심」의 이름이다.

하지만 이름이 이름으로서 존재하고 기능하기 위해서는 자신의 뜻(마음)을 소리(말)와 글자로 표현할 수 있어야 하므로 이름이란 「소리·뜻·글자」가 하나로 어우러져서 온전한 이름을 이루게 된다.

한자 이름은 「소리」와 「뜻」과 「글자」에 좋은 기운을 거듭거듭 반영할 수가 있어서 참으로 좋다.

예를 들면, 다음과 같다.

타고난 기운(사주)에서 水·木기운이 필요하고 좋은 경우에 「수인(水仁)」이라는 이름은 소리·뜻·글자가 水기운과 木기운으로만 조화를 이루며 집중되어 있어 불순물이 없는 순수한 이름으로 강한 결집력에 걸맞은 강한 에너지를 가지고 있어 가장 완성도가 높은 좋은 이름이 된다.

【 수인(水仁)이란 이름(名)의 소리/뜻/글자의 의미(기운)】	
소리의 기운	수(水기운) + 인(木기운)
뜻의 기운	물(水기운) + (木性) 어질(木기운) 〔뜻〕 물처럼 지혜롭고 나무처럼 어진 덕이 있어 안정과 발전을 이룸
글자의 기운	水(水기운) + 仁(木기운)

타고난 기운(사주)에서 木·火기운이 필요하고 좋은 경우에 「동현(東炫)」이라는 이름은 소리·뜻·글자가 木기운과 火기운으로만 조화를 이루며 집중되어 있어 불순물이 없는 순수한 이름으로 강한 결집력에 걸맞은 강

한 에너지를 가지고 있어 가장 완성도가 높은 좋은 이름이 된다.

【 동현(東炫)이란 이름(名)의 소리/뜻/글자의 의미(기운) 】	
소리의 기운	동(木기운) + 현(木기운)
뜻의 기운	동녘(木기운) + (태양이) 빛날(火기운) 〔뜻〕 동녘에서 찬란하게 빛나는 태양이 따뜻하게 비추어주므로 안정과 발전을 이룸
글자의 기운	東(木기운) + 炫(火기운)

타고난 기운(사주)에서 火·土기운이 필요하고 좋은 경우에「도윤(燾崙)」이라는 이름은 소리·뜻·글자가 火기운과 土기운으로만 조화를 이루며 집중되어 있어 불순물이 없는 순수한 이름으로 강한 결집력에 걸맞은 강한 에너지를 가지고 있어 가장 완성도가 높은 좋은 이름이 된다.

【 도윤(燾崙)이란 이름(名)의 소리/뜻/글자의 의미(기운) 】	
소리의 기운	도(火기운) + 윤(土기운)
뜻의 기운	(태양이) 비출(火기운) + 산 이름(土기운) 〔뜻〕 찬란하게 빛나는 태양이 따뜻하게 산을 비추어주므로 안정과 발전을 이룸
글자의 기운	燾(火기운) + 崙(土기운)

타고난 기운(사주)에서 土·金기운이 필요하고 좋은 경우에「윤서(崙瑞)」라는 이름은 소리·뜻·글자가 土기운과 金기운으로만 조화를 이루며 집중되어 있어 불순물이 없는 순수한 이름으로 강한 결집력에 걸맞은 강한 에너지를 가지고 있어 가장 완성도가 높은 좋은 이름이 된다.

【 윤서(崙瑞)란 이름(名)의 소리/뜻/글자의 의미(기운)】	
소리의 기운	윤(土기운) + 서(金기운)
뜻의 기운	산 이름(土기운) + 상서(祥瑞)로운 옥(金기운) 〔뜻〕 상서로운 옥(玉)이 나는 산이 있어 도우므로 안정과 발전을 이룸
글자의 기운	崙(土기운) + 瑞(金기운)

타고난 기운(사주)에서 金·水기운이 필요하고 좋은 경우에「선민(璇潤)」이라는 이름은 소리·뜻·글자가 金기운과 水기운으로만 조화를 이루며 집중되어 있어 불순물이 없는 순수한 이름으로 강한 결집력에 걸맞은 강한 에너지를 가지고 있어 가장 완성도가 높은 좋은 이름이 된다.

【 선민(璇潤)이란 이름(名)의 소리/뜻/글자의 의미(기운)】	
소리의 기운	선(金기운) + 민(水기운)
뜻의 기운	아름다운 옥(金기운) + 물 졸졸 흘러내릴(水기운) 〔뜻〕 아름다운 옥(玉)이 맑은 계곡 물에 씻겨져 더욱 빛나므로 안정과 발전을 이룸
글자의 기운	璇(金기운) + 潤(水기운)

2) 한글 이름

한글은 표음문자(表音文字)이므로 한글 이름은 「소리 중심」의 이름이다.

하지만 이름이 이름으로서 존재하고 기능하기 위해서는 자신의 뜻(마음)을 소리(말)와 글자로 표현할 수 있어야 하므로 이름이란 「소리·뜻·글자」가 하나로 어우러져서 온전한 이름을 이루게 된다.

따라서 한글 이름은 소리가 바로 뜻도 되고 글자도 된다.

예를 들면, 다음과 같다.

「가람」이란 한글 이름은 소리의 기운이 水기운이며,
뜻의 기운과 글자의 기운도 水기운이다.

「한솔」이란 한글 이름은 소리의 기운이 木기운이며,
뜻의 기운과 글자의 기운도 木기운이다.

「한빛」이란 한글 이름은 소리의 기운이 火기운이며,
뜻의 기운과 글자의 기운도 火기운이다.

「한뫼」란 한글 이름은 소리의 기운이 土기운이며, 뜻의 기운과 글자의 기운도 土기운이다.

「한돌」이란 한글 이름은 소리의 기운이 金기운이며, 뜻의 기운과 글자의 기운도 金기운이다.

한글은 어미 변화는 참으로 다양하게 많이 가질 수 있지만 한글 사전에 한글어휘는 24%이며, 6%는 외래어 그리고 나머지는 다 한자어로 되어 있어 한글어휘가 몹시 부족한 결과로 오행의 기운을 분명하게 가지고 있는 한글어휘는 몹시 드물다.

예를 들면, 金기운을 분명하게 가지고 있는 어휘는 대표적으로 「쇠」와 「돌」이지만 이미지와 어감이 떨어지므로 실제 이름에 반영하기는 어렵다.

이처럼 어휘가 부족하다 보니 한글 사전에는 없는 한글 이름들이 인터넷에 올려져 있는 경우가 적지 않으며, 그중에는 드물게 좋은 한글 이름으로 볼 수 있는 이름도 있지만 그렇지 못한 이름이 많다.

그러한 이름들의 아쉬움과 문제점은 대개 실제 이름이 가지고 있는 의미보다 훨씬 부풀려져 꿈보다 해몽식으로 억지스럽거나 근거가 있다고는 도저히 보기 어려운 이름들, 즉 사이비 한글 이름이 많다.

하지만 이것저것 많이 따져야 하는 한자 이름보다 타고난 기운(사주)을 고려하지 않아 쉽고 이쁘고 글로벌한 이미지의 한글 이름을 선호하는 경향이 있다.

그러다 보니 정작 아기의 타고난 기운(사주)에는 전혀 맞지 않거나 상관이 없는 그저 일반적인 의미에 불과한 뜻을 가진 한글 이름을 선택하게 되는 경우가 많다.

부모가 아기나 아이들의 옷은 몸 사이즈에 맞게 제대로 잘 골라 입히지만 역학이나 성명학에 대해서는 잘 모르기 때문에 자연히 잘못된 선택을 할 가능성이 높다.

그래도 평생 부르고 쓸 아기 이름의 소중한 가치를 소홀히 하지 않고 부모가 시간을 내어 두루 알아본다면 후회 없는 좋은 이름을 선택해서 아기에게 줄 수 있을 것이다.

일반적인 의미는 나에게 맞을 때 특별한 의미가 될 수 있지만 나에게 맞지 않다면 그것이 무슨 의미가 있겠는가?

「뜻이 있는 곳에 길이 있다」는 속담에서 보다시피 「사람이 가지는 뜻」은 '생명체(生命體)가 간절히 원(願)하고 지향(志向)하는 생명의 기운이 강력하게 응집(凝集)된 것'으로서 그 자체로 역동적(力動的)이므로 사람의 이름 역시 자신에게 맞는 분명한 뜻을 가진 이름을 부르고 쓰는 것이 가장 중요하다.

미물(微物)이 아닌 불성(佛性)과 신성(神性)을 지닌 고귀한 인간으로 태어나 평생을 반복해서 부르고 쓰는 자기 자신인 이름에 타고난 기운(사주)

에 맞는 「좋은 뜻」을 제대로 반영한다는 것은 한평생 살아갈 인생 여정을 생각할 때 참으로 중요하다. 그것은 바로 「뜻」이 「길」이기 때문에….

구체적인 현실 속에서 살아가는 사람의 이름은 뜻이 두리뭉실한 것보다 구체적이고 분명한 것이 좋고 바람직하다.

또한 한글 이름은 앞서 언급한 「가람·한솔·한빛」이라는 한글 이름에서 보다시피 한 가지 의미(기운)만을 가지게 되는, 즉 반영하게 되는 경우가 거의 대부분이다.

따라서 당사자의 타고난 기운(사주)에 좋은(필요한) 두 가지 오행의 기운을 제대로 이름에 반영할 수 있는 경우는 극히 드물어 몹시 아쉽다.

하지만 대자연의 이치인 천지인(天地人) 사상이 반영된 한글의 위대성과 우수성은 디지털 시대에 들어와 더욱더 그 진가를 발휘하고 있다.

하늘(·), 땅(ㅡ), 사람(ㅣ) 즉 천지인의 형상을 상징하는 모음 세 가지 기본 기호(·, ㅡ, ㅣ)의 조합으로 마치 컴퓨터의 이진법처럼 모든 모음을 만들어낼 수 있었다. 그래서 한글은 현대 디지털 시스템과도 잘 어울리는 놀라운 문자임이 입증되었다. 한글은 소리의 특성이 글자 모양으로 형상화된 유일한 문자로 모든 소리가 논리적 체계로 조합이 되어 있어 디지털 처리가 쉽기 때문이다.

또한 한자, 알파벳, 아랍 문자 등 대부분의 문자가 수천 년에 걸쳐 발전해 왔던 것과는 달리 한글은 처음부터 대자연의 이치인 천지인 사상을 반영함과 동시에 사람의 발음기관을 본떠 과학적인 원리로 만들어진 문자이기 때문이다.

한글은 초성자, 중성자, 종성자를 하나의 음절 단위로 모아서 쓰므로 읽기와 쓰기 모두에서 높은 효율성과 전달력을 가지고 있는 문자이기도 하다.

현대 언어학의 아버지로 불리는 노엄 촘스키는 1999년에 "한글은 인간이 만든 가장 과학적인 문자 체계"라고 평가하면서 한글의 위대성과 우수성을 세계에 알렸다.

더구나 AI 기술이 발전하면서 모든 소리가 논리적인 규칙에 따라 조합이 되는 한글이 기계학습과 디지털 처리 측면에서 가장 적합한 문자 체계 중 하나로 평가받으면서 한글의 가치가 새롭게 조명받고 있다.

《한글 사전에는 없는 한글 이름과 한글 사전에 있는 한글 이름의 의미》

- 가온

「가온」은 '중심'의 순우리말로 잘못 알려진 말이다.

「가온」이라는 소리를 발음해보면 이름의 끝소리인 「온」이라는 소리에 힘이 실리지 않으므로 힘껏 불러주고 싶어도 불러줄 수 없는 소리이다.

평생을 반복해서 부르고 듣는 이름의 소리는 부르기 쉽고 듣기 편하면서 힘(에너지)이 있어야 한다.

- 노을

「놀」의 사투리인 「노을」은 '아름다운 노을처럼 아름다운 사람이 되라'는 뜻을 가지고 있다고 의미부여를 할 수 있을 정도로 서정적인 아름다움을 가지고 있다.

하지만 해가 뜨거나 질 무렵, 하늘이 햇빛에 물들어 벌겋게 보이는 「노을」의 모습은 그리 오래가지 않는다는 사실과 황혼(黃昏)을 의미하는 이미지가 강한 점은 충분히 되새겨 볼 필요가 있다. 한글 사전에 있는 순우리말이다.

「노을」이란 이름은 오행의 기운으로는 火기운을 가지고 있는 이름이다.

• 늘찬

낱말의 뜻 : 늘=항상, 찬=가득찬, 차가운
이름의 뜻 : 「늘 가득 차 있음」 → 그런데 '무엇이 가득차 있는지'는 몰라? / 「늘 찬」 즉 「늘 차가움」을 의미하기도 한다.

※ 이 이름의 뜻을 「늘 가득 차 있음」으로 볼 경우 '가득 차 있는 주체가 무엇인지'는 전혀 알 수가 없다. 또한 「늘 찬」 즉 「늘 차가움」이란 뜻으로 볼 경우에는 타고난 기운(사주)에서 화기(火氣)가 많으면서 감성(感性)도 지나쳐 자신을 통제하는 힘이 약할 때는 좋은 뜻이 될 수 있다. 하지만 차가운 기운이 많고 강해 따뜻한 기운이 필요한 경우에는 몹시 나쁜 이름이 될 수도 있다. 한글 사전에는 없는 한글 이름이다.

• 나빛

낱말의 뜻 : 나=나다(태어나다) / 자기 자신, 빛=火기운
이름의 뜻 : 「빛처럼 밝고 환한 아이가 태어남」 / 「나는 빛」 즉 「나는 빛처럼 빛나는 사람」

※ 이 이름의 뜻은 자기 자신을 「나는 빛」 즉 「나는 빛처럼 빛나는 사람」이라고 표현하는 데에는 문제가 없다. 하지만 상대방이 이 이름

으로 나를 불러줄 경우에는 이 이름의 뜻을 생각해볼 때 불러주는 사람이 자기 자신을 「나빛」이라고 표현하는 의미도 될 수가 있어 자기 자신만의 이름이라고 볼 수 있을지…. 한글 사전에는 없는 한글 이름이다.

- 나린

「나린」은 '하늘에서 내리다'라는 뜻의 순우리말로 잘못 알려진 말이다.

「나린」이라는 소리를 발음해 보면 이름의 끝소리인 「린」이라는 소리에 힘이 실리지 않으므로 힘껏 불러주고 싶어도 불러줄 수 없는 소리이다.

평생을 반복해서 부르고 듣는 이름의 소리는 부르기 쉽고 듣기 편하면서 힘(에너지)이 있어야 한다.

- 나은

「나은」은 '병이나 상처 따위가 고쳐져 본래대로 되다'는 뜻과 '보다 더 좋거나 앞서 있다'는 뜻을 가진 순우리말이다.

뜻이 희망적이고 발전적이므로 좋으나 「나은」이라는 소리를 발음해 보면 이름의 끝소리인 「은」이라는 소리에 힘이 실리지 않으므로 힘껏 불러주고 싶어도 불러줄 수 없어 몹시 아쉽다.

「나은」이란 소리는 초성(첫받침)의 의미로는 소리기운을 火기운(나)과 土기운(은)으로 보지만 「은」이라는 소리 전체의 의미로는 강한 '은(銀)'기운을 가지고 있으므로 강한 金기운이 작용한다.

또한 「나」는 「은(銀)」을 꾸며주는 의미도 있어 '나(는) 은(이야!)'라는 뜻을 갖게 되므로 소리기운이 火기운에서 金기운으로 변하게 된다.

따라서 「나은」이란 소리는 뜻이 강한 金기운을 가지고 있으므로 타고난 기운(사주)에서 金기운을 필요로 하는 경우에는 좋은 이름이다.

이름의 뜻은 '회복함'과 '발전함'의 의미와 함께 '나는 은(銀)처럼 귀한 보석과도 같은 존재'를 의미한다.

- 다은

「다은」은 '다사롭고 은은하다'는 뜻의 순우리말로 잘못 알려진 말이다.

「다은」이라는 소리를 발음해보면 이름의 끝소리인 「은」이라는 소리에 힘이 실리지 않으므로 힘껏 불러주고 싶어도 불러줄 수 없어 몹시 아쉽다.

「다은」이란 소리는 초성(첫받침)의 의미로는 소리기운을 火기운(다)과 土기운(은)으로 보지만 「은」이라는 소리 전체의 의미로는 강한 '은(銀)'기운을 가지고 있으므로 강한 金기운이 작용한다.

또한 「다」는 「은(銀)」을 꾸며주는 의미도 있어 '다(모두) 은(이야!)'라는 뜻을 갖게 되므로 소리기운이 火기운에서 金기운으로 변하게 된다.

따라서 「다은」이란 소리는 뜻이 강한 金기운을 가지고 있으므로 타고난 기운(사주)에서 金기운을 필요로 하는 경우에는 좋은 이름이다.

이름의 뜻은 '모든 것이 다 귀한 보석인 은(銀)으로 이루어짐'을 의미하거나 또는 '다 은으로 가득 채워짐'을 의미한다.

• 다봄

'모든 일에 사리판단이 분명하고 어질다'라는 뜻의 순우리말로 잘못 알려진 말이다.

모든 것을 「다 본다」는 의미로 볼 때에는 그것이 불가능하므로 의미가 지나친 감이 있으나 모든 것이 「다 봄이다 즉 봄기운으로 가득하다」는 의미로는 충분히 그렇게 볼 수 있다.

「봄」은 木기운이 왕성(旺盛)한 계절이며, 또한 木기운의 성품(性品)인 「어진(仁) 기운이 강함」을 의미한다. 따라서 타고난 기운에서 木기운을 강하게 필요로 하는 경우에는 좋은 이름이다.

• 다온

「다온」은 '모든 좋은 일들이 다 온다'라는 뜻을 가지고 있다고 좋게만 의미부여를 하고 있지만 분명한 것은 '다'에는 긍정·부정의 모든 의미가 다 담겨 있다.

그리고 여기서 '온'의 의미는 '오다'라는 행위가 이미 완료된 것으로 '모든 것이 다 와서 끝난 상태 - (목적지에) 다 온 - 즉 종료된 상황'을 의미하므로 한평생을 살아갈 진행형인 사람의 이름으로 과연 적합한지의 여부는 신중하게 체크해 볼 필요가 있다.

이런 경우에도 火기운(다)과 土기운(온)을 가지고 있는「다온」이란 소리가 타고난 기운(사주)에 맞고 좋다면 역시 타고난 기운에 맞는 좋은 이름의 뜻을 가질 수 있는 한자를 가짐으로써 보완해줄 수 있다. 한글 사전에는 없는 한글 이름이다.

• 다원

「다원」은 '다 원하는' 뜻의 순우리말로 잘못 알려진 말이다.

「다원」은 '다(모두, 많을) 원(圓)'을 뜻하는 의미로 볼 수 있어 '각지고 모난 구석이 없이 원만함으로 가득함'을 의미한다. 또한 원(圓)은 '시작도 끝도 없는 영생불사(永生不死)를 의미'하는 뜻도 있으므로 「다원」은 '다 함께 영생불사를 기원'하는 의미를 가지고 있다고도 볼 수 있다.

소리기운이 火기운(다)과 土기운(원)이므로 타고난 기운(사주)에서 火기운과 土기운을 필요로 하는 경우에는 더욱 좋은 이름이다.

• 단비

「단비」는 '꼭 필요한 때 알맞게 내리는 비'를 의미하는 한글 이름으로 한글 사전에는 없지만 水기운을 강하게 가지고 있는 한글 이름이다. 강한 水기운을 필요로 할 때에는 참 좋은 이름이다.

이때 음령오행이란 이론의 초성(첫받침)의 의미로 본 소리기운[단비(火水) : ㄷ받침은 火기운, ㅂ받침은 水기운]은 火기운(불)과 水기운(물)으로 상극 관계이다.

하지만 '꼭 필요한 때 알맞게 내리는 비'를 의미하는 강한 대표성과 상징성을 가지고 있는 뜻기운의 영향으로 초성의 소리기운인 火水기운이 강한 水水기운으로 변하게 된다.

- 라미

「라미」는 '동그라미'를 뜻하는 순우리말로 잘못 알려진 말이다.

따라서 火기운(라)과 土기운(미=未土)을 가지고 있는「라미」란 소리가 타고난 기운(사주)에 맞고 좋다면 역시 타고난 기운에 맞는 좋은 이름의 뜻을 가진 한자를 사용함으로써 분명한 뜻을 가지고 있는 이름이 되도록 해줌이 바람직하다.

- 미나

「미나」는 '미덥게 나다(태어나다)'를 뜻하는 순우리말로 잘못 알려진 말이다.

따라서 土기운(미)과 火기운(나)을 가지고 있는「미나」란 소리가 타고난 기운(사주)에 맞고 좋다면 역시 타고난 기운에 맞는 좋은 이름의 뜻을 가진 한자를 사용함으로써 분명한 뜻을 가지고 있는 이름이 되도록 해줌이 바람직하다.

　이때 음령오행이란 이론의 초성(첫받침)의 의미로 본 소리기운〔미ㄴ(水火) : ㅁ받침은 水기운, ㄴ받침은 火기운〕은 水기운(물)과 火기운(불)으로 상극 관계이다.

　하지만 「미」라는 소리는 「대표성과 상징성을 가지는 십이지지(十二地支) 중 강한 미토(未土)기운과 소리가 동음(同音)이므로」 강한 미토(未土)기운, 즉 강한 열토(熱土)기운을 가진 소리가 되므로 초성의 소리기운인 水火기운이 강한 土火기운으로 변하게 된다.

- 미르

「미르」는 '용(龍)'을 뜻하는 옛말로 순우리말이다. 용(龍)은 십이지지(十二地支)에서 다섯째 지지(地支)인 '진(辰) 즉 윤토(潤土)인 진토(辰土)'를 의미하므로 소리기운 역시 강한 진토(辰土)기운을 가지고 있는 소리이다.

　하지만 「미르」의 소리기운을 초성(첫받침)으로만 보게 되면 소리기운이 '水기운(ㅁ)'과 '火기운(ㄹ)'이 되어 수극화(水克火)하는 상극(相克) 관계로 된 소리기운으로 잘못 알 수 있다.

• 마루

「마루」는 '집채 안의 바닥을 널로 깐 곳'을 뜻하는 순우리말이다. 또 '지붕·산 따위의 등성이가 진 곳'과 '일이 한창인 고비'를 뜻하는 순우리말이지만 '하늘'을 뜻하는 순우리말로는 잘못 알려진 말이다.

「마루」는 '산등성이의 가장 높은 곳'을 뜻하는 「산(山)마루」라는 말에서 보듯이 강한 土기운을 가지고 있는 소리이다.

하지만 「마루」의 소리기운을 초성(첫받침)으로만 보게 되면 소리기운이 '水기운(ㅁ)'과 '火기운(ㄹ)'이 되어 수극화(水克火)하는 상극(相克) 관계로 된 소리기운으로 잘못 알 수 있다.

• 바미

낱말의 뜻 : 바=바람(바램), 미=미더움(믿음)
이름의 뜻 : 「바램과 믿음을 가지고 살아간다」는 뜻이라고 의미부여를 한다고 해도 과연 「바미」란 소리를 들었을 때 그러한 뜻을 가지고 있는 이름이라고 느껴질 사람이 얼마나 되겠는가? 더구나 만약 이름의 뜻을 「바램과 믿음 대로 모든 일을 이루어 낼 사람」이라고 본다면 이는 전형적인 꿈보다 해몽식인 이름이 되겠다.

※ 이 이름은 소리 발음에 조금만 주의를 기울여도 사람 이름으로 부르고 쓰기에는 부적합한 소리임을 알 수 있다. 「바미」란 소리를 발음해 보면 「밤이」란 소리가 되어 갓 태어난 아기에게 평생을 어두운 「밤이야!」라고 불러주는 격이 되니…. 한글 사전에는 없는 한글 이름이다.

- 보미

「보미」는 '봄에 태어난 아이'와 '보람되고 미덥게'라는 뜻의 순우리말로 잘못 알려진 말이다.

「보미」는 「봄이」로 불려지고 들리므로 따뜻한 봄기운(木기운)이 필요한 경우에는 좋은 이름이다.

- 보라

「보라」는 파란색과 빨간색을 섞은 색, 즉 파랑과 빨강의 중간색을 의미하는 순우리말이다.

따라서 타고난 기운에서 木기운(파랑)과 火기운(빨강)을 강하게 필요로 하는 경우에는 참으로 좋은 이름이다.

- 보람

「보람」은 '어떤 일을 한 뒤에 얻어지는 좋은 결과나 만족감'과 '자랑스러움이나 자부심을 갖게 해주는 일의 가치'를 뜻하는 순우리말이다.

뜻이 참으로 좋은 이러한 한글 이름은 굳이 타고난 기운(사주)을 고려하지 않아도 되는 경우이다.

물론 타고난 기운에 맞는 구체적이고 분명한 의미(기운)를 이름에 반영해주지는 못한다는 아쉬움은 있을 수 있지만 뜻이 분명하지 않은 한글 이름을 쓰는 것보다는 백배 낫다.

- 별하

「별하」는 '별처럼 높이 빛남'을 뜻하는 순우리말로 잘못 알려진 말이다.

「별하」라는 소리는 얼핏 보면 흔하지 않으면서 아름답고 고상한 이미지가 느껴지는 이름이라고 생각할 수 있다.

하지만 소리를 발음해보면 이름의 끝소리인 「하」라는 소리에 전혀 힘이 실리지 않으므로 힘껏 부르고 싶어도 부를 수 없는 소리이다.

• 벼리

「벼리」는 '그물의 위쪽 코를 꿰어 놓은 굵은 줄' 또는 '일이나 글의 뼈대가 되는 줄거리'를 뜻하는 순우리말이다.

「벼리」는 고기 잡는 그물의 코를 꿰어 그물을 잡아당길 수 있게 한 굵은 줄을 의미하는데, 이는 그물이 벼리를 이탈할 수 없듯이 사람이 사는 세상의 질서를 유지하기 위해서도 기본적인 도덕과 규범이 필요하며, 그 중심 역할을 하는 존재가 되기를 바라는 의미가 담겨 있다.

따라서 리더십을 가지고 있어 솔선수범해 나가야 할 인재(人才)에게 어울리는 이름이지만 타고난 기운(사주)에서 자신을 다듬어주고 이끌어줄 선생님, 즉 관운(官運)이 약하여 질서 의식이 약한 경우에도 잘 어울리는 좋은 이름이다.

• 새라

「새라」는 '새롭고 새롭다 또는 여러 가지로 새롭다'라는 뜻의 순우리말로 잘못 알려진 말이다. 얼핏 보면 영어 이름 같다.

낱말의 뜻 : 새라= '새다'의 활용형으로 '새라'는 해라체의 명령형으로 쓰임.
　　　　　 새다'- 기체, 액체 따위가 틈이나 구멍으로 조금씩 빠져나가

거나 나오다. 새다² - 날이 밝아 오다. 새다³ - 밤을 새우다.

이름의 뜻 : 「기체, 액체 따위가 틈이나 구멍으로 새어 나가라!」 「날이 밝아라!」 「밤을 새우라!」

※ 이 이름의 뜻은 세 가지로 볼 수 있는데, 그중 '새다'가 해라체의 명령형인 '새라'로 쓰일 때에는 「새다」의 뜻이 더욱 부각이 되는데, 그 뜻이 부정적이다. 또 「새다」의 뜻은 희망적인 의미로 볼 수 있겠으나 '날이 밝도록 긴 어둠 속에서 지내온 어두운(부정적인) 의미'가 함축되어 있다. 또한 「새다」의 뜻도 '힘든 고통의 의미'를 가지고 있으므로 부적합하다.

대자연(大自然)의 일부(一部)인 사람의 이름은 자연적(自然的) 즉 순리적(順理的)인 것이 바람직하므로 '해라체의 명령형'인 소리는 사용하지 않는 것이 좋겠다.

- 소아

「소아」는 '소담스럽고 아름답다'의 순우리말로 잘못 알려진 말이다.

「소아」라고 하면 소아(小兒) 즉 '어린아이'가 연상이 되는데, 이를 「소담스럽고 아름답다」는 뜻으로 느낄 사람이 얼마나 되겠는가?

• 슬기

「슬기」는 '사리(事理)를 밝게 다스리는 재능'과 '사리나 말의 내용을 깨닫는 재주'를 뜻하는 순우리말이다. 한자어(漢字語)로는 '지혜(智慧)'를 뜻한다.

뜻이 참으로 좋은 이러한 한글 이름은 군이 타고난 기운(사주)을 고려하지 않아도 되는 경우이다.

물론 타고난 기운에 맞는 구체적이고 분명한 의미(기운)를 이름에 반영해주지는 못한다는 아쉬움은 있을 수 있지만 뜻이 분명하지 않은 한글 이름을 쓰는 것보다는 백배 낫다.

• 아라

「아라」는 '바다'를 뜻하는 순우리말로 잘못 알려진 말이다.

「아라」는 발음을 할 때 끝소리를 낮추면 '알아!'로 들리고 끝소리를 높이면 '알아?'로 들린다. 평생 부르고 듣는 이름의 소리는 가능한 한 좋은 의미가 연상이 되는 것이 바람직하다.

- 아란

「아란」은 '아름답게 자란'을 뜻하는 순우리말로 잘못 알려진 말이다.

土기운(아)과 火기운(란)을 가지고 있는 「아란」이란 소리가 타고난 기운(사주)에 맞고 좋다면 역시 타고난 기운에 맞는 좋은 이름의 뜻을 가진 한자를 사용함으로써 분명한 뜻을 가지고 있는 이름이 되도록 해줌이 바람직하다.

- 아람

「아람」은 '잘 익은 열매'를 뜻하는 순우리말로 잘못 알려진 말이다.

土기운(아)과 火기운(란)을 가지고 있는 「아란」이란 소리가 타고난 기운(사주)에 맞고 좋다면 역시 타고난 기운에 맞는 좋은 이름의 뜻을 가진 한자를 사용함으로써 분명한 뜻을 가지고 있는 이름이 되도록 해줌이 바람직하다.

- 아사

「아사」는 '아침'을 뜻하는 순우리말로 잘못 알려진 말이다.

「아사」라는 소리는 이름의 끝맛이 '아사(餓死)하다 즉 굶어 죽다'가 되므로 몹시 부정적이다. 이처럼 이름을 불렀을 때 이름의 끝맛이 부정적인 이름은 당연히 피하는 것이 좋다.

- 은하

「은하」는 '맑은 날 밤'을 뜻하는 순우리말로 잘못 알려진 말이다.

「은하」라는 소리에 한자를 「은 '은(銀)' 字, 강 '하(河)' 字」로 쓴다면 큰 의미로 볼 때에는 '천구(天球) 위에 구름 띠 모양으로 길게 분포되어 있는 수많은 천체의 무리'을 뜻한다. 작은 의미로 볼 때에는 '은빛 물결이 반짝이는 강'으로 볼 수 있다.

따라서 타고난 기운에서 金기운과 水기운을 필요로 하는 경우에는 참으로 좋은 이름이다.

- 이솔

「이솔」은 '이로운(유익한) 소나무' 또는 '소나무 두 그루'라는 뜻을 가지고 있다고 볼 수 있으나 한글 사전에는 없는 한글 이름이다.

소리·뜻·글자의 기운이 다 木기운으로 이루어져 있어 강한 木기운이 필요한 경우에는 좋은 이름이 될 수 있다.

• 이든

'좋다' 또는 '곱다'의 활용형으로 순우리말이다.

그런데 성씨에 따라서 연상되는 이미지가 달라질 수도 있으므로 그 부분에 대한 고려가 필요한 이름이다.

(나)이든 → 나이가 든 / (손)이든 → 손이든 발이든 / (김)이든 → 김이 들어 있는 / (강)이든 → 강이든 산이든 / (감)이든 → 감이 들어 있는 / (금)이든 → 금이 들어 있는 / (남)이든 → 남이든 혈육이든 / (문)이든 → 문이든 벽이든 / (박)이든 → 박이 들어 있는 / (송)이든 → 송이가 들어 있는 / (신)이든 → 신이 들어 있는 / 안이든 → 안이든 바깥이든 / (양)이든 → 양이든 염소든 / (오)이든 → 오이든 고추든 / (조)이든 → 조이든 풀든 / (차)이든 → 차이든 까이든 / (한)이든 → 한이 들어 있는….

• 여울

「여울」은 '물살이 세게 흐르는 좁거나 얕은 곳'이란 뜻의 순우리말이다.

「여울」은 뜻이 水기운이 강하므로 강한 水기운을 필요로 하는 경우에는 좋은 이름이다.

하지만 타고난 기운에서 강한 火기운이나 土기운을 필요로 하는 경우에는 몹시 안 좋은 이름이다.

- 윤슬

「윤슬」은 '해나 달빛에 비친 반짝이는 잔물결'이란 뜻의 순우리말이다.

「윤슬」은 뜻이 水기운이 강하므로 강한 水기운을 필요로 하는 경우에는 좋은 이름이다.

- 예슬

「예슬」은 '예쁘고 슬기롭다'라는 뜻의 순우리말로 잘못 알려진 말이다.

'소담스럽고 아름답다'라는 뜻으로 잘못 전해진 「소아」라는 소리와는 달리 「예슬」은 '예쁘고 슬기롭다'는 뜻이 연상이 될 수 있는 소리이다.

이처럼 뜻이 좋은 한글 이름은 굳이 타고난 기운(사주)을 고려하지 않아도 되는 경우이다.

물론 타고난 기운에 맞는 구체적이고 분명한 의미(기운)를 이름에 반영해주지는 못한다는 아쉬움은 있을 수 있지만 뜻이 분명하지 않은 한글 이름을 쓰는 것보다는 백배 낫다.

- 제나

「제나」는 '기다리던 아이를 이제 낳아'란 뜻을 가진 순우리말이다.

「제나」라는 이름의 소리는 영어 이름 같아서 호감을 가질 수 있는 이름이다.

하지만 소리기운이 金기운(제)과 火기운(나)으로 이루어져 있으므로 화극금(火克金)의 이치가 반영되는 것이 필요해서 좋은 경우에는 사용할 수 있지만 반대인 경우에는 피하는 것이 좋다.

물론 '기다리던 아이를 이제 낳아'란 뜻을 평생 이름의 뜻으로 하기에는 크게 부적합하므로 타고난 기운에 맞는 좋은 이름의 뜻을 가진 한자를 사용함으로써 분명한 뜻을 가지고 있는 이름이 되도록 해줌이 바람직하다.

• 찬솔

낱말의 뜻 : 찬=차다(冷)/가득 차다, 솔=소나무
이름의 뜻 : 「가득 찬 즉 무성한 소나무」라는 뜻으로 볼 수 있으나 「차가운 소나무」라는 뜻도 강하므로 타고난 기운(사주)에 차가운 음(陰)기운이 강한 경우에는 사용하지 않는 것이 바람직하다.

차가운 기운을 강하게 가지고 있는 「찬」이라는 소리는 같은 차가운 기운인 「은」이란 소리와 또 차가운 기운을 보강해주는 「윤」이란 소리와 잘 어울린다. (예) 은찬/윤찬 한글 사전에는 없는 한글 이름이다.

• 티나

「티나」는 '예쁘고 고운 티'의 순우리말로 잘못 알려진 말이다.

낱말의 뜻 : 티=어떤 태도나 기색, 나=나다
이름의 뜻 : 「티나=어떤 태도나 기색이 나타나다」 → 그런데 '무슨 티가 나는지'는 알 수가 없다?

※ 이 이름의 뜻을 「티나=어떤 태도나 기색이 나타나다」로 볼 경우 '티나'라는 이름은 '부티' 또는 '빈티'처럼 긍정과 부정으로 다 쓰여질 수 있는 말로서 '구체적으로 무슨 티가 나는지?'는 전혀 알 수가 없다.

구체적인 현실 속에서 살아가는 사람 이름의 뜻은 두리뭉실한 것보다 구체적이고 분명한 것이 좋고 바람직하다.

• 혜옴 / 혜윰

「혜옴」과 「혜윰」은 '생각'이라는 뜻을 가진 순우리말이다.

소리를 발음할 때 끝소리가 입모양이 동그랗게 모아지는 소리는 힘이 실리지 않으므로 평생 부를 이름의 소리로는 부적합하다.

• 하람

「하람」은 「하늘」의 '하'와 「사람」의 '람'을 따서 「하늘이 내린 소중한 사람」이라는 뜻의 순우리말로 잘못 알려진 말이다.

소리기운이 火기운을 가지고 있으므로 타고난 기운(사주)에서 火기운이 좋다면 火기운을 가지고 있는 한자를 사용함으로써 분명한 뜻을 가지고 있는 이름이 되도록 해줌이 바람직하다.

- 하랑

「하랑」은 '더불어 사는 세상에서 높은 사람이 되어라' 또는 '하늘처럼 높아져라'는 뜻의 순우리말로 잘못 알려진 말이다.

소리기운이 火기운을 가지고 있으므로 타고난 기운(사주)에서 火기운이 좋다면 火기운을 가지고 있는 한자를 사용함으로써 분명한 뜻을 가지고 있는 이름이 되도록 해줌이 바람직하다.

- 해밀

「해밀」은 '비가 온 뒤에 맑게 갠 하늘'이라는 뜻의 순우리말로 잘못 알려진 말이다.

「해가 밀다 즉 해가 팍팍 밀어준다 또는 해가 (나쁜 기운을) 밀어낸다」라는 의미로 볼 수 있다. 또한 「해와 밀 즉 따뜻한 햇빛을 받아 밀이 무성(茂盛)하게 잘 자람」을 의미한다고 볼 수도 있다. 따라서 타고난 기운에서 火기운(해)과 木기운(밀)을 강하게 필요로 하는 경우에는 참으로 좋은 이름이다.

• 해늘

「해늘」은 '늘 해처럼 밝게 살아라'는 뜻의 순우리말로 잘못 알려진 말이다.

좋은 이름의 가장 중요한 조건은 부르기 쉽고 듣기 편하면서 분명한 이름의 뜻(=혼=정신)을 가지고 있는 이름이다.

「해늘」이라는 소리를 발음해보면 부르고 듣기가 편하지 않다. 또한 이름의 끝소리인 「늘」이라는 소리가 늘어지면서 소리에 힘이 실리지 않으므로 바람직하지 못한 소리이다.

• 해나

낱말의 뜻 : 해=태양, 나=나오다(나타나다)
이름의 뜻 : 「(흐린 날씨가 맑게 개면서) 해가 나와(나타나) 따뜻하게 비춰 줌」을 뜻하는 한글 이름이다.

※ 여기서 「해」는 강한 병화(丙火)의 기운을 가지고 있다. 한글 사전에는 없지만 병화(丙火 : 태양)의 기운을 강하게 가지고 있는 한글 이름이므로 火기운을 강하게 필요로 하는 경우에는 참 좋은 이름이다.

- 해솔

낱말의 뜻 : 해=태양, 솔=소나무
이름의 뜻 : 「따뜻한 햇빛을 받아 잘 자란 푸른 소나무처럼」 또는 「해처럼 밝고 소나무처럼 푸르게(의연하게)」 살아가기를 바라는 뜻을 가지고 있는 한글 이름이다.

※ 여기서 「해」는 강한 병화(丙火)의 기운을 가지고 있고, 「솔」은 강한 갑목(甲木)의 기운을 가지고 있는 소리이다. 한글 사전에는 없지만 한글 이름으로는 정말 보기 드물게 두 가지 오행의 기운을 분명하고 강하게 가지고 있어 木·火기운을 강하게 필요로 하는 경우에는 참으로 좋은 이름이다.

2장

변화가 일어나는 소리기운의 비밀

1. 강한 의미(=뜻=기운)를 가지고 있는 소리기운은 뜻과 같은 기운이다!
2. 서로 다른 소리끼리 만나 강한 뜻을 가지게 되면서 변하는 소리기운
3. 소리 주체(主體)의 특성(特性)에 따라 달라지는 소리기운
4. 음령오행으로 봤을 때 나타나는 소리기운의 왜곡현상(오행·십간·십이지·아라비아 숫자)
5. 힘이 있는 소리와 힘이 없는 소리
6. 작명 시 실제로 사용할 수 있는 소리는 너무 부족하다

　우주(宇宙)를 조성(造成)한 신령(神靈)한 기운을 나타내는 음양오행(陰陽五行)과 십천간(十天干)과 십이지지(十二地支) 그리고 육십갑자(六十甲子)에 해당하는 소리·뜻·글자의 의미(기운)는 일반적인 소리·뜻·글자의 의미와는 같을 수가 없다.

　이러한 생각과 믿음은 역학(易學)의 이치를 진심으로 믿고 배우는 학인(學人)이라면 누구나 같은 생각 같은 믿음을 가지고 있을 것이다.

　모든 이치에는 경중과 완급이 있듯이 수많은 소리·뜻·글자 중에서도 특히 대자연의 이치를 담고 있어서 역학의 근본과 토대를 이루고 있는 소리·뜻·글자는 - 음양오행(陰陽五行)과 십간(十干) 십이지(十二支) 그리고 육십갑자(六十甲子)와 오행의 뜻(기운)이 함축된 역학적인 용어(用語)들 - 창조적인 대표성(代表性)과 상징성(象徵性)을 가지고 있기 때문에 일반적인 소리·뜻·글자보다 상대적으로 훨씬 더 강한 영동력(靈動力)을 가지고 있다.

　「대표성과 상징성」이란 말은 결국 「뜻」이 가지고 있는 의미를 가리키는 것이며, 그 「뜻」에 걸맞은 파워(power)를 가지게 된다. 즉 개인과 달리 구청장과 대통령은 그 「대표성과 상징성」이 가지는 「뜻(의미)」에 걸맞은 파워를 실제 가지게 된다.

「대표성과 상징성」이라는 말의 의미는 추상적이고 이론적인 것이 아니라 실재하는 「뜻」이 가지고 있는 기운을 의미한다.

성명학(姓名學)의 종류(種類)에는 수리성명학(數理性名學), 오행성명학(五行姓名學), 음양성명학(陰陽姓名學), 용신성명학(用神姓名學), 측자파자성명학(測字破字姓名學), 성격성명학(性格姓名學), 육효성명학(六爻姓名學), 주역성명학(周易姓名學) 등이 있으나 수리성명학(數理性名學)을 반영하여 이름을 짓는 경우가 대부분이다.

수리성명학을 포함한 모든 성명학이 이론 중심으로만 성명학을 논할 뿐 살아 있는 사람 마음의 뜻(=의미=기운)이 작용하여 나타나는 영향력에 의해서 소리에 변화가 일어나는 이치에 대해서는 지금까지 제대로 다루어지거나 언급되어져 본 적이 없는 것 같다.

존재하는 모든 것은 의미(뜻)를 가지고 있으며, 또한 그 의미(뜻)로서 존재한다.

그래서 우리는 항상 의미(뜻)를 찾고, 의미(뜻)를 부여하면서 살아간다.

왜냐하면 모든 것이 의미(뜻)를 가지고 있고, 의미(뜻) 그 자체로서 존재하고 있기 때문이다.

그래서 이름을 이루는 근본인 「소리·뜻·글자」 중에서도 「뜻」이 가장 중요하다.

그 이유는 눈으로 보고(글자) 귀로 듣는(소리) 모든 것은 어떤 의미를 가지게 되면서 뜻(意)으로 모아져 마음에 전달되기 때문이다.

그리고 인간의 본질인 마음에서 일어나는 「뜻(생각)」을 - 마음이 자기표현을 한 것이 「뜻(생각)」이다 - 표현하는 과정에서, 즉 「뜻」이 투영(投影)되어 「소리」와 「글자」가 생겨(나타)났으므로 「뜻」이 곧 이름의 본질(本質)이다.

사람은 마음이 변하면 즉 마음의 뜻(생각)이 변하면 말도 행동도 달라진다. 이런 변화를 경험해보지 못한 사람은 단 한 사람도 없을 것이다.

이처럼 마음의 뜻(생각)이 변하면 그것을 표현하는 말(소리)도 행동(글자)도 달라지는 변화가 자연스럽게 일어난다.

따라서 말(소리) 속에 어떤 「뜻」이 담기느냐에 따라서 표현되는 소리의 의미(기운)도 온도(溫度)도 달라진다!

이것이 의미하는 것은 **「뜻(기운)」이 소리와 글자에도 근본적인 영향을 주게 되는 즉 변화시키는 주체가 됨**」을 의미한다.

예를 들면, 사랑하는 연인 사이에서 상대에게 뜨거운 애정(뜻)이 담겨있는 마음으로 「미워! 몰라!」라는 말(소리)로 표현했을 때 그 말(소리)을 들은 상대에게는 그 말(소리)이 정반대의 뜻(의미)인 「너무 좋아! 너무 잘 알아!」라는 의미(소리)로 전달된다.

반대로 어떤 사이코가 흑심(黑心)을 품고(뜻) 어두운 밤길에 능글맞은 표정으로 가까이 다가와 「사랑해! 달링!」이라고 말했을 때, 그 말(소리)을 들은 여성에게는 「사랑해! 달링!」이라는 말(소리)이 그 말의 뜻(의미)과는 정반대인 「극단의 공포감과 혐오감」을 주는 의미(소리)로 전달된다.

이처럼 마음이 「어떤 뜻」을 가지느냐에 따라서 표현되는 말(소리)의 의미가 극과 극으로 달라지는 것은 **'눈에 보이지 않는 사람의 마음(뜻)과 그 마음을 표현하는 말(소리)'은 「둘이 아닌 하나로서 일체(一體)를 이루고 있기 때문」**이다.

따라서 성명학(姓名學)에서 근본적인 선후(先後)를 구분하지 않을 경우에는 「소리·뜻·글자」의 의미를 같은 맥락으로 볼 수 있으나 제대로 구분할 경우에는 「뜻」이 얼마나 중요한지 실감할 수 있다.

같은 맥락에서 영혼과 육체의 의미도 구분해보면 인간의 본질이 무엇인지는 너무나 자명하다.

비근한 예를 들면, 영혼이 먼저 바뀌면서 몸도 바뀌어 갈등을 빚는 것을 소재로 하는 드라마나 영화는 많지만 몸이 먼저 바뀌면서 영혼도 바뀌어 갈등을 빚는 드라마나 영화는 없다!

지극히 당연한 그 이유는 영혼이 있을 때는 몸이 움직이지만 영혼이 몸을 떠나고 나면 몸은 더 이상 움직일 수 없게 되니 이는 영혼이 곧 인간의 주체이기 때문이다!

　이것이 시사하는 바는 우리는 영혼과 육체의 결합으로 이 세상에서 사람으로 존재하지만 사람의 본질은 영혼이며, 흙으로 돌아가는 육체는 본질인 영혼이 물질계인 이 세상에서 살아갈 수 있도록 감싸주는 영혼의 옷 또는 영혼의 집인 셈이다.

　영혼이 이 세상에서 사는 동안에 육체는 영혼이 마음에 가지는 「뜻」을 표현할 수 있는 유일한 분신(分身)이므로 영혼이 소중한 만큼이나 육체도 소중하다.

　하지만 육체 때문에 영혼이 존재하는 것이 아님은 너무나 명백한 사실로 영혼이 떠난 뒤의 육체는 호흡을 멈추고 흙으로 돌아갈 뿐이다.

　이름은 '소리'가 있어 부를 수 있고, '뜻'이 있어 느낄 수 있으며, '글자'가 있어 쓸 수 있기에 이름으로서의 온전한 의미를 갖게 되지만 이름의 근본(根本)인 「소리·뜻·글자」 중에서도 어디까지나 이름의 본질(本質)은 이름의 「뜻」이다.

　거듭 언급하자면 **창조적인 생명의 기운인 「뜻」이 발현(發現)되어 나타날 때 「소리」가 되고 「글자」가 되고 「물질」이 된다.**

이를 아주 쉽게 애기하면, 아득한 옛날이나 지금이나 사람은 자신의 마음속 「뜻」을 말(소리)이나 글자로 표현하면서 살아왔다. 물론 무언(無言)의 몸짓이나 자세와 얼굴 표정도 몸짓언어에 포함된다.

사람의 마음에서 일어난 「뜻」은 '마음이 자신의 의지를 나타낸 것'이다.

그래서 「뜻이 있는 곳에 길이 있다!」는 격언 역시 막연한 추상적인 의미가 아니라 불변의 진리성(眞理性)을 나타내고 있으니 「뜻」이란 살아 있는 '생명체(生命體)가 간절히 원(願)하고 지향(志向)하는 생명의 기운이 강력하게 응집(凝集)된 것'으로서 그 자체로 역동적(力動的)이기 때문이다.

이러한 이치에 의해서 **변화가 일어나는 소리기운의 비밀은 〈이름의 「뜻」이 가지고 있는 기운〉에 있다!**

이처럼 다양한 소리기운의 특성과 변화를 고려하지 않은 채 덮어놓고 무조건 음령오행의 이론만을 따진다면 이는 또 다른 맹신이 될 뿐이다.

음양오행(陰陽五行)과 십간십이지(十干十二支)로부터 비롯된 학문이 바로 역학이며, 역학에서 비롯된 많은 학문 중 하나가 성명학이다. 즉 역학의 이치를 떠나서 성명학은 존재할 수 없다.

필자가 주장하는 대표성과 상징성에 따라 일어나는 소리기운의 변화와 그에 따른 소리기운의 왜곡현상과 또 그 왜곡현상을 해소시키며 보완

해주는 자음오행(字音五行)이라는 이론적 근거도 바로 음양오행(陰陽五行) 과 십간(十干)·십이지(十二支)·육십갑자… 등등 역학의 정신과 이치에서 비롯되었다.

 기존의 이론에 안주하는 것은 쉽고 편하지만 맹점을 보완해 나가지 않는 한 발전은 기대하기 어려울 것이며, 전문분야로서의 인식의 확대 또한 요원할 것이다.

1. 강한 의미(=뜻=기운)를 가지고 있는 소리기운은 뜻과 같은 기운이다!

　강한 의미(=뜻=기운)를 가지고 있는 소리의 기운은 그 뜻의 기운과 같다. 다시 말해 강한 의미(=뜻=기운)를 가지고 있는 소리는 이미 「대표성과 상징성을 가지고 있는 소리」이므로 그 대표성과 상징성이 가지고 있는 강한 의미(=뜻=기운)대로 소리기운을 파악하면 된다.

　「이렇게 볼 때 '소리기운의 왜곡현상'이 일어나지 않으니」 그 이유는 '눈에 보이지 않는 사람의 마음의 뜻과 그 마음의 뜻을 표현하는 말(소리)'은 「둘이 아닌 하나로서 일체(一體)를 이루고 있기 때문」이다.

　1446년에 세종은 음양오행(陰陽五行)과 천지인(天地人) 사상(思想)에 기반(基盤)하면서 발성기관(發聲器官)과 소리의 특성까지 고려하여 창제(創制)한 훈민정음(訓民正音)을 반포하였다.

　즉 소리글자인 한글에 대자연(大自然)의 이치에 근거를 두면서 소자연(小自然)인 사람의 발성기관의 모양과 소리의 특징까지 본뜨고 참고하며,

당시 가장 높은 수준의 언어학과 음성학적 지식까지 적용하여 만들어진 실로 위대한 표음문자(表音文字)가 바로 한글이었다.

훈민정음 해례본(訓民正音 解例本)에는 한글의 창제 의도와 사용법 및 한글의 발음과 글자에 대한 내용을 담고 있는데, 초성해(初聲解)에서 '초성(初聲)이란 운서(韻書)의 자모(字母)에 해당한다'고 밝혔다.

즉 한글 소리의 단위인 음절(音節)의 소리가 초성(初聲)으로부터 시작되므로 초성을 '글자의 모(字母)'라는 개념으로 표현하면서 중요하게 언급하였다.

그래서 작명 시에도 소리(音)에는 생명의 기운이 담겨 있으므로 '음령(音靈)'이라 하며, 특히 초성(初聲)은 소리의 기운을 맨 앞에서 이끌어 가는, 즉 견인(牽引)하는 위치에 있어 중요하게 보았다.

그래서 소리기운의 주체가 된다고 보았기 때문에 초성(첫받침)인 자음에 의해 모든 소리기운을 구분하여 획일적으로 이를 적용하고 있으며, 이 이론을 음령오행(音靈五行)이라고 한다.

그런데 대자연의 변화의 이치가 가득 담겨 있는 학문이 역학(易學)이며, 역학이란 학문이 있어 성명학(姓名學)도 존재하는 것인데, 대자연의 변화의 이치와 기운으로 가득한 역학과는 달리 성명학에는 대개 고정된 단순한 기준과 의미를 반영하는 경우가 대부분이다 보니 고여 있는 물처럼 정체가 되어 지속적인 발전 그 자체를 기대하기가 어려운 실정이 오래도록 계속되고 있다.

예를 들어, 소리기운은 초성(첫받침)의 의미로 파악할 수 있는 경우도 많지만 소리 그 자체, 즉 소리 전체가 가지고 있는 특성(대표성과 상징성)에 따라 「강한 뜻」을 가지고 있는 소리는 그 뜻 중심으로 소리기운이 변하게 되므로 그렇게 파악해야 하는 경우도 참으로 많다. 이는 그만큼 소리기운의 왜곡현상이 많다는 의미이다.

다양한 변화가 일어나는 소리기운의 비밀에 대해서는 『훈민정음 해례본』에도 언급이 없었던 것을 처음으로 쉽고 자세하게 그 근거와 함께 수많은 사례를 들어 밝힌다.

실례를 들면, '**정**'이라는 소리는 초성(ㅈ받침)으로 보면 차가운 金기운이지만 아무리 불러보고 들어봐도 따뜻하게만 느껴지는데, 그것은 소리의 「뜻」이 대표성과 상징성을 가지고 있는 따뜻한 넷째 천간(天干)인 정화(丁火)와 같은 소리(同音)이기 때문이다.

또 '**불**'이라는 소리는 초성(ㅂ받침)으로 보면 차가운 水기운이지만 아무리 불러보고 들어봐도 차갑게 느껴지지 않는데, 그것은 '불'이라는 소리의 「뜻」이 강한 火기운을 가지고 있는 소리이기 때문이다.

이와는 정반대로 '**금**'이란 소리는 초성(ㄱ받침)으로 보면 따뜻한 木기운이지만 소리 그 자체, 즉 소리 전체로 보면 오행(五行) 중 하나인 「금(金)」과 동음(同音)이므로 강한 金기운을 가지고 있어 묵직하면서 차가움이 느껴지는 소리이다.

또한 '**경**'이란 소리도 초성(ㄱ받침)으로 보면 따뜻한 木기운이지만 소리 그 자체, 즉 소리 전체로 보면 십간(十干) 중 하나인 「경금(庚金)」과 동음(同音)이므로 강한 경금(庚金)기운을 가지고 있어 역시 묵직하면서 차가움이 느껴지는 소리이다.

이처럼 소리는 소리가 가지는 특성(特性)에 따라서 항상 초성(첫받침)의 의미만으로 파악할 수 없는 경우가 참으로 많다.

훈민정음을 창제하는 과정에서 소리가 가지고 있는 기운을 다각도로 연구한 학자들 중에서 이에 대해 「왜 그럴까?」라고 의문을 느끼거나 제기한 분은 과연 단 한 사람도 없었을까?

훈민정음의 제자원리인 이론적 기준이나 근거를 떠나 「소리 그 자체가 가지고 있는 온도에 대해서 주목한 학자도 분명히 있었으리라」고 생각된다.

또한 다른 소리와 어우러지면서 「강한 뜻」을 가지게 되는 소리들도 역시 「그 뜻 중심으로」 소리기운이 변하게 되는 경우가 참으로 많다.

실례를 들면, '**한강**'이라는 소리는 초성(ㅎㄱ받침)으로 보면 서로 상극(相

2장 변화가 일어나는 소리기운의 비밀   113

克)관계인 '土기운, 木기운'을 가지고 있는 소리이지만 「뜻」이 강한 水기운 (강)을 가지고 있는 소리이므로 역학적인 용어(用語)로는 강한 임수(壬水) 기운을 가지고 있는 소리가 된다.

【이때 土기운인 '한(=큰)'이란 소리는 강한 水기운인 '강'을 수식(修飾)·강조(强調)해주면서 水기운으로 변하게 되므로 '한강'이란 소리는 土기운, 木기운을 가지고 있는 각각의 소리기운이 아니라 水기운을 강하게 가지고 있는 하나의 소리기운이 된다. 즉 「뜻」이 가지고 있는 기운의 영향을 받아 초성의 소리기운이 변화하여 「뜻」의 기운과 하나가 된 것이다.】

또 '**무궁화**'라는 소리는 초성(ㅁㄱㅎ받침)으로 보면 각각 '水기운, 木기운, 土기운'을 가지고 있는 소리기운이지만 「뜻」이 강한 木기운(무궁화나무와 꽃)을 가지고 있는 소리이기 때문에 역학적인 용어(用語)로는 강한 갑목(甲木)과 을목(乙木)기운을 가지고 있는 소리가 된다.

제각각이던 소리기운들(水기운, 木기운, 土기운)이 「뜻」이 강한 木기운(무궁화나무와 꽃)의 영향을 받아 모두 木기운으로 통일이 되면서 초성(ㅁㄱㅎ받침)으로 봤을 때에 나타나던 소리기운의 왜곡현상은 해소가 됨과 동시에 의미가 없게 되었다.

이 세상은 모든 것이 다 공식대로 맞아떨어지는 경우란 존재하지 않음을 우리는 잘 알고 있다. 그래서 완전한 이론이란 존재할 수가 없기에 언제나 예외라는 단서나 조항이 붙는다는 사실도 우리는 잘 알고 있다.

모든 소리의 특성을 파악하는 기준을 아무리 빼어난 원리에 입각해서 정한다고 하여도 모든 소리를 다 그 기준에만 묶어 둘 수는 없다는 사실과 한계점을 떠올리며 마음을 조금만 비우게 된다면….

그리하여 완전할 수 없음에서 오는 당연한 오류와 왜곡마저 보완해 나간다면 더욱더 온전함을 이루어 나갈 수 있지 않을까? 그렇게 해서 발전해온 것이 아닐까? 그렇게 해서 발전해가는 것이 아닐까?

마음의 「뜻」이 달라지면 「생각」도 「행동」도 달라질 수밖에 없듯이 「소리」도 소리가 가지고 있는 「뜻」에 따라서 다양한 변화가 일어날 수밖에 없다.

그러함에도 불구하고 그러한 이치가 유독 모든 소리에는 적용되지 않고, 오로지 초성(첫받침)에 의한 소리기운만을 인정한다면 과연 독선에서 자유로울 수가 있을까?

변화무쌍한 만물의 이치가 작용하는 이 세상에서 변화를 전혀 인정하지 않는다면 발전도 있을 수가 없거니와 변화하는 주체 중 하나인 우리 자신도 부정하게 되는 것은 아닐까?

필자는 역학과 성명학이란 관점에서 소리가 가지고 있는 기운을 적지 않은 세월 연구해온 학인(學人)으로서 인류 역사에서 그 유례를 찾아볼 수 없는 훈민정음 즉 한글 창제 그 자체가 가지고 있는 독창성과 위대성을 알기에 조금도 폄하하고자 하는 의도는 전혀 없다.

다만 성명학적인 관점에서 대자연의 신묘한 이치를 그대로 드러내면서(표현하면서) 그 기운을 강하게 담고 있는 소리·뜻·글자들이 가지고 있는 특성에 따라서 소리기운에 다양한 변화가 일어나는 경우에 대해서는 그 특성을 온전히 파악하여 작명 시 변화된 소리기운으로 제대로 반영되기를 바랄 뿐이다.

그리하여 소리기운의 왜곡됨이 없이 날마다 부르고 듣는 이름의 소리가 건강과 발전을 강하게 불러들이는 힘 있는 소리가 되길 진심으로 바란다.

그러한 바람에서 『이름이 뭐길래, 부제-건강한 성명학 단상』을 통해 문제 제기를 하는 것이며, 성명학 발전에 뜻을 같이하는 많은 분들의 공감과 관심이 따른다면 자연히 소리기운의 변화와 다양성에 관한 고려와 연구도 활발해져 성명학의 발전으로 이어질 것이라고 믿어 의심치 않는다.

작명 시 이러한 변화의 이치를 전혀 고려하지 않고 초성(첫받침) 중심의 음령오행 이론만을 획일적으로 적용함으로써 소리기운에 왜곡현상이 일어나는 경우가 많아 의도치 않게 엉뚱한 소리기운을 이름에 반영하게 되는 경우는 큰 문제가 되므로 왜곡현상이 일어나는 소리들과 왜곡현상이 해소가 되는 근거를 자세하게 밝히면 다음과 같다.

강한 의미(=뜻=기운)를 가지고 있는 소리의 기운은 그 뜻의 기운과 같다!

다시 말해 강한 의미(=뜻=기운)를 가지고 있는 소리는 이미 「대표성과 상징성을 가지고 있는 소리」이므로 그 대표성과 상징성이 가지고 있는 강한 의미(=뜻=기운)대로 소리기운을 파악하면 된다.

「이렇게 볼 때 '소리기운의 왜곡현상'이 일어나지 않으니」 그 이유는 '눈에 보이지 않는 사람의 마음의 뜻과 그 마음의 뜻을 표현하는 말(소리)'은 「둘이 아닌 하나로서 일체(一體)를 이루고 있기 때문」이다.

「대표성과 상징성을 가지고 있는 소리들」을 예로 들면 다음과 같다.

가장 우선적으로는 우주(宇宙)를 조성(造成)한 신령(神靈)한 이치(理致)이자 기운(氣運)을 대표(代表)하며 상징(象徵)하는 음양오행(陰陽五行)과 십간(十干) 십이지(十二支) 그리고 육십갑자(六十甲子)와 오행의 뜻(기운)이 함축된 역학적인 용어(用語)들이 이에 해당된다.

다음으로는 방위(方位)의 이름인 동(東)/서(西)/남(南)/북(北)/중앙(中央)과 사계절(四季節)의 이름인 봄(春)/여름(夏)/가을(秋)/겨울(冬) 그리고 오상(五常)의 이름인 인(仁)/의(義)/예(禮)/지(智)/신(信) 그리고 색상(色相)의 이름인 청(靑), 파랑/적(赤), 빨강/황(黃), 노랑/백(白), 하양/흑(黑), 검정 그리고 오장육부(五臟六腑)의 이름인 담(膽), 간(肝)/소장(小腸), 심장(心腸)/위장(胃腸), 비장(脾臟)/대장(大腸), 폐(肺)/방광(膀胱), 신장(腎臟) 등이 이에 해당된다.

기타 대표성을 가지는 소리기운들은 나무/풀/나물/과일/송(松)/현/하늘/동녘/동쪽/동방/불/해/햇빛/태양/더위/화약/커피/남녘/남쪽/남방/땅/터/둑/들/밭/산(山)/평(平,坪)/성(城)/설탕/중앙(中央)/돌/바위/은(銀)/옥(玉)/유리(琉璃)/구리/황금/서녘/서쪽/서방/강(江)/가람/여울/바다/냉수(冷水)/온수(溫水)/소금/북녘/북쪽/북방… 등등 강한 뜻을 가지고 있는 소리들이 이에 해당된다.

【모든 소리의 기운을 초성(첫받침)의 의미에 따라 획일적으로 적용해 왔던 소리 구분에만 익숙한 오래된 관행에서 예외(例外)로「소리의 '뜻'이 가지고 있는 의미(기운)대로」보는 새로운 소리 구분의 수많은 사례들」을 통해 쉽게 참고할 수 있도록 자세히 언급하였다.

이 외에도 분명한 '뜻'을 가지고 있는 소리는 초성(첫받침)이 아닌 소리의 '뜻'이 가지고 있는 의미(기운)대로 소리기운을 파악하면 소리기운의 왜곡 현상이 해소(解消)됨과 동시에 정확한 소리기운을 파악할 수 있음도 충분히 확인해 볼 수가 있다.

어떤 이론이든 다양성(多樣性)과 변수(變數)가 배제(排除)된 고정(固定)된 이론으로는 정체(停滯)가 될 수밖에 없으며, 자연히 발전을 기대하기도 어려움을 변화하는 자연의 이치를 항상 탐구(探究)하는 학인(學人)들이야말로 너무나 잘 알고 있지 않은가?】

【음령오행도표참조(音靈五行圖表參照)】

초성(初聲:첫받침)이 ㄱㅋ이면((아음(牙音):어금닛소리)) ▶ 木기운으로 봄
초성(初聲:첫받침)이 ㄴㄷㄹㅌ이면((설음(舌音):헛소리)) ▶ 火기운으로 봄
초성(初聲:첫받침)이 ㅇㅎ이면(후음(喉音):목구멍소리)) ▶ 土기운으로 봄
초성(初聲:첫받침)이 ㅅㅈㅊ이면(치음(齒音):잇소리)) ▶ 金기운으로 봄
초성(初聲:첫받침)이 ㅁㅂㅍ이면(순음(脣音):입술소리)) ▶ 水기운으로 봄

1) 오행(五行)의 소리기운

목 (木)	화 (火)	토 (土)	금 (金)	수 (水)

오행(五行)은 저마다 가지고 있는 특성(特性), 즉 각각의 오행이 가지고 있는 뜻(意)이 바로 그 각각인 오행의 본질(本質)이자 그 자체이다.

따라서 오행마다 가지고 있는 그 뜻이 그대로 소리와 글자에도 영향을 주게 되어 각각의 소리와 글자로 나타나게 되었다.

즉 각각의 오행은 주체(主體)인 그 뜻과 그 뜻을 표현하는 소리와 그 뜻을 담는 그릇인 글자의 기운이 하나의 기운으로서 순수하게 일체를 이루고 있다.

예를 들면, 오행 중 「목(木)」기운은 뜻과 소리와 글자의 기운이 다 木기운으로 이루어져 있는 것이지 뜻과 글자의 기운은 木기운인데, 소리의 기운은 초성(初聲)이 'ㅁ받침'으로 시작된다고 水기운이 작용하는 소리로 보는 것은 **오행의 순수성(純粹性)과 일체성(一體性)을 부정**하는 것이다.

즉 오행의 뜻기운과 일체를 이루고 있는 본래의 소리기운이 초성의 의미만으로 획일적으로 적용하는 음령오행(音靈五行)이라는 이론에 의해 왜곡된 것이다.

나머지 오행들도 「화(火)」기운은 초성이 'ㅎ받침'이므로 土기운으로, 「토(土)」기운은 초성이 'ㅌ받침'이므로 火기운으로, 「금(金)」기운은 초성이 'ㄱ받침'이므로 木기운으로, 「수(水)」기운은 초성이 'ㅅ받침'이므로 金기운으로 각각 보게 되어 **역학의 근본인 오행(五行)의 소리기운이 다 심각하게 왜곡되어 있음**을 알 수 있다.

이는 완전할 수 없는 음령오행이라는 이론의 맹점(盲點)이 명백하게 노출된 경우로 획일적인 음령오행의 이론 적용으로 인한 문제점을 분명하게 보여주고 있다.

오행(五行) 없이는 역학(易學)이란 존재할 수가 없는 학문인데, **음령오행의 이론을 적용한 오행(五行)의 「소리」기운이 본래 오행이 가지고 있는 「뜻」과 「글자」의 기운과는 하나도 맞지 않는다는 사실이 얼마나 심각한 오류(誤謬)이며, 왜곡(歪曲)인지** 오행의 중요성을 아는 학인(學人)이라면 누구나 충분히 공감하며 수긍할 것이다.

【음령오행의 이론에 의해 왜곡된 오행의 소리기운】

오행(五行)	오행의 뜻·소리·글자의 기운	음령오행으로 본 오행의 소리기운
목(木)	木기운으로 순수함(일체성)	水기운으로(ㅁ받침) 왜곡
화(火)	火기운으로 순수함(일체성)	土기운으로(ㅎ받침) 왜곡
토(土)	土기운으로 순수함(일체성)	火기운으로(ㅌ받침) 왜곡
금(金)	金기운으로 순수함(일체성)	木기운으로(ㄱ받침) 왜곡
수(水)	水기운으로 순수함(일체성)	金기운으로(ㅅ받침) 왜곡

▶ 목(木)

오행(五行) 중에서 강한 목(木)기운을 가지고 있는 「목」이라는 소리는 초성(=첫받침)의 의미만으로 획일적으로 소리기운을 적용하는 음령오행의 이론으로 보게 될 경우 〈목은 초성이 'ㅁ받침'이므로 水기운이 작용하는 소리〉라고 본다.

그러나 「목(木)」이라는 소리는 「그 뜻이 오행(五行) 중에서 강한 木기운을 의미하는 대표성과 상징성을 가지고 있으므로」 그 대표성과 상징성이 가지고 있는 강한 뜻(의미=기운)대로 소리기운을 파악하면 된다.

즉 「'나무 목(木)'이라는 강한 뜻기운(木기운)의 영향을 받아」 초성의 의미로 본 水기운의 소리가 木기운으로 변하게 되면서 소리·뜻·글자의 기운이 모두 다 강한 '木기운'으로 통일이 되며 순수해진다.

이로써 초성으로 볼 때에 나타나는 소리기운의 왜곡현상은 해소가 됨과 동시에 소리기운의 왜곡을 바로 잡을 수 있다.

※ 만약 글자가 '나무 목(木)' 字가 아닌 '화목할 목(睦)' 字인 경우에도 '화목할'이란 글자의 뜻과 글자에 木기운인 '눈 목(目)' 字가 들어 있으므로 이 역시 소리·뜻·글자의 기운이 모두 다 강한 '木기운'을 가지게 된다.

▶ 화(火)

오행(五行) 중에서 강한 화(火)기운을 가지고 있는 「화」라는 소리는 초성(=첫받침)의 의미만으로 획일적으로 소리기운을 적용하는 음령오행의 이론으로 보게 될 경우 〈'화'는 초성이 'ㅎ받침'이므로 土기운이 작용하는 소리〉라고 본다.

그러나 「화(火)」라는 소리는 「그 뜻이 오행(五行) 중에서 강한 火기운을 의미하는 대표성과 상징성을 가지고 있으므로」 그 대표성과 상징성이 가지고 있는 강한 뜻(의미=기운)대로 소리기운을 파악하면 된다.

즉 「'불 화(火)'라는 강한 뜻기운(火기운)의 영향을 받아」 초성의 의미로 본 土기운의 소리가 火기운으로 변하게 되면서 소리·뜻·글자의 기운이 모두 다 강한 '火기운'으로 통일이 되며 순수해진다.

이로써 초성으로 볼 때에 나타나는 소리기운의 왜곡현상은 해소가 됨과 동시에 소리기운의 왜곡을 바로 잡을 수 있다.

※ 만약 글자가 '불 화(火)' 字가 아닌 '꽃 화(花)' 字인 경우에는 '꽃'이란 글자의 뜻과 글자에 '풀 초(⊠=艸)' 字가 들어 있으므로 뜻기운과 글자의 기운은 木기운이 되지만 「화」라는 소리기운은 「강한 火기운을 의미하는 대표성과 상징성을 가지고 있는 소리이므로」 火기운이 된다. 즉 소리기운은 火기운이고, 뜻기운과 글자의 기운은 木기운이므로 상생(相生)관계가 된다.

▶ 토(土)

오행(五行) 중에서 강한 토(土)기운을 가지고 있는 「토」라는 소리는 초성(=첫받침)의 의미만으로 획일적으로 소리기운을 적용하는 음령오행의 이론으로 보게 될 경우 〈'토'는 초성이 'ㅌ받침'이므로 火기운이 작용하는 소리〉라고 본다.

그러나 「토(土)」라는 소리는 「그 뜻이 오행(五行) 중에서 강한 土기운을 의미하는 대표성과 상징성을 가지고 있으므로」 그 대표성과 상징성이 가지고 있는 강한 뜻(의미=기운)대로 소리기운을 파악하면 된다.

즉 「흙 토(土)'라는 강한 뜻기운(土기운)의 영향을 받아」 초성의 의미로 본 火기운의 소리가 土기운으로 변하게 되면서 소리·뜻·글자의 기운이 모두 다 강한 '土기운'으로 통일이 되며 순수해진다.

이로써 초성으로 볼 때에 나타나는 소리기운의 왜곡현상은 해소가 됨과 동시에 소리기운의 왜곡을 바로 잡을 수 있다.

※ 만약 글자가 '흙 토(土)' 字가 아닌 '토끼 토(兎)' 字인 경우에는 '토끼'란 글자의 뜻과 '토(兎)'라는 글자가 木기운을 가지고 있으므로 뜻기운과 글자의 기운은 木기운이 되지만 「토」라는 소리기운은 「강한 土기운을 의미하는 대표성과 상징성을 가지고 있는 소리이므로」 土기운이 된다. 즉 소리기운은 土기운이고, 뜻기운과 글자의 기운은 木기운이므로 상극(相克)관계가 된다.

▶ 금(金)

오행(五行) 중에서 강한 금(金)기운을 가지고 있는 「금」이라는 소리는 초성(=첫받침)의 의미만으로 획일적으로 소리기운을 적용하는 음령오행의 이론으로 보게 될 경우 〈'금'은 초성이 'ㄱ받침'이므로 木기운이 작용하는 소리〉라고 본다.

그러나 「금(金)」이라는 소리는 「그 뜻이 오행(五行) 중에서 강한 金기운을 의미하는 대표성과 상징성을 가지고 있으므로」 그 대표성과 상징성이 가지고 있는 강한 뜻(의미=기운)대로 소리기운을 파악하면 된다.

즉 「쇠 금(金)'이라는 강한 뜻기운(金기운)의 영향을 받아」 초성의 의미로 본 木기운의 소리가 金기운으로 변하게 되면서 소리·뜻·글자의 기운이 모두 다 강한 '金기운'으로 통일이 되며 순수해진다.

이로써 초성으로 볼 때에 나타나는 소리기운의 왜곡현상은 해소가 됨과 동시에 소리기운의 왜곡을 바로 잡을 수 있다.

※ 만약 글자가 '쇠 금(金)' 字가 아닌 '해가 밝을 금(昑)' 字인 경우에는 '해가 밝을'이란 글자의 뜻과 그 뜻을 담는 그릇인 글자에 '일(日)' 字가 들어 있으므로 뜻기운과 글자의 기운은 火기운이 되지만 「금」이라는 소리기운은 「강한 金기운을 의미하는 대표성과 상징성을 가지고 있는 소리이므로」 金기운이 된다.

즉 소리기운은 金기운이고, 뜻기운과 글자의 기운은 火기운이므로 상극(相克)관계가 된다.

▶ 수(水)

오행(五行) 중에서 강한 수(水)기운을 가지고 있는 「수」라는 소리는 초성(=첫받침)의 의미만으로 획일적으로 소리기운을 적용하는 음령오행의 이론으로 보게 될 경우 〈'수'는 초성이 'ㅅ받침'이므로 金기운이 작용하는 소리〉라고 본다.

그러나 「수(水)」라는 소리는 「그 뜻이 오행(五行) 중에서 강한 水기운을 의미하는 대표성과 상징성을 가지고 있으므로」 그 대표성과 상징성이 가지고 있는 강한 뜻(의미=기운)대로 소리기운을 파악하면 된다.

즉 「물 수(水)」라는 강한 뜻기운(水기운)의 영향을 받아」 초성의 의미로 본 金기운의 소리가 水기운으로 변하게 되면서 소리·뜻·글자의 기운이 모두 다 강한 '水기운'으로 통일이 되며 순수해진다.

이로써 초성으로 볼 때에 나타나는 소리기운의 왜곡현상은 해소가 됨과 동시에 소리기운의 왜곡을 바로 잡을 수 있다.

※ 만약 글자가 '물 수(水)' 字가 아닌 '나무 수(樹)' 字인 경우에는 '나무'란 글자의 뜻과 그 뜻을 담는 그릇인 글자에도 '나무 목(木)' 字가 들어 있으므로 뜻기운과 글자의 기운은 木기운이 되지만 「水」라는 소리기운은 「강한 水기운을 의미하는 대표성과 상징성을 가지고 있는 소리이므로」 水기운이 된다.

즉 소리기운은 水기운이고, 뜻기운과 글자의 기운은 木기운이므로 상생(相生)관계가 된다.

♧ '나무/불/흙/쇠/물'이란「뜻」을 가진, 즉 '목화토금수(木火土金水)' 오행(五行)의 소리기운을 음령오행의 이론인 초성(=첫받침)의 의미만으로 보게 되면 소리기운이 '수토화목금(水土火木金)'이 되어 우주(宇宙)를 조성(造成)한 신령(神靈)한 이치(理致)이자 기운(氣運)인 오행(五行)의 소리기운이 하나도 맞지 않고 왜곡된 것을 확인할 수 있다.

그러나 이를 모든 존재의 본질인「뜻 중심」으로 보게 되면 오행(五行)의 소리·뜻·글자의 기운이 모두 다 같은 기운으로 통일이 되면서 순수해지므로 소리의 왜곡현상이 발생할 수가 없다.

2) 십간(十干)의 소리기운

갑 (甲)	을 (乙)	병 (丙)	정 (丁)	무 (戊)	기 (己)	경 (庚)	신 (辛)	임 (壬)	계 (癸)

▶ 갑(甲)

십간(十干) 중에서 강한 갑목(甲木)기운을 가지고 있는「갑」이라는 소리는 초성(=첫받침)의 의미만으로 획일적으로 소리기운을 적용하는 음령오행의 이론으로 보게 될 경우 〈'갑'은 초성이 'ㄱ받침'이므로 木기운이 작용하는 소리〉라고 본다.

또한 「갑(甲)」이라는 소리는 「그 뜻이 십간(十干) 중에서 강한 갑목(甲木)기운을 의미하는 대표성과 상징성을 가지고 있으므로」 그 대표성과 상징성이 가지고 있는 강한 뜻(의미=기운)대로 소리기운을 파악하면 된다.

즉 「갑목(甲木)'이라는 강한 뜻기운(木기운)의 영향을 받아」 초성의 의미로 본 木기운(ㄱ받침)보다 훨씬 더 강한 木기운이 작용하는 소리이다.

따라서 신령한 갑목(甲木)기운이 왕성(旺盛)하게 작용하는 '갑(甲)'이라는 소리는 소리·뜻·글자의 기운이 다 강한 '갑목(甲木)기운'을 가지고 있다.

▶ 을(乙)

십간(十干) 중에서 강한 을목(乙木)기운을 가지고 있는 「을」이라는 소리는 초성(=첫받침)의 의미만으로 획일적으로 소리기운을 적용하는 음령오행의 이론으로 보게 될 경우 〈'을'은 초성이 'ㅇ받침'이므로 土기운이 작용하는 소리〉라고 본다.

그러나 「을(乙)」이라는 소리는 「그 뜻이 십간(十干) 중에서 강한 을목(乙木)기운을 의미하는 대표성과 상징성을 가지고 있으므로」 그 대표성과 상징성이 가지고 있는 강한 뜻(의미=기운)대로 소리기운을 파악하면 된다.

즉 「'을목(乙木)'이라는 강한 뜻기운(木기운)의 영향을 받아」 초성의 의미로 본 土기운의 소리가 木기운으로 변하게 되면서 소리·뜻·글자의 기운이 모두 다 강한 '을목(乙木)기운'으로 통일이 되며 순수해진다.

이로써 초성으로 볼 때에 나타나는 소리기운의 왜곡현상은 해소가 됨과 동시에 소리기운의 왜곡을 바로 잡을 수 있다.

▶ 병(丙)

십간(十干) 중에서 강한 병화(丙火)기운을 가지고 있는 「병」이라는 소리는 초성(=첫받침)의 의미만으로 획일적으로 소리기운을 적용하는 음령오행의 이론으로 보게 될 경우 〈'병'은 초성이 'ㅂ받침'이므로 水기운이 작용하는 소리〉라고 본다.

그러나 「병(丙)」이라는 소리는 「그 뜻이 십간(十干) 중에서 강한 병화(丙火)기운을 의미하는 대표성과 상징성을 가지고 있으므로」 그 대표성과 상징성이 가지고 있는 강한 뜻(의미=기운)대로 소리기운을 파악하면 된다.

즉 「'병화(丙火)'라는 강한 뜻기운(火기운)의 영향을 받아」 초성의 의미로 본 水기운의 소리가 火기운으로 변하게 되면서 소리·뜻·글자의 기운이 모두 다 강한 '병화(丙火)기운'으로 통일이 되며 순수해진다.

이로써 초성으로 볼 때에 나타나는 소리기운의 왜곡현상은 해소가 됨과 동시에 소리기운의 왜곡을 바로 잡을 수 있다.

▶ 정(丁)

십간(十干) 중에서 강한 정화(丁火)기운을 가지고 있는 「정」이라는 소리는 초성(=첫받침)의 의미만으로 획일적으로 소리기운을 적용하는 음령오행의 이론으로 보게 될 경우 〈'정'은 초성이 'ㅈ받침'이므로 金기운이 작용하는 소리〉라고 본다.

그러나 「정(丁)」이라는 소리는 「그 뜻이 십간(十干) 중에서 강한 정화(丁火)기운을 의미하는 대표성과 상징성을 가지고 있으므로」 그 대표성과 상징성이 가지고 있는 강한 뜻(의미=기운)대로 소리기운을 파악하면 된다.

즉 「'정화(丁火)'라는 강한 뜻기운(火기운)의 영향을 받아」 초성의 의미로 본 金기운의 소리가 火기운으로 변하게 되면서 소리·뜻·글자의 기운이 모두 다 강한 '정화(丁火)기운'으로 통일이 되며 순수해진다.

그래서 '정'이란 소리기운은 아무리 반복해서 들어도 따뜻한 기운(火기운)이 느껴지는 소리일 뿐 차갑게(金) 느껴지지 않는 이유이다.

이로써 초성으로 볼 때에 나타나는 소리기운의 왜곡현상은 해소가 됨과 동시에 소리기운의 왜곡을 바로 잡을 수 있다.

▶ 무(戊)

십간(十干) 중에서 강한 무토(戊土)기운을 가지고 있는 「무」라는 소리는 초성(=첫받침)의 의미만으로 획일적으로 소리기운을 적용하는 음령오행의 이론으로 보게 될 경우 〈'무'는 초성이 'ㅁ받침'이므로 水기운이 작용하는 소리〉라고 본다.

그러나 「무(戊)」라는 소리는 「그 뜻이 십간(十干) 중에서 강한 무토(戊土)기운을 의미하는 대표성과 상징성을 가지고 있으므로」 그 대표성과 상징성이 가지고 있는 강한 뜻(의미=기운)대로 소리기운을 파악하면 된다.

즉 「무토(戊土)」라는 강한 뜻기운(土기운)의 영향을 받아」 초성의 의미로 본 水기운의 소리가 土기운으로 변하게 되면서 소리·뜻·글자의 기운이 모두 다 강한 '무토(戊土)기운'으로 통일이 되며 순수해진다.

이로써 초성으로 볼 때에 나타나는 소리기운의 왜곡현상은 해소가 됨과 동시에 소리기운의 왜곡을 바로 잡을 수 있다.

▶ 기(己)

   십간(十干) 중에서 강한 기토(己土)기운을 가지고 있는 「기」라는 소리는 초성(=첫받침)의 의미만으로 획일적으로 소리기운을 적용하는 음령오행의 이론으로 보게 될 경우 〈'기'는 초성이 'ㄱ받침'이므로 木기운이 작용하는 소리〉라고 본다.

   그러나 「기(己)」라는 소리는 「그 뜻이 십간(十干) 중에서 강한 기토(己土) 기운을 의미하는 대표성과 상징성을 가지고 있으므로」 그 대표성과 상징성이 가지고 있는 강한 뜻(의미=기운)대로 소리기운을 파악하면 된다.

   즉 「기토(己土)'라는 강한 뜻기운(土기운)의 영향을 받아」 초성의 의미로 본 木기운의 소리가 土기운으로 변하게 되면서 소리·뜻·글자의 기운이 모두 다 강한 '기토(己土)기운'으로 통일이 되며 순수해진다.

   이로써 초성으로 볼 때에 나타나는 소리기운의 왜곡현상은 해소가 됨과 동시에 소리기운의 왜곡을 바로 잡을 수 있다.

▶ 경(庚)

   십간(十干) 중에서 강한 경금(庚金)기운을 가지고 있는 「경」이라는 소리는 초성(=첫받침)의 의미만으로 획일적으로 소리기운을 적용하는 음령오행의 이론으로 보게 될 경우 〈'경'은 초성이 'ㄱ받침'이므로 木기운이 작용하는 소리〉라고 본다.

그러나 「경(庚)」이라는 소리는 「그 뜻이 십간(十干) 중에서 강한 경금(庚金)기운을 의미하는 대표성과 상징성을 가지고 있으므로」 그 대표성과 상징성이 가지고 있는 강한 뜻(의미=기운)대로 소리기운을 파악하면 된다.

즉 「'경금(庚金)'이라는 강한 뜻기운(金기운)의 영향을 받아」 초성의 의미로 본 木기운의 소리가 金기운으로 변하게 되면서 소리·뜻·글자의 기운이 모두 다 강한 '경금(庚金)기운'으로 통일이 되며 순수해진다.

이로써 초성으로 볼 때에 나타나는 소리기운의 왜곡현상은 해소가 됨과 동시에 소리기운의 왜곡을 바로 잡을 수 있다.

▶ 신(辛)

십간(十干) 중에서 강한 신금(辛金)기운을 가지고 있는 「신」이라는 소리는 초성(=첫받침)의 의미만으로 획일적으로 소리기운을 적용하는 음령오행의 이론으로 보게 될 경우에도 〈'신'은 초성이 'ㅅ받침'이므로 金기운이 작용하는 소리〉라고 본다.

또한 「신(辛)」이라는 소리는 「그 뜻이 십간(十干) 중에서 강한 신금(辛金)

기운을 의미하는 대표성과 상징성을 가지고 있으므로」 그 대표성과 상징성이 가지고 있는 강한 뜻(의미=기운)대로 소리기운을 파악하면 된다.

즉 「신금(辛金)'이라는 강한 뜻기운(金기운)의 영향을 받아」 초성의 의미로 본 金기운(ㅅ받침)보다 훨씬 더 강한 金기운이 작용하는 소리이다.

따라서 신령한 신금(辛金)기운이 왕성(旺盛)하게 작용하는 '신(辛)'이라는 소리는 소리·뜻·글자의 기운이 다 강한 '신금(辛金)기운'을 가지고 있다.

▶ 임(壬)

십간(十干) 중에서 강한 임수(壬水)기운을 가지고 있는 「임」이라는 소리는 초성(=첫받침)의 의미만으로 획일적으로 소리기운을 적용하는 음령오행의 이론으로 보게 될 경우 〈'임'은 초성이 'ㅇ받침'이므로 土기운이 작용하는 소리〉라고 본다.

그러나 「임(壬)」이라는 소리는 「그 뜻이 십간(十干) 중에서 강한 임수(壬水)기운을 의미하는 대표성과 상징성을 가지고 있으므로」 그 대표성과 상징성이 가지고 있는 강한 뜻(의미=기운)대로 소리기운을 파악하면 된다.

즉 「임수(壬水)'라는 강한 뜻기운(水기운)의 영향을 받아」 초성의 의미로 본 土기운의 소리가 水기운으로 변하게 되면서 소리·뜻·글자의 기운이 모두 다 강한 '임수(壬水)기운'으로 통일이 되며 순수해진다.

　이로써 초성으로 볼 때에 나타나는 소리기운의 왜곡현상은 해소가 됨과 동시에 소리기운의 왜곡을 바로 잡을 수 있다.

▶ 계(癸)

　십간(十干) 중에서 강한 계수(癸水)기운을 가지고 있는 「계」라는 소리는 초성(=첫받침)의 의미만으로 획일적으로 소리기운을 적용하는 음령오행의 이론으로 보게 될 경우 〈'계'는 초성이 'ㄱ받침'이므로 木기운이 작용하는 소리〉라고 본다.

　그러나 「계(癸)」라는 소리는 「그 뜻이 십간(十干) 중에서 강한 계수(癸水)기운을 의미하는 대표성과 상징성을 가지고 있으므로」 그 대표성과 상징성이 가지고 있는 강한 뜻(의미=기운)대로 소리기운을 파악하면 된다.

　즉 「'계수(癸水)'라는 강한 뜻기운(水기운)의 영향을 받아」 초성의 의미로 본 木기운의 소리가 水기운으로 변하게 되면서 소리·뜻·글자의 기운이 모두 다 강한 '계수(癸水)기운'으로 통일이 되며 순수해진다.

　이로써 초성으로 볼 때에 나타나는 소리기운의 왜곡현상은 해소가 됨과 동시에 소리기운의 왜곡을 바로 잡을 수 있다.

♧ '갑목/을목/병화/정화/무토/기토/경금/신금/임수/계수'란 「뜻」을 가진 즉 '갑을병정무기경신임계(木木火火土土金金水水)' 십천간(十天干)의 소리기운을 음령오행의 이론인 초성(=첫받침)의 의미만으로 보게 되면 소리기운이 '木土水金水木木金土木'이 되어 우주(宇宙)를 조성(造成)한 신령(神靈)한 이치(理致)이자 기운(氣運)인 십천간(十天干)의 소리기운이 '갑(甲)'과 '신(辛)'을 제외한 나머지 10가지 천간(天干)의 소리기운이 맞지 않고 왜곡되는 것을 확인할 수 있다.

그러나 이를 모든 존재의 본질인 「뜻 중심」으로 보게 되면 십천간(十天干)의 소리·뜻·글자의 기운이 모두 다 같은 기운으로 통일이 되면서 순수해지므로 소리의 왜곡현상이 발생할 수가 없다.

3) 십이지(十二支)의 소리기운

자(子)	축(丑)	인(寅)	묘(卯)	진(辰)	사(巳)	오(午)	미(未)	신(申)	유(酉)	술(戌)	해(亥)

▶ 자(子)

십이지(十二支) 중에서 강한 자수(子水)기운을 가지고 있는 「자」라는 소리는 초성(=첫받침)의 의미만으로 획일적으로 소리기운을 적용하는 음령오행의 이론으로 보게 될 경우 〈자〉는 초성이 'ㅈ받침'이므로 金기운이 작용하는 소리〉라고 본다.

그러나 「자(子)」라는 소리는 「그 뜻이 십이지(十二支) 중에서 강한 자수(子水)기운을 의미하는 대표성과 상징성을 가지고 있으므로」 그 대표성과 상징성이 가지고 있는 강한 뜻(의미=기운)대로 소리기운을 파악하면 된다.

즉 「자수(子水)」라는 강한 뜻기운(水기운)의 영향을 받아, 초성의 의미로 본 金기운의 소리가 水기운으로 변하게 되면서 소리·뜻·글자의 기운이 모두 다 강한 '자수(子水)기운'으로 통일이 되며 순수해진다.

이로써 초성으로 볼 때에 나타나는 소리기운의 왜곡현상은 해소가 됨과 동시에 소리기운의 왜곡을 바로 잡을 수 있다.

▶ 축(丑)

십이지(十二支) 중에서 강한 축토(丑土)기운을 가지고 있는 「축」이라는 소리는 초성(=첫받침)의 의미만으로 획일적으로 소리기운을 적용하는 음령오행의 이론으로 보게 될 경우 〈'축'은 초성이 'ㅊ받침'이므로 金기운이 작용하는 소리〉라고 본다.

그러나 「축(丑)」이라는 소리는 「그 뜻이 십이지(十二支) 중에서 강한 축토(丑土)기운을 의미하는 대표성과 상징성을 가지고 있으므로」 그 대표성과

2장 변화가 일어나는 소리기운의 비밀   137

상징성이 가지고 있는 강한 뜻(의미=기운)대로 소리기운을 파악하면 된다.

즉「축토(丑土)」라는 강한 뜻기운(土기운)의 영향을 받아」초성의 의미로 본 金기운의 소리가 土기운으로 변하게 되면서 소리·뜻·글자의 기운이 모두 다 강한 '축토(丑土)기운'으로 통일이 되며 순수해진다.

이로써 초성으로 볼 때에 나타나는 소리기운의 왜곡현상은 해소가 됨과 동시에 소리기운의 왜곡을 바로 잡을 수 있다.

▶ 인(寅)

십이지(十二支) 중에서 강한 인목(寅木)기운을 가지고 있는「인」이라는 소리는 초성(=첫받침)의 의미만으로 획일적으로 소리기운을 적용하는 음령오행의 이론으로 보게 될 경우 〈'인'은 초성이 'ㅇ받침'이므로 土기운이 작용하는 소리〉라고 본다.

그러나「인(寅)」이라는 소리는「그 뜻이 십이지(十二支) 중에서 강한 인목(寅木)기운을 의미하는 대표성과 상징성을 가지고 있으므로」그 대표성과 상징성이 가지고 있는 강한 뜻(의미=기운)대로 소리기운을 파악하면 된다.

즉「인목(寅木)'이라는 강한 뜻기운(木기운)의 영향을 받아」초성의 의미로 본 土기운의 소리가 木기운으로 변하게 되면서 소리·뜻·글자의 기운이 모두 다 강한 '인목(寅木)기운'으로 통일이 되며 순수해진다.

이로써 초성으로 볼 때에 나타나는 소리기운의 왜곡현상은 해소가 됨과 동시에 소리기운의 왜곡을 바로 잡을 수 있다.

▶ 묘(卯)

십이지(十二支) 중에서 강한 묘목(卯木)기운을 가지고 있는「묘」라는 소리는 초성(=첫받침)의 의미만으로 획일적으로 소리기운을 적용하는 음령오행의 이론으로 보게 될 경우 〈「묘」는 초성이 'ㅁ받침'이므로 水기운이 작용하는 소리〉라고 본다.

그러나「묘(卯)」라는 소리는「그 뜻이 십이지(十二支) 중에서 강한 묘목(卯木)기운을 의미하는 대표성과 상징성을 가지고 있으므로」그 대표성과 상징성이 가지고 있는 강한 뜻(의미=기운)대로 소리기운을 파악하면 된다.

즉「묘목(卯木)'이라는 강한 뜻기운(木기운)의 영향을 받아」초성의 의미로 본 水기운의 소리가 木기운으로 변하게 되면서 소리·뜻·글자의 기운이 모두 다 강한 '묘목(卯木)기운'으로 통일이 되며 순수해진다.

이로써 초성으로 볼 때에 나타나는 소리기운의 왜곡현상은 해소가 됨과 동시에 소리기운의 왜곡을 바로 잡을 수 있다.

▶ 진(辰)

십이지(十二支) 중에서 강한 진토(辰土)기운을 가지고 있는「진」이라는 소리는 초성(=첫받침)의 의미만으로 획일적으로 소리기운을 적용하는 음령오행의 이론으로 보게 될 경우 〈'진'은 초성이 'ㅈ받침'이므로 金기운이 작용하는 소리〉라고 본다.

그러나「진(辰)」이라는 소리는「그 뜻이 십이지(十二支) 중에서 강한 진토(辰土)기운을 의미하는 대표성과 상징성을 가지고 있으므로」그 대표성과 상징성이 가지고 있는 강한 뜻(의미=기운)대로 소리기운을 파악하면 된다.

즉「진토(辰土)」라는 강한 뜻기운(土기운)의 영향을 받아」초성의 의미로 본 金기운의 소리가 土기운으로 변하게 되면서 소리·뜻·글자의 기운이 모두 다 강한 '진토(辰土)기운'으로 통일이 되며 순수해진다.

이로써 초성으로 볼 때에 나타나는 소리기운의 왜곡현상은 해소가 됨과 동시에 소리기운의 왜곡을 바로 잡을 수 있다.

▶ 사(巳)

십이지(十二支) 중에서 강한 사화(巳火)기운을 가지고 있는「사」라는 소리는 초성(=첫받침)의 의미만으로 획일적으로 소리기운을 적용하는 음령오행의 이론으로 보게 될 경우 〈'사'는 초성이 'ㅅ받침'이므로 金기운이 작용하는 소리〉라고 본다.

그러나 「사(巳)」라는 소리는 「그 뜻이 십이지(十二支) 중에서 강한 사화(巳火)기운을 의미하는 대표성과 상징성을 가지고 있으므로」 그 대표성과 상징성이 가지고 있는 강한 뜻(의미=기운)대로 소리기운을 파악하면 된다.

즉 「사화(巳火)」라는 강한 뜻기운(火기운)의 영향을 받아」 초성의 의미로 본 金기운의 소리가 火기운으로 변하게 되면서 소리·뜻·글자의 기운이 모두 다 강한 '사화(巳火)기운'으로 통일이 되며 순수해진다.

이로써 초성으로 볼 때에 나타나는 소리기운의 왜곡현상은 해소가 됨과 동시에 소리기운의 왜곡을 바로 잡을 수 있다.

▶ 오(午)

십이지(十二支) 중에서 강한 오화(午火)기운을 가지고 있는 「오」라는 소리는 초성(=첫받침)의 의미만으로 획일적으로 소리기운을 적용하는 음령오행의 이론으로 보게 될 경우 〈'오'는 초성이 'ㅇ받침'이므로 土기운이 작용하는 소리〉라고 본다.

그러나 「오(午)」라는 소리는 「그 뜻이 십이지(十二支) 중에서 강한 오화(午

火)기운을 의미하는 대표성과 상징성을 가지고 있으므로」그 대표성과 상징성이 가지고 있는 강한 뜻(의미=기운)대로 소리기운을 파악하면 된다.

즉「'오화(午火)'라는 강한 뜻기운(火기운)의 영향을 받아」초성의 의미로 본 土기운의 소리가 火기운으로 변하게 되면서 소리·뜻·글자의 기운이 모두 다 강한 '오화(午火)기운'으로 통일이 되며 순수해진다.

이로써 초성으로 볼 때에 나타나는 소리기운의 왜곡현상은 해소가 됨과 동시에 소리기운의 왜곡을 바로 잡을 수 있다.

❧ 소리가 단음(短音)일 때는 '오(午)' 즉 '오화(午火)기운'이 작용되며, 장음(長音)일 경우에는 '오(五)'가 되므로 '무토(戊土)' 즉 '양토(陽土)'기운이 작용된다.

▶ 미(未)

십이지(十二支) 중에서 강한 미토(未土)기운을 가지고 있는「미」라는 소리는 초성(=첫받침)의 의미만으로 획일적으로 소리기운을 적용하는 음령오행의 이론으로 보게 될 경우〈'미'는 초성이 'ㅁ받침'이므로 水기운이 작용하는 소리〉라고 본다.

그러나「미(未)」라는 소리는「그 뜻이 십이지(十二支) 중에서 강한 미토(未

土)기운을 의미하는 대표성과 상징성을 가지고 있으므로」그 대표성과 상징성이 가지고 있는 강한 뜻(의미=기운)대로 소리기운을 파악하면 된다.

즉 「'미토(未土)'라는 강한 뜻기운(土기운)의 영향을 받아」 초성의 의미로 본 水기운의 소리가 土기운으로 변하게 되면서 소리·뜻·글자의 기운이 모두 다 강한 '미토(未土)기운'으로 통일이 되며 순수해진다.

이로써 초성으로 볼 때에 나타나는 소리기운의 왜곡현상은 해소가 됨과 동시에 소리기운의 왜곡을 바로 잡을 수 있다.

▶ 신(申)

십이지(十二支) 중에서 강한 신금(申金)기운을 가지고 있는 「신」이라는 소리는 초성(=첫받침)의 의미만으로 획일적으로 소리기운을 적용하는 음령오행의 이론으로 보게 될 경우 〈'신'은 초성이 'ㅅ받침'이므로 金기운이 작용하는 소리〉라고 본다.

또한 「신(申)」이라는 소리는 「그 뜻이 십이지(十二支) 중에서 강한 신금(申金)기운을 의미하는 대표성과 상징성을 가지고 있으므로」 그 대표성과 상징성이 가지고 있는 강한 뜻(의미=기운)대로 소리기운을 파악하면 된다.

즉 「'신금(申金)'이라는 강한 뜻기운(金기운)의 영향을 받아」 초성의 의미로 본 金기운(ㅅ받침)보다 훨씬 더 강한 金기운이 작용하는 소리이다.

따라서 신금(申金)기운이 왕성(旺盛)하게 작용하는 '신(申)'이라는 소리는 소리·뜻·글자의 기운이 다 강한 '신금(申金)기운'을 가지고 있다.

▶ 유(酉)

십이지(十二支) 중에서 강한 유금(酉金)기운을 가지고 있는 「유」라는 소리는 초성(=첫받침)의 의미만으로 획일적으로 소리기운을 적용하는 음령오행의 이론으로 보게 될 경우 〈'유'는 초성이 'ㅇ받침'이므로 土기운이 작용하는 소리〉라고 본다.

그러나 「유(酉)」라는 소리는 「그 뜻이 십이지(十二支) 중에서 강한 유금(酉金)기운을 의미하는 대표성과 상징성을 가지고 있으므로」 그 대표성과 상징성이 가지고 있는 강한 뜻(의미=기운)대로 소리기운을 파악하면 된다.

즉 「유금(酉金)'이라는 강한 뜻기운(金기운)의 영향을 받아」 초성의 의미로 본 土기운의 소리가 金기운으로 변하게 되면서 소리·뜻·글자의 기운이 모두 다 강한 '유금(酉金)'으로 통일이 되며 순수해진다.

이로써 초성으로 볼 때에 나타나는 소리기운의 왜곡현상은 해소가 됨과 동시에 소리기운의 왜곡을 바로 잡을 수 있다.

▶ 술(戌)

　십이지(十二支) 중에서 강한 술토(戌土)기운을 가지고 있는 「술」이라는 소리는 초성(=첫받침)의 의미만으로 획일적으로 소리기운을 적용하는 음령오행의 이론으로 보게 될 경우 〈'술'은 초성이 'ㅅ받침'이므로 金기운이 작용하는 소리〉라고 본다.

　그러나 「술(戌)」이라는 소리는 「그 뜻이 십이지(十二支) 중에서 강한 술토(戌土)기운을 의미하는 대표성과 상징성을 가지고 있으므로」 그 대표성과 상징성이 가지고 있는 강한 뜻(의미=기운)대로 소리기운을 파악하면 된다.

　즉 「'술토(戌土)'라는 강한 뜻기운(土기운)의 영향을 받아」 초성의 의미로 본 金기운의 소리가 土기운으로 변하게 되면서 소리·뜻·글자의 기운이 모두 다 강한 '술토(戌土)'로 통일이 되며 순수해진다.

　이로써 초성으로 볼 때에 나타나는 소리기운의 왜곡현상은 해소가 됨과 동시에 소리기운의 왜곡을 바로 잡을 수 있다.

　❧ 모든 소리는 「분명한! 어떤! 뜻」을 가지고 쓰느냐에 따라서 그 소리의 의미(기운)가 달라진다. 일상생활에서 '술'이라는 소리를 가장 많이 쓰게 되는 경우가 「술 먹자!」인데, 이때의 '술'이라는 소리는 술토(戌土)기운이 아니라 화기(火氣)를 가진 소리기운이 된다.

▶ 해(亥)

  십이지(十二支) 중에서 강한 해수(亥水)기운을 가지고 있는「해」라는 소리는 초성(=첫받침)의 의미만으로 획일적으로 소리기운을 적용하는 음령오행의 이론으로 보게 될 경우 〈'해'는 초성이 'ㅎ받침'이므로 土기운이 작용하는 소리〉라고 본다.

  그러나「해(亥)」라는 소리는「그 뜻이 십이지(十二支) 중에서 강한 해수(亥水)기운을 의미하는 대표성과 상징성을 가지고 있으므로」그 대표성과 상징성이 가지고 있는 강한 뜻(의미=기운)대로 소리기운을 파악하면 된다.

  즉「해수(亥水)'라는 강한 뜻기운(水기운)의 영향을 받아」초성의 의미로 본 土기운의 소리가 水기운으로 변하게 되면서 소리·뜻·글자의 기운이 모두 다 강한 '해수(亥水)'로 통일이 되며 순수해진다.

  이로써 초성으로 볼 때에 나타나는 소리기운의 왜곡현상은 해소가 됨과 동시에 소리기운의 왜곡을 바로 잡을 수 있다.

  ♧ 모든 소리는「분명한! 어떤! 뜻」을 가지고 쓰느냐에 따라서 그 소리의 의미(기운)가 달라진다. '해'라는 소리를「해수(海水)·해양(海洋)」의 의미로 쓸 때는 해수(亥水)기운이 작용하지만 '해솔·해온'처럼「태양」의 의미로 쓸 때는 병화(丙火)기운이 작용한다.

❧ '쥐소범토끼용뱀말양원숭이닭개돼지(水土木木土火火土金金土水)'란 「뜻」을 가진 즉 '자축인묘진사오미신유술해(子丑寅卯辰巳午未申酉戌亥)' 십이지(十二支)의 소리기운을 음령오행의 이론인 초성(=첫받침)의 의미만으로 보게 되면 소리기운이 '金金土水金金土水金土金土'가 되어 우주(宇宙)를 조성(造成)한 신령(神靈)한 이치(理致)이자 기운(氣運)인 십이지(十二支)의 소리기운이 '신(申)'을 제외한 나머지 11가지 지지(地支)의 소리기운이 맞지 않고 왜곡되는 것을 확인할 수 있다.

그러나 이를 모든 존재의 본질인 「뜻 중심」으로 보게 되면 십이지(十二支)의 소리·뜻·글자의 기운이 모두 다 같은 기운으로 통일이 되면서 순수해지므로 소리의 왜곡현상이 발생할 수가 없다.

4) 육십갑자(六十甲子)의 소리기운

갑자(甲子)	갑술(甲戌)	갑신(甲申)	갑오(甲午)	갑진(甲辰)	갑인(甲寅)
을축(乙丑)	을해(乙亥)	을유(乙酉)	을미(乙未)	을사(乙巳)	을묘(乙卯)
병인(丙寅)	병자(丙子)	병술(丙戌)	병신(丙申)	병오(丙午)	병진(丙辰)
정묘(丁卯)	정축(丁丑)	정해(丁亥)	정유(丁酉)	정미(丁未)	정사(丁巳)
무진(戊辰)	무인(戊寅)	무자(戊子)	무술(戊戌)	무신(戊申)	무오(戊午)
기사(己巳)	기묘(己卯)	기축(己丑)	기해(己亥)	기유(己酉)	기미(己未)

경오(庚午)	경진(庚辰)	경인(庚寅)	경자(庚子)	경술(庚戌)	경신(庚申)
신미(辛未)	신사(辛巳)	신묘(辛卯)	신축(辛丑)	신해(辛亥)	신유(辛酉)
임신(壬申)	임오(壬午)	임진(壬辰)	임인(壬寅)	임자(壬子)	임술(壬戌)
계유(癸酉)	계미(癸未)	계사(癸巳)	계묘(癸卯)	계축(癸丑)	계해(癸亥)

신령(神靈)한 하늘기운인 10천간(天干)과 땅기운인 12지지(地支)가 순서대로 서로 어우러져 60개의 간지(干支)로 조합(組合)이 되어 육십갑자(六十甲子)를 이루게 되었다. 육십갑자의 소리기운은 육십갑자가 가지고 있는 강한 뜻(의미=기운)대로 소리기운을 파악하면 된다.

예를 들면, 다음과 같다.

「갑자(甲子)」의 소리기운은 초성(=첫받침)의 의미인 木기운(ㄱ)과 金기운(ㅈ)이 아니라 「갑자(甲子)」라는 〈간지(干支)의 뜻(의미=기운)대로〉 갑목(甲木)과 자수(子水)의 기운으로 파악하면 된다.

「을축(乙丑)」의 소리기운은 초성(=첫받침)의 의미인 土기운(ㅇ)과 金기운(ㅊ)이 아니라 「을축(乙丑)」이라는 〈간지(干支)의 뜻(의미=기운)대로〉 을목(乙木)과 축토(丑土)의 기운으로 파악하면 된다.

「병인(丙寅)」의 소리기운은 초성(=첫받침)의 의미인 水기운(ㅂ)과 土기운(ㅇ)이 아니라 「병인(丙寅)」이라는 〈간지(干支)의 뜻(의미=기운)대로〉 병화(丙

火)와 인목(寅木)의 기운으로 파악하면 된다.

「정묘(丁卯)」의 소리기운은 초성(=첫받침)의 의미인 金기운(ㅈ)과 水기운(ㅁ)이 아니라「정묘(丁卯)」라는 〈간지(干支)의 뜻(의미=기운)대로〉 정화(丁火)와 묘목(卯木)의 기운으로 파악하면 된다.

「무진(戊辰)」의 소리기운은 초성(=첫받침)의 의미인 水기운(ㅁ)과 金기운(ㅈ)이 아니라「무진(戊辰)」이라는 〈간지(干支)의 뜻(의미=기운)대로〉 무토(戊土)와 진토(辰土)의 기운으로 파악하면 된다.

「기사(己巳)」의 소리기운은 초성(=첫받침)의 의미인 木기운(ㄱ)과 金기운(ㅅ)이 아니라「기사(己巳)」라는 〈간지(干支)의 뜻(의미=기운)대로〉 기토(己土)와 사화(巳火)의 기운으로 파악하면 된다.

「경오(庚午)」의 소리기운은 초성(=첫받침)의 의미인 木기운(ㄱ)과 土기운(ㅇ)이 아니라「경오(庚午)」라는 〈간지(干支)의 뜻(의미=기운)대로〉 경금(庚金)과 오화(午火)의 기운으로 파악하면 된다.

「신미(辛未)」의 소리기운은 초성(=첫받침)의 의미인 金기운(ㅅ)과 水기운(ㅁ)이 아니라「신미(辛未)」라는 〈간지(干支)의 뜻(의미=기운)대로〉 신금(辛金)과 미토(未土)의 기운으로 파악하면 된다.

「임신(壬申)」의 소리기운은 초성(=첫받침)의 의미인 土기운(ㅇ)과 金기운

(ㅅ)이 아니라 「임신(壬申)」이라는 〈간지(干支)의 뜻(의미=기운)대로〉 임수(壬水)와 신금(申金)의 기운으로 파악하면 된다.

「계유(癸酉)」의 소리기운은 초성(=첫받침)의 의미인 木기운(ㄱ)과 土기운(ㅇ)이 아니라 「계유(癸酉)」라는 〈간지(干支)의 뜻(의미=기운)대로〉 계수(癸水)와 유금(酉金)의 기운으로 파악하면 된다.

♧ 나머지 갑자의 소리기운도 각각의 갑자가 가지고 있는 강한 뜻(의미=기운)대로 소리기운을 파악하면 된다.

5) 방위(方位)의 소리기운

| 동(東) | 서(西) | 남(南) | 북(北) | 중앙(中央) |

▶ 동(東)

오방위(五方位) 중에서 동방(東方)을 뜻하는 강한 「동」이라는 소리는 초성(=첫받침)의 의미만으로 획일적으로 소리기운을 적용하는 음령오행의 이론으로 보게 될 경우 〈'동'은 초성이 'ㄷ받침'이므로 火기운이 작용하는 소리〉라고 본다.

그러나 「동(東)」이라는 소리는 「그 뜻이 오방위(五方位) 중에서 강한 동방(東方) 木기운을 의미하는 대표성과 상징성을 가지고 있으므로」 그 대표성과 상징성이 가지고 있는 강한 뜻(의미=기운)대로 소리기운을 파악하면 된다.

즉 「동방(東方)'이라는 강한 뜻기운(木기운)의 영향을 받아」 초성의 의미로 본 火기운의 소리가 木기운으로 변하게 되면서 소리·뜻·글자의 기운이 모두 다 강한 '동방(東方) 木기운'으로 통일이 되며 순수해진다.

이로써 초성으로 볼 때에 나타나는 소리기운의 왜곡현상은 해소가 됨과 동시에 소리기운의 왜곡을 바로 잡을 수 있다.

♧ 초성(=첫받침)의 의미로 볼 때에는 소리기운이 각각 火火기운(ㄷㄴ)인 「동녘」과 火金기운(ㄷㅈ)인 「동쪽」 그리고 火水기운(ㄷㅂ)인 「동방」이라는 소리들도 소리가 가지고 있는 강한 〈뜻(의미=기운)대로〉 보면 모두 강한 木기운을 가지고 있는 소리들이다.

▶ 서(西)

오방위(五方位) 중에서 서방(西方)을 뜻하는 강한 「서」라는 소리는 초성(=첫받침)의 의미만으로 획일적으로 소리기운을 적용하는 음령오행의 이론으로 보게 될 경우 〈'서'는 초성이 'ㅅ받침'이므로 金기운이 작용하는 소리〉

라고 본다.

또한 「서(西)」라는 소리는 「그 뜻이 오방위(五方位) 중에서 강한 서방(西方)기운을 의미하는 대표성과 상징성을 가지고 있으므로」 그 대표성과 상징성이 가지고 있는 강한 뜻(의미=기운)대로 소리기운을 파악하면 된다.

즉 「서방(西方)」이라는 강한 뜻기운(金기운)의 영향을 받아」 초성의 의미로 본 金기운(ㅅ받침)보다 훨씬 더 강한 金기운이 작용하는 소리이다.

따라서 강한 金기운이 왕성(旺盛)하게 작용하는 '서(西)'라는 소리는 소리·뜻·글자의 기운이 다 강한 '金기운'을 가지고 있다.

✿ 초성(=첫받침)의 의미로 볼 때에는 소리기운이 각각 金火기운(ㅅㄴ)인 「서녘」과 金水기운(ㅅㅂ)인 「서방」이라는 소리들도 소리가 가지고 있는 강한 〈뜻(의미=기운)대로〉 보면 모두 강한 金기운을 가지고 있는 소리들이다.

▶ 남(南)

오방위(五方位) 중에서 남방(南方)을 뜻하는 강한 「남」이라는 소리는 초성(=첫받침)의 의미만으로 획일적으로 소리기운을 적용하는 음령오행의 이론으로 보게 될 경우 〈'남'은 초성이 'ㄴ받침'이므로 火기운이 작용하는 소리〉라고 본다.

또한 「남(南)」이라는 소리는 「그 뜻이 오방위(五方位) 중에서 강한 남방(南方)기운을 의미하는 대표성과 상징성을 가지고 있으므로」 그 대표성과 상징성이 가지고 있는 강한 뜻(의미=기운)대로 소리기운을 파악하면 된다.

즉 「'남방(南方)'이라는 강한 뜻기운(火기운)의 영향을 받아」 초성의 의미로 본 火기운(ㄴ받침)보다 훨씬 더 강한 火기운이 작용하는 소리이다.

따라서 강한 火기운이 왕성(旺盛)하게 작용하는 '남(南)'이라는 소리는 소리·뜻·글자의 기운이 다 강한 '火기운'을 가지고 있다.

♣ 초성(=첫받침)의 의미로 볼 때에는 소리기운이 각각 火金기운(ㄴㅅ)인 「남쪽」과 火水기운(ㄴㅂ)인 「남방」이라는 소리들도 소리가 가지고 있는 강한 〈뜻(의미=기운)대로〉 보면 모두 강한 火기운을 가지고 있는 소리들이다.

▶ 북(北)

오방위(五方位) 중에서 북방(北坊)을 뜻하는 강한 「북」이라는 소리는 초성(=첫받침)의 의미만으로 획일적으로 소리기운을 적용하는 음령오행의 이론으로 보게 될 경우 〈'북'은 초성이 'ㅂ받침'이므로 水기운이 작용하는 소리〉라고 본다.

또한 「북(北)」이라는 소리는 「그 뜻이 오방위(五方位) 중에서 강한 북방

(北方)기운을 의미하는 대표성과 상징성을 가지고 있으므로」 그 대표성과 상징성이 가지고 있는 강한 뜻(의미=기운)대로 소리기운을 파악하면 된다.

즉「북방(北方)」이라는 강한 뜻기운(水기운)의 영향을 받아」 초성의 의미로 본 水기운(ㅂ받침)보다 훨씬 더 강한 水기운이 작용하는 소리이다.

따라서 강한 水기운이 왕성(旺盛)하게 작용하는 '북(北)'이라는 소리는 소리·뜻·글자의 기운이 다 강한 '水기운'을 가지고 있다.

♣ 초성(=첫받침)의 의미로 볼 때에는 소리기운이 각각 水火기운(ㅂㄴ)인 「북녘」과 水金기운(ㅂㅅ)인 「북쪽」이라는 소리들도 소리가 가지고 있는 강한 〈뜻(의미=기운)대로〉 보면 모두 강한 水기운을 가지고 있는 소리들이다.

▶ 중앙(中央)

오방위(五方位) 중에서 중앙(中央)을 뜻하는 강한 「중앙」이라는 소리는 소리는 초성(=첫받침)의 의미만으로 획일적으로 소리기운을 적용하는 음령오행의 이론으로 보게 될 경우 〈'중앙'은 초성이 'ㅈㅇ받침'이므로 金土기운이 작용하는 소리〉라고 본다.

그러나「중앙(中央)」이라는 소리는 「그 뜻이 오방위(五方位) 중에서 강한 중앙(中央) 土기운을 의미하는 대표성과 상징성을 가지고 있으므로」 그 대표성과 상징성이 가지고 있는 강한 뜻(의미=기운)대로 소리기운을 파악하면 된다.

즉 「중앙(中央)'이라는 강한 뜻기운(土기운)의 영향을 받아」 초성의 의미로 본 金土기운의 소리가 土기운으로 변하게 되면서 소리·뜻·글자의 기운이 모두 다 강한 '중앙(中央) 土기운'으로 통일이 되며 순수해진다.

이로써 초성으로 볼 때에 나타나는 소리기운의 왜곡현상은 해소가 됨과 동시에 소리기운의 왜곡을 바로 잡을 수 있다.

6) 사계절(四季節)의 소리기운

| 봄=춘(春) | 여름=하(夏) | 가을=추(秋) | 겨울=동(冬) |

▶ 봄=춘(春)

사계절(四季節) 중에서 봄(春)을 뜻하는 강한 「봄」이라는 소리는 초성(=첫받침)의 의미만으로 획일적으로 소리기운을 적용하는 음령오행의 이론으로 보게 될 경우 〈'봄'은 초성이 'ㅂ받침'이므로 水기운이 작용하는 소리〉라고 본다.

그러나 「봄(春)」이라는 소리는 「그 뜻이 사계절(四季節) 중에서 木기운이 강하게 작용하는 강한 봄(春)을 의미하는 대표성과 상징성을 가지고 있으므로」 그 대표성과 상징성이 가지고 있는 강한 뜻(의미=기운)대로 소리기운을 파악하면 된다.

즉 「봄(春)」이라는 강한 뜻기운(木기운)의 영향을 받아 초성의 의미로 본 水기운의 소리가 木기운으로 변하게 되면서 소리·뜻·글자의 기운이 모두 다 강한 '봄(春)기운인 木기운'으로 통일이 되며 순수해진다.

이로써 초성으로 볼 때에 나타나는 소리기운의 왜곡현상은 해소가 됨과 동시에 소리기운의 왜곡을 바로 잡을 수 있다.

♣ '춘(春)'이라는 글자는 '해 일(日)' 字와 '풀 초(艸)' 字가 결합한 모습이지만 오랜 세월 사계절 중 「봄」을 의미하는 글자로 쓰여 온 대표성과 상징성을 가지고 있으므로 글자 구성의 의미를 구분하거나 분류하지 않고 '춘(春)'이라는 글자 그 자체로 강한 木기운을 가지고 있는 글자라고 볼 수 있는 경우이다.

▶ 여름=하(夏)

사계절(四季節) 중에서 여름(夏)을 뜻하는 강한 「여름」이라는 소리는 초성(=첫받침)의 의미만으로 획일적으로 소리기운을 적용하는 음령오행의 이론으로 보게 될 경우 〈'여름'은 초성이 'ㅇㄹ받침'이므로 土火기운이 작용하는 소리〉라고 본다.

그러나 「여름(夏)」이라는 소리는 「그 뜻이 사계절(四季節) 중에서 火기운이 강하게 작용하는 강한 여름(夏)을 의미하는 대표성과 상징성을 가지고 있으므로」 그 대표성과 상징성이 가지고 있는 강한 뜻(의미=기운)대로 소리기운을 파악하면 된다.

즉 「여름(夏)'이라는 강한 뜻기운(火기운)의 영향을 받아」 초성의 의미로 본 土火기운의 소리가 火기운으로 변하게 되면서 소리·뜻·글자의 기운이 모두 다 강한 '여름(夏)기운인 火기운'으로 통일이 되며 순수해진다.

이로써 초성으로 볼 때에 나타나는 소리기운의 왜곡현상은 해소가 됨과 동시에 소리기운의 왜곡을 바로 잡을 수 있다.

또한 여름(夏)을 뜻하는 「하(夏)」라는 소리는 이 소리를 초성(=첫받침)의 의미만으로 획일적으로 소리기운을 적용하는 음령오행의 이론으로 보게 될 경우 〈'하'는 초성이 'ㅎ받침'이니 土기운이 작용한다〉고 보게 된다.

그러나 「하(夏)」라는 소리는 「그 뜻이 사계절(四季節) 중에서 火기운이 강하게 작용하는 강한 여름(夏)을 의미하는 대표성과 상징성을 가지고 있으므로」 그 대표성과 상징성이 가지고 있는 강한 뜻(의미=기운)대로 소리기운을 파악하면 된다 즉 「하(夏)」라는 강한 뜻기운(火기운)의 영향을 받아 초성의 의미로 본 土기운의 소리가 火기운으로 변하게 되면서 소리·뜻·글자의 기운이 모두 다 강한 '하(夏)기운인 火기운'으로 통일이 되며 순수해진다.

이로써 초성으로 볼 때에 나타나는 소리기운의 왜곡현상은 해소가 됨과 동시에 소리기운의 왜곡을 바로 잡을 수 있다.

♧ '하(夏)'라는 글자는 '머리 혈(頁)' 字와 '천천히 걸을 쇠(夊)' 字가 결합한 모습이나 오랜 세월 사계절 중 「여름」을 의미하는 글자로 쓰여 온 대표성과 상징성을 가지고 있으므로 글자 구성의 의미를 구분하거나 분류하지 않고 '하(夏)'라는 글자 그 자체로 강한 火기운을 가지고 있는 글자라고 볼 수 있는 경우이다.

▶ 가을=추(秋)

사계절(四季節) 중에서 가을(秋)을 뜻하는 강한 「가을」이라는 소리는 초성(=첫받침)의 의미만으로 획일적으로 소리기운을 적용하는 음령오행의 이론으로 보게 될 경우 〈가을은 초성이 'ㄱㅇ받침'이므로 木土기운이 작용하는 소리〉라고 본다.

그러나 「가을(秋)」이라는 소리는 「그 뜻이 사계절(四季節) 중에서 金기운이 강하게 작용하는 강한 가을(秋)을 의미하는 대표성과 상징성을 가지고 있으므로」 그 대표성과 상징성이 가지고 있는 강한 뜻(의미=기운)대로 소리기운을 파악하면 된다.

즉 「'가을(秋)'이라는 강한 뜻기운(金기운)의 영향을 받아」 초성의 의미로 본 木土기운의 소리가 金기운으로 변하게 되면서 소리·뜻·글자의 기운이 모두 다 강한 '가을(秋)기운인 金기운'으로 통일이 되며 순수해진다.

이로써 초성으로 볼 때에 나타나는 소리기운의 왜곡현상은 해소가 됨과 동시에 소리기운의 왜곡을 바로 잡을 수 있다.

또한 가을(秋)을 뜻하는 「추(秋)」라는 소리는 초성(=첫받침)의 의미만으로 획일적으로 소리기운을 적용하는 음령오행의 이론으로 보게 될 경우 〈'추'는 초성이 'ㅊ받침'이므로 金기운이 작용하는 소리〉라고 본다.

즉 가을(秋)을 뜻하는 「추(秋)」라는 소리는 「그 뜻이 사계절(四季節) 중에서 金기운이 강하게 작용하는 강한 가을(秋)을 의미하는 대표성과 상징성을 가지고 있으므로」 그 대표성과 상징성이 가지고 있는 강한 뜻(의미=기운)대로 소리기운을 파악하게 된다.

따라서 「'추(秋)'라는 강한 뜻기운(金기운)의 영향을 받아」 초성의 의미로 본 金기운(ㅊ받침)보다 훨씬 더 강한 金기운이 작용하는 소리이다.

❀ '추(秋)'라는 글자는 '벼 화(禾)'字와 '불 화(火)'字가 결합한 모습이나

오랜 세월 사계절 중「가을」을 의미하는 글자로 쓰여 온 대표성과 상징성을 가지고 있으므로 글자 구성의 의미를 구분하거나 분류하지 않고 '추(秋)'라는 글자 그 자체로 강한 金기운을 가지고 있는 글자라고 볼 수 있는 경우이다.

본래 '추(秋)' 字의 갑골문을 보면 '벼 화(禾)' 字가 아닌 메뚜기가 그려져 있어「가을은 메뚜기를 구워 먹는 계절」이라는 뜻이었다고 한다.

그러나 소전에서 메뚜기가 아닌 '벼 화(禾)' 字가 쓰이면서 수확의 계절인 가을을 뜻하게 되었고, 애써 수확한「벼를 불 태운다」는 의미가 아니라「벼를 베어서 말린다는 의미」라고 한다.[1]

▶ 겨울=동(冬)

사계절(四季節) 중에서 겨울(冬)을 뜻하는 강한「겨울」이라는 소리는 초성(=첫받침)의 의미만으로 획일적으로 소리기운을 적용하는 음령오행의 이론으로 보게 될 경우 〈'겨울'은 초성이 'ㄱㅇ받침'이므로 木土기운이 작용하는 소리〉라고 본다.

그러나「겨울(冬)」이라는 소리는「그 뜻이 사계절(四季節) 중에서 水기운

---

[1] 출처 : 〈한자로드(路)〉, 신동윤

이 강하게 작용하는 강한 겨울(冬)을 의미하는 대표성과 상징성을 가지고 있으므로」 그 대표성과 상징성이 가지고 있는 강한 뜻(의미=기운)대로 소리기운을 파악하면 된다.

즉 「'겨울(冬)'이라는 강한 뜻기운(水기운)의 영향을 받아」 초성의 의미로 본 木土기운의 소리가 水기운으로 변하게 되면서 소리·뜻·글자의 기운이 모두 다 강한 '겨울(冬)기운인 水기운'으로 통일이 되며 순수해진다.

이로써 초성으로 볼 때에 나타나는 소리기운의 왜곡현상은 해소가 됨과 동시에 소리기운의 왜곡을 바로 잡을 수 있다.

또한 겨울(冬)을 뜻하는 「동(冬)」이라는 소리는 초성(=첫받침)의 의미만으로 획일적으로 소리기운을 적용하는 음령오행의 이론으로 보게 될 경우〈'동'은 초성이 'ㄷ받침'이므로 火기운이 작용하는 소리〉라고 본다.

즉 「'동(冬)'이라는 강한 뜻기운(水기운)의 영향을 받아」초성의 의미로 본 火기운의 소리가 水기운으로 변하게 되면서 소리·뜻·글자의 기운이 모두 다 강한 '동(冬)기운인 水기운'으로 통일이 되며 순수해진다.

이로써 초성으로 볼 때에 나타나는 소리기운의 왜곡현상은 해소가 됨과 동시에 소리기운의 왜곡을 바로 잡을 수 있다.

※ '동(冬)'이라는 글자는 '얼음 빙(冫)'字와 '뒤쳐져 올 치(夂)'字가 결합

한 모습이나 오랜 세월 사계절 중「겨울」을 의미하는 글자로 쓰여 온 대표성과 상징성을 가지고 있으므로 글자 구성의 의미를 구분하거나 분류하지 않고 '동(冬)'이라는 글자 그 자체로 강한 水기운을 가지고 있는 글자라고 볼 수 있는 경우이다.

〔모든 소리는「분명한! 어떤! 뜻!」을 가지고 쓰느냐에 따라서 그 소리의 의미(기운)가 달라진다. '동'이라는 소리를「동장군(冬將軍)·해동(解凍)」의 의미로 쓸 때는 강한 水기운이 작용하지만「동방(東方)·동향(東向)·해동(海東)」의 의미로 쓸 때는 강한 木기운이 작용한다.〕

7) 오상(五常)의 소리기운

인(仁)	의(義)	예(禮)	지(智)	신(信)

▶ 인(仁)

오상(五常) 중에서 木기운의 성품(性品)을 뜻하는「어질 인(仁)」이라는 소리는 초성(=첫받침)의 의미만으로 획일적으로 소리기운을 적용하는 음령오행의 이론으로 보게 될 경우〈'인'은 초성이 'ㅇ받침'이므로 土기운이 작용하는 소리〉라고 본다.

그러나 「인(仁)」이라는 소리는 「그 뜻이 오상(五常) 중에서 강한 木기운을 의미하는 대표성과 상징성을 가지고 있으므로」 그 대표성과 상징성이 가지고 있는 강한 뜻(의미=기운)대로 소리기운을 파악하면 된다.

즉 「어질 인(仁)'이라는 강한 뜻기운(木기운)의 영향을 받아」 초성의 의미로 본 土기운의 소리가 木기운으로 변하게 되면서 소리·뜻·글자의 기운이 모두 다 강한 '木기운'으로 통일이 되며 순수해진다.

이로써 초성으로 볼 때에 나타나는 소리기운의 왜곡현상은 해소가 됨과 동시에 소리기운의 왜곡을 바로 잡을 수 있다.

❧ 초성(=첫받침)의 의미로 볼 때에는 소리기운이 각각 土火기운(ㅇㄷ)인 「인덕(仁德)」과 土金기운(ㅇㅈ)인 「인자(仁慈)」라는 소리도 「어질 인(仁)」이라는 소리가 가지고 있는 〈뜻(의미=기운)〉이 중심이요 핵심이므로 강한 木기운을 가지고 있는 소리이다.

또 동대문(東大門)의 이름인 「흥인지문(興仁之門)」이라는 소리도 마찬가지 이치로 강한 木기운을 가지고 있는 소리이다.

또한 「인」이라는 소리는 십이지지(十二地支) 중에서 셋째 지지(地支)인 「인(寅)」 즉 「범(虎)」을 뜻하는 대표성과 상징성을 가지고 있는 소리이기도 하다.

▶ 의(義)

오상(五常) 중에서 金기운의 성품(性品)을 뜻하는 「의로울 의(義)」라는 소리는 초성(=첫받침)의 의미만으로 획일적으로 소리기운을 적용하는 음령오행의 이론으로 보게 될 경우 〈'의'는 초성이 'ㅇ받침'이므로 土기운이 작용하는 소리〉라고 본다.

그러나 「의(義)」라는 소리는 「그 뜻이 오상(五常) 중에서 강한 金기운을 의미하는 대표성과 상징성을 가지고 있으므로」 그 대표성과 상징성이 가지고 있는 강한 뜻(의미=기운)대로 소리기운을 파악하면 된다.

즉 「의로울 의(義)」라는 강한 뜻기운(金기운)의 영향을 받아」 초성의 의미로 본 土기운의 소리가 金기운으로 변하게 되면서 소리·뜻·글자의 기운이 모두 다 강한 '金기운'으로 통일이 되며 순수해진다.

이로써 초성으로 볼 때에 나타나는 소리기운의 왜곡현상은 해소가 됨과 동시에 소리기운의 왜곡을 바로 잡을 수 있다.

♧ 초성(=첫받침)의 의미로 볼 때에는 소리기운이 각각 土火기운(ㅇㄹ)인 「의리(義利)」와 土水기운(ㅇㅂ)인 「의분(義憤)」이라는 소리도 「의로울 의(義)」라는 소리가 가지고 있는 〈뜻(의미=기운)〉이 중심이요 핵심이므로 강한 金기운을 가지고 있는 소리이다.

또 서대문(西大門)의 이름인 「돈의문(敦義門)」이라는 소리도 마찬가지 이 치로 강한 金기운을 가지고 있는 소리이다.

'의(義)'라는 글자는 '양 양(羊)' 字와 '나 아(我)' 字가 결합한 모습이지만 오랜 세월 의로움을 의미하는 글자로 쓰여 온 대표성과 상징성을 가지고 있으므로 글자 구성의 의미를 구분하거나 분류하지 않고 '의(義)'라는 글자 그 자체로 강한 金기운을 가지고 있는 글자라고 볼 수 있는 경우이다.

'의(義)'라는 글자는 '양 양(羊)' 字와 '나 아(我)' 字가 결합한 모습이다. '아(我)' 字는 삼지창을 그린 것이다. '의(義)' 字의 갑골문을 보면 창 위에 양 머리를 매달아 놓은 모습이 그려져 있었다. 이것은 양 머리를 장식으로 한 의장용 창을 그린 것이다. 이러한 창은 권위나 권력을 상징했다. 상서로움을 뜻하는 양 머리를 창에 꽂아 권위의 상징으로 삼은 것이다. '의(義)' 字는 종족 내부를 결속하기 위한 권력자들의 역할을 표현한 것이기 때문에 '옳다, 의롭다, 바르다'라는 뜻을 갖게 되었다.[2]

▶ 예(禮)

오상(五常) 중에서 火기운의 성품(性品)을 뜻하는 「예도 예(禮)」라는 소리는 초성(=첫받침)의 의미만으로 획일적으로 소리기운을 적용하는 음령오

---

[2] 〈한자로드(路)〉, 신동윤

행의 이론으로 보게 될 경우 〈'예'는 초성이 'ㅇ받침'이므로 土기운이 작용하는 소리〉라고 본다.

그러나 「예(禮)」라는 소리는 「그 뜻이 오상(五常) 중에서 강한 火기운을 의미하는 대표성과 상징성을 가지고 있으므로」 그 대표성과 상징성이 가지고 있는 강한 뜻(의미=기운)대로 소리기운을 파악하면 된다.

즉 「예도 예(禮)'라는 강한 뜻기운(火기운)의 영향을 받아」 초성의 의미로 본 土기운의 소리가 火기운으로 변하게 되면서 소리·뜻·글자의 기운이 모두 다 강한 '火기운'으로 통일이 되며 순수해진다.

이로써 초성으로 볼 때에 나타나는 소리기운의 왜곡현상은 해소가 됨과 동시에 소리기운의 왜곡을 바로 잡을 수 있다.

♧ 초성(=첫받침)의 의미로 볼 때에는 소리기운이 각각 土金기운(ㅇㅈ)인 「예절(禮節)」과 土土기운(ㅇㅇ)인 「예의(禮儀)」라는 소리도 「예도 예(禮)」라는 소리가 가지고 있는 〈뜻(의미=기운)〉이 중심이요 핵심이므로 강한 火기운을 가지고 있는 소리이다.

또 남대문(南大門)의 이름인 「숭례문(崇禮門)」이라는 소리도 마찬가지 이 치로 강한 火기운을 가지고 있는 소리이다.

▶ 지(智)

오상(五常) 중에서 水기운의 성품(性品)을 뜻하는 「지혜 지(智)」라는 소리는 초성(=첫받침)의 의미만으로 획일적으로 소리기운을 적용하는 음령오행의 이론으로 보게 될 경우 〈'지'는 초성이 'ㅈ받침'이므로 金기운이 작용하는 소리〉라고 본다.

그러나 「지(智)」라는 소리는 「그 뜻이 오상(五常) 중에서 강한 水기운을 의미하는 대표성과 상징성을 가지고 있으므로」 그 대표성과 상징성이 가지고 있는 강한 뜻(의미=기운)대로 소리기운을 파악하면 된다.

즉 「'지혜 지(智)'라는 강한 뜻기운(水기운)의 영향을 받아」 초성의 의미로 본 金기운의 소리가 水기운으로 변하게 되면서 소리·뜻·글자의 기운이 모두 다 강한 '水기운'으로 통일이 되며 순수해진다.

이로써 초성으로 볼 때에 나타나는 소리기운의 왜곡현상은 해소가 됨과 동시에 소리기운의 왜곡을 바로 잡을 수 있다.

♧ 초성(=첫받침)의 의미로 볼 때에는 소리기운이 각각 金土기운(ㅈㅇ)인 「지혜(智慧)」와 金火기운(ㅈㄷ)인 「지덕(智德)」이라는 소리도 「지혜 지(智)」라는 소리가 가지고 있는 〈뜻(의미=기운)〉이 중심이요 핵심이므로 강한 水기운을 가지고 있는 소리이다.

평상시에 거의 닫혀 있던 북대문(北大門)인 숙정문(肅靖門)을 대신하여 도성으로 가는 실질적인 북대문 역할을 했던 홍지문(弘智門)은 탕춘대성(蕩春臺城)의 정문(正門)으로 1719년(숙종 44년)에 건립했으며, 숙종이 친히 '홍지문(弘智門)' 현판을 써서 걸어두었다고 한다.

「홍지문(弘智門)」이라는 소리도 마찬가지 이치로 강한 水기운을 가지고 있는 소리이다.

또한 「지」라는 소리는 「천지(天地)」 중에서 「땅(土)」 즉 「대지(大地)」를 강하게 뜻하는 대표성과 상징성을 가지고 있는 소리이기도 하다.

따라서 「천지(天地)/대지(大地)/육지(陸地)/고지(高地)/명승지(名勝地)… 등등 「땅(土)」 즉 「대지(大地)」를 뜻하는 소리로 「지」가 쓰일 경우에는 강한 土기운을 가지고 있는 소리가 된다.

▶ 신(信)

오상(五常) 중에서 土기운의 성품(性品)을 뜻하는 「믿을 신(信)」이라는 소리는 초성(=첫받침)의 의미만으로 획일적으로 소리기운을 적용하는 음령오행의 이론으로 보게 될 경우 〈'신'은 초성이 'ㅅ받침'이므로 金기운이 작용하는 소리〉라고 본다.

그러나 「신(信)」이라는 소리는 「그 뜻이 오상(五常) 중에서 강한 土기운을 의미하는 대표성과 상징성을 가지고 있으므로」 그 대표성과 상징성이 가지고 있는 강한 뜻(의미=기운)대로 소리기운을 파악하면 된다.

즉 「'믿을 신(信)'이라는 강한 뜻기운(土기운)의 영향을 받아」 초성의 의미로 본 金기운의 소리가 土기운으로 변하게 되면서 소리·뜻·글자의 기운이 모두 다 강한 '土기운'으로 통일이 되며 순수해진다.

이로써 초성으로 볼 때에 나타나는 소리기운의 왜곡현상은 해소가 됨과 동시에 소리기운의 왜곡을 바로 잡을 수 있다.

♧ 초성(=첫받침)의 의미로 볼 때에는 소리기운이 각각 金水기운(ㅅㅁ)인 「신망(信望)」과 金火기운(ㅅㄹ)인 「신뢰(信賴)」라는 소리도 「믿을 신(信)」이라는 소리가 가지고 있는 〈뜻(의미=기운)〉이 중심이요 핵심이므로 강한 土기운을 가지고 있는 소리이다.

또 사대문(四大門)의 정중앙(正中央)에 위치하여 동서남북(東西南北) 사방(四方)의 중심을 잡아주고 있는 「보신각(普信閣)」이라는 소리도 마찬가지 이치로 강한 土기운을 가지고 있는 소리이다.

또한 「신」이라는 소리는 십천간(十天干) 중에서 여덟째 천간(天干)인 「신(辛)」 즉 신금(辛金)기운과 십이지지(十二地支) 중에서 아홉째 지지(地支)인 「신(申)」 즉 신금(申金)기운을 뜻하는 대표성과 상징성을 가지고 있는 소리이기도 하다.

따라서 타고난 기운(四柱)에서 천간(天干)에 나타나 있는 신금(辛金)기운이 부정적인 영향을 줄 경우와 지지(地支)에 나타나 있는 신금(申金)기운이 부정적인 영향을 줄 경우에는 작명 시 이름의 소리에 「신」이라는 소리는 쓰지 않는 것이 바람직하다.

「글자의 뜻」과 「글자의 자형」이 金기운을 가지고 있을 경우에 「신」이라는 소리 기운은 金기운으로 보면 된다. (예) 새 신(新) 字

반대로 「글자의 뜻」과 「글자의 자형」이 土기운을 가지고 있을 경우에 「신」이라는 소리기운은 土기운으로 보면 된다. (예) 믿을 신(信) 字

「신(神)」이라는 소리기운은 사람마다 자신의 타고난 기운(四柱)에서 관(官)에 해당되는 기운을 가진 소리기운으로 볼 수도 있다.

8) 색상(色相)의 소리기운

| 청(靑)=파랑 | 적(赤)=빨강 | 황(黃)=노랑 | 백(白)=하양 | 흑(黑)=검정 |

▶ 청(靑)=파랑

색상(色相) 중에서 木기운의 색(色)을 뜻하는 「푸를 청(靑)」이라는 소리는 초성(=첫받침)의 의미만으로 획일적으로 소리기운을 적용하는 음령오행의 이론으로 보게 될 경우 〈'청'은 초성이 'ㅊ받침'이므로 金기운이 작용하는 소리〉라고 본다.

그러나 「청(靑)」이라는 소리는 「그 뜻이 색상(色相) 중에서 강한 木기운을 의미하는 대표성과 상징성을 가지고 있으므로」 그 대표성과 상징성이 가지고 있는 강한 뜻(의미=기운)대로 소리기운을 파악하면 된다.

즉 「'푸를 청(靑)'이라는 강한 뜻기운(木기운)의 영향을 받아」 초성의 의미로 본 金기운의 소리가 木기운으로 변하게 되면서 소리·뜻·글자의 기운이 모두 다 강한 '木기운'으로 통일이 되며 순수해진다.

이로써 초성으로 볼 때에 나타나는 소리기운의 왜곡현상은 해소가 됨과 동시에 소리기운의 왜곡을 바로 잡을 수 있다.

「청색(靑色)」이라는 소리도 마찬가지이다. 초성(=첫받침)으로는 소리기운이 金金기운(ㅊ, ㅅ)이 되지만「그 뜻이 색상(色相) 중에서 강한 木기운을 의미하는 대표성과 상징성을 가지고 있으므로」金金기운이 아닌 강한 木기운을 가지고 있는 소리기운이 된다.

「파랑」이라는 소리도 마찬가지이다. 초성(=첫받침)으로는 소리기운이 水火기운(ㅍ, ㄹ)이 되지만「그 뜻이 색상(色相) 중에서 강한 木기운을 의미하는 대표성과 상징성을 가지고 있으므로」水火기운이 아닌 강한 木기운을 가지고 있는 소리기운이 된다.

▶ 적(赤)=빨강

색상(色相) 중에서 火기운의 색(色)을 뜻하는「붉을 적(赤)」이라는 소리는 초성(=첫받침)의 의미만으로 획일적으로 소리기운을 적용하는 음령오행의 이론으로 보게 될 경우〈'적'은 초성이 'ㅈ받침'이므로 金기운이 작용하는 소리〉라고 본다.

그러나「적(赤)」이라는 소리는「그 뜻이 색상(色相) 중에서 강한 火기운을 의미하는 대표성과 상징성을 가지고 있으므로」그 대표성과 상징성이 가지고 있는 강한 뜻(의미=기운)대로 소리기운을 파악하면 된다.

즉「붉을 적(赤)'이라는 강한 뜻기운(火기운)의 영향을 받아」초성의 의미로 본 金기운의 소리가 火기운으로 변하게 되면서 소리·뜻·글자의 기운이 모두 다 강한 '火기운'으로 통일이 되며 순수해진다.

이로써 초성으로 볼 때에 나타나는 소리기운의 왜곡현상은 해소가 됨과 동시에 소리기운의 왜곡을 바로 잡을 수 있다.

「적색(赤色)」이라는 소리도 마찬가지이다. 초성(=첫받침)으로는 소리기운이 金金기운(ㅊ, ㅅ)이 되지만 「그 뜻이 색상(色相) 중에서 강한 火기운을 의미하는 대표성과 상징성을 가지고 있으므로」 金金기운이 아닌 강한 火기운을 가지고 있는 소리기운이 된다.

「빨강」이라는 소리도 마찬가지이다. 초성(=첫받침)으로는 소리기운이 水木기운(ㅂ, ㄱ)이 되지만 「그 뜻이 색상(色相) 중에서 강한 火기운을 의미하는 대표성과 상징성을 가지고 있으므로」 水木기운이 아닌 강한 火기운을 가지고 있는 소리기운이 된다.

▶ 황(黃)=노랑

색상(色相) 중에서 土기운의 색(色)을 뜻하는 「누럴·노랄 황(黃)」이라는 소리는 초성(=첫받침)의 의미만으로 획일적으로 소리기운을 적용하는 음령오행의 이론으로 볼 때에도 〈'황'은 초성이 'ㅎ받침'이므로 土기운이 작용하는 소리〉라고 본다.

「황(黃)」이라는 소리는 「그 뜻이 색상(色相) 중에서 강한 土기운을 의미하는 대표성과 상징성을 가지고 있으므로」 그 대표성과 상징성이 가지고 있는 강한 뜻(의미=기운)대로 소리기운을 파악하면 된다.

즉 「'누럴·노랄 황(黃)'이라는 강한 뜻기운(土기운)의 영향을 받아」 초성의 의미로 본 土기운의 소리보다 훨씬 더 강한 土기운을 가지고 있는 소리기운이 된다.

「황색(黃色)」이라는 소리는 초성(=첫받침)으로는 소리기운이 土金기운(ㅎ, ㅅ)이 되지만 「그 뜻이 색상(色相) 중에서 강한 土기운을 의미하는 대표성과 상징성을 가지고 있으므로」 土金기운이 아닌 강한 土기운을 가지고 있는 소리기운이 된다.

「노랑」이라는 소리는 초성(=첫받침)으로는 소리기운이 火火기운(ㄴ, ㄹ)이 되지만 「그 뜻이 색상(色相) 중에서 강한 土기운을 의미하는 대표성과 상징성을 가지고 있으므로」 火火기운이 아닌 강한 土기운을 가지고 있는 소리기운이 된다.

▶ 백(白)=하양

색상(色相) 중에서 金기운의 색(色)을 뜻하는 「흰 백(白)」이라는 소리는 초성(=첫받침)의 의미만으로 획일적으로 소리기운을 적용하는 음령오행의 이론으로 보게 될 경우 〈'백'은 초성이 'ㅂ받침'이므로 水기운이 작용하는 소리〉라고 본다.

그러나 「백(白)」이라는 소리는 「그 뜻이 색상(色相) 중에서 강한 金기운을 의미하는 대표성과 상징성을 가지고 있으므로」 그 대표성과 상징성이 가지고 있는 강한 뜻(의미=기운)대로 소리기운을 파악하면 된다.

즉 「'흰 백(白)'이라는 강한 뜻기운(金기운)의 영향을 받아」 초성의 의미로 본 水기운의 소리가 金기운으로 변하게 되면서 소리·뜻·글자의 기운이 모두 다 강한 '火기운'으로 통일이 되며 순수해진다.

이로써 초성으로 볼 때에 나타나는 소리기운의 왜곡현상은 해소가 됨과 동시에 소리기운의 왜곡을 바로 잡을 수 있다.

「백색(白色)」이라는 소리도 마찬가지이다. 초성(=첫받침)으로는 소리기운이 水金기운(ㅂ, ㅅ)이 되지만 「그 뜻이 색상(色相) 중에서 강한 金기운을 의미하는 대표성과 상징성을 가지고 있으므로」 水金기운이 아닌 강한 金기운을 가지고 있는 소리기운이 된다.

「하양」이라는 소리도 마찬가지이다. 초성(=첫받침)으로는 소리기운이 土土기운(ㅎ, ㅇ)이 되지만 「그 뜻이 색상(色相) 중에서 강한 金기운을 의미하는 대표성과 상징성을 가지고 있으므로」 土土기운이 아닌 강한 金기운을 가지고 있는 소리기운이 된다.

▶ 흑(黑)=검정

색상(色相) 중에서 水기운의 색(色)을 뜻하는 「검을 흑(黑)」이라는 소리는 초성(=첫받침)의 의미만으로 획일적으로 소리기운을 적용하는 음령오행의 이론으로 보게 될 경우 〈'흑'은 초성이 'ㅎ받침'이므로 土기운이 작용하는 소리〉라고 본다.

그러나 「흑(黑)」이라는 소리는 「그 뜻이 색상(色相) 중에서 강한 水기운을 의미하는 대표성과 상징성을 가지고 있으므로」 그 대표성과 상징성이 가지고 있는 강한 뜻(의미=기운)대로 소리기운을 파악하면 된다.

즉 「'검을 흑(黑)'이라는 강한 뜻기운(水기운)의 영향을 받아」 초성의 의미로 본 土기운의 소리가 水기운으로 변하게 되면서 소리·뜻·글자의 기운이 모두 다 강한 '水기운'으로 통일이 되며 순수해진다.

이로써 초성으로 볼 때에 나타나는 소리기운의 왜곡현상은 해소가 됨과 동시에 소리기운의 왜곡을 바로 잡을 수 있다.

「흑색(黑色)」이라는 소리도 마찬가지이다. 초성(=첫받침)으로는 소리기운이 土金기운(ㅂ, ㅅ)이 되지만 「그 뜻이 색상(色相) 중에서 강한 水기운을 의미하는 대표성과 상징성을 가지고 있으므로」 土金기운이 아닌 강한 水기운을 가지고 있는 소리기운이 된다.

「검정」이라는 소리도 마찬가지이다. 초성(=첫받침)으로는 소리기운이 木金기운(ㄱ, ㅈ)이 되지만 「그 뜻이 색상(色相) 중에서 강한 水기운을 의미하는 대표성과 상징성을 가지고 있으므로」 土金기운이 아닌 강한 水기운을 가지고 있는 소리기운이 된다.

9) 오장육부(五臟六腑)의 소리기운

木		火		土		金		水	
갑(甲)	을(乙)	병(丙)	정(丁)	무(戊)	기(己)	경(庚)	신(辛)	임(壬)	계(癸)
담(膽)	간(肝)	소장(小腸)	심장(心臟)	위장(胃腸)	비장(脾臟)	대장(大腸)	폐(肺)	방광(膀胱)	신장(腎臟)

오장(五臟) - 간(肝)·심장(心臟)·비장(脾臟)·폐(肺)·신장(腎臟)
육부(六腑) - 담(膽)·소장(小腸)·위장(胃腸)·대장(大腸)·방광(膀胱)·삼초(三焦-火)

▶ 간(肝)·담(膽)

오장육부(五臟六腑) 중에서 木기운의 오장(五臟)을 뜻하는 「간 간(肝)」이라는 소리는 초성(=첫받침)의 의미만으로 획일적으로 소리기운을 적용하는 음령오행의 이론으로 보게 될 경우 〈'간'은 초성이 'ㄱ받침'이므로 木기운이 작용하는 소리〉라고 본다.

여기서 「간(肝)」이라는 소리는 「그 뜻이 오장(五臟) 중에서 강한 木기운을 의미하는 대표성과 상징성을 가지고 있으므로」 그 대표성과 상징성이 가지고 있는 강한 뜻(의미=기운)대로 소리기운을 파악하면 된다.

즉 「간 간(肝)」이라는 강한 뜻기운(木기운)의 영향을 받아」 초성의 의미로 본 木기운보다 훨씬 더 강한 木기운을 가지고 있는 소리기운가 된다. 더욱 구체적으로 「간(肝)」이라는 소리는 강한 '을목(乙木)'기운을 가지고 있는 소리이다.

오장육부(五臟六腑) 중에서 木기운의 육부(六腑)을 뜻하는 「쓸개, 담 담(膽)」이라는 소리는 초성(=첫받침)의 의미만으로 획일적으로 소리기운을 적용하는 음령오행의 이론으로 보게 될 경우 〈'담'은 초성이 'ㄷ받침'이므로 火기운이 작용하는 소리〉라고 본다.

그러나 「담(膽)」이라는 소리는 「그 뜻이 육부(六腑) 중에서 강한 木기운을 의미하는 대표성과 상징성을 가지고 있으므로」 그 대표성과 상징성이 가지고 있는 강한 뜻(의미=기운)대로 소리기운을 파악하면 된다.

즉 「쓸개, 담 담(膽)」이라는 강한 뜻기운(木기운)의 영향을 받아」 초성의 의미로 본 火기운의 소리가 木기운으로 변하게 되면서 소리·뜻·글자의 기운이 모두 다 강한 '木기운'으로 통일이 되며 순수해진다. 더욱 구체적으로 「담(膽)」이라는 소리는 강한 '갑목(甲木)'기운을 가지고 있는 소리이다.

이로써 초성으로 볼 때에 나타나는 소리기운의 왜곡현상은 해소가 됨과 동시에 소리기운의 왜곡을 바로 잡을 수 있다.

▶ 심장(心臟) · 소장(小腸)

오장육부(五臟六腑) 중에서 火기운의 오장(五臟)을 뜻하는 「심장(心臟)」이라는 소리는 초성(=첫받침)의 의미만으로 획일적으로 소리기운을 적용하는 음령오행의 이론으로 보게 될 경우 〈'심장'은 초성이 'ㅅㅈ받침'이므로 金金기운이 작용하는 소리〉라고 본다.

그러나 「심장(心臟)」이라는 소리는 「그 뜻이 오장(五臟) 중에서 강한 火기운을 의미하는 대표성과 상징성을 가지고 있으므로」 그 대표성과 상징성이 가지고 있는 강한 뜻(의미=기운)대로 소리기운을 파악하면 된다.

즉 「심장(心臟)'이라는 강한 뜻기운(火기운)의 영향을 받아」 초성의 의미로 본 金金기운의 소리가 火기운으로 변하게 되면서 소리·뜻·글자의 기운이 모두 다 강한 '火기운'으로 통일이 되며 순수해진다. 더욱 구체적으로 「심장(心臟)」이라는 소리는 강한 '정화(丁火)'기운을 가지고 있는 소리이다.

이로써 초성으로 볼 때에 나타나는 소리기운의 왜곡현상은 해소가 됨과 동시에 소리기운의 왜곡을 바로 잡을 수 있다.

오장육부(五臟六腑) 중에서 火기운의 육부(六腑)를 뜻하는 「소장(小腸)」이라는 소리는 초성(=첫받침)의 의미만으로 획일적으로 소리기운을 적용하는 음령오행의 이론으로 보게 될 경우 〈소장'은 초성이 'ㅅㅈ받침'이므로 金金기운이 작용하는 소리〉라고 본다.

그러나 「소장(小腸)」이라는 소리는 「그 뜻이 육부(六腑) 중에서 강한 火기운을 의미하는 대표성과 상징성을 가지고 있으므로」 그 대표성과 상징성이 가지고 있는 강한 뜻(의미=기운)대로 소리기운을 파악하게 된다.

즉 「소장(小腸)'이라는 강한 뜻기운(火기운)의 영향을 받아」 초성의 의미로 본 金金기운의 소리가 火기운으로 변하게 되면서 소리·뜻·글자의 기운이 모두 다 강한 '火기운'으로 통일이 되며 순수해진다. 더욱 구체적으로 「소장(小腸)」이라는 소리는 강한 '병화(丙火)'기운을 가지고 있는 소리이다.

이로써 초성으로 볼 때에 나타나는 소리기운의 왜곡현상은 해소가 됨과 동시에 소리기운의 왜곡을 바로 잡을 수 있다.

▶ 비장(脾臟)·위장(胃腸)

오장육부(五臟六腑) 중에서 土기운의 오장(五臟)을 뜻하는 「비장(脾臟)」이라는 소리는 초성(=첫받침)의 의미만으로 획일적으로 소리기운을 적용하는 음령오행의 이론으로 보게 될 경우〈'비장'은 초성이 'ㅂㅈ받침'이므로 水金기운이 작용하는 소리〉라고 본다.

그러나 「비장(脾臟)」이라는 소리는 「그 뜻이 오장(五臟) 중에서 강한 土기운을 의미하는 대표성과 상징성을 가지고 있으므로」 그 대표성과 상징성이 가지고 있는 강한 뜻(의미=기운)대로 소리기운을 파악하면 된다.

즉 「'비장(脾臟)'이라는 강한 뜻기운(土기운)의 영향을 받아」 초성의 의미로 본 水金기운의 소리가 土기운으로 변하게 되면서 소리·뜻·글자의 기운이 모두 다 강한 '土기운'으로 통일이 되며 순수해진다. 더욱 구체적으로 「비장(脾臟)」이라는 소리는 강한 '기토(己土)'기운을 가지고 있는 소리이다.

이로써 초성으로 볼 때에 나타나는 소리기운의 왜곡현상은 해소가 됨과 동시에 소리기운의 왜곡을 바로 잡을 수 있다.

오장육부(五臟六腑) 중에서 土기운의 육부(六腑)을 뜻하는 「위장(胃腸)」이라는 소리는 초성(=첫받침)의 의미만으로 획일적으로 소리기운을 적용하는 음령오행의 이론으로 보게 될 경우〈'위장'은 초성이 'ㅇㅈ받침'이므로 土金기운이 작용하는 소리〉라고 본다.

그러나 「위장(胃腸)」이라는 소리는 「그 뜻이 육부(六腑) 중에서 강한 土기운을 의미하는 대표성과 상징성을 가지고 있으므로」 그 대표성과 상징성이 가지고 있는 강한 뜻(의미=기운)대로 소리기운을 파악하게 된다.

즉 「위장(胃腸)」이라는 강한 뜻기운(土기운)의 영향을 받아」 초성의 의미로 본 土金기운의 소리가 土기운으로 변하게 되면서 소리·뜻·글자의 기운이 모두 다 강한 '土기운'으로 통일이 되며 순수해진다. 더욱 구체적으로 「위장(胃腸)」이라는 소리는 강한 '무토(戊土)'기운을 가지고 있는 소리이다.

이로써 초성으로 볼 때에 나타나는 소리기운의 왜곡현상은 해소가 됨과 동시에 소리기운의 왜곡을 바로 잡을 수 있다.

▶ 폐(肺)·대장(大腸)

오장육부(五臟六腑) 중에서 金기운의 오장(五臟)을 뜻하는 「폐」라는 소리는 초성(=첫받침)의 의미만으로 획일적으로 소리기운을 적용하는 음령오행의 이론으로 보게 될 경우 〈'폐'는 초성이 'ㅍ받침'이므로 水기운이 작용하는 소리〉라고 본다.

그러나 「폐(肺)」라는 소리는 「그 뜻이 오장(五臟) 중에서 강한 金기운을 의미하는 대표성과 상징성을 가지고 있으므로」 그 대표성과 상징성이 가지고 있는 강한 뜻(의미=기운)대로 소리기운을 파악하면 된다.

즉 「폐(肺)'라는 강한 뜻기운(金기운)의 영향을 받아」 초성의 의미로 본 水기운의 소리가 金기운으로 변하게 되면서 소리·뜻·글자의 기운이 모두 다 강한 '金기운'으로 통일이 되며 순수해진다. 더욱 구체적으로 「폐(肺)」라는 소리는 강한 '신금(辛金)'기운을 가지고 있는 소리이다.

이로써 초성으로 볼 때에 나타나는 소리기운의 왜곡현상은 해소가 됨과 동시에 소리기운의 왜곡을 바로 잡을 수 있다.

오장육부(五臟六腑) 중에서 金기운의 육부(六腑)을 뜻하는 「대장(大腸)」이라는 소리는 초성(=첫받침)의 의미만으로 획일적으로 소리기운을 적용하는 음령오행의 이론으로 보게 될 경우 〈'대장'은 초성이 'ㄷㅈ받침'이므로 火金기운이 작용하는 소리〉라고 본다.

그러나 「대장(大腸)」이라는 소리는 「그 뜻이 육부(六腑) 중에서 강한 金기운을 의미하는 대표성과 상징성을 가지고 있으므로」 그 대표성과 상징성이 가지고 있는 강한 뜻(의미=기운)대로 소리기운을 파악하면 된다.

즉 「대장(大腸)'이라는 강한 뜻기운(金기운)의 영향을 받아」 초성의 의미로 본 火金기운의 소리가 金기운으로 변하게 되면서 소리·뜻·글자의 기운이 모두 다 강한 '金기운'으로 통일이 되며 순수해진다. 더욱 구체적으로 「대장(大腸)」이라는 소리는 강한 '경금(庚金)'기운을 가지고 있는 소리이다.

이로써 초성으로 볼 때에 나타나는 소리기운의 왜곡현상은 해소가 됨과 동시에 소리기운의 왜곡을 바로 잡을 수 있다.

▶ 신장(腎臟)·방광(膀胱)

　오장육부(五臟六腑) 중에서 水기운의 오장(五臟)을 뜻하는「신장(腎臟)」이라는 소리는 초성(=첫받침)의 의미만으로 획일적으로 소리기운을 적용하는 음령오행의 이론으로 보게 될 경우 〈'신장'은 초성이 'ㅅㅈ받침'이므로 金金기운이 작용하는 소리〉라고 본다.

　그러나「신장(腎臟)」이라는 소리는「그 뜻이 오장(五臟) 중에서 강한 水기운을 의미하는 대표성과 상징성을 가지고 있으므로」그 대표성과 상징성이 가지고 있는 강한 뜻(의미=기운)대로 소리기운을 파악하면 된다.

　즉「신장(腎臟)'이라는 강한 뜻기운(水기운)의 영향을 받아」초성의 의미로 본 金金기운의 소리가 水기운으로 변하게 되면서 소리·뜻·글자의 기운이 모두 다 강한 '水기운'으로 통일이 되며 순수해진다. 더욱 구체적으로「신장(腎臟)」이라는 소리는 강한 '계수(癸水)'기운을 가지고 있는 소리이다.

　이로써 초성으로 볼 때에 나타나는 소리기운의 왜곡현상은 해소가 됨과 동시에 소리기운의 왜곡을 바로 잡을 수 있다.

　오장육부(五臟六腑) 중에서 水기운의 육부(六腑)을 뜻하는「방광(膀胱)」

이라는 소리는 초성(=첫받침)의 의미만으로 획일적으로 소리기운을 적용하는 음령오행의 이론으로 보게 될 경우 〈'방광'은 초성이 'ㅂㄱ받침'이므로 水木기운이 작용하는 소리〉라고 본다.

그러나 「방광(膀胱)」이라는 소리는 「그 뜻이 육부(六腑) 중에서 강한 水기운을 의미하는 대표성과 상징성을 가지고 있으므로」 그 대표성과 상징성이 가지고 있는 강한 뜻(의미=기운)대로 소리기운을 파악하면 된다.

즉 「방광(膀胱)'이라는 강한 뜻기운(水기운)의 영향을 받아」 초성의 의미로 본 水木기운의 소리가 水기운으로 변하게 되면서 소리·뜻·글자의 기운이 모두 다 강한 '水기운'으로 통일이 되며 순수해진다. 더욱 구체적으로 「방광(膀胱)」이라는 소리는 강한 '임수(壬水)'기운을 가지고 있는 소리이다.

이로써 초성으로 볼 때에 나타나는 소리기운의 왜곡현상은 해소가 됨과 동시에 소리기운의 왜곡을 바로 잡을 수 있다.

10) 기타 대표성을 가지는 소리기운들

木기운	나무	풀	나물	과일	송(松)
	현	하늘	동녘	동쪽	동방(東方)
火기운	불	해	햇빛	태양(太陽)	더위
	화약(火藥)	커피	남녘	남쪽	남방(南方)
土기운	땅	터	둑	들	밭
	산(山)	평(平,坪)	성(城)	설탕	중앙(中央)
金기운	돌	바위	은(銀)	옥(玉)	유리(琉璃)
	구리	황금(黃金)	서녘	서쪽	서방(西方)
水기운	강(江)	가람	여울	바다	냉수(冷水)
	온수(溫水)	소금	북녘	북쪽	북방(北方)

① 木기운을 가진 소리

나무	풀	나물	과일	송(松)
현	하늘	동녘	동쪽	동방(東方)

▶ 나무

'나무'라는 소리기운도 초성(=첫받침)의 의미만으로 획일적으로 소리기운을 적용하는 음령오행의 이론으로 보게 되면 〈나무는 초성이 'ㄴㅁ받침'이니 火水기운이 작용하는 소리〉라고 본다.

그러나 「나무」라는 소리는 「그 뜻이 강한 木기운을 의미하는 대표성과 상징성을 가지고 있으므로」 그 대표성과 상징성이 가지고 있는 강한 뜻(의미=기운)대로 소리기운을 파악하면 된다.

즉 「나무'라는 강한 뜻기운(木기운)의 영향을 받아」 초성의 의미로 본 火水기운의 소리가 木기운으로 변하게 되면서 소리·뜻·글자의 기운이 모두 다 강한 '木기운'으로 통일이 되며 순수해진다.

이로써 초성으로 볼 때에 나타나는 소리기운의 왜곡현상은 해소가 됨과 동시에 소리기운의 왜곡을 바로 잡을 수 있다.

▶ 풀

'풀'이라는 소리기운도 초성(=첫받침)의 의미만으로 획일적으로 소리기운을 적용하는 음령오행의 이론으로 보게 되면 〈풀은 초성이 'ㅍ받침'이니 水기운이 작용하는 소리〉라고 본다.

그러나 「풀」이라는 소리는 「그 뜻이 강한 木기운을 의미하는 대표성과 상징성을 가지고 있으므로」 그 대표성과 상징성이 가지고 있는 강한 뜻(의미=기운)대로 소리기운을 파악하면 된다.

즉 「풀」이라는 강한 뜻기운(木기운)의 영향을 받아」 초성의 의미로 본 水기운의 소리가 木기운으로 변하게 되면서 소리·뜻·글자의 기운이 모두 다 강한 '木기운'으로 통일이 되며 순수해진다.

이로써 초성으로 볼 때에 나타나는 소리기운의 왜곡현상은 해소가 됨과 동시에 소리기운의 왜곡을 바로 잡을 수 있다.

▶ 나물

'나물'이라는 소리기운도 초성(=첫받침)의 의미만으로 획일적으로 소리기운을 적용하는 음령오행의 이론으로 보게 되면 〈나물은 초성이 'ㄴㅁ받침'이니 火水기운이 작용하는 소리〉라고 본다.

그러나 「나물」이라는 소리는 「그 뜻이 강한 木기운을 의미하는 대표성과 상징성을 가지고 있으므로」 그 대표성과 상징성이 가지고 있는 강한 뜻(의미=기운)대로 소리기운을 파악하면 된다.

즉 「나물」이라는 강한 뜻기운(木기운)의 영향을 받아」 초성의 의미로 본 火水기운의 소리가 木기운으로 변하게 되면서 소리·뜻·글자의 기운이 모두 다 강한 '木기운'으로 통일이 되며 순수해진다.

이로써 초성으로 볼 때에 나타나는 소리기운의 왜곡현상은 해소가 됨과 동시에 소리기운의 왜곡을 바로 잡을 수 있다.

▶ 과일

'과일'이라는 소리기운도 초성(=첫받침)의 의미만으로 획일적으로 소리기운을 적용하는 음령오행의 이론으로 보게 되면 〈'과일'은 초성이 'ㄱㅇ받침'이니 木土기운이 작용하는 소리〉라고 본다.

그러나 「과일」이라는 소리는 「그 뜻이 강한 木기운을 의미하는 대표성과 상징성을 가지고 있으므로」 그 대표성과 상징성이 가지고 있는 강한 뜻(의미=기운)대로 소리기운을 파악하면 된다.

즉 「과일」이라는 강한 뜻기운(木기운)의 영향을 받아」 초성의 의미로 본

木土기운의 소리가 木기운으로 변하게 되면서 소리·뜻·글자의 기운이 모두 다 강한 '木기운'으로 통일이 되며 순수해진다.

이로써 초성으로 볼 때에 나타나는 소리기운의 왜곡현상은 해소가 됨과 동시에 소리기운의 왜곡을 바로 잡을 수 있다.

▶ 송(松)

'송(松)'이라는 소리기운도 초성(=첫받침)의 의미만으로 획일적으로 소리기운을 적용하는 음령오행의 이론으로 보게 되면 〈'송'은 초성이 'ㅅ받침'이니 金기운이 작용하는 소리〉라고 본다.

그러나 「송(松)」이라는 소리는 「그 뜻이 강한 木기운을 의미하는 대표성과 상징성을 가지고 있으므로」 그 대표성과 상징성이 가지고 있는 강한 뜻(의미=기운)대로 소리기운을 파악하면 된다.

즉 「송(松)'이라는 강한 뜻기운(木기운)의 영향을 받아」 초성의 의미로 본 金기운의 소리가 木기운으로 변하게 되면서 소리·뜻·글자의 기운이 모두 다 강한 '木기운'으로 통일이 되며 순수해진다.

이로써 초성으로 볼 때에 나타나는 소리기운의 왜곡현상은 해소가 됨과 동시에 소리기운의 왜곡을 바로 잡을 수 있다.

▶ 현

'현'이라는 소리도 초성(=첫받침)의 의미로 보면 'ㅎ받침'으로 시작되므로 土기운이 작용하는 소리로 여지껏 알고 있다.

그런데 가만히 그 소리를 들어보면 묵직하게(土기운) 들리지 않고 화초(花草), 즉 풀이나 꽃(乙木기운)처럼 유연하면서도 부드럽게 느껴진다. 악기(樂器)도 현악기(絃樂器) 소리는 을목(乙木)인 화초(花草)처럼 섬세하고 부드럽다.

그래서 이름에 '현'이란 소리가 들어간 이름들은 들어보면 부드러운 느낌이 있다.

예) 도현, 정현, 다현, 나현, 재현, 현우, 현아, 현정, 현수, 현빈….

이처럼 '현'이라는 소리는 묵직한 土기운이 아니라 부드러운 을목(乙木 : 花草)의 기운을 가지고 있는 소리로 수많은 소리 중에서도 가장 부드러운 소리가 '현'이다.

필자가 오래전에 '김태평'이란 이름을 쓰던 연기자의 예명을 '현빈(玄彬)'으로 지어줬던 적이 있었다. '현빈'이란 이름의 소리기운도 음령오행의 이론만을 적용하면 초성(=첫받침)이 'ㅎㅂ받침'으로 시작되므로 「土水기운」 즉 토극수(土克水)라는 상극(相克)으로 된 소리기운으로 보게 된다.

하지만 앞에서 밝힌 대로 '현'이라는 소리는 부드러운 을목(乙木)기운을 가지고 있는 소리이므로 필자는 소리기운이 「土水기운」이 아닌 상생(相生)의 「木水기운」으로 된 이름을 지었다.

木기운은 그 연기자에게는 재물운(財物運)을 그리고 水기운은 진로운(進路運)을 의미했기 때문이며, 또한 '현(木기운)'과 '빈(水기운)'이라는 소리는 수생목(水生木)의 이치에 따라 재물이 불어나는 구조로 된 소리조합이었다.

한자의 자형(字形)에도 강한 「水기운(玄)」과 「木기운(彬)」을 넣었다. 따라서 '현'이란 소리기운은 木기운이며, 글자의 기운은 水기운(玄)으로 소리와 글자의 기운이 상생(相生) 관계가 된다. 또한 '빈'이란 소리는 水기운이며, 글자의 기운은 木기운(彬)으로 역시 소리와 글자의 기운이 상생(相生) 관계가 서로 되어 있다.

'현'이라는 소리는 「(어떤 기운이) 드러나거나 나타난다」는 의미를 강하게 가지고 있는 소리의 특성이 있으며, 또 부드러우면서도 강한 을목(乙木)기운의 소리는 그 연기자에게는 편재(偏財), 즉 큰 재물운을 가진 소리이기도 했다.

그리고 '빛날 빈(彬)'이란 한자의 뜻(字意)에서 「존재감이 드러나는 관운(官運)」이 반영되었던 이름으로 그 예명(藝名)을 부르고 쓴 연기자가 정말 크게 잘 되어 고마움과 큰 보람을 느꼈다.

여담(餘談)이지만 이날까지 오래도록 작명을 업(業)으로 할 수 있었던 것은 창작(創作)을 좋아해서이며, 또한 사람은 거짓말을 해도 글(역학)은 거짓말을 하지 않기 때문이다.

 앞서 언급한 대로 '현빈(玄彬)'이라는 예명에는 진로운과 재물운 그리고 관운이라는 세 가지 의미(기운)가 다 반영된 이름인데, 일반적으로 이름에 두 가지 의미를 반영하는 것도 수리길흉을 맞추다 보면 어렵다.

 타고난 기운(四柱)에서 현빈씨의 진로운(進路運)은 水기운을 의미한다. 그래서 군대도 육군(土)이나 공군(金)이 아닌 해군(水) 즉 해병대를 다녀오게 되었던 것이다.

 그리고 결혼한 해(年)도 처갓집을 의미하는 진로운(進路運)인 임수(壬水) 기운과 처(妻)를 의미하는 재물운(財物運)인 인목(寅木)기운 즉 「水木기운」 이라는 두 가지 오행의 기운이 다 작용하던 2022년 임인년(壬寅年)이며, 달(月)도 이 두 가지 오행의 기운이 다 작용하던 계묘월(癸卯月)이었다.

 '현'이라는 소리는 「(어떤 기운이) 드러나거나 나타난다」는 의미를 강하게 가지고 있는 소리의 특성이 있다. 그것은 '현'이란 소리가 들어간 단어들을 보면 실감할 수 있다. (물론 「현재(現在)」를 뜻하는 '현(現)' 字라는 한자를 사용했기 때문이라고 생각할 수도 있겠다.)

 하지만 '현(現)' 字란 한자 자체(字體)의 의미가 「아름다운 옥(玉)을 사람이 눈을 크게 뜨고 본다(見)」이며, 여기서「눈을 크게 뜨고 보는 것」이 바로 '현재'요 '현실'이란 뜻을 갖게 된 것이다. 〈'견(見)' 字는 사람의 눈을 크게 부각시켜 그린 글자로 '보다'라는 뜻이 있다.〉

뜻의 기운을 담는(=표현하는) 글자에는 그 뜻에 해당하는 오행의 기운을 가지기 마련인데 여기서「눈을 크게 뜨고 보는 눈(目)」이란 '뜻'과 '글자'의 오행의 기운은 木기운을 가지고 있다.

'현'이란 소리기운 역시 부드러운 을목(乙木)기운을 가지고 있으니 이처럼 「소리·뜻·글자」의 기운이 같은 에너지로 강한 결속력을 가지므로 자연히 '현'이란 소리기운의 특성이 더 강하게 작용하게 된다.

현재(現在), 현실(現實), 현세(現世), 파사현정(破邪顯正), 현장(現場), 현몽(現夢), 현존(現存), 현황(現況), 현금(現金), 현찰(現札), 현물(現物), 발현(發現), 재현(再現)…

또한 '현(現)' 字에 담겨 있는「귀중한 가치를 가지는 보석인 옥(玉)을 눈을 크게 뜨고 본다(見)」는 의미를 달리 표현하면 '현실세계에서는 그만큼 물질(物質)을 중요시 여긴다'는 뜻이 되는데, 이는 우리가 사는 세상의 실상(實相)을 정확하게 표현한 것이다.

▶ 하늘

'하늘'이라는 소리기운도 초성(=첫받침)의 의미만으로 획일적으로 소리기운을 적용하는 음령오행의 이론으로 보게 되면 〈하늘은 초성이 'ㅎㄴ받침'이니 土火기운이 작용하는 소리〉라고 본다.

그러나 「하늘」이라는 소리는 「그 뜻(天, 乾, 靑)이 강한 木기운을 의미하는 대표성과 상징성을 가지고 있으므로」 그 대표성과 상징성이 가지고 있는 강한 뜻(의미=기운)대로 소리기운을 파악하면 된다.〔하늘=天=乾=靑=木 / 땅=地=坤=黃=土〕

즉 「하늘'이라는 강한 뜻기운(木기운)의 영향을 받아」 초성의 의미로 본 土火기운의 소리가 木기운으로 변하게 되면서 소리·뜻·글자의 기운이 모두 다 강한 '木기운'으로 통일이 되며 순수해진다.

이로써 초성으로 볼 때에 나타나는 소리기운의 왜곡현상은 해소가 됨과 동시에 소리기운의 왜곡을 바로 잡을 수 있다.

♧ '하늘'이라는 소리를 '자신이 우러러보는 초월적 존재로서의 하늘'이라고 생각하고 받아들일 경우에는 자신에게 관(官) 즉 관성(官星)의 의미를 가진다.

▶ 동녘

'동녘'이라는 소리기운도 초성(=첫받침)의 의미만으로 획일적으로 소리기운을 적용하는 음령오행의 이론으로 보게 되면 〈'동녘'은 초성이 'ㄷㄴ받침'이니 火火기운이 작용하는 소리〉라고 본다.

그러나 「동녘」이라는 소리는 「그 뜻이 강한 木기운을 의미하는 대표성과 상징성을 가지고 있으므로」 그 대표성과 상징성이 가지고 있는 강한 뜻(의미=기운)대로 소리기운을 파악하면 된다.

즉 「동녘」이라는 강한 뜻기운(木기운)의 영향을 받아」 초성의 의미로 본 火火기운의 소리가 木기운으로 변하게 되면서 소리·뜻·글자의 기운이 모두 다 강한 '木기운'으로 통일이 되며 순수해진다.

이로써 초성으로 볼 때에 나타나는 소리기운의 왜곡현상은 해소가 됨과 동시에 소리기운의 왜곡을 바로 잡을 수 있다.

▶ 동쪽

'동쪽'이라는 소리기운도 초성(=첫받침)의 의미만으로 획일적으로 소리기운을 적용하는 음령오행의 이론으로 보게 되면 〈'동쪽'은 초성이 'ㄷㅈ받침'이니 火金기운이 작용하는 소리〉라고 본다.

그러나 「동쪽」이라는 소리는 「그 뜻이 강한 木기운을 의미하는 대표성과 상징성을 가지고 있으므로」 그 대표성과 상징성이 가지고 있는 강한 뜻(의미=기운)대로 소리기운을 파악하면 된다.

즉 「'동쪽'이라는 강한 뜻기운(木기운)의 영향을 받아」 초성의 의미로 본 火金기운의 소리가 木기운으로 변하게 되면서 소리·뜻·글자의 기운이 모두 다 강한 '木기운'으로 통일이 되며 순수해진다.

이로써 초성으로 볼 때에 나타나는 소리기운의 왜곡현상은 해소가 됨과 동시에 소리기운의 왜곡을 바로 잡을 수 있다.

▶ 동방(東方)

'동방(東方)'이라는 소리기운도 초성(=첫받침)의 의미만으로 획일적으로 소리기운을 적용하는 음령오행의 이론으로 보게 되면 〈동방은 초성이 'ㄷㅂ받침'이니 火水기운이 작용하는 소리〉라고 본다.

그러나 「동방(東方)」이라는 소리는 「그 뜻이 강한 木기운을 의미하는 대표성과 상징성을 가지고 있으므로」 그 대표성과 상징성이 가지고 있는 강한 뜻(의미=기운)대로 소리기운을 파악하면 된다.

즉 「'동방(東方)'이라는 강한 뜻기운(木기운)의 영향을 받아」 초성의 의미로 본 火水기운의 소리가 木기운으로 변하게 되면서 소리·뜻·글자의 기운이 모두 다 강한 '木기운'으로 통일이 되며 순수해진다.

이로써 초성으로 볼 때에 나타나는 소리기운의 왜곡현상은 해소가 됨과 동시에 소리기운의 왜곡을 바로 잡을 수 있다.

② 火기운을 가진 소리

불	해	햇빛	태양(太陽)	더위
화약(火藥)	커피	남녘	남쪽	남방(南方)

▶ 불

'불'이라는 소리기운도 초성(=첫받침)의 의미만으로 획일적으로 소리기운을 적용하는 음령오행의 이론으로 보게 되면 〈'불'은 초성이 'ㅂ받침'이니 水기운이 작용하는 소리〉라고 본다.

그러나 「불」이라는 소리는 「그 뜻이 강한 火기운을 의미하는 대표성과 상징성을 가지고 있으므로」 그 대표성과 상징성이 가지고 있는 강한 뜻(의미=기운)대로 소리기운을 파악하면 된다.

즉「'불'이라는 강한 뜻기운(火기운)의 영향을 받아」초성의 의미로 본 水기운의 소리가 火기운으로 변하게 되면서 소리·뜻·글자의 기운이 모두 다 강한 '火기운'으로 통일이 되며 순수해진다.

이로써 초성으로 볼 때에 나타나는 소리기운의 왜곡현상은 해소가 됨과 동시에 소리기운의 왜곡을 바로 잡을 수 있다.

☙ 시중에 나와 있는 모든 작명책들을 보면 '물'과 '불'이란 소리기운을 다 똑같이 水기운(ㅁ, ㅂ받침)으로 표기되어 있는데, 이것이 완전할 수 없는 음령오행(音靈五行)이라는 이론의 맹점(盲點)이자 소리기운의 왜곡(歪曲)인 것이다.

모든 사람에게 '물'과 '불'이란 소리기운를 물어보면 당연히 '물'은 水기운이고, '불'은 火기운이라고 답할 것이다. 이것이 상식이다. 하지만 무조건 획일적으로 음령오행이라는 이론만을 적용할 경우에는「속으로는 이거 아닌 것 같은데…」하면서도 맹신(盲信)하게 된다.

▶ 해

'해'라는 소리기운도 초성(=첫받침)의 의미만으로 획일적으로 소리기운을 적용하는 음령오행의 이론으로 보게 되면 〈'해'는 초성이 'ㅎ받침'이니 土기운이 작용하는 소리〉라고 본다.

그러나 「해」라는 소리는 「그 뜻이 강한 火기운(태양)을 의미하는 대표성과 상징성을 가지고 있으므로」 그 대표성과 상징성이 가지고 있는 강한 뜻(의미=기운)대로 소리기운을 파악하면 된다.

즉 「해」라는 강한 뜻기운(火기운)의 영향을 받아」 초성의 의미로 본 土기운의 소리가 火기운으로 변하게 되면서 소리·뜻·글자의 기운이 모두 다 강한 '火기운'으로 통일이 되며 순수해진다.

이로써 초성으로 볼 때에 나타나는 소리기운의 왜곡현상은 해소가 됨과 동시에 소리기운의 왜곡을 바로 잡을 수 있다.

♣ 모든 소리는 다른 소리와의 만남에서 변화가 일어날 수 있는 경우가 있으므로 모든 소리를 무조건 고정된 소리로만 인식한다면 소리기운의 변화를 읽을 수도 느낄 수도 없게 된다. 예를 들면, '해수'라는 소리기운은 십이지(十二支) 중에서 '해수(亥水)'라는 소리와 동음(同音)이므로 강한 '해수(亥水)'기운이 작용하는 소리가 된다. 반면에 「해와 소나무」를 의미하는 '해솔'이라는 한글 이름인 경우에 '해'는 당연히 병화(丙火)기운이 작용하게 된다.

▶ 햇빛

'햇빛'이라는 소리기운도 초성(=첫받침)의 의미만으로 획일적으로 소리기운을 적용하는 음령오행의 이론으로 보게 되면 〈'햇빛'은 초성이 'ㅎㅂ받침'이니 土水기운이 작용하는 소리〉라고 본다.

그러나 「햇빛」이라는 소리는 「그 뜻이 강한 火기운(태양)을 의미하는 대표성과 상징성을 가지고 있으므로」 그 대표성과 상징성이 가지고 있는 강한 뜻(의미=기운)대로 소리기운을 파악하면 된다.

즉 「'햇빛'이라는 강한 뜻기운(火기운)의 영향을 받아」 초성의 의미로 본 土水기운의 소리가 火기운으로 변하게 되면서 소리·뜻·글자의 기운이 모두 다 강한 '火기운'으로 통일이 되며 순수해진다.

이로써 초성으로 볼 때에 나타나는 소리기운의 왜곡현상은 해소가 됨과 동시에 소리기운의 왜곡을 바로 잡을 수 있다.

▶ 태양(太陽)

'태양(太陽)'이라는 소리기운도 초성(=첫받침)의 의미만으로 획일적으로 소리기운을 적용하는 음령오행의 이론으로 보게 되면 〈'태양'은 초성이 'ㅌㅇ받침'이니 火土기운이 작용하는 소리〉라고 본다.

그러나 「태양(太陽)」이라는 소리는 「그 뜻이 강한 火기운(태양)을 의미하는 대표성과 상징성을 가지고 있으므로」 그 대표성과 상징성이 가지고 있는 강한 뜻(의미=기운)대로 소리기운을 파악하면 된다.

즉 「태양(太陽)'이라는 강한 뜻기운(火기운)의 영향을 받아」 초성의 의미로 본 火土기운의 소리가 火기운으로 변하게 되면서 소리·뜻·글자의 기운이 모두 다 강한 '火기운'으로 통일이 되며 순수해진다.

이로써 초성으로 볼 때에 나타나는 소리기운의 왜곡현상은 해소가 됨과 동시에 소리기운의 왜곡을 바로 잡을 수 있다.

▶ 더위

'더위'라는 소리기운도 초성(=첫받침)의 의미만으로 획일적으로 소리기운을 적용하는 음령오행의 이론으로 보게 되면 〈'더위'는 초성이 'ㄷㅇ받침'이니 火土기운이 작용하는 소리〉라고 본다.

그러나 「더위」라는 소리는 「그 뜻이 강한 火기운을 의미하는 대표성과 상징성을 가지고 있으므로」 그 대표성과 상징성이 가지고 있는 강한 뜻(의미=기운)대로 소리기운을 파악하면 된다.

즉 「더위」라는 강한 뜻기운(火기운)의 영향을 받아」 초성의 의미로 본 火土기운의 소리가 火기운으로 변하게 되면서 소리·뜻·글자의 기운이 모두 다 강한 '火기운'으로 통일이 되며 순수해진다.

이로써 초성으로 볼 때에 나타나는 소리기운의 왜곡현상은 해소가 됨과 동시에 소리기운의 왜곡을 바로 잡을 수 있다.

▶ 화약(火藥)

'화약(火藥)'이라는 소리기운도 초성(=첫받침)의 의미만으로 획일적으로 소리기운을 적용하는 음령오행의 이론으로 보게 되면 〈화약은 초성이 'ㅎㅇ받침'이니 土土기운이 작용하는 소리〉라고 본다.

그러나 「화약(火藥)」이라는 소리는 「그 뜻이 강한 火기운을 의미하는 대표성과 상징성을 가지고 있으므로」 그 대표성과 상징성이 가지고 있는 강한 뜻(의미=기운)대로 소리기운을 파악하면 된다.

즉 「화약(火藥)'이라는 강한 뜻기운(火기운)의 영향을 받아」 초성의 의미로 본 土土기운의 소리가 火기운으로 변하게 되면서 소리·뜻·글자의 기운이 모두 다 강한 '火기운'으로 통일이 되며 순수해진다.

이로써 초성으로 볼 때에 나타나는 소리기운의 왜곡현상은 해소가 됨과 동시에 소리기운의 왜곡을 바로 잡을 수 있다.

▶ 커피

'커피'라는 소리기운도 초성(=첫받침)의 의미만으로 획일적으로 소리기운을 적용하는 음령오행의 이론으로 보게 되면 〈'커피'는 초성이 'ㅋㅍ받침'이니 木水기운이 작용하는 소리〉라고 본다.

그러나 「커피」라는 소리는 「그 뜻이 강한 火기운(쓴맛)을 의미하는 대표성과 상징성을 가지고 있으므로」 그 대표성과 상징성이 가지고 있는 강한 뜻(의미=기운)대로 소리기운을 파악하면 된다.

즉 「커피」라는 강한 뜻기운(火기운)의 영향을 받아」 초성의 의미로 본 木水기운의 소리가 火기운으로 변하게 되면서 소리·뜻·글자의 기운이 모두 다 강한 '火기운'으로 통일이 되며 순수해진다.

이로써 초성으로 볼 때에 나타나는 소리기운의 왜곡현상은 해소가 됨과 동시에 소리기운의 왜곡을 바로 잡을 수 있다.

▶ 남녘

'남녘'이라는 소리기운도 초성(=첫받침)의 의미만으로 획일적으로 소리기운을 적용하는 음령오행의 이론으로 보게 되면 〈'남녘'은 초성이 'ㄴㄴ받침'이니 火火기운이 작용하는 소리〉라고 본다.

「남녘」이라는 소리는 「그 뜻이 강한 火기운을 의미하는 대표성과 상징성을 가지고 있으므로」 그 대표성과 상징성이 가지고 있는 강한 뜻(의미=기운)대로 소리기운을 파악하게 되는데, 이 경우에는 음령오행과 일치하므로 소리의 왜곡현상이 없는 드문 경우이다.

▶ 남쪽

'남쪽'이라는 소리기운도 초성(=첫받침)의 의미만으로 획일적으로 소리기운을 적용하는 음령오행의 이론으로 보게 되면 〈'남쪽은 초성이 'ㄴㅈ받침'이니 火金기운이 작용하는 소리〉라고 본다.

그러나 「남쪽」이라는 소리는 「그 뜻이 강한 火기운을 의미하는 대표성과 상징성을 가지고 있으므로」 그 대표성과 상징성이 가지고 있는 강한 뜻(의미=기운)대로 소리기운을 파악하면 된다.

즉 「'남쪽'이라는 강한 뜻기운(火기운)의 영향을 받아」 초성의 의미로 본 火金기운의 소리가 火기운으로 변하게 되면서 소리·뜻·글자의 기운이 모두 다 강한 '火기운'으로 통일이 되며 순수해진다.

이로써 초성으로 볼 때에 나타나는 소리기운의 왜곡현상은 해소가 됨과 동시에 소리기운의 왜곡을 바로 잡을 수 있다.

▶ 남방(南方)

'남방(南方)'이라는 소리기운도 초성(=첫받침)의 의미만으로 획일적으로 소리기운을 적용하는 음령오행의 이론으로 보게 되면〈'남방'은 초성이 'ㄴㅂ받침'이니 火水기운이 작용하는 소리〉라고 본다.

그러나「남방(南方)」이라는 소리는「그 뜻이 강한 火기운을 의미하는 대표성과 상징성을 가지고 있으므로」그 대표성과 상징성이 가지고 있는 강한 뜻(의미=기운)대로 소리기운을 파악하면 된다.

즉「남방(南方)'이라는 강한 뜻기운(火기운)의 영향을 받아」초성의 의미로 본 火水기운의 소리가 火기운으로 변하게 되면서 소리·뜻·글자의 기운이 모두 다 강한 '火기운'으로 통일이 되며 순수해진다.

이로써 초성으로 볼 때에 나타나는 소리기운의 왜곡현상은 해소가 됨과 동시에 소리기운의 왜곡을 바로 잡을 수 있다.

③ 土기운을 가진 소리

땅	터	둑	들	밭
산(山)	평(平,坪)	성(城)	설탕	중앙(中央)

▶ 땅

'땅'이라는 소리기운도 초성(=첫받침)의 의미만으로 획일적으로 소리기운을 적용하는 음령오행의 이론으로 보게 되면 〈'땅'은 초성이 'ㄷ받침'이니 火기운이 작용하는 소리〉라고 본다.

그러나 「땅」이라는 소리는 「그 뜻이 강한 土기운을 의미하는 대표성과 상징성을 가지고 있으므로」 그 대표성과 상징성이 가지고 있는 강한 뜻(의미=기운)대로 소리기운을 파악하면 된다.

즉 「'땅'이라는 강한 뜻기운(土기운)의 영향을 받아」 초성의 의미로 본 火기운의 소리가 土기운으로 변하게 되면서 소리·뜻·글자의 기운이 모두 다 강한 '土기운'으로 통일이 되며 순수해진다.

이로써 초성으로 볼 때에 나타나는 소리기운의 왜곡현상은 해소가 됨과 동시에 소리기운의 왜곡을 바로 잡을 수 있다.

▶ 터

'터'라는 소리기운도 초성(=첫받침)의 의미만으로 획일적으로 소리기운을 적용하는 음령오행의 이론으로 보게 되면 〈'터'는 초성이 'ㅌ받침'이니 火기운이 작용하는 소리〉라고 본다.

그러나 「터」라는 소리는 「그 뜻이 강한 土기운을 의미하는 대표성과 상징성을 가지고 있으므로」 그 대표성과 상징성이 가지고 있는 강한 뜻(의미=기운)대로 소리기운을 파악하면 된다.

즉 「터」라는 강한 뜻기운(土기운)의 영향을 받아」 초성의 의미로 본 火기운의 소리가 土기운으로 변하게 되면서 소리·뜻·글자의 기운이 모두 다 강한 '土기운'으로 통일이 되며 순수해진다.

이로써 초성으로 볼 때에 나타나는 소리기운의 왜곡현상은 해소가 됨과 동시에 소리기운의 왜곡을 바로 잡을 수 있다.

▶ 둑

'둑'이라는 소리기운도 초성(=첫받침)의 의미만으로 획일적으로 소리기운을 적용하는 음령오행의 이론으로 보게 되면 〈'둑'은 초성이 'ㄷ받침'이니 火기운이 작용하는 소리〉라고 본다.

그러나 「둑」이라는 소리는 「그 뜻이 강한 土기운을 의미하는 대표성과 상징성을 가지고 있으므로」 그 대표성과 상징성이 가지고 있는 강한 뜻(의미=기운)대로 소리기운을 파악하면 된다.

즉 「둑'이라는 강한 뜻기운(土기운)의 영향을 받아」 초성의 의미로 본 火기운의 소리가 土기운으로 변하게 되면서 소리·뜻·글자의 기운이 모두 다 강한 '土기운'으로 통일이 되며 순수해진다.

이로써 초성으로 볼 때에 나타나는 소리기운의 왜곡현상은 해소가 됨과 동시에 소리기운의 왜곡을 바로 잡을 수 있다.

▶ 들

'들'이라는 소리기운도 초성(=첫받침)의 의미만으로 획일적으로 소리기운을 적용하는 음령오행의 이론으로 보게 되면 〈들은 초성이 'ㄷ받침'이니 火기운이 작용하는 소리〉라고 본다.

그러나 「들」이라는 소리는 「그 뜻이 강한 土기운을 의미하는 대표성과 상징성을 가지고 있으므로」 그 대표성과 상징성이 가지고 있는 강한 뜻(의미=기운)대로 소리기운을 파악하면 된다.

즉 「들'이라는 강한 뜻기운(土기운)의 영향을 받아」 초성의 의미로 본 火

기운의 소리가 土기운으로 변하게 되면서 소리·뜻·글자의 기운이 모두 다 강한 '土기운'으로 통일이 되며 순수해진다.

이로써 초성으로 볼 때에 나타나는 소리기운의 왜곡현상은 해소가 됨과 동시에 소리기운의 왜곡을 바로 잡을 수 있다.

▶ 밭

'밭'이라는 소리기운도 초성(=첫받침)의 의미만으로 획일적으로 소리기운을 적용하는 음령오행의 이론으로 보게 되면 〈'밭'은 초성이 'ㅂ받침'이니 水기운이 작용하는 소리〉라고 본다.

그러나 「밭」이라는 소리는 「그 뜻이 강한 土기운을 의미하는 대표성과 상징성을 가지고 있으므로」 그 대표성과 상징성이 가지고 있는 강한 뜻(의미=기운)대로 소리기운을 파악하면 된다.

즉 「밭」이라는 강한 뜻기운(土기운)의 영향을 받아」 초성의 의미로 본 水기운의 소리가 土기운으로 변하게 되면서 소리·뜻·글자의 기운이 모두 다 강한 '土기운'으로 통일이 되며 순수해진다.

이로써 초성으로 볼 때에 나타나는 소리기운의 왜곡현상은 해소가 됨과 동시에 소리기운의 왜곡을 바로 잡을 수 있다.

▶ 산(山)

'산(山)'이라는 소리기운도 초성(=첫받침)의 의미만으로 획일적으로 소리기운을 적용하는 음령오행의 이론으로 보게 되면 〈산은 초성이 'ㅅ받침'이니 金기운이 작용하는 소리〉라고 본다.

그러나 「산(山)」이라는 소리는 「그 뜻이 강한 土기운을 의미하는 대표성과 상징성을 가지고 있으므로」 그 대표성과 상징성이 가지고 있는 강한 뜻(의미=기운)대로 소리기운을 파악하면 된다.

즉 「산(山)'이라는 강한 뜻기운(土기운)의 영향을 받아」 초성의 의미로 본 金기운의 소리가 土기운으로 변하게 되면서 소리·뜻·글자의 기운이 모두 다 강한 '土기운'으로 통일이 되며 순수해진다.

이로써 초성으로 볼 때에 나타나는 소리기운의 왜곡현상은 해소가 됨과 동시에 소리기운의 왜곡을 바로 잡을 수 있다.

▶ 평(平, 坪)

'평(平, 坪)'이라는 소리기운도 초성(=첫받침)의 의미만으로 획일적으로 소리기운을 적용하는 음령오행의 이론으로 보게 되면 〈평은 초성이 'ㅍ받침'이니 水기운이 작용하는 소리〉라고 본다.

그러나 「평(平, 坪)」이라는 소리는 「그 뜻이 강한 土기운을 의미하는 대표성과 상징성을 가지고 있으므로」 그 대표성과 상징성이 가지고 있는 강한 뜻(의미=기운)대로 소리기운을 파악하면 된다.

즉 「평(平, 坪)'이라는 강한 뜻기운(土기운)의 영향을 받아」 초성의 의미로 본 水기운의 소리가 土기운으로 변하게 되면서 소리·뜻·글자의 기운이 모두 다 강한 '土기운'으로 통일이 되며 순수해진다.

이로써 초성으로 볼 때에 나타나는 소리기운의 왜곡현상은 해소가 됨과 동시에 소리기운의 왜곡을 바로 잡을 수 있다.

땅은 평평(平平)하다. 그래서 그 평평한 땅의 넓이를 표현할 때도 '평(坪)'字로 나타낸다.

땅은 넓으며 둥근 중앙을 의미한다. 그래서 '평'이라는 소리는 강한 土기운을 가지고 있는 소리이며, 지명(地名)에 '평'이라는 소리가 붙여진 곳에는 넓은 평야(平野)가 있다.

(지명)
가평(加平), 부평(富平), 사자평(獅子坪), 양평(楊平), 용평(龍坪), 장안평(長安坪), 진평(眞平), 청평(淸平), 평양(平壤), 평창(平昌), 평택(平澤), 함평(咸平)

사람의 얼굴형도 살집이 있으면서 넙적하거나 둥글둥글한 경우에 '평'이란 소리가 잘 어울린다.

그래서 '태평'이란 이름은 배우 마동석씨의 얼굴형에는 잘 어울리지만 타고난 기운(四柱)대로 샤프하면서도 스마트한 이미지에 얼굴형도 갸름한 배우 현빈씨에게는 잘 어울리지 않았던 이유이다.

또한 '대평'이나 '태평'이란 소리에서 '대(大)'나 '태(太·泰)'란 소리는 '평'이란 소리를 수식(修飾) 강조(强調)해주므로 '넓은 땅' 즉 「큰 땅(大土)」을 의미하게 된다.

따라서 현빈씨가 과거에 「큰 땅(大土)」을 의미하는 소리인 '태평'이란 이름으로 활동했을 때에는 타고난 기운(四柱)에서 자기 자신이 신금(辛金)인 주옥(珠玉)이라 「넓은 땅(大土)에 주옥이 묻혀버려 빛날 수가 없게 되었던 것」이며, 또한 큰 땅(大土)기운은 현빈씨의 진로운인 水기운을 막아버리므로 '태평'이란 이름으로는 빛보기가 어려웠던 이유이다.

자연(自然)의 일부로 자연을 닮은 사람의 이름 역시 자신의 타고난 기운(자연)에 맞게 부르고 쓴다는 것은 지극히 당연한 것일 뿐 이것이 어찌 미신적인 것이 될 수 있겠는가?

따라서 좋은 이름을 반복해서 부르고 쓴다는 것은 미신이 아니라 건강과 조화를 지향하는 부단(不斷)한 발전적(發展的)인 자기 노력을 의미한다.

▶ 성(城)

'성(城)'이라는 소리기운도 초성(=첫받침)의 의미만으로 획일적으로 소리기운을 적용하는 음령오행의 이론으로 보게 되면 〈'성'은 초성이 'ㅅ받침'이니 金기운이 작용하는 소리〉라고 본다.

그러나 「성(城)」이라는 소리는 「그 뜻이 강한 土기운을 의미하는 대표성과 상징성을 가지고 있으므로」 그 대표성과 상징성이 가지고 있는 강한 뜻(의미=기운)대로 소리기운을 파악하면 된다.

즉 「성(城)」이라는 강한 뜻기운(土기운)의 영향을 받아」 초성의 의미로 본 金기운의 소리가 土기운으로 변하게 되면서 소리·뜻·글자의 기운이 모두 다 강한 '土기운'으로 통일이 되며 순수해진다.

이로써 초성으로 볼 때에 나타나는 소리기운의 왜곡현상은 해소가 됨과 동시에 소리기운의 왜곡을 바로 잡을 수 있다.

'성(城)'이라는 소리는 땅(土)처럼 묵직하면서 깊은 울림(土性)이 있다. 그래서 타고난 기운(四柱)에 土기운이 왕성(旺盛)하면 울림이 좋은 중후한 목소리로 공명이 잘 되므로 듣기가 편안하며 신뢰감을 준다.

왕조(王朝) 시대에는 각 나라의 도읍지(都邑地)마다 수도(首都)로서의 위상(位相)에 걸맞은 큰 성(城)이 세워졌으며, 큰 성이 들어설 수 있는 넓은 땅, 즉 평야(平野)가 있는 곳에 큰 성이 세워졌으므로 큰 성은 바로 넓은 땅(大土)을 의미한다. 그래서 지명(地名)에 '성'이라는 소리가 붙여진 곳에는 넓은 평야(平野)가 있다.

(지명)

개성(開城), 경성(鏡城), 고성(高城), 곡성(谷城), 보성(寶城), 안성(安城), 음성(陰城), 장성(長城), 횡성(橫城), 한성(漢城), 화성(華城), 홍성(洪城)

▶ 설탕

'설탕'이라는 소리기운도 초성(=첫받침)의 의미만으로 획일적으로 소리기운을 적용하는 음령오행의 이론으로 보게 되면 〈'설탕'은 초성이 'ㅅㅌ받침'이니 金火기운이 작용하는 소리〉라고 본다.

그러나 「'설탕'이라는 소리는 「그 뜻이 강한 土기운(단맛)을 의미하는 대표성과 상징성을 가지고 있으므로」 그 대표성과 상징성이 가지고 있는 강한 뜻(의미=기운)대로 소리기운을 파악하면 된다.

즉 「'설탕'이라는 강한 뜻기운(土기운)의 영향을 받아」 초성의 의미로 본 火金기운의 소리가 土기운으로 변하게 되면서 소리·뜻·글자의 기운이 모두 다 강한 '土기운'으로 통일이 되며 순수해진다.

이로써 초성으로 볼 때에 나타나는 소리기운의 왜곡현상은 해소가 됨과 동시에 소리기운의 왜곡을 바로 잡을 수 있다.

▶ 중앙(中央)

'중앙(中央)'이라는 소리기운도 초성(=첫받침)의 의미만으로 획일적으로 소리기운을 적용하는 음령오행의 이론으로 보게 되면 〈'중앙'은 초성이 'ㅈㆍㅇ받침'이니 金土기운이 작용하는 소리〉라고 본다.

그러나 「중앙(中央)」이라는 소리는 「그 뜻이 강한 土기운을 의미하는 대표성과 상징성을 가지고 있으므로」 그 대표성과 상징성이 가지고 있는 강한 뜻(의미=기운)대로 소리기운을 파악하면 된다.

즉 「중앙(中央)'이라는 강한 뜻기운(土기운)의 영향을 받아」 초성의 의미로 본 金土기운의 소리가 土기운으로 변하게 되면서 소리·뜻·글자의 기운이 모두 다 강한 '土기운'으로 통일이 되며 순수해진다.

이로써 초성으로 볼 때에 나타나는 소리기운의 왜곡현상은 해소가 됨과 동시에 소리기운의 왜곡을 바로 잡을 수 있다.

④ 金기운을 가진 소리

돌	바위	은(銀)	옥(玉)	유리(琉璃)
구리	황금(黃金)	서녘	서쪽	서방(西方)

▶ 돌

'돌'이라는 소리기운도 초성(=첫받침)의 의미만으로 획일적으로 소리기운을 적용하는 음령오행의 이론으로 보게 되면 〈'돌'은 초성이 'ㄷ받침'이니 火기운이 작용하는 소리〉라고 본다.

그러나 「'돌'이라는 소리는 「그 뜻이 강한 金기운을 의미하는 대표성과 상징성을 가지고 있으므로」 그 대표성과 상징성이 가지고 있는 강한 뜻(의미=기운)대로 소리기운을 파악하면 된다.

즉 「'돌'이라는 강한 뜻기운(金기운)의 영향을 받아」 초성의 의미로 본 火기운의 소리가 金기운으로 변하게 되면서 소리·뜻·글자의 기운이 모두 다 강한 '金기운'으로 통일이 되며 순수해진다.

이로써 초성으로 볼 때에 나타나는 소리기운의 왜곡현상은 해소가 됨과 동시에 소리기운의 왜곡을 바로 잡을 수 있다.

▶ 바위

'바위'라는 소리기운도 초성(=첫받침)의 의미만으로 획일적으로 소리기운을 적용하는 음령오행의 이론으로 보게 되면 〈'바위'는 초성이 'ㅂㅇ받침'이니 水土기운이 작용하는 소리〉라고 본다.

그러나 「바위」라는 소리는 「그 뜻이 강한 金기운을 의미하는 대표성과 상징성을 가지고 있으므로」 그 대표성과 상징성이 가지고 있는 강한 뜻(의미=기운)대로 소리기운을 파악하면 된다.

즉 「바위」라는 강한 뜻기운(金기운)의 영향을 받아」 초성의 의미로 본 水土기운의 소리가 金기운으로 변하게 되면서 소리·뜻·글자의 기운이 모두 다 강한 '金기운'으로 통일이 되며 순수해진다.

이로써 초성으로 볼 때에 나타나는 소리기운의 왜곡현상은 해소가 됨과 동시에 소리기운의 왜곡을 바로 잡을 수 있다.

▶ 은(銀)

'은(銀)'이라는 소리기운도 초성(=첫받침)의 의미만으로 획일적으로 소리기운을 적용하는 음령오행의 이론으로 보게 되면 〈'은'은 초성이 'ㅇ받침'이니 土기운이 작용하는 소리〉라고 본다.

그러나 「은(銀)」이라는 소리는 「그 뜻이 강한 金기운을 의미하는 대표성과 상징성을 가지고 있으므로」 그 대표성과 상징성이 가지고 있는 강한 뜻(의미=기운)대로 소리기운을 파악하면 된다.

즉 「은(銀)'이라는 강한 뜻기운(金기운)의 영향을 받아」 초성의 의미로 본 土기운의 소리가 金기운으로 변하게 되면서 소리·뜻·글자의 기운이 모두 다 강한 '金기운'으로 통일이 되며 순수해진다.

이로써 초성으로 볼 때에 나타나는 소리기운의 왜곡현상은 해소가 됨과 동시에 소리기운의 왜곡을 바로 잡을 수 있다.

▶ 옥(玉)

'옥(玉)'이라는 소리기운도 초성(=첫받침)의 의미만으로 획일적으로 소리기운을 적용하는 음령오행의 이론으로 보게 되면 〈'은'은 초성이 'ㅇ받침'이니 土기운이 작용하는 소리〉라고 본다.

그러나 「옥(玉)」이라는 소리는 「그 뜻이 강한 金기운을 의미하는 대표성과 상징성을 가지고 있으므로」 그 대표성과 상징성이 가지고 있는 강한 뜻(의미=기운)대로 소리기운을 파악하면 된다.

즉 「옥(玉)'이라는 강한 뜻기운(金기운)의 영향을 받아」 초성의 의미로 본

土기운의 소리가 金기운으로 변하게 되면서 소리·뜻·글자의 기운이 모두 다 강한 '金기운'으로 통일이 되며 순수해진다.

이로써 초성으로 볼 때에 나타나는 소리기운의 왜곡현상은 해소가 됨과 동시에 소리기운의 왜곡을 바로 잡을 수 있다.

▶ 유리(琉璃)

'유리(琉璃)'라는 소리기운도 초성(=첫받침)의 의미만으로 획일적으로 소리기운을 적용하는 음령오행의 이론으로 보게 되면 〈'유리'는 초성이 'ㅇㄹ받침'이니 土火기운이 작용하는 소리〉라고 본다.

그러나 「유리(流離)」라는 소리는 「그 뜻이 강한 金기운을 의미하는 대표성과 상징성을 가지고 있으므로」 그 대표성과 상징성이 가지고 있는 강한 뜻(의미=기운)대로 소리기운을 파악하면 된다.

즉 「유리(琉璃)'라는 강한 뜻기운(金기운)의 영향을 받아」 초성의 의미로 본 土火기운의 소리가 金기운으로 변하게 되면서 소리·뜻·글자의 기운이 모두 다 강한 '金기운'으로 통일이 되며 순수해진다.

이로써 초성으로 볼 때에 나타나는 소리기운의 왜곡현상은 해소가 됨과 동시에 소리기운의 왜곡을 바로 잡을 수 있다.

▶ 구리

'구리'라는 소리기운도 초성(=첫받침)의 의미만으로 획일적으로 소리기운을 적용하는 음령오행의 이론으로 보게 되면 〈구리는 초성이 'ㄱㄹ받침'이니 木火기운이 작용하는 소리〉라고 본다.

그러나 「구리」라는 소리는 「그 뜻이 강한 金기운을 의미하는 대표성과 상징성을 가지고 있으므로」 그 대표성과 상징성이 가지고 있는 강한 뜻(의미=기운)대로 소리기운을 파악하면 된다.

즉 「구리」라는 강한 뜻기운(金기운)의 영향을 받아」 초성의 의미로 본 木火기운의 소리가 金기운으로 변하게 되면서 소리·뜻·글자의 기운이 모두 다 강한 '金기운'으로 통일이 되며 순수해진다.

이로써 초성으로 볼 때에 나타나는 소리기운의 왜곡현상은 해소가 됨과 동시에 소리기운의 왜곡을 바로 잡을 수 있다.

▶ 황금(黃金)

'황금(黃金)'이라는 소리기운도 초성(=첫받침)의 의미만으로 획일적으로 소리기운을 적용하는 음령오행의 이론으로 보게 되면 〈황금은 초성이 'ㅎㄱ받침'이니 土木기운이 작용하는 소리〉라고 본다.

그러나 「황금(黃金)」이라는 소리는 「그 뜻이 강한 金기운을 의미하는 대표성과 상징성을 가지고 있으므로」 그 대표성과 상징성이 가지고 있는 강한 뜻(의미=기운)대로 소리기운을 파악하면 된다.

즉 「황금(黃金)」이라는 강한 뜻기운(金기운)의 영향을 받아」 초성의 의미로 본 土木기운의 소리가 金기운으로 변하게 되면서 소리·뜻·글자의 기운이 모두 다 강한 '金기운'으로 통일이 되며 순수해진다.

이로써 초성으로 볼 때에 나타나는 소리기운의 왜곡현상은 해소가 됨과 동시에 소리기운의 왜곡을 바로 잡을 수 있다.

▶ 서녘

'서녘'이라는 소리기운도 초성(=첫받침)의 의미만으로 획일적으로 소리기운을 적용하는 음령오행의 이론으로 보게 되면 〈서녘은 초성이 'ㅅㄴ받침'이니 金火기운이 작용하는 소리〉라고 본다.

그러나 「서녘」이라는 소리는 「그 뜻이 강한 金기운을 의미하는 대표성과 상징성을 가지고 있으므로」 그 대표성과 상징성이 가지고 있는 강한 뜻(의미=기운)대로 소리기운을 파악하면 된다.

즉 「서녘'이라는 강한 뜻기운(金기운)의 영향을 받아」 초성의 의미로 본

金火기운의 소리가 金기운으로 변하게 되면서 소리·뜻·글자의 기운이 모두 다 강한 '金기운'으로 통일이 되며 순수해진다.

이로써 초성으로 볼 때에 나타나는 소리기운의 왜곡현상은 해소가 됨과 동시에 소리기운의 왜곡을 바로 잡을 수 있다.

▶ 서쪽

'서쪽'이라는 소리기운도 초성(=첫받침)의 의미만으로 획일적으로 소리기운을 적용하는 음령오행의 이론으로 보게 되면 〈서쪽은 초성이 'ㅅㅈ받침'이니 金金기운이 작용하는 소리〉라고 본다.

「서녘」이라는 소리는 「그 뜻이 강한 金기운을 의미하는 대표성과 상징성을 가지고 있으므로」 그 대표성과 상징성이 가지고 있는 강한 뜻(의미=기운)대로 소리기운을 파악하게 되는데, 이 경우에는 음령오행과 일치하므로 소리의 왜곡현상이 없는 드문 경우이다.

▶ 서방(西方)

'서방(西方)'이라는 소리기운도 초성(=첫받침)의 의미만으로 획일적으로 소리기운을 적용하는 음령오행의 이론으로 보게 되면 〈'서방'은 초성이 'ㅅ

ㅂ받침'이니 金水기운이 작용하는 소리〉라고 본다.

그러나 「서방(西方)」이라는 소리는 「그 뜻이 강한 金기운을 의미하는 대표성과 상징성을 가지고 있으므로」 그 대표성과 상징성이 가지고 있는 강한 뜻(의미=기운)대로 소리기운을 파악하면 된다.

즉 「서방(西方)」이라는 강한 뜻기운(金기운)의 영향을 받아」 초성의 의미로 본 金水기운의 소리가 金기운으로 변하게 되면서 소리·뜻·글자의 기운이 모두 다 강한 '金기운'으로 통일이 되며 순수해진다.

이로써 초성으로 볼 때에 나타나는 소리기운의 왜곡현상은 해소가 됨과 동시에 소리기운의 왜곡을 바로 잡을 수 있다.

⑤ 水기운을 가진 소리

강(江)	가람	여울	바다	냉수 (冷水)
온수 (溫水)	소금	북녘	북쪽	북방 (北方)

▶ 강(江)

'강(江)'이라는 소리기운도 초성(=첫받침)의 의미만으로 획일적으로 소리기운을 적용하는 음령오행의 이론으로 보게 되면 〈'강'은 초성이 'ㄱ받침'이니 木기운이 작용하는 소리〉라고 본다.

그러나 「강(江)」이라는 소리는 「그 뜻이 강한 水기운을 의미하는 대표성과 상징성을 가지고 있으므로」 그 대표성과 상징성이 가지고 있는 강한 뜻(의미=기운)대로 소리기운을 파악하면 된다.

즉 「'강(江)'이라는 강한 뜻기운(水기운)의 영향을 받아」 초성의 의미로 본 木기운의 소리가 水기운으로 변하게 되면서 소리·뜻·글자의 기운이 모두 다 강한 '金기운'으로 통일이 되며 순수해진다.

이로써 초성으로 볼 때에 나타나는 소리기운의 왜곡현상은 해소가 됨과 동시에 소리기운의 왜곡을 바로 잡을 수 있다.

▶ 가람

'가람'이라는 소리기운도 초성(=첫받침)의 의미만으로 획일적으로 소리기운을 적용하는 음령오행의 이론으로 보게 되면 〈'가람'은 초성이 'ㄱㄹ받침'이니 木火기운이 작용하는 소리〉라고 본다.

그러나 「가람」이라는 소리는 「그 뜻이 강한 水기운을 의미하는 대표성과 상징성을 가지고 있으므로」 그 대표성과 상징성이 가지고 있는 강한 뜻(의미=기운)대로 소리기운을 파악하면 된다.

즉 「'가람'이라는 강한 뜻기운(水기운)의 영향을 받아」 초성의 의미로 본 木火기운의 소리가 水기운으로 변하게 되면서 소리·뜻·글자의 기운이 모두 다 강한 '金기운'으로 통일이 되며 순수해진다.

이로써 초성으로 볼 때에 나타나는 소리기운의 왜곡현상은 해소가 됨과 동시에 소리기운의 왜곡을 바로 잡을 수 있다.

♧ 한글이름은 표음문자(表音文字)로서 소리기운만 가지고 있는 것으로 알고 있으나 뜻과 글자의 기운도 같이 가지고 있다고 볼 수 있다.

예를 들면, '가람'이란 소리를 들을 때 그 소리와 함께 그 의미(뜻)도 동시에 느끼게 되듯이 「분명한! 어떤! 뜻!」을 가지고 있는 소리기운은 뜻의 기운과 소리기운이 일체 즉 하나가 된다.

그래서 **1. 강한 의미(=뜻=기운)를 가지고 있는 소리기운은 뜻과 같은 기운이다!**(110P 참조)

강한 의미(뜻=기운)를 가지고 있는 소리의 기운은 그 뜻의 기운과 같다.
다시 말해 강한 의미(뜻=기운)를 가지고 있는 소리는 이미 「대표성과 상징성을 가지고 있는 소리」이므로 그 대표성과 상징성이 가지고 있는 강한 의미(뜻=기운)대로 소리기운을 파악하면 된다.

「이렇게 볼 때 '소리기운의 왜곡현상'이 일어나지 않으니」 그 이유는 '눈에 보이지 않는 사람의 마음의 뜻과 그 마음의 뜻을 표현하는 말(소리)'은 「둘이 아닌 하나로서 일체(一體)를 이루고 있기 때문」이다.

또한 '가람'이라는 한글 글자도 이미 오랜 세월 '강'을 의미하는 글자로 쓰여 온 대표성과 상징성을 가지고 있으므로 강한 水기운을 가지고 있는 글자라고 볼 수 있다.

▶ 여울

'여울'이라는 소리기운도 초성(=첫받침)의 의미만으로 획일적으로 소리기운을 적용하는 음령오행의 이론으로 보게 되면 〈'여울'은 초성이 'ㅇㅇ받침'이니 土土기운이 작용하는 소리〉라고 본다.

그러나 「여울」이라는 소리는 「그 뜻이 강한 水기운을 의미하는 대표성과 상징성을 가지고 있으므로」 그 대표성과 상징성이 가지고 있는 강한 뜻(의미=기운)대로 소리기운을 파악하면 된다.

즉 「여울」이라는 강한 뜻기운(水기운)의 영향을 받아」 초성의 의미로 본 土土기운의 소리가 水기운으로 변하게 되면서 소리·뜻·글자의 기운이 모두 다 강한 '水기운'으로 통일이 되며 순수해진다.

이로써 초성으로 볼 때에 나타나는 소리기운의 왜곡현상은 해소가 됨과 동시에 소리기운의 왜곡을 바로 잡을 수 있다.

▶ 바다

'바다'라는 소리기운도 초성(=첫받침)의 의미만으로 획일적으로 소리기운을 적용하는 음령오행의 이론으로 보게 되면 〈'바다'는 초성이 'ㅂㄷ받침'이니 水火기운이 작용하는 소리〉라고 본다.

그러나 「바다」라는 소리는 「그 뜻이 강한 水기운을 의미하는 대표성과 상징성을 가지고 있으므로」 그 대표성과 상징성이 가지고 있는 강한 뜻(의미=기운)대로 소리기운을 파악하면 된다.

즉 「바다」라는 강한 뜻기운(水기운)의 영향을 받아」 초성의 의미로 본 水

火기운의 소리가 水기운으로 변하게 되면서 소리·뜻·글자의 기운이 모두 다 강한 '水기운'으로 통일이 되며 순수해진다.

이로써 초성으로 볼 때에 나타나는 소리기운의 왜곡현상은 해소가 됨과 동시에 소리기운의 왜곡을 바로 잡을 수 있다.

▶ 냉수(冷水)

'냉수(冷水)'라는 소리기운도 초성(=첫받침)의 의미만으로 획일적으로 소리기운을 적용하는 음령오행의 이론으로 보게 되면 〈'냉수'는 초성이 'ㄴㅅ받침'이니 火金기운이 작용하는 소리〉라고 본다.

그러나 「냉수(冷水)」라는 소리는 「그 뜻이 강한 水기운을 의미하는 대표성과 상징성을 가지고 있으므로」 그 대표성과 상징성이 가지고 있는 강한 뜻(의미=기운)대로 소리기운을 파악하면 된다.

즉 「냉수(冷水)'라는 강한 뜻기운(水기운)의 영향을 받아」 초성의 의미로 본 火金기운의 소리가 水기운으로 변하게 되면서 소리·뜻·글자의 기운이 모두 다 강한 '水기운'으로 통일이 되며 순수해진다.

이로써 초성으로 볼 때에 나타나는 소리기운의 왜곡현상은 해소가 됨과 동시에 소리기운의 왜곡을 바로 잡을 수 있다.

꧆ 냉수(冷水)는 차가운 물 또는 얼음물을 의미한다.

▶ 온수(溫水)

'온수(溫水)'라는 소리기운도 초성(=첫받침)의 의미만으로 획일적으로 소리기운을 적용하는 음령오행의 이론으로 보게 되면 〈'온수'는 초성이 'ㅇㅅ받침'이니 土金기운이 작용하는 소리〉라고 본다.

그러나 「온수(溫水)」라는 소리는 「그 뜻이 강한 水기운을 의미하는 대표성과 상징성을 가지고 있으므로」 그 대표성과 상징성이 가지고 있는 강한 뜻(의미=기운)대로 소리기운을 파악하면 된다.

즉 「온수(溫水)'라는 강한 뜻기운(水기운)의 영향을 받아」 초성의 의미로 본 土金기운의 소리가 水기운으로 변하게 되면서 소리·뜻·글자의 기운이 모두 다 강한 '水기운'으로 통일이 되며 순수해진다.

이로써 초성으로 볼 때에 나타나는 소리기운의 왜곡현상은 해소가 됨과 동시에 소리기운의 왜곡을 바로 잡을 수 있다.

꧆ 온수(溫水)는 데워진 따뜻한 물 또는 뜨거운 물을 의미한다. 따라서 물의 온도(溫度)의 정도에 따라 열기(熱氣) 즉 화기(火氣)도 가지고 있는 물이다.

▶ 소금

'소금'이라는 소리기운도 초성(=첫받침)의 의미만으로 획일적으로 소리기운을 적용하는 음령오행의 이론으로 보게 되면 〈'소금'은 초성이 'ㅅㄱ받침'이니 金木기운이 작용하는 소리〉라고 본다.

그러나 「소금」이라는 소리는 「그 뜻이 강한 水기운(짠맛)을 의미하는 대표성과 상징성을 가지고 있으므로」 그 대표성과 상징성이 가지고 있는 강한 뜻(의미=기운)대로 소리기운을 파악하면 된다.

즉 「소금」이라는 강한 뜻기운(水기운)의 영향을 받아」 초성의 의미로 본 金木기운의 소리가 水기운으로 변하게 되면서 소리·뜻·글자의 기운이 모두 다 강한 '水기운'으로 통일이 되며 순수해진다.

이로써 초성으로 볼 때에 나타나는 소리기운의 왜곡현상은 해소가 됨과 동시에 소리기운의 왜곡을 바로 잡을 수 있다.

▶ 북녘

'북녘'이라는 소리기운도 초성(=첫받침)의 의미만으로 획일적으로 소리기운을 적용하는 음령오행의 이론으로 보게 되면 〈'북녘'은 초성이 'ㅂㄴ받침'이니 水火기운이 작용하는 소리〉라고 본다.

그러나 「북녘」이라는 소리는 「그 뜻이 강한 水기운을 의미하는 대표성과 상징성을 가지고 있으므로」 그 대표성과 상징성이 가지고 있는 강한 뜻(의미=기운)대로 소리기운을 파악하면 된다.

즉 「북녘'이라는 강한 뜻기운(水기운)의 영향을 받아」 초성의 의미로 본 水火기운의 소리가 水기운으로 변하게 되면서 소리·뜻·글자의 기운이 모두 다 강한 '水기운'으로 통일이 되며 순수해진다.

이로써 초성으로 볼 때에 나타나는 소리기운의 왜곡현상은 해소가 됨과 동시에 소리기운의 왜곡을 바로 잡을 수 있다.

▶ 북쪽

'북쪽'이라는 소리기운도 초성(=첫받침)의 의미만으로 획일적으로 소리기운을 적용하는 음령오행의 이론으로 보게 되면 〈북쪽'은 초성이 'ㅂㅈ받침'이니 水金기운이 작용하는 소리〉라고 본다.

그러나 「북쪽」이라는 소리는 「그 뜻이 강한 水기운을 의미하는 대표성과 상징성을 가지고 있으므로」 그 대표성과 상징성이 가지고 있는 강한 뜻(의미=기운)대로 소리기운을 파악하게 된다.

즉 「북쪽'이라는 강한 뜻기운(水기운)의 영향을 받아」 초성의 의미로 본

水金기운의 소리가 水기운으로 변하게 되면서 소리·뜻·글자의 기운이 모두 다 강한 '水기운'으로 통일이 되며 순수해진다.

이로써 초성으로 볼 때에 나타나는 소리기운의 왜곡현상은 해소가 됨과 동시에 소리기운의 왜곡을 바로 잡을 수 있다.

▶ 북방(北方)

'북방(北方)'이라는 소리기운도 초성(=첫받침)의 의미만으로 획일적으로 소리기운을 적용하는 음령오행의 이론으로 보게 되면 〈북방'은 초성이 'ㅂㅂ받침'이니 水水기운이 작용하는 소리〉라고 본다.

「북방(北方)」이라는 소리는 「그 뜻이 강한 水기운을 의미하는 대표성과 상징성을 가지고 있으므로」 그 대표성과 상징성이 가지고 있는 강한 뜻(의미=기운)대로 소리기운을 파악하게 되는데, 이 경우에는 음령오행과 일치하므로 소리의 왜곡현상이 없는 드문 경우이다.

2. 서로 다른 소리끼리 만나 강한 뜻을 가지게 되면서 변하는 소리기운

이러한 변화의 이치는 과학에서 두 가지 물질이 서로 만나 화학반응이 일어나 제 삼의 물질로 변하거나 또는 동화되어 상대 물질로 변하는 경우와 같은 맥락이며, 과학에서는 이러한 변화의 이치를 '화학반응식(化學反應式)'으로 표현하고 있다.

예) 수소(H_2) + 산소(O_2) → 물(H_2O)
　　질소(N_2) + 수소(H_2) → 암모니아(NH_3)
　　염소(Cl) + 나트륨(Na) → 염화나트륨(NaCl)

역학에서는 '역학적인 용어(用語)'로 두 가지나 세 가지의 기운이 서로 만나 합(合)이 되면서 제 삼의 기운으로 변하거나 또는 합(合)이 되어 상대 기운으로 변화는 이치를 다음과 같이 표현하고 있다.

예) 갑기합토(甲己合土) : 갑목(甲木)이 기토(己土)와 합(合)이 되어 土기운으로 변함.

을경합금(乙庚合金) : 을목(乙木)이 경금(庚金)과 합(合)이 되어 금기운으로 변함.

병신합수(丙辛合水) : 병화(丙火)와 신금(辛金)이 합(合)이 되어 水기운으로 변함.

정임합목(丁壬合木) : 정화(丁火)와 임수(壬水)가 합(合)이 되어 木기운으로 변함.

무계합화(戊癸合火) : 무토(戊土)와 계수(癸水)가 합(合)이 되어 火기운으로 변함.

예) 인오술(寅午戌)이 삼합(三合)이 되어 오화(午火)를 중심으로 화국(火局)을 이룸.

사유축(巳酉丑)이 삼합(三合)이 되어 유금(酉金)을 중심으로 금국(金局)을 이룸.

신자진(申子辰)이 삼합(三合)이 되어 자수(子水)를 중심으로 수국(水局)을 이룸.

해묘미(亥卯未)가 삼합(三合)이 되어 묘목(卯木)을 중시므로 목국(木局)을 이룸.

이처럼 역학과 과학이 밝힌 기운과 물질에 변화가 일어나는 이치는 소리기운에서도 마찬가지로 일어나는데, 그동안 이러한 변화의 이치를 작명 시 '소리'에는 전혀 고려하지도 인정하지도 않았다.

오직 음령오행의 이론만을 적용하여 획일적으로 초성(첫받침)의 의미만으로 소리기운을 쉽게 파악해옴으로써 소리기운의 특성에 따라 일어나는 많은 왜곡현상에 대해서는 관심이나 연구가 거의 전무(全無)하였다고 해도 결코 과언이 아닐 것이다.

사실 어려운 소리기운의 변화를 마음으로 느끼고 파악할 정도의 공부를 한 다음에 작명에 임하는 것이 전문작명가로서의 기본 도리라고 생각한다.

木 기운	무궁화	진달래	장미 (薔薇)	새싹	쑥갓
	시금치	무우	파인애플	몽둥이	나무망치
火 기운	햇살	불꽃	모닥물	화재 (火災)	화력 (火力)
	화마 (火魔)	석유 (石油)	휘발유	폭약 (爆藥)	가스 (Gas)
土 기운	들판	대지 (大地)	지평선	정원 (庭園)	땅바닥
	방수 (防水)	각설탕	물엿	밀가루	피부
金 기운	강철 (强鐵)	철근 (鐵筋)	금속 (金屬)	쇠망치	광석 (鑛石)
	암석 (巖石)	암반 (巖盤)	석굴 (石窟)	옥돌	흰 눈
水 기운	홍수 (洪水)	강우 (降雨)	수영 (水泳)	수원 (水源)	연수 (軟水)
	물보라	안개	이슬	단비	수증기

1) 木기운을 가진 소리

무궁화	진달래	장미(薔薇)	새싹	쑥갓
시금치	무우	파인애플	몽둥이	나무망치

▶ 무궁화(無窮花)

'무궁화(無窮花)'라는 소리기운도 초성(=첫받침)의 의미만으로 획일적으로 소리기운을 적용하는 음령오행의 이론으로 보게 되면 〈무궁화'는 초성이 'ㅁㄱㅎ받침'이니 水木土기운이 작용하는 소리〉라고 본다.

그러나 「무궁화(無窮花)」라는 소리는 「그 뜻이 강한 木기운을 의미하는 대표성과 상징성을 가지고 있으므로」 그 대표성과 상징성이 가지고 있는 강한 뜻(의미=기운)대로 소리기운을 파악하면 된다.

즉 「무궁화(無窮花)'라는 강한 뜻기운(木기운)의 영향을 받아」 초성의 의미로 본 水木土기운의 소리가 木기운으로 변하게 되면서 소리·뜻·글자의 기운이 모두 다 강한 '木기운'으로 통일이 되며 순수해진다.

이로써 초성으로 볼 때에 나타나는 소리기운의 왜곡현상은 해소가 됨과 동시에 소리기운의 왜곡을 바로 잡을 수 있다.

▶ 진달래

'진달래'라는 소리기운도 초성(=첫받침)의 의미만으로 획일적으로 소리기운을 적용하는 음령오행의 이론으로 보게 되면 〈진달래'는 초성이 'ㅈㄷㄹ받침'이니 金火火기운이 작용하는 소리〉라고 본다.

그러나 「진달래」라는 소리는 「그 뜻이 강한 木기운을 의미하는 대표성과 상징성을 가지고 있으므로」 그 대표성과 상징성이 가지고 있는 강한 뜻(의미=기운)대로 소리기운을 파악하면 된다.

즉 「진달래'라는 강한 뜻기운(木기운)의 영향을 받아」 초성의 의미로 본 金火火기운의 소리가 木기운으로 변하게 되면서 소리·뜻·글자의 기운이 모두 다 강한 '木기운'으로 통일이 되며 순수해진다.

이로써 초성으로 볼 때에 나타나는 소리기운의 왜곡현상은 해소가 됨과 동시에 소리기운의 왜곡을 바로 잡을 수 있다.

▶ 장미(薔薇)

'장미(薔薇)'라는 소리기운도 초성(=첫받침)의 의미만으로 획일적으로 소리기운을 적용하는 음령오행의 이론으로 보게 되면 〈장미'는 초성이 'ㅈㅁ받침'이니 金水기운이 작용하는 소리〉라고 본다.

그러나 「장미(薔薇)」라는 소리는 「그 뜻이 강한 木기운을 의미하는 대표성과 상징성을 가지고 있으므로」 그 대표성과 상징성이 가지고 있는 강한 뜻(의미=기운)대로 소리기운을 파악하면 된다.

즉 「장미(薔薇)'라는 강한 뜻기운(木기운)의 영향을 받아」 초성의 의미로 본 金水기운의 소리가 木기운으로 변하게 되면서 소리·뜻·글자의 기운이 모두 다 강한 '木기운'으로 통일이 되며 순수해진다.

이로써 초성으로 볼 때에 나타나는 소리기운의 왜곡현상은 해소가 됨과 동시에 소리기운의 왜곡을 바로 잡을 수 있다.

▶ 새싹

'새싹'이라는 소리기운도 초성(=첫받침)의 의미만으로 획일적으로 소리기운을 적용하는 음령오행의 이론으로 보게 되면 〈'새싹'은 초성이 'ㅅ싸받침'이니 金金기운이 작용하는 소리〉라고 본다.

그러나 「새싹」이라는 소리는 「그 뜻이 강한 木기운을 의미하는 대표성과 상징성을 가지고 있으므로」 그 대표성과 상징성이 가지고 있는 강한 뜻(의미=기운)대로 소리기운을 파악하면 된다.

즉 「새싹'이라는 강한 뜻기운(木기운)의 영향을 받아」 초성의 의미로 본

金金기운의 소리가 木기운으로 변하게 되면서 소리·뜻·글자의 기운이 모두 다 강한 '木기운'으로 통일이 되며 순수해진다.

이로써 초성으로 볼 때에 나타나는 소리기운의 왜곡현상은 해소가 됨과 동시에 소리기운의 왜곡을 바로 잡을 수 있다.

▶ 쑥갓

'쑥갓'이라는 소리기운도 초성(=첫받침)의 의미만으로 획일적으로 소리기운을 적용하는 음령오행의 이론으로 보게 되면 〈'쑥갓'은 초성이 'ㅅㄱ받침'이니 金木기운이 작용하는 소리〉라고 본다.

그러나 「쑥갓」이라는 소리는 「그 뜻이 강한 木기운을 의미하는 대표성과 상징성을 가지고 있으므로」 그 대표성과 상징성이 가지고 있는 강한 뜻(의미=기운)대로 소리기운을 파악하면 된다.

즉 「쑥갓'이라는 강한 뜻기운(木기운)의 영향을 받아」 초성의 의미로 본 金木기운의 소리가 木기운으로 변하게 되면서 소리·뜻·글자의 기운이 모두 다 강한 '木기운'으로 통일이 되며 순수해진다.

이로써 초성으로 볼 때에 나타나는 소리기운의 왜곡현상은 해소가 됨과 동시에 소리기운의 왜곡을 바로 잡을 수 있다.

▶ 시금치

'시금치'라는 소리기운도 초성(=첫받침)의 의미만으로 획일적으로 소리기운을 적용하는 음령오행의 이론으로 보게 되면 〈'시금치'는 초성이 'ㅅㄱㅊ받침'이니 金木金기운이 작용하는 소리〉라고 본다.

그러나 「시금치」라는 소리는 「그 뜻이 강한 木기운을 의미하는 대표성과 상징성을 가지고 있으므로」 그 대표성과 상징성이 가지고 있는 강한 뜻(의미=기운)대로 소리기운을 파악하면 된다.

즉 「시금치'라는 강한 뜻기운(木기운)의 영향을 받아」 초성의 의미로 본 金木金기운의 소리가 木기운으로 변하게 되면서 소리·뜻·글자의 기운이 모두 다 강한 '木기운'으로 통일이 되며 순수해진다.

이로써 초성으로 볼 때에 나타나는 소리기운의 왜곡현상은 해소가 됨과 동시에 소리기운의 왜곡을 바로 잡을 수 있다.

▶ 무우

'무우'라는 소리기운도 초성(=첫받침)의 의미만으로 획일적으로 소리기운을 적용하는 음령오행의 이론으로 보게 되면 〈'무우'는 초성이 'ㅁㅇ받침'이니 水土기운이 작용하는 소리〉라고 본다.

그러나 「무우」라는 소리는 「그 뜻이 강한 木기운을 의미하는 대표성과 상징성을 가지고 있으므로」 그 대표성과 상징성이 가지고 있는 강한 뜻(의미=기운)대로 소리기운을 파악하게 된다.

즉 「무우」라는 강한 뜻기운(木기운)의 영향을 받아」 초성의 의미로 본 水土기운의 소리가 木기운으로 변하게 되면서 소리·뜻·글자의 기운이 모두 다 강한 '木기운'으로 통일이 되며 순수해진다.

이로써 초성으로 볼 때에 나타나는 소리기운의 왜곡현상은 해소가 됨과 동시에 소리기운의 왜곡을 바로 잡을 수 있다.

▶ 파인애플

'파인애플'이라는 소리기운도 초성(=첫받침)의 의미만으로 획일적으로 소리기운을 적용하는 음령오행의 이론으로 보게 되면 〈'파인애플'은 초성이 'ㅍㅇㅇㅍ받침'이니 水土土水기운이 작용하는 소리〉라고 본다.

그러나 「파인애플」이라는 소리는 「그 뜻이 강한 木기운을 의미하는 대표성과 상징성을 가지고 있으므로」 그 대표성과 상징성이 가지고 있는 강한 뜻(의미=기운)대로 소리기운을 파악하면 된다.

즉 「파인애플'이라는 강한 뜻기운(木기운)의 영향을 받아」 초성의 의미로 본 水土土水기운의 소리가 木기운으로 변하게 되면서 소리·뜻·글자의 기운이 모두 다 강한 '木기운'으로 통일이 되며 순수해진다.

이로써 초성으로 볼 때에 나타나는 소리기운의 왜곡현상은 해소가 됨과 동시에 소리기운의 왜곡을 바로 잡을 수 있다.

▶ 몽둥이

'몽둥이'라는 소리기운도 초성(=첫받침)의 의미만으로 획일적으로 소리기운을 적용하는 음령오행의 이론으로 보게 되면 〈몽둥이'는 초성이 'ㅁㄷㅇ받침'이니 水火土기운이 작용하는 소리〉라고 본다.

그러나 「몽둥이」라는 소리는 「그 뜻이 강한 木기운을 의미하는 대표성과 상징성을 가지고 있으므로」 그 대표성과 상징성이 가지고 있는 강한 뜻(의미=기운)대로 소리기운을 파악하면 된다.

즉 「몽둥이」라는 강한 뜻기운(木기운)의 영향을 받아」 초성의 의미로 본 水火土기운의 소리가 木기운으로 변하게 되면서 소리·뜻·글자의 기운이 모두 다 강한 '木기운'으로 통일이 되며 순수해진다.

이로써 초성으로 볼 때에 나타나는 소리기운의 왜곡현상은 해소가 됨과 동시에 소리기운의 왜곡을 바로 잡을 수 있다.

▶ 나무망치

'나무망치'라는 소리기운도 초성(=첫받침)의 의미만으로 획일적으로 소리기운을 적용하는 음령오행의 이론으로 보게 되면 〈'나무망치'는 초성이 'ㄴㅁㅁㅊ받침'이니 火水水金기운이 작용하는 소리〉라고 본다.

그러나 「나무망치」라는 소리는 「그 뜻이 강한 木기운을 의미하는 대표성과 상징성을 가지고 있으므로」 그 대표성과 상징성이 가지고 있는 강한 뜻(의미=기운)대로 소리기운을 파악하면 된다.

즉 「나무망치」라는 강한 뜻기운(木기운)의 영향을 받아 초성의 의미로 본 火水水金기운의 소리가 木기운으로 변하게 되면서 소리·뜻·글자의 기운이 모두 다 강한 '木기운'으로 통일이 되며 순수해진다.

이로써 초성으로 볼 때에 나타나는 소리기운의 왜곡현상은 해소가 됨과 동시에 소리기운의 왜곡을 바로 잡을 수 있다.

2) 火기운을 가진 소리

햇살	불꽃	모닥불	화재(火災)	화력(火力)
화마(火魔)	석유(石油)	휘발유	폭약(爆藥)	가스(Gas)

▶ 햇살

'햇살'이라는 소리기운도 초성(=첫받침)의 의미만으로 획일적으로 소리기운을 적용하는 음령오행의 이론으로 보게 되면 〈'햇살'은 초성이 'ㅎㅅ받침'이니 土金기운이 작용하는 소리〉라고 본다.

그러나 「햇살」이라는 소리는 「그 뜻이 강한 火기운(태양)을 의미하는 대표성과 상징성을 가지고 있으므로」 그 대표성과 상징성이 가지고 있는 강한 뜻(의미=기운)대로 소리기운을 파악하면 된다.

즉 「'햇살'이라는 강한 뜻기운(火기운)의 영향을 받아」 초성의 의미로 본 土金기운의 소리가 火기운으로 변하게 되면서 소리·뜻·글자의 기운이 모두 다 강한 '火기운'으로 통일이 되며 순수해진다.

이로써 초성으로 볼 때에 나타나는 소리기운의 왜곡현상은 해소가 됨과 동시에 소리기운의 왜곡을 바로 잡을 수 있다.

▶ 불꽃

'불꽃'이라는 소리기운도 초성(=첫받침)의 의미만으로 획일적으로 소리기운을 적용하는 음령오행의 이론으로 보게 되면 〈'불꽃'은 초성이 'ㅂㄱ받침'이니 水木기운이 작용하는 소리〉라고 본다.

그러나 「불꽃」이라는 소리는 「그 뜻이 강한 火기운을 의미하는 대표성과 상징성을 가지고 있으므로」 그 대표성과 상징성이 가지고 있는 강한 뜻(의미=기운)대로 소리기운을 파악하면 된다.

즉 「불꽃」이라는 강한 뜻기운(火기운)의 영향을 받아」 초성의 의미로 본 水木기운의 소리가 火기운으로 변하게 되면서 소리·뜻·글자의 기운이 모두 다 강한 '火기운'으로 통일이 되며 순수해진다.

이로써 초성으로 볼 때에 나타나는 소리기운의 왜곡현상은 해소가 됨과 동시에 소리기운의 왜곡을 바로 잡을 수 있다.

▶ 모닥불

'모닥불'이라는 소리기운도 초성(=첫받침)의 의미만으로 획일적으로 소리기운을 적용하는 음령오행의 이론으로 보게 되면 〈'모닥불'은 초성이 'ㅁㄷㅂ받침'이니 水火水기운이 작용하는 소리〉라고 본다.

그러나 「모닥불」이라는 소리는 「그 뜻이 강한 火기운을 의미하는 대표성과 상징성을 가지고 있으므로」 그 대표성과 상징성이 가지고 있는 강한 뜻(의미=기운)대로 소리기운을 파악하면 된다.

즉 「'모닥불'이라는 강한 뜻기운(火기운)의 영향을 받아」 초성의 의미로 본 水火水기운의 소리가 火기운으로 변하게 되면서 소리·뜻·글자의 기운이 모두 다 강한 '火기운'으로 통일이 되며 순수해진다.

이로써 초성으로 볼 때에 나타나는 소리기운의 왜곡현상은 해소가 됨과 동시에 소리기운의 왜곡을 바로 잡을 수 있다.

▶ 화재(火災)

'화재(火災)'라는 소리기운도 초성(=첫받침)의 의미만으로 획일적으로 소리기운을 적용하는 음령오행의 이론으로 보게 되면 〈'화재'는 초성이 'ㅎㅈ받침'이니 土金기운이 작용하는 소리〉라고 본다.

그러나 「화재(火災)」라는 소리는 「그 뜻이 강한 火기운을 의미하는 대표성과 상징성을 가지고 있으므로」 그 대표성과 상징성이 가지고 있는 강한 뜻(의미=기운)대로 소리기운을 파악하면 된다.

즉 「'화재(火災)'라는 강한 뜻기운(火기운)의 영향을 받아」 초성의 의미로 본 土金기운의 소리가 火기운으로 변하게 되면서 소리·뜻·글자의 기운이 모두 다 강한 '火기운'으로 통일이 되며 순수해진다.

이로써 초성으로 볼 때에 나타나는 소리기운의 왜곡현상은 해소가 됨과 동시에 소리기운의 왜곡을 바로 잡을 수 있다.

▶ 화력(火力)

'화력(火力)'이라는 소리기운도 초성(=첫받침)의 의미만으로 획일적으로 소리기운을 적용하는 음령오행의 이론으로 보게 되면 〈'화력'은 초성이 'ㅎㄹ받침'이니 土火기운이 작용하는 소리〉라고 본다.

그러나 「화력(火力)」이라는 소리는 「그 뜻이 강한 火기운을 의미하는 대표성과 상징성을 가지고 있으므로」 그 대표성과 상징성이 가지고 있는 강한 뜻(의미=기운)대로 소리기운을 파악하면 된다.

즉 「화력(火力)이라는 강한 뜻기운(火기운)의 영향을 받아」 초성의 의미로 본 土火기운의 소리가 火기운으로 변하게 되면서 소리·뜻·글자의 기운이 모두 다 강한 '火기운'으로 통일이 되며 순수해진다.

이로써 초성으로 볼 때에 나타나는 소리기운의 왜곡현상은 해소가 됨과 동시에 소리기운의 왜곡을 바로 잡을 수 있다.

▶ 화마(火魔)

'화마(火魔)'라는 소리기운도 초성(=첫받침)의 의미만으로 획일적으로 소리기운을 적용하는 음령오행의 이론으로 보게 되면 〈화마'는 초성이 'ㅎㅁ받침'이니 土水기운이 작용하는 소리〉라고 본다.

그러나 「화마(火魔)」라는 소리는 「그 뜻이 강한 火기운을 의미하는 대표성과 상징성을 가지고 있으므로」 그 대표성과 상징성이 가지고 있는 강한 뜻(의미=기운)대로 소리기운을 파악하면 된다.

즉 「화마(火魔)'라는 강한 뜻기운(火기운)의 영향을 받아」 초성의 의미로 본 土水기운의 소리가 火기운으로 변하게 되면서 소리·뜻·글자의 기운이 모두 다 강한 '火기운'으로 통일이 되며 순수해진다.

이로써 초성으로 볼 때에 나타나는 소리기운의 왜곡현상은 해소가 됨과 동시에 소리기운의 왜곡을 바로 잡을 수 있다.

▶ 석유(石油)

'석유(石油)'라는 소리기운도 초성(=첫받침)의 의미만으로 획일적으로 소리기운을 적용하는 음령오행의 이론으로 보게 되면 〈석유'는 초성이 'ㅅㅇ받침'이니 金土기운이 작용하는 소리〉라고 본다.

그러나 「석유(石油)」라는 소리는 「그 뜻이 강한 火기운을 의미하는 대표성과 상징성을 가지고 있으므로」 그 대표성과 상징성이 가지고 있는 강한 뜻(의미=기운)대로 소리기운을 파악하면 된다.

즉 「석유(石油)'라는 강한 뜻기운(火기운)의 영향을 받아」 초성의 의미로 본 金土기운의 소리가 火기운으로 변하게 되면서 소리·뜻·글자의 기운이 모두 다 강한 '火기운'으로 통일이 되며 순수해진다.

이로써 초성으로 볼 때에 나타나는 소리기운의 왜곡현상은 해소가 됨과 동시에 소리기운의 왜곡을 바로 잡을 수 있다.

▶ 휘발유(揮發油)

'휘발유(揮發油)'라는 소리기운도 초성(=첫받침)의 의미만으로 획일적으로 소리기운을 적용하는 음령오행의 이론으로 보게 되면 〈휘발유'는 초성이 'ㅎㅂㅇ받침'이니 土水土기운이 작용하는 소리〉라고 본다.

그러나 「휘발유(揮發油)」라는 소리는 「그 뜻이 강한 火기운을 의미하는 대표성과 상징성을 가지고 있으므로」 그 대표성과 상징성이 가지고 있는 강한 뜻(의미=기운)대로 소리기운을 파악하면 된다.

즉 「휘발유(揮發油)'라는 강한 뜻기운(火기운)의 영향을 받아」 초성의 의미로 본 土水土기운의 소리가 火기운으로 변하게 되면서 소리·뜻·글자의 기운이 모두 다 강한 '火기운'으로 통일이 되며 순수해진다.

이로써 초성으로 볼 때에 나타나는 소리기운의 왜곡현상은 해소가 됨과 동시에 소리기운의 왜곡을 바로 잡을 수 있다.

▶ 폭약(爆藥)

'폭약(爆藥)'이라는 소리기운도 초성(=첫받침)의 의미만으로 획일적으로 소리기운을 적용하는 음령오행의 이론으로 보게 되면 〈폭약'은 초성이 'ㅍㅇ받침'이니 水土기운이 작용하는 소리〉라고 본다.

그러나 「폭약(爆藥)」이라는 소리는 「그 뜻이 강한 火기운을 의미하는 대표성과 상징성을 가지고 있으므로」 그 대표성과 상징성이 가지고 있는 강한 뜻(의미=기운)대로 소리기운을 파악하면 된다.

즉 「폭약(爆藥)'이라는 강한 뜻기운(火기운)의 영향을 받아」 초성의 의미로 본 水土기운의 소리가 火기운으로 변하게 되면서 소리·뜻·글자의 기운이 모두 다 강한 '火기운'으로 통일이 되며 순수해진다.

이로써 초성으로 볼 때에 나타나는 소리기운의 왜곡현상은 해소가 됨과 동시에 소리기운의 왜곡을 바로 잡을 수 있다.

▶ 가스(Gas)

'가스(Gas)'라는 소리기운도 초성(=첫받침)의 의미만으로 획일적으로 소리기운을 적용하는 음령오행의 이론으로 보게 되면 〈'가스'는 초성이 'ㄱㅅ받침'이니 木金기운이 작용하는 소리〉라고 본다.

그러나 「'가스(Gas)'라는 소리는 「그 뜻이 강한 火기운을 의미하는 대표성과 상징성을 가지고 있으므로」 그 대표성과 상징성이 가지고 있는 강한 뜻(의미=기운)대로 소리기운을 파악하면 된다.

즉 「'가스(Gas)'라는 강한 뜻기운(火기운)의 영향을 받아」 초성의 의미로 본 木金기운의 소리가 火기운으로 변하게 되면서 소리·뜻·글자의 기운이 모두 다 강한 '火기운'으로 통일이 되며 순수해진다.

이로써 초성으로 볼 때에 나타나는 소리기운의 왜곡현상은 해소가 됨과 동시에 소리기운의 왜곡을 바로 잡을 수 있다.

3) 土기운을 가진 소리

들판	대지(大地)	지평선	정원(庭園)	땅바닥
방수(防水)	각설탕	물엿	밀가루	피부

▶ 들판

'들판'이라는 소리기운도 초성(=첫받침)의 의미만으로 획일적으로 소리기운을 적용하는 음령오행의 이론으로 보게 되면 〈들판은 초성이 'ㄷㅍ받침'이니 火水기운이 작용하는 소리〉라고 본다.

그러나 「들판」이라는 소리는 「그 뜻이 강한 土기운을 의미하는 대표성과 상징성을 가지고 있으므로」 그 대표성과 상징성이 가지고 있는 강한 뜻(의미=기운)대로 소리기운을 파악하면 된다.

즉 「들판'이라는 강한 뜻기운(土기운)의 영향을 받아」 초성의 의미로 본 火水기운의 소리가 土기운으로 변하게 되면서 소리·뜻·글자의 기운이 모두 다 강한 '土기운'으로 통일이 되며 순수해진다.

이로써 초성으로 볼 때에 나타나는 소리기운의 왜곡현상은 해소가 됨과 동시에 소리기운의 왜곡을 바로 잡을 수 있다.

▶ 대지(大地)

'대지(大地)'라는 소리기운도 초성(=첫받침)의 의미만으로 획일적으로 소리기운을 적용하는 음령오행의 이론으로 보게 되면 〈대지'는 초성이 'ㄷㅈ받침'이니 火金기운이 작용하는 소리〉라고 본다.

그러나 「대지(大地)」라는 소리는 「그 뜻이 강한 土기운을 의미하는 대표성과 상징성을 가지고 있으므로」 그 대표성과 상징성이 가지고 있는 강한 뜻(의미=기운)대로 소리기운을 파악하면 된다.

즉 「대지(大地)'라는 강한 뜻기운(土기운)의 영향을 받아」 초성의 의미로 본 火金기운의 소리가 土기운으로 변하게 되면서 소리·뜻·글자의 기운이 모두 다 강한 '土기운'으로 통일이 되며 순수해진다.

이로써 초성으로 볼 때에 나타나는 소리기운의 왜곡현상은 해소가 됨과 동시에 소리기운의 왜곡을 바로 잡을 수 있다.

▶ 지평선(地平線)

'지평선(地平線)'이라는 소리기운도 초성(=첫받침)의 의미만으로 획일적으로 소리기운을 적용하는 음령오행의 이론으로 보게 되면 〈지평선'은 초성이 'ㅈㅍㅅ받침'이니 金水金기운이 작용하는 소리〉라고 본다.

그러나 「지평선(地平線)」이라는 소리는 「그 뜻이 강한 土기운을 의미하는 대표성과 상징성을 가지고 있으므로」 그 대표성과 상징성이 가지고 있는 강한 뜻(의미=기운)대로 소리기운을 파악하면 된다.

즉 「지평선(地平線)'이라는 강한 뜻기운(土기운)의 영향을 받아」 초성의 의미로 본 金水金기운의 소리가 土기운으로 변하게 되면서 소리·뜻·글자의 기운이 모두 다 강한 '土기운'으로 통일이 되며 순수해진다.

이로써 초성으로 볼 때에 나타나는 소리기운의 왜곡현상은 해소가 됨과 동시에 소리기운의 왜곡을 바로 잡을 수 있다.

▶ 정원(庭園)

'정원(庭園)'이라는 소리기운도 초성(=첫받침)의 의미만으로 획일적으로 소리기운을 적용하는 음령오행의 이론으로 보게 되면 〈'정원'은 초성이 'ㅈㅇ받침'이니 金土기운이 작용하는 소리〉라고 본다.

그러나 「정원(庭園)」이라는 소리는 「그 뜻이 강한 土기운을 의미하는 대표성과 상징성을 가지고 있으므로」 그 대표성과 상징성이 가지고 있는 강한 뜻(의미=기운)대로 소리기운을 파악하면 된다.

즉 「'정원(庭園)'이라는 강한 뜻기운(土기운)의 영향을 받아」 초성의 의미로 본 金土기운의 소리가 土기운으로 변하게 되면서 소리·뜻·글자의 기운이 모두 다 강한 '土기운'으로 통일이 되며 순수해진다.

이로써 초성으로 볼 때에 나타나는 소리기운의 왜곡현상은 해소가 됨과 동시에 소리기운의 왜곡을 바로 잡을 수 있다.

▶ 땅바닥

'땅바닥'이라는 소리기운도 초성(=첫받침)의 의미만으로 획일적으로 소리기운을 적용하는 음령오행의 이론으로 보게 되면 〈'땅바닥'은 초성이 'ㄷㅂㄷ받침'이니 火水火기운이 작용하는 소리〉라고 본다.

그러나 「땅바닥」이라는 소리는 「그 뜻이 강한 土기운을 의미하는 대표성과 상징성을 가지고 있으므로」 그 대표성과 상징성이 가지고 있는 강한 뜻(의미=기운)대로 소리기운을 파악하면 된다.

즉 「땅바닥'이라는 강한 뜻기운(土기운)의 영향을 받아」 초성의 의미로 본 火水火기운의 소리가 土기운으로 변하게 되면서 소리·뜻·글자의 기운이 모두 다 강한 '土기운'으로 통일이 되며 순수해진다.

이로써 초성으로 볼 때에 나타나는 소리기운의 왜곡현상은 해소가 됨과 동시에 소리기운의 왜곡을 바로 잡을 수 있다.

▶ 방수(防水)

'방수(防水)'라는 소리기운도 초성(=첫받침)의 의미만으로 획일적으로 소리기운을 적용하는 음령오행의 이론으로 보게 되면 〈'방수'는 초성이 'ㅂㅅ받침'이니 水金기운이 작용하는 소리〉라고 본다.

그러나 「방수(防水)」라는 소리는 「그 뜻이 강한 土기운(土克水)을 의미하는 대표성과 상징성을 가지고 있으므로」 그 대표성과 상징성이 가지고 있는 강한 뜻(의미=기운)대로 소리기운을 파악하면 된다.

즉 「방수(防水)'라는 강한 뜻기운(土기운)의 영향을 받아」 초성의 의미로 본 水金기운의 소리가 土기운으로 변하게 되면서 소리·뜻·글자의 기운이 모두 다 강한 '土기운'으로 통일이 되며 순수해진다.

이로써 초성으로 볼 때에 나타나는 소리기운의 왜곡현상은 해소가 됨과 동시에 소리기운의 왜곡을 바로 잡을 수 있다.

※ '방(防)'이라는 글자는 '막다' 또는 '방어하다'라는 뜻을 가진 글자이다. 물(水)을 막거나 조절·관리하는 오행은 흙(土)이다. 즉 둑과 제방(堤防)이 바로 그것이다. 그래서 당연히 '방(防)' 字의 부수(部首)에는 「언덕」을 뜻하는 '언덕 부(阝:阜)' 字가 들어 있음을 확인할 수 있다.

▶ 각설탕(角雪糖)

'각설탕(角雪糖)'이라는 소리기운도 초성(=첫받침)의 의미만으로 획일적으로 소리기운을 적용하는 음령오행의 이론으로 보게 되면 〈'각설탕'은 초성이 'ㄱㅅㅌ받침'이니 木金火기운이 작용하는 소리〉라고 본다.

그러나 「각설탕(角雪糖)」이라는 소리는 「그 뜻이 강한 土기운(단맛)을 의미하는 대표성과 상징성을 가지고 있으므로」 그 대표성과 상징성이 가지고 있는 강한 뜻(의미=기운)대로 소리기운을 파악하면 된다.

즉 「각설탕(角雪糖)」이라는 강한 뜻기운(土기운)의 영향을 받아 초성의 의미로 본 木金火기운의 소리가 土기운으로 변하게 되면서 소리·뜻·글자의 기운이 모두 다 강한 '土기운'으로 통일이 되며 순수해진다.

이로써 초성으로 볼 때에 나타나는 소리기운의 왜곡현상은 해소가 됨과 동시에 소리기운의 왜곡을 바로 잡을 수 있다.

▶ 물엿

'물엿'이라는 소리기운도 초성(=첫받침)의 의미만으로 획일적으로 소리기운을 적용하는 음령오행의 이론으로 보게 되면 〈'물엿'은 초성이 'ㅁㅇ받침'이니 水土기운이 작용하는 소리〉라고 본다.

그러나 「물엿」이라는 소리는 「그 뜻이 강한 土기운(단맛)을 의미하는 대표성과 상징성을 가지고 있으므로」 그 대표성과 상징성이 가지고 있는 강한 뜻(의미=기운)대로 소리기운을 파악하면 된다.

즉 「물엿」이라는 강한 뜻기운(土기운)의 영향을 받아」 초성의 의미로 본 水土기운의 소리가 土기운으로 변하게 되면서 소리·뜻·글자의 기운이 모두 다 강한 '土기운'으로 통일이 되며 순수해진다.

이로써 초성으로 볼 때에 나타나는 소리기운의 왜곡현상은 해소가 됨과 동시에 소리기운의 왜곡을 바로 잡을 수 있다.

▶ 밀가루

'밀가루'라는 소리기운도 초성(=첫받침)의 의미만으로 획일적으로 소리기운을 적용하는 음령오행의 이론으로 보게 되면 〈'밀가루'는 초성이 'ㅁㄱㄹ받침'이니 水木火기운이 작용하는 소리〉라고 본다.

그러나 「밀가루」라는 소리는 「그 뜻이 강한 土기운을 의미하는 대표성과 상징성을 가지고 있으므로」 그 대표성과 상징성이 가지고 있는 강한 뜻(의미=기운)대로 소리기운을 파악하면 된다.

즉 「밀가루」라는 강한 뜻기운(土기운)의 영향을 받아」 초성의 의미로 본

水木火기운의 소리가 土기운으로 변하게 되면서 소리·뜻·글자의 기운이 모두 다 강한 '土기운'으로 통일이 되며 순수해진다.

이로써 초성으로 볼 때에 나타나는 소리기운의 왜곡현상은 해소가 됨과 동시에 소리기운의 왜곡을 바로 잡을 수 있다.

▶ 피부

'피부'라는 소리기운도 초성(=첫받침)의 의미만으로 획일적으로 소리기운을 적용하는 음령오행의 이론으로 보게 되면 〈'피부'는 초성이 'ㅍㅂ받침'이니 水水기운이 작용하는 소리〉라고 본다.

그러나 「피부」라는 소리는 「그 뜻이 강한 土기운을 의미하는 대표성과 상징성을 가지고 있으므로」 그 대표성과 상징성이 가지고 있는 강한 뜻(의미=기운)대로 소리기운을 파악하면 된다.

즉 「피부」라는 강한 뜻기운(土기운)의 영향을 받아」 초성의 의미로 본 水水기운의 소리가 土기운으로 변하게 되면서 소리·뜻·글자의 기운이 모두 다 강한 '土기운'으로 통일이 되며 순수해진다.

이로써 초성으로 볼 때에 나타나는 소리기운의 왜곡현상은 해소가 됨과 동시에 소리기운의 왜곡을 바로 잡을 수 있다.

4) 金기운을 가진 소리

강철(强鐵)	철근(鐵筋)	금속(金屬)	쇠망치	광석(鑛石)
암석(巖石)	암반(巖盤)	석굴(石窟)	옥돌	흰 눈

▶ 강철(强鐵, 鋼鐵)

'강철(强鐵, 鋼鐵)'이라는 소리기운도 초성(=첫받침)의 의미만으로 획일적으로 소리기운을 적용하는 음령오행의 이론으로 보게 되면 〈'강철'은 초성이 'ㄱㅊ받침'이니 木金기운이 작용하는 소리〉라고 본다.

그러나「강철(强鐵, 鋼鐵)」이라는 소리는「그 뜻이 강한 金기운을 의미하는 대표성과 상징성을 가지고 있으므로」그 대표성과 상징성이 가지고 있는 강한 뜻(의미=기운)대로 소리기운을 파악하면 된다.

즉「강철(强鐵, 鋼鐵)'이라는 강한 뜻기운(金기운)의 영향을 받아」초성의 의미로 본 木金기운의 소리가 金기운으로 변하게 되면서 소리·뜻·글자의 기운이 모두 다 강한 '金기운'으로 통일이 되며 순수해진다.

이로써 초성으로 볼 때에 나타나는 소리기운의 왜곡현상은 해소가 됨과 동시에 소리기운의 왜곡을 바로 잡을 수 있다.

또한 '강철'이라는 두 소리가 서로 어우러지게 되면 '강'이란 소리가 '철'이란 소리를 수식(修飾)·강조(强調)해 주므로「강철(强鐵) 즉 강한 철」을 의미하며, 또한「부식되지 않는 강철(鋼鐵) 즉 철이 가지는 성능을 인공적으로 높인 금속 합금」을 의미하는 강한 뜻을 갖게 되므로 그 뜻기운대로 두 가지 소리기운인 '木기운(강), 金기운(철)'의 소리가 한 가지 강한 金기운의 소리기운로 변하게 된다.

즉 음령오행으로 본 두 가지(木金) 소리기운이 '강철(强鐵, 鋼鐵)'이라는 강한 한 가지 뜻기운(金)을 가짐과 동시에 바로 한 가지 소리기운(金)으로 통일된 경우이다.

이로써 뜻·글자의 기운인 金기운과 상극(相克)·상비(相比)인 木金기운으로 보던 소리기운의 왜곡을 바로 잡을 수 있다.

그러므로 이를 단순히 음령오행의 기준으로 본 초성(=첫받침)의 의미대로 '木기운(강)'과 '金기운(철)'으로 봐서 금극목(金克木)의 상극(相克) 관계가 되므로「교통사고를 당할 수 있는 이름」이라는 식의 해석은 난센스가 된다.

▶ 철근(鐵筋)

'철근(鐵筋)'이라는 소리기운도 초성(=첫받침)의 의미만으로 획일적으로 소리기운을 적용하는 음령오행의 이론으로 보게 되면〈'철근'은 초성이 'ㅊ

ㄱ받침'이니 金木기운이 작용하는 소리〉라고 본다.

그러나 「철근(鐵筋)」이라는 소리는 「그 뜻이 강한 金기운을 의미하는 대표성과 상징성을 가지고 있으므로」 그 대표성과 상징성이 가지고 있는 강한 뜻(의미=기운)대로 소리기운을 파악하면 된다.

즉 「철근(鐵筋)'이라는 강한 뜻기운(金기운)의 영향을 받아」 초성의 의미로 본 金木기운의 소리가 金기운으로 변하게 되면서 소리·뜻·글자의 기운이 모두 다 강한 '金기운'으로 통일이 되며 순수해진다.

이로써 초성으로 볼 때에 나타나는 소리기운의 왜곡현상은 해소가 됨과 동시에 소리기운의 왜곡을 바로 잡을 수 있다.

▶ 금속(金屬)

'금속(金屬)'이라는 소리기운도 초성(=첫받침)의 의미만으로 획일적으로 소리기운을 적용하는 음령오행의 이론으로 보게 되면 〈금속'은 초성이 'ㄱㅅ받침'이니 木金기운이 작용하는 소리〉라고 본다.

그러나 「금속(金屬)」이라는 소리는 「그 뜻이 강한 金기운을 의미하는 대표성과 상징성을 가지고 있으므로」 그 대표성과 상징성이 가지고 있는 강한 뜻(의미=기운)대로 소리기운을 파악하면 된다.

즉 「금속(金屬)'이라는 강한 뜻기운(金기운)의 영향을 받아」 초성의 의미로 본 木金기운의 소리가 金기운으로 변하게 되면서 소리·뜻·글자의 기운이 모두 다 강한 '金기운'으로 통일이 되며 순수해진다.

이로써 초성으로 볼 때에 나타나는 소리기운의 왜곡현상은 해소가 됨과 동시에 소리기운의 왜곡을 바로 잡을 수 있다.

▶ 쇠망치

'쇠망치'라는 소리기운도 초성(=첫받침)의 의미만으로 획일적으로 소리기운을 적용하는 음령오행의 이론으로 보게 되면 〈쇠망치'는 초성이 'ㅅㅁㅊ받침'이니 金水金기운이 작용하는 소리〉라고 본다.

그러나 「쇠망치」라는 소리는 「그 뜻이 강한 金기운을 의미하는 대표성과 상징성을 가지고 있으므로」 그 대표성과 상징성이 가지고 있는 강한 뜻(의미=기운)대로 소리기운을 파악하면 된다.

즉 「쇠망치'라는 강한 뜻기운(金기운)의 영향을 받아」 초성의 의미로 본 金水金기운의 소리가 金기운으로 변하게 되면서 소리·뜻·글자의 기운이 모두 다 강한 '金기운'으로 통일이 되며 순수해진다.

이로써 초성으로 볼 때에 나타나는 소리기운의 왜곡현상은 해소가 됨과 동시에 소리기운의 왜곡을 바로 잡을 수 있다.

▶ 광석(鑛石)

'광석(鑛石)'이라는 소리기운도 초성(=첫받침)의 의미만으로 획일적으로 소리기운을 적용하는 음령오행의 이론으로 보게 되면 〈광석은 초성이 'ㄱㅅ받침'이니 木金기운이 작용하는 소리〉라고 본다.

그러나 「광석(鑛石)」이라는 소리는 「그 뜻이 강한 金기운을 의미하는 대표성과 상징성을 가지고 있으므로」 그 대표성과 상징성이 가지고 있는 강한 뜻(의미=기운)대로 소리기운을 파악하면 된다.

즉 「광석(鑛石)'이라는 강한 뜻기운(金기운)의 영향을 받아」 초성의 의미로 본 木金기운의 소리가 金기운으로 변하게 되면서 소리·뜻·글자의 기운이 모두 다 강한 '金기운'으로 통일이 되며 순수해진다.

이로써 초성으로 볼 때에 나타나는 소리기운의 왜곡현상은 해소가 됨과 동시에 소리기운의 왜곡을 바로 잡을 수 있다.

▶ 암석(巖石)

 '암석(巖石)'이라는 소리기운도 초성(=첫받침)의 의미만으로 획일적으로 소리기운을 적용하는 음령오행의 이론으로 보게 되면 〈'암석'은 초성이 'ㅇㅅ받침'이니 土金기운이 작용하는 소리〉라고 본다.

 그러나 「암석(巖石)」이라는 소리는 「그 뜻이 강한 金기운을 의미하는 대표성과 상징성을 가지고 있으므로」 그 대표성과 상징성이 가지고 있는 강한 뜻(의미=기운)대로 소리기운을 파악하면 된다.

 즉 「암석(巖石)'이라는 강한 뜻기운(金기운)의 영향을 받아」 초성의 의미로 본 土金기운의 소리가 金기운으로 변하게 되면서 소리·뜻·글자의 기운이 모두 다 강한 '金기운'으로 통일이 되며 순수해진다.

 이로써 초성으로 볼 때에 나타나는 소리기운의 왜곡현상은 해소가 됨과 동시에 소리기운의 왜곡을 바로 잡을 수 있다.

▶ 암반(巖盤)

 '암반(巖盤)'이라는 소리기운도 초성(=첫받침)의 의미만으로 획일적으로 소리기운을 적용하는 음령오행의 이론으로 보게 되면 〈'암반'은 초성이 'ㅇㅂ받침'이니 土水기운이 작용하는 소리〉라고 본다.

그러나 「암반(巖盤)」이라는 소리는 「그 뜻이 강한 金기운을 의미하는 대표성과 상징성을 가지고 있으므로」 그 대표성과 상징성이 가지고 있는 강한 뜻(의미=기운)대로 소리기운을 파악하면 된다.

즉 「'암반(巖盤)'이라는 강한 뜻기운(金기운)의 영향을 받아」 초성의 의미로 본 土水기운의 소리가 金기운으로 변하게 되면서 소리·뜻·글자의 기운이 모두 다 강한 '金기운'으로 통일이 되며 순수해진다.

이로써 초성으로 볼 때에 나타나는 소리기운의 왜곡현상은 해소가 됨과 동시에 소리기운의 왜곡을 바로 잡을 수 있다.

▶ 석굴(石窟)

'석굴(石窟)'이라는 소리기운도 초성(=첫받침)의 의미만으로 획일적으로 소리기운을 적용하는 음령오행의 이론으로 보게 되면 〈석굴'은 초성이 'ㅅㄱ받침'이니 金木기운이 작용하는 소리〉라고 본다.

그러나 「석굴(石窟)」이라는 소리는 「그 뜻이 강한 金기운을 의미하는 대표성과 상징성을 가지고 있으므로」 그 대표성과 상징성이 가지고 있는 강한 뜻(의미=기운)대로 소리기운을 파악하면 된다.

즉 「'석굴(石窟)'이라는 강한 뜻기운(金기운)의 영향을 받아」 초성의 의미로 본 金木기운의 소리가 金기운으로 변하게 되면서 소리·뜻·글자의 기운이 모두 다 강한 '金기운'으로 통일이 되며 순수해진다.

이로써 초성으로 볼 때에 나타나는 소리기운의 왜곡현상은 해소가 됨과 동시에 소리기운의 왜곡을 바로 잡을 수 있다.

▶ 옥돌

'옥돌'이라는 소리기운도 초성(=첫받침)의 의미만으로 획일적으로 소리기운을 적용하는 음령오행의 이론으로 보게 되면 〈옥돌은 초성이 'ㅇㄷ받침'이니 土火기운이 작용하는 소리〉라고 본다.

그러나 「옥돌」이라는 소리는 「그 뜻이 강한 金기운을 의미하는 대표성과 상징성을 가지고 있으므로」 그 대표성과 상징성이 가지고 있는 강한 뜻(의미=기운)대로 소리기운을 파악하면 된다.

즉 「옥돌'이라는 강한 뜻기운(金기운)의 영향을 받아」 초성의 의미로 본 土火기운의 소리가 金기운으로 변하게 되면서 소리·뜻·글자의 기운이 모두 다 강한 '金기운'으로 통일이 되며 순수해진다.

이로써 초성으로 볼 때에 나타나는 소리기운의 왜곡현상은 해소가 됨과 동시에 소리기운의 왜곡을 바로 잡을 수 있다.

▶ 흰 눈

'흰 눈'이라는 소리기운도 초성(=첫받침)의 의미만으로 획일적으로 소리기운을 적용하는 음령오행의 이론으로 보게 되면 〈'흰 눈'은 초성이 'ㅎㄴ받침'이니 土火기운이 작용하는 소리〉라고 본다.

그러나 「흰 눈」이라는 소리는 「그 뜻이 강한 金기운을 의미하는 대표성과 상징성을 가지고 있으므로」 그 대표성과 상징성이 가지고 있는 강한 뜻(의미=기운)대로 소리기운을 파악하면 된다.

즉 「'흰 눈'이라는 강한 뜻기운(金기운)의 영향을 받아」 초성의 의미로 본 土火기운의 소리가 金기운으로 변하게 되면서 소리·뜻·글자의 기운이 모두 다 강한 '金기운'으로 통일이 되며 순수해진다.

이로써 초성으로 볼 때에 나타나는 소리기운의 왜곡현상은 해소가 됨과 동시에 소리기운의 왜곡을 바로 잡을 수 있다.

5) 水기운을 가진 소리

홍수(洪水)	강우(降雨)	수영(水泳)	수원(水源)	연수(軟水)
물보라	물안개	이슬	단비	수증기

▶ 홍수(洪水)

'홍수(洪水)'라는 소리기운도 초성(=첫받침)의 의미만으로 획일적으로 소리기운을 적용하는 음령오행의 이론으로 보게 되면 〈'홍수'는 초성이 'ㅎㅅ받침'이니 土金기운이 작용하는 소리〉라고 본다.

그러나「홍수(洪水)」라는 소리는「그 뜻이 강한 水기운을 의미하는 대표성과 상징성을 가지고 있으므로」그 대표성과 상징성이 가지고 있는 강한 뜻(의미=기운)대로 소리기운을 파악하면 된다.

즉「'홍수(洪水)'라는 강한 뜻기운(水기운)의 영향을 받아」초성의 의미로 본 土金기운의 소리가 水기운으로 변하게 되면서 소리·뜻·글자의 기운이 모두 다 강한 '水기운'으로 통일이 되며 순수해진다.

이로써 초성으로 볼 때에 나타나는 소리기운의 왜곡현상은 해소가 됨과 동시에 소리기운의 왜곡을 바로 잡을 수 있다.

▶ 강우(降雨)

'강우(降雨)'라는 소리기운도 초성(=첫받침)의 의미만으로 획일적으로 소리기운을 적용하는 음령오행의 이론으로 보게 되면 〈'강우'는 초성이 'ㄱㅇ받침'이니 木土기운이 작용하는 소리〉라고 본다.

그러나 「강우(降雨)」라는 소리는 「그 뜻이 강한 水기운을 의미하는 대표성과 상징성을 가지고 있으므로」 그 대표성과 상징성이 가지고 있는 강한 뜻(의미=기운)대로 소리기운을 파악하면 된다.

즉 「강우(降雨)'라는 강한 뜻기운(水기운)의 영향을 받아」 초성의 의미로 본 木土기운의 소리가 水기운으로 변하게 되면서 소리·뜻·글자의 기운이 모두 다 강한 '水기운'으로 통일이 되며 순수해진다.

이로써 초성으로 볼 때에 나타나는 소리기운의 왜곡현상은 해소가 됨과 동시에 소리기운의 왜곡을 바로 잡을 수 있다.

▶ 수영(水泳)

'수영(水泳)'이라는 소리기운도 초성(=첫받침)의 의미만으로 획일적으로 소리기운을 적용하는 음령오행의 이론으로 보게 되면 〈'수영'은 초성이 'ㅅㅇ받침'이니 金土기운이 작용하는 소리〉라고 본다.

그러나 「수영(水泳)」이라는 소리는 「그 뜻이 강한 水기운을 의미하는 대표성과 상징성을 가지고 있으므로」 그 대표성과 상징성이 가지고 있는 강한 뜻(의미=기운)대로 소리기운을 파악하면 된다.

즉 「수영(水泳)'이라는 강한 뜻기운(水기운)의 영향을 받아」 초성의 의미로 본 金土기운의 소리가 水기운으로 변하게 되면서 소리·뜻·글자의 기운이 모두 다 강한 '水기운'으로 통일이 되며 순수해진다.

이로써 초성으로 볼 때에 나타나는 소리기운의 왜곡현상은 해소가 됨과 동시에 소리기운의 왜곡을 바로 잡을 수 있다.

▶ 수원(水源)

'수원(水源)'이라는 소리기운도 초성(=첫받침)의 의미만으로 획일적으로 소리기운을 적용하는 음령오행의 이론으로 보게 되면 〈수원'은 초성이 'ㅅㅇ받침'이니 金土기운이 작용하는 소리〉라고 본다.

그러나 「수원(水源)」이라는 소리는 「그 뜻이 강한 水기운을 의미하는 대표성과 상징성을 가지고 있으므로」 그 대표성과 상징성이 가지고 있는 강한 뜻(의미=기운)대로 소리기운을 파악하면 된다.

즉 「수원(水源)'이라는 강한 뜻기운(水기운)의 영향을 받아」 초성의 의미로 본 金土기운의 소리가 水기운으로 변하게 되면서 소리·뜻·글자의 기운이 모두 다 강한 '水기운'으로 통일이 되며 순수해진다.

이로써 초성으로 볼 때에 나타나는 소리기운의 왜곡현상은 해소가 됨과 동시에 소리기운의 왜곡을 바로 잡을 수 있다.

▶ 연수(軟水)

'연수(軟水)'라는 소리기운도 초성(=첫받침)의 의미만으로 획일적으로 소리기운을 적용하는 음령오행의 이론으로 보게 되면 〈'연수'는 초성이 'ㅇㅅ받침'이니 土金기운이 작용하는 소리〉라고 본다.

그러나 「연수(軟水)」라는 소리는 「그 뜻이 강한 水기운(부드러운 물)을 의미하는 대표성과 상징성을 가지고 있으므로」 그 대표성과 상징성이 가지고 있는 강한 뜻(의미=기운)대로 소리기운을 파악하면 된다.

즉 「연수(軟水)'는 강한 뜻기운(水기운)의 영향을 받아」 초성의 의미로 본 土金기운의 소리가 水기운으로 변하게 되면서 소리·뜻·글자의 기운이 모두 다 강한 '水기운'으로 통일이 되며 순수해진다.

이로써 초성으로 볼 때에 나타나는 소리기운의 왜곡현상은 해소가 됨과 동시에 소리기운의 왜곡을 바로 잡을 수 있다.

♧ 소리가 단음(短音)일 때 '연수(軟水)기운'이 작용되며, 장음(長音)일 경우에는 '연수(研修)'가 되어 「학문을 연구하고 닦음」을 의미한다.

▶ 물보라

'물보라'라는 소리기운도 초성(=첫받침)의 의미만으로 획일적으로 소리기운을 적용하는 음령오행의 이론으로 보게 되면 〈물보라'는 초성이 'ㅁㅂㄹ받침'이니 水水火기운이 작용하는 소리〉라고 본다.

그러나 「물보라」라는 소리는 「그 뜻이 강한 水기운을 의미하는 대표성과 상징성을 가지고 있으므로」 그 대표성과 상징성이 가지고 있는 강한 뜻(의미=기운)대로 소리기운을 파악하면 된다.

즉 「물보라'라는 강한 뜻기운(水기운)의 영향을 받아」 초성의 의미로 본 水水火기운의 소리가 水기운으로 변하게 되면서 소리·뜻·글자의 기운이 모두 다 강한 '水기운'으로 통일이 되며 순수해진다.

이로써 초성으로 볼 때에 나타나는 소리기운의 왜곡현상은 해소가 됨과 동시에 소리기운의 왜곡을 바로 잡을 수 있다.

▶ 물안개

'물안개'라는 소리기운도 초성(=첫받침)의 의미만으로 획일적으로 소리기운을 적용하는 음령오행의 이론으로 보게 되면 〈'물안개'는 초성이 'ㅁㅇㄱ받침'이니 水土木기운이 작용하는 소리〉라고 본다.

그러나 「물안개」라는 소리는 「그 뜻이 강한 水기운을 의미하는 대표성과 상징성을 가지고 있으므로」 그 대표성과 상징성이 가지고 있는 강한 뜻(의미=기운)대로 소리기운을 파악하면 된다.

즉 「물안개」라는 강한 뜻기운(水기운)의 영향을 받아 초성의 의미로 본 水土木기운의 소리가 水기운으로 변하게 되면서 소리·뜻·글자의 기운이 모두 다 강한 '水기운'으로 통일이 되며 순수해진다.

이로써 초성으로 볼 때에 나타나는 소리기운의 왜곡현상은 해소가 됨과 동시에 소리기운의 왜곡을 바로 잡을 수 있다.

▶ 이슬

'이슬'이라는 소리기운도 초성(=첫받침)의 의미만으로 획일적으로 소리기운을 적용하는 음령오행의 이론으로 보게 되면 〈'이슬'은 초성이 'ㅇㅅ받침'이니 土金기운이 작용하는 소리〉라고 본다.

그러나 「이슬」이라는 소리는 「그 뜻이 水기운을 의미하는 대표성과 상징성을 가지고 있으므로」 그 대표성과 상징성이 가지고 있는 강한 뜻(의미=기운)대로 소리기운을 파악하면 된다.

즉 「'이슬'이라는 강한 뜻기운(水기운)의 영향을 받아」 초성의 의미로 본 土金기운의 소리가 水기운으로 변하게 되면서 소리·뜻·글자의 기운이 모두 다 강한 '水기운'으로 통일이 되며 순수해진다.

이로써 초성으로 볼 때에 나타나는 소리기운의 왜곡현상은 해소가 됨과 동시에 소리기운의 왜곡을 바로 잡을 수 있다.

▶ 단비

'단비'라는 소리기운도 초성(=첫받침)의 의미만으로 획일적으로 소리기운을 적용하는 음령오행의 이론으로 보게 되면 〈'단비'는 초성이 'ㄷㅂ받침'이니 火水기운이 작용하는 소리〉라고 본다.

그러나 「단비」라는 소리는 「그 뜻이 강한 水기운을 의미하는 대표성과 상징성을 가지고 있으므로」 그 대표성과 상징성이 가지고 있는 강한 뜻(의미=기운)대로 소리기운을 파악하면 된다.

즉 「단비」라는 강한 뜻기운(水기운)의 영향을 받아」 초성의 의미로 본

火水기운의 소리가 水기운으로 변하게 되면서 소리·뜻·글자의 기운이 모두 다 강한 '水기운'으로 통일이 되며 순수해진다.

이로써 초성으로 볼 때에 나타나는 소리기운의 왜곡현상은 해소가 됨과 동시에 소리기운의 왜곡을 바로 잡을 수 있다.

▶ 수증기(水蒸氣)

'수증기(水蒸氣)'라는 소리기운도 초성(=첫받침)의 의미만으로 획일적으로 소리기운을 적용하는 음령오행의 이론으로 보게 되면 〈수증기〉는 초성이 'ㅅㅈㄱ받침'이니 金金木기운이 작용하는 소리〉라고 본다.

그러나 「수증기」라는 소리는 「그 뜻이 강한 水기운을 의미하는 대표성과 상징성을 가지고 있으므로」 그 대표성과 상징성이 가지고 있는 강한 뜻(의미=기운)대로 소리기운을 파악하면 된다.

즉 「수증기」라는 강한 뜻기운(水기운)의 영향을 받아」 초성의 의미로 본 金金木기운의 소리가 水기운으로 변하게 되면서 소리·뜻·글자의 기운이 모두 다 강한 '水기운'으로 통일이 되며 순수해진다.

이로써 초성으로 볼 때에 나타나는 소리기운의 왜곡현상은 해소가 됨과 동시에 소리기운의 왜곡을 바로 잡을 수 있다.

3. 소리 주체(主體)의 특성(特性)에 따라 달라지는 소리기운

"새벽 예불 시간에 수행하는 스님의 졸음을 깨우는 맑은 죽비 소리가 '탁'하고 어두운 정적의 허공을 울렸다." 이때 '탁'이라는 소리가 내는 오행의 기운은 무엇일까? 음령오행의 기준으로 보면 초성이 'ㅌ받침'으로 시작되니 당연히 火기운의 소리가 되겠지만 과연 그럴까?

모든 의문(疑問)은 그것의 본질(本質)에 귀를 기울이면 명료해지듯이 '탁'이란 소리의 주체가 「죽비(竹篦)」이므로 대나무의 맑은 목기(木氣)가 작용하여 울린 木기운의 소리이다.

만약 이를 초성(=첫받침)의 의미만으로 획일적으로 火기운의 소리로 본다면 소리기운은 왜곡(歪曲)이 된 것이다.

만약 이때 '탁'이란 소리가 금속(金屬)이 낸 소리라면 金기운의 소리이며, 고무나 플라스틱으로 된 물체에서 난 소리라면 火기운의 소리이다.

또 '쫘아~' 하고 고무호스에서 물이 세게 뿜어져 나오는 소리를 음령오행의 기준으로 획일적으로 소리기운을 살펴보면 〈초성이 'ㅆㅇ받침'이니 金土기운이 작용하는 소리〉라고 보게 되지만 소리의 주체가 「물」이므로 강한 물소리 즉 강한 水기운의 소리이다.

이러한 경우는 음령오행(音靈五行)의 이론(理論) 이전에 누구나 상식적으로 판단 가능한 것으로 상식(常識)이 바로 이치(理致)이며 자연(自然)의 순리(順理)이다.

그러나 한 가지 오행(五行)이 주류(主流)를 이루는 어떤 명백한 주체에서 난 소리가 아닐 경우 그리고 어떤 대표성을 가지는 강한 뜻을 가진 소리가 아닐 경우, 즉 우리가 발음(發音)해서 내는 일반적인 소리일 경우에는 '탁'이란 소리는 '설음(舌音)'으로 구분하여 초성(=첫받침)이 'ㅌ받침'이므로 火기운으로 보면 된다.

4. 음령오행으로 봤을 때 나타나는 소리기운의 왜곡현상
- 오행 · 십간 · 십이지 · 아라비아 숫자

수리성명학을 포함한 모든 성명학이 이론 중심으로만 성명학을 논할 뿐이지 살아 있는 사람 마음의 뜻(의미=기운)이 작용해서 나타나는 영향력에 의해서 소리에 변화가 일어나는 이치에 대해서는 지금까지 제대로 다루어지거나 언급돼 본 적이 없는 것 같다.

역학의 근본 이치인 「목화토금수(木火土金水)」라는 각각의 고유한 오행들이 가지고 있는 본질 곧 특성을 나타내는 뜻기운(木火土金水)과 초성(첫받침)의 의미로 본 소리기운(水土火木金)이 서로 하나도 일치하지 않는 모순점, 즉 이와 같은 소리기운의 왜곡현상에 대한 해소 및 보완 방안에 대해서는 전혀 언급이 없었다.

그러므로 **작명(作名)** 시 소리기운의 변화 여부를 심도 있게 연구하고 제대로 반영하여 이를 해소하고 보완해 나가야 하는 것은 작명가의 몫이라고 생각한다.

역학적으로 본 「오행·십간·십이지·아라비아 숫자」의 의미와 상호관계 그리고 '음령오행으로 본 소리기운'과 '뜻이 가진 의미(기운)대로 본 소리기운'의 차이점과 왜곡현상을 살펴보면 다음과 같다.

(가) 왜곡된 오행(五行)의 소리기운

오행(五行)	목 (木)	화 (火)	토 (土)	금 (金)	수 (水)
음령오행으로 본 오행의 소리기운	수 (水)	토 (土)	화 (火)	목 (木)	금 (金)
뜻의 오행으로 본 오행의 소리기운	목 (木)	화 (火)	토 (土)	금 (金)	수 (水)

오행(五行)이 가지고 있는 각각의 기운을 '음령오행의 기준(초성 즉 첫받침으로 소리기운을 구분함)으로 소리기운을 봤을 때'는 오행의 기운과 일치하는 것은 전무(全無)하다. 반면에 '뜻이 가진 의미(기운)로 소리기운을 봤을 때'는 오행의 기운과 100% 일치함을 확인할 수 있다.

이는 곧 대표성과 상징성을 가지고 있는 강한 '뜻의 기운'이 바로 '소리기운'이 됨을 밝혀주고 있다.

(나) 왜곡된 십간(十干)의 소리기운

십간	갑(甲)	을(乙)	병(丙)	정(丁)	무(戊)	기(己)	경(庚)	신(辛)	임(壬)	계(癸)
십간 오행	목(木)	목(木)	화(火)	화(火)	토(土)	토(土)	금(金)	금(金)	수(水)	수(水)
음령 오행	목(木)	토(土)	수(水)	금(金)	수(水)	목(木)	목(木)	금(金)	토(土)	목(木)
뜻의 오행	목(木)	목(木)	화(火)	화(火)	토(土)	토(土)	금(金)	금(金)	수(水)	수(水)

십간(十干)이 가지고 있는 각각의 오행의 기운을 '음령오행의 기준(초성 즉 첫받침으로 소리기운을 구분함)으로 소리기운을 봤을 때'는 십간 오행의 기운과 일치하는 것은 2개뿐이다. 하지만 '뜻이 가진 오행의 의미(기운)로 소리기운을 봤을 때'는 십간 오행의 기운과 100% 일치함을 확인할 수 있다.

이는 곧 대표성과 상징성을 가지고 있는 강한 '뜻의 기운'이 바로 '소리기운'이 됨을 밝혀주고 있다.

(다) 왜곡된 십이지(十二支)의 소리기운

십이지	인 (寅)	묘 (卯)	사 (巳)	오 (午)	진 (辰)	술 (戌)	축 (丑)	미 (未)	신 (申)	유 (酉)	해 (亥)	자 (子)
십이지 오행	목 (木)	목 (木)	화 (火)	화 (火)	토 (土)	토 (土)	토 (土)	토 (土)	금 (金)	금 (金)	수 (水)	수 (水)
음령 오행	토 (土)	수 (水)	금 (金)	토 (土)	금 (金)	금 (金)	금 (金)	수 (水)	금 (金)	토 (土)	토 (土)	금 (金)
뜻의 오행	목 (木)	목 (木)	화 (火)	화 (火)	토 (土)	토 (土)	토 (土)	토 (土)	금 (金)	금 (金)	수 (水)	수 (水)

십이지(十二支)가 가지고 있는 각각의 오행의 기운을 '음령오행의 기준(초성 즉 첫받침으로 소리기운을 구분함)으로 소리기운을 봤을 때'는 십이지 오행의 기운과 일치하는 것은 1개뿐이다. 반면에 '뜻이 가진 오행의 의미(기운)로 소리기운을 봤을 때'는 십이지 오행의 기운과 100% 일치함을 확인할 수 있다.

이는 곧 대표성과 상징성을 가지고 있는 강한 '뜻의 기운'이 바로 '소리기운'이 됨을 밝혀주고 있다.

(라) 왜곡된 아라비아 숫자의 소리기운

숫자	일 (一)	이 (二)	삼 (三)	사 (四)	오 (五)	육 (六)	칠 (七)	팔 (八)	구 (九)	십 (十)
숫자 오행	목 (木)	목 (木)	화 (火)	화 (火)	토 (土)	토 (土)	금 (金)	금 (金)	수 (水)	수 (水)
음령 오행	토 (土)	토 (土)	금 (金)	금 (金)	토 (土)	토 (土)	금 (金)	수 (水)	목 (木)	금 (金)
뜻의 오행	목 (木)	목 (木)	화 (火)	화 (火)	토 (土)	토 (土)	금 (金)	금 (金)	수 (水)	수 (水)

숫자가 가지고 있는 각각의 오행의 기운을 '음령오행의 기준(초성 즉 첫받침으로 소리기운을 구분 함)'으로 소리기운을 봤을 때'는 숫자의 오행의 기운과 일치하는 것은 3개뿐이다. 하지만 '뜻이 가진 오행의 의미(기운)로 소리기운을 봤을 때'는 숫자의 오행의 기운과 100% 일치함을 확인할 수 있다.

이는 곧 대표성과 상징성을 가지고 있는 강한 '뜻의 기운'이 바로 '소리기운'이 됨을 밝혀주고 있다.

이처럼 역학적으로 본 「오행·십간·십이지·아라비아 숫자」의 각각의 의미와 그 소리기운을 '음령오행의 기준으로 봤을 때'는 대부분의 소리기운이 왜곡되는 것을 확인할 수 있으며, 반면에 '뜻이 가진 의미(기운)로 봤을 때'는 소리기운의 왜곡현상이 전혀 일어나지 않음을 쉽게 확인할 수 있다.

따라서 **이러한 엄청난 차이점과 왜곡현상이 가지는 중요한 의미는 '초**

성(첫받침)에 의해 소리기운을 구분하는 **음령오행의 이론은 강한 뜻(의미=기운)을 가지고 있는 소리와 변화가 일어나는 소리의 특성(特性)을 고려하지 않은 채 모든 소리에 획일적으로 적용해서는 안 된다는 결론**이다.'

그리할 때 소리기운의 왜곡현상이 발생하지 않게 되며, 제대로 소리기운을 파악할 수 있게 된다. 물론 대표성을 가지지 않는 일반소리는 지금까지 해오던 대로 음령오행의 이론인 초성(첫받침) 위주로 소리기운을 구분하면 된다.

따라서 한국의 성명학이 그동안 소리에 관한 한 음령오행(音靈五行)이라는 한 가지 이론과 기준만으로 수많은 소리들을 쉽게 단정하고 파악해오던 단순한 관행(慣行)에서 늦었지만 이제라도 벗어나야 할 시점이다.

즉 더는 획일적인 고정된 틀에만 얽매이지 않고 뜻(意)과 소리(音)의 특성(特性)에 따른 자연스러우면서도 당연한 변화를 제대로 파악하고 반영함으로써 더욱 발전해 나가기를 바랄 뿐이다.

대자연의 변화의 이치가 가득 담겨 있는 학문이 역학(易學)이며, 역학이란 학문이 있어 성명학(姓名學)도 존재하는 것이니 성명학에 변화의 이치가 반영됨으로써 더욱 활기(活氣)를 띠게 될 것은 지극히 당연한 흐름이 아니겠는가?

5. 힘이 있는 소리와 힘이 없는 소리

지극히 당연한 얘기지만 이름의 소리는 힘이 있어야 한다. 즉 부를 때 자연스럽게 힘이 실리는, 힘이 들어가는 이름이 있고 그렇지 못한 이름이 있다.

자신의 이름의 소리가 힘이 있는 소리인지의 여부를 쉽게 알아 볼 수 있는 방법은 이름의 끝소리의 톤이 떨어지는지 떨어지지 않는지의 여부를 확인해보면 쉽게 알 수 있다.

이름의 끝소리가 톤이 떨어지지 않는 「힘이 있는 소리」를 예를 들어보면 다음과 같으며, 이름의 소리에 힘이 실리므로 힘껏 크게 부를 수도 있으며, 더 강한 기운의 소리 에너지가 작용하게 된다.

예) 지윤 / 지우 / 채원 / 윤성 / 서진 / 도현 / 도윤 / 민찬 / 서준 / 찬우

이름의 끝소리가 톤이 떨어져 「힘이 없는 소리」를 예를 들어 보면 다음과 같으며, 이름의 소리를 힘껏 부르면 자연스럽지 못하고 어색하며 불러

보아도 소리에 힘이 크게 실리지 않는 소리임을 확인할 수 있다.

　예) 가은 / 하은 / 지유 / 서아 / 서우 / 서은 / 민아 / 현경 / 정은 / 효지

　소리기운의 에너지도 축적(蓄積)이 되므로 날마다 반복해서 평생을 부르고 듣는 이름의 소리는 힘 있는 소리가 좋다.

　혼치 않은 이름의 소리에만 너무 초점을 맞추거나 특정한 의미를 반영하는 것에만 우선하다 보면 소리의 조합이 잘 맞지 않아서 이름의 소리가 힘이 없거나 약한 경우가 의외로 많다.

　정말 심사숙고해서 정해야 될 것이 평생을 반복해서 부르고 들을 '이름의 소리'이다.

6. 작명 시 실제로 사용할 수 있는 소리는 너무 부족하다

소리(音)

가 각 간 갈 감 갑 강 개 객 갱 갹 거 건 걸 검 겁 게 격
견 결 겸 경 계 고 곡 곤 골 공 곳 과 곽 관 괄 광 괘 괴
괵 굉 교 구 국 군 굴 궁 권 궐 궤 귀 규 균 귤 극 근 글
금 급 긍 기 길 김 낔

나 난 날 남 납 낭 내 녁 년 념 녑 녕 노 농 뇌 뇨 누 눈
눌 뉴 니 닉 닐

다 단 달 담 답 당 대 댁 덕 도 독 돈 돌 동 두 둔 둘 등

라 락 란 랄 람 랍 랑 래 략 량 려 력 련 렬 렴 렵 령 례
로 록 롱 뢰 료 룡 루 류 륙 륜 률 륭 륵 름 릉 리 린 림
립

마 막 만 말 망 매 맥 맹 멱 면 멸 명 메 모 목 몰 몽 묘
무 묵 문 물 미 민 밀

박 반 발 방 배 백 번 벌 범 법 벽 변 별 병 보 복 볼 봉
부 분 불 붕 비 빈 빙

사 삭 산 살 삼 삽 상 새 색 생 서 석 선 설 섬 섭 성 세
소 속 손 솔 송 쇄 쇠 수 숙 순 술 숭 쉬 슬 습 승 시 식
신 실 심 십 쌍

아 악 안 알 암 압 앙 애 액 앵 야 약 양 어 억 언 얼 엄
업 에 엔 여 역 연 열 염 엽 영 예 오 옥 온 올 옹 와 완
왕 왜 외 요 욕 용 우 욱 운 울 웅 원 월 위 유 육 윤 율
융 은 을 음 읍 응 의 이 익 인 일 임 입 잉

자 작 잔 잠 잡 장 재 쟁 저 적 전 절 점 접 정 제 조 족
존 졸 종 좌 주 죽 준 줄 중 즉 즐 즙 증 지 직 진 질 짐
집 징

차 착 찬 찰 참 창 채 책 처 척 천 철 첨 첩 청 체 초 축
촌 충 촬 최 추 축 춘 출 충 췌 취 측 치 칙 친 칠 침 칩
칭

쾌

타 탁 탄 탈 탐 탑 탕 태 택 탱 터 토 톤 통 퇴 투 퉁 특 틈

파 판 팔 패 팽 퍅 편 폄 평 폐 포 폭 표 품 풍 피 픽 필
핍

하 학 한 할 함 합 항 해 핵 행 향 허 헌 헐 험 혁 현 혈
협 형 혜 호 혹 혼 훌 홍 화 확 환 활 황 회 획 횡 효 후
훈 훌 훙 훤 훼 휘 휴 휼 흥 흔 흘 흠 흡 희 힐

앞의 소리들을 참고해보면, 소리가 많은 듯하지만 발음이 어려워 사용할 수 없는 소리(검은색)가 대부분이다. 나머지 올드한 느낌을 주는 소리(빨간색)를 제하고 나면 정작 신생아 이름이나 개명 이름 작명에 사용할 수 있는 소리(파란색)는 얼마 되지 않아 부르기 쉽고 듣기 편하면서 이미지도 좋은 이름을 짓기 위해 사용할 수 있는 소리가 얼마나 부족한지 확인할 수 있다.(사람마다 생각과 느낌의 차이가 있으므로 절대적인 기준이 아닌 참고용 기준임.)

3장

음령오행의 맹점과 보완

1. 음령오행(音靈五行)
2. 소리기운의 왜곡현상(歪曲現象)
3. 음령오행의 맹점(盲點)과 한계(限界)
4. 음령오행의 맹점을 보완한 자음오행(字音五行)
5. 순음(脣音)과 후음(喉音)의 정확한 소리기운
6. 성명(姓名)의 소리오행 배열(配列)의 의미

1. 음령오행(音靈五行)

 소리(音)에는 생명의 기운이 담겨 있으므로 음령(音靈)이라 하며, 특히 초성(初聲)은 소리의 기운을 맨앞에서 이끌어 가는, 즉 견인(牽引)하는 위치에 있으므로 소리기운의 주체가 된다고 봤기 때문에 초성(첫받침)인 자음에 의해 모든 소리기운을 구분하는 이론을 음령오행(音靈五行)이라고 한다.

 초성(初聲)의 지배를 받는 종성(終聲)은 종성(從聲)이므로 작용력이 미미하다. 때문에 초성(初聲)처럼 의미부여를 할 정도의 작용력은 가지고 있지 못하다.

 음령오행의 이론(초성)으로 본, 두 개의 음(音)이 가지고 있는 소리기운(첫받침)이 상극(相克)일 때 첫 음(音)의 종성(終聲)이 상극(相克) 관계를 상생(相生)으로 중재(仲裁)해주는 종성(끝받침)일 경우에는 상극 관계를 조금은 완화(緩和)시켜 준다고 볼 수는 있으나 상극 관계를 완전히 해소를 시켜 준다고 보기는 어렵다.

예) 근 우 : 초성(첫받침)이 木기운(ㄱ)과 土기운(ㅇ)으로 상극(相克) 관계 이지만 이 경우 첫 음(音)의 종성(끝받침)이 火기운(ㄴ)이므로 木기운 과 土기운 사이를 목생화(木生火)하고 화생토(火生土)하는 이치에 따라 상극 관계가 완화된다고 본다.

예) 종 택 : 초성(첫받침)이 金기운(ㅈ)과 火기운(ㅌ)으로 상극(相克) 관계 이지만 이 경우 첫 음(音)의 종성(끝받침)이 土기운(ㅇ)이므로 金기운 과 火기운 사이를 화생토(火生土)하고 토생금(土生金)하는 이치에 따라 상극 관계가 완화된다고 본다.

그리고 음령오행 이론과는 무관하게 대표성과 상징성을 가지고 있는 소리인 경우에는 음령오행 이론으로 본 초성(初聲)과 종성(終聲)의 구분은 아무런 의미를 갖지 못하는 경우도 많다.

예를 들면 다음과 같다.

예) 동 석 : 음령오행 이론의 기준(초성)으로 「동석」이라는 소리를 보면, '동'은 초성이 〈ㄷ받침'이므로 火기운이 작용하는 소리〉이며, '석'은 초성이 〈ㅅ받침'이므로 金기운이 작용하는 소리〉라고 봐서 火金(동석) 즉 상극(相克) 관계가 된다.

그러나 「동」이라는 소리는 「그 뜻이 오방위(五方位) 중에서 강한 동방(東方) 木기운을 의미하는 대표성과 상징성을 가지고 있으므로 즉 동(東)과 동음(同音)이므로」그 대표성과 상징성이 가지고 있는 강한 뜻(의미=기운)대로 소리기운을 파악하면 강한 木기운이 된다.

따라서「동」이라는 소리를 음령오행 이론의 기준(초성)으로 봤을 때 초성(初聲)의 火기운(ㄷ받침)과 종성(終聲)의 土기운(ㅇ받침)의 구분은 아무런 의미가 없게 된다.

즉「동석」이라는 소리기운은 음령오행 이론의 기준(초성)으로 봤을 때는 '火金기운(ㄷ받침, ㅅ받침)'이 되어 화극금(火克金)이라는 상극 관계가 되지만 이때「동」이라는 소리의 종성(終聲)인 'ㅇ받침'이 土기운이 되므로 화금(火金) 상극 관계가 화토금(火土金) 상생 관계가 된다고 본다.

하지만「동」이라는 소리를 대표성과 상징성을 가지는 강한 木기운으로 보게 되면「동석」이라는 소리기운은 화금(火金) 상극 관계에서 목금(木金) 상극 관계로 변하게 될 뿐이며, 초성과 종성은 아무런 의미가 없게 된다.

예) 인 규 : 음령오행 이론의 기준(초성)으로「인규」라는 소리를 보면, '인'은 초성이 〈'ㅇ받침'이므로 土기운이 작용하는 소리〉이며, '규'는 초성이 'ㄱ받침'이므로 木기운이 작용하는 소리라고 봐서 土木(인규) 즉 상극(相克) 관계가 된다.

그러나「인」이라는 소리는「그 뜻이 오상(五常) 중에서 강한 인(仁)과 그리고 십이지지(十二地支) 중에서 셋째 지지(地支)인「인목(寅木)」즉「범(虎)」

을 의미하는 대표성과 상징성을 가지고 있으므로 즉 인(仁, 寅)과 동음(同音)이므로」 그 대표성과 상징성이 가지고 있는 강한 뜻(의미=기운)대로 소리 기운을 파악하면 강한 木기운이 된다.

따라서 「인」이라는 소리를 음령오행 이론의 기준(초성)으로 봤을 때 초성(初聲)의 土기운(ㅇ받침)과 종성(終聲)의 火기운(ㄴ받침)의 구분은 아무런 의미가 없게 된다.

즉 「인규」라는 소리기운은 음령오행 이론의 기준(초성)으로 봤을 때에는 '土木기운(ㅇ받침, ㄱ받침)'이어서 목극토(木克土)라는 상극 관계가 되지만 이 때 「인」이라는 소리의 종성(終聲)인 'ㄴ받침'이 火기운이 되므로 토목(土木) 상극 관계가 토화목(土火木) 상생 관계가 된다고 본다.

하지만 「인」이라는 소리를 대표성과 상징성을 가지는 강한 木기운으로 보게 되면 「인규」라는 소리기운은 토목(土木) 상극 관계에서 목목(木木) 상비 관계로 변하게 될 뿐이며, 초성과 종성은 아무런 의미가 없게 된다.

예) 정 태 : 음령오행 이론의 기준(초성)으로 「정태」라는 소리를 보면, '정'은 초성이 〈ㅈ받침'이므로 金기운이 작용하는 소리〉이며, '태'는 초성이 'ㅌ받침'이므로 火기운이 작용하는 소리라고 봐서 金火(정태) 즉 상극(相克) 관계가 된다.

그러나 「정」이라는 소리는 「그 뜻이 십간(十干) 중에서 강한 정화(丁火)기운을 의미하는 대표성과 상징성을 가지고 있으므로 즉 정(丁)과 동음(同音)이므로」 그 대표성과 상징성이 가지고 있는 강한 뜻(의미=기운)대로 소리기운을 파악하면 강한 火기운이 된다.

따라서 「정」이라는 소리를 음령오행 이론의 기준(초성)으로 봤을 때 초성(初聲)의 金기운(ㅈ받침)과 종성(終聲)의 土기운(ㅇ받침)의 구분은 아무런 의미가 없게 된다.

즉 「정태」라는 소리기운은 음령오행 이론의 기준(초성)으로 봤을 때에는 '金火기운(ㅈ받침, ㅌ받침)'이어서 화극금(火克金)이라는 상극 관계가 되지만 이때 「정」이라는 소리의 종성(終聲)인 'ㅇ받침'이 土기운이 되므로 금화(金火) 상극 관계가 금토화(金土火) 상생 관계가 된다고 본다.

하지만 「정」이라는 소리를 대표성과 상징성을 가지는 강한 火기운으로 보게 되면 「정태」라는 소리기운은 금화(金火) 상극 관계에서 화화(火火) 상비 관계로 변하게 될 뿐이며, 초성과 종성은 아무런 의미가 없게 된다.

이처럼 소리기운을 단순히 음령오행 이론의 기준(초성)으로만 보느냐 아니면 소리가 가지고 있는 특성(特性)에 의해서, 즉 대표성과 상징성을 가지고 있을 때는 그 기준에 의해서 소리기운을 파악하느냐에 따라서 소리기운에 다양한 변화가 생길 수 있다.

그럼에도 불구하고 작명 시 소리기운은 전적으로 음령오행(音靈五行) 이론에만 의존하여 획일적으로 판단·적용해오고 있는 것이 한국 작명계의 오랜 현실이다.

이처럼 첫받침에 의해 모든 소리를 정해버릴 수가 있는 음령오행이란 단순한 이론으로 인해서 소리기운의 특성과 변화에 관한 연구는 전혀 필요하지가 않다.

그러다 보니 정말 어려운 소리기운의 특성과 변화를 따로 제대로 연구하는 경우는 극히 드물어 수많은 소리기운의 오류와 왜곡현상이 그대로 방치되고 있는 크나큰 문제점을 안고 있는 것이 한국 작명계의 현실이다.

사실 가장 어려운 소리기운의 특성과 변화를 제대로 파악할 정도의 연구가 선행되고 난 다음 작명에 임하는 것이 바람직하다.

작명은 이름의 「뜻」과 「소리」의 기운을 타고난 기운(사주)에 맞게 제대로 반영하는 작업이 가장 어렵기 때문이다.

【초성 자음과 발음기관 이름 및 오행 도표】

초성(初聲:첫받침)이 ㄱㅋ이면 아음(牙音:어금닛소리) ▶ 木기운으로 봄
초성(初聲:첫받침)이 ㄴㄷㄹㅌ이면 설음(舌音:혓소리) ▶ 火기운으로 봄
초성(初聲:첫받침)이 ㅇㅎ이면 후음(喉音:목구멍소리) ▶ 土기운으로 봄
초성(初聲:첫받침)이 ㅅㅈㅊ이면 치음(齒音:잇 소리) ▶ 金기운으로 봄
초성(初聲:첫받침)이 ㅁㅂㅍ이면 순음(脣音:입술소리) ▶ 水기운으로 봄

자음은 대개 입술과 입 안의 여러 발음기관의 작용에 의해 분화되어 아음(牙音 : ㄱㄲ)·설음(舌音 : ㄴㄷㄹㅌ)·후음(喉音 : ㅇㅎ)·치음(齒音 : ㅅㅈㅊ)·순음(脣音 : ㅁㅂㅍ)으로 구분된다.

그리고 각기 분화된 자음의 의미를 앞 도표에 기재된 오행의 기운으로 각각 분류하고 있다.

2. 소리기운의 왜곡현상(歪曲現象)

　불가(佛家)에서는 고정됨이 없이 시시각각 변해가는 만물의 이치를 「제행무상(諸行無常)」이라는 교리로 설명하고 있다.

　또한 도가(道家)에서도 도덕경에서 노자 역시 시시각각 변해가는 대자연의 이치를 「도를 도라고 하면 더 이상 도가 아님을 뜻하는 도가도비상도(道可道非常道)」라는 개념으로 설명하고 있다.

　결국 무엇이든지 순환과 변화의 여지가 없이 일정한 틀에 가두어 버리게 되면 독선과 부조화로 인한 변질과 변형이 일어나게 된다.

　마치 물이 고여 있기만 하면 썩게 되지만 흐르게 해주면 순환이 되므로 부패(腐敗)하지 않게 되면서 맑은 물이 항상 정화(淨化)해줄 수 있는 이치와 같다.

　세상사도 기본적인 일정한 틀은 있어야 하지만 항상 변화를 수용할 수 있는 여지 또한 가지고 있음으로써 독선과 획일이라는 고정된 틀에서 벗어나 더욱 온전한 조화를 이루어 갈 수 있게 된다.

이러한 이치는 소리기운을 판단함에도 그대로 적용되어야 하지만 한국 성명학의 현실은 초성(初聲 : 첫받침)에 의해서 획일적으로 소리기운을 파악하는 음령오행(音靈五行)의 이론만을 적용해오고 있다.

소리는 첫 자음 즉 초성(첫받침)만으로는 이루어질 수 없다. 모든 소리는 「초성+모음」 또는 「초성+모음+종성」으로 이루어져 하나의 온전한 소리를 가지게 된다.

이때 초성(첫받침)의 의미만으로 단순하게 소리기운을 파악할 수 있는 경우도 많으나 소리 그 자체, 즉 소리 전체가 가지고 있는 특성(대표성과 상징성)에 - 분명한 강한 뜻(의미=기운)을 가지고 있는 소리 - 의해서 소리기운을 파악해야 하는 경우도 아주 많다.

하지만 이러한 **소리의 특성에 따른 변화는 전혀 고려하지 않고 무조건 초성(첫받침)의 의미만으로 획일적으로 소리기운을 파악하게 되면 불가피하게 소리기운의 왜곡현상(歪曲現象)이 일어나게 된다.**

그 예를 들어보면 다음과 같다.

'**불**'이라는 소리는 「ㅂ받침(초성)+ㅜ모음(陰)+ㄹ받침(종성)」으로 이루어져 있다. 그래서 시중에 나와 있는 거의 대부분의 작명책에는 초성(ㅂ받침=水

기운)의 의미대로 '불'은 소리기운이 다 '水기운'으로 표기되어 있다.

즉 강한 火기운의 의미(뜻)을 가지고 있는 '불'이라는 소리의 특성(대표성과 상징성)을 고려하여 제대로 파악하지 못하고, 초성(첫받침)의 의미만으로 파악하다 보니 소리기운이 왜곡돼 정반대로 나타난 경우이다.

'불'처럼 강한 火기운의 의미(뜻)을 가지고 있는 이런 경우에는 초성의 의미로 본 水기운(ㅂ받침)도, 음모음(ㅜ)의 의미도, 종성의 의미로 본 火기운(ㄹ받침)도 아무런 의미를 가질 수 없게 된다.

분명한 것은 강한 뜻기운(火)이 가지고 있는 의미(기운)대로 '불'이라는 소리는 강한 火기운을 가지고 있는 소리기운임에 틀림이 없다는 점이다.

이처럼 **음령오행의 이론으로만 봤을 때는 도무지 이해가 가지 않았던 소리기운의 모순과 의문에 대해서는 소리연구를 해본 분이라면 누구나 다 가져봤던 기억이 있을 것이다.**

이러한 모순으로 인해 오행의 기운이 정반대인 '**물**'이라는 소리와 '**불**'이라는 소리는 소리기운이 다 똑같이 '水기운'이라고 작명책에 표기되는 어처구니없는 소리기운의 왜곡현상이 빚어진 것이다.

'**물**'이라는 소리는 「ㅁ받침(초성)+ㅜ모음(陰)+ㄹ받침(종성)」으로 이루어져 있다.

이 경우 초성(첫받침)의 의미대로 소리기운을 봐도 '水기운'이지만 그 이전에 강한 水기운의 의미(뜻)를 가지고 있는 '물'이라는 소리 그 자체의 특성(대표성과 상징성)을 고려할 때 초성으로 본 '水기운'보다 훨씬 더 강한 水기운을 가지고 있는 소리가 된다.

모음은 음모음(ㅓㅕㅜㅠ)과 양모음(ㅏㅑㅗㅛ)으로 구분하지만 소리 전체의 의미(뜻)가 가지는 대표성과 상징성에 의해서 고정되지 않고 변화가 일어나는 경우도 있음을 항상 염두에 두어야 한다.

예를 들면, 'ㅕ'는 음모음이지만 「ㅂ받침(초성)+ㅕ모음(陰)+ㅇ받침(종성)」으로 이루어진 **'병'**이란 소리를 만나면 '셋째 천간(天干) 병(丙)'과 동음(同音)이므로 음양(陰陽)으로 구분할 때 강한 양기운인 '병화(丙火)'의 기운을 가진 소리가 된다.

이런 경우에는 초성의 의미로 본 水기운(ㅂ받침)도, 음모음(ㅕ)의 의미도, 종성의 의미로 본 土기운(ㅇ받침)도 아무런 의미를 가질 수 없게 된다.

즉 '병'이라는 소리 그 자체의 특성(대표성과 상징성)을 고려할 때 강한 병화(丙火)기운을 가지고 있는 소리기운을 정반대인 水기운(ㅂ받침)으로 봐야 하는 왜곡현상이 해소가 되면서 정확하게 소리 전체의 기운을 파악할 수 있게 된다.

또 'ㅏ'는 양모음이지만 「ㅈ받침(初聲)+ㅏ모음(陽)」으로 이루어진 **'자'**라는 소리를 만나면 '첫째 지지(地支) 자(子)와 동음(同音)이므로 음양(陰陽)으로 구분할 때 강한 음기운인 '자수(子水)'의 기운을 가진 소리가 된다.

이런 경우에는 초성의 의미로 본 金기운(ㅈ받침)도, 양모음(ㅏ)의 의미도 아무런 의미를 가질 수 없게 된다.

즉 '자'라는 소리 그 자체의 특성(대표성과 상징성)을 고려할 때 강한 자수(子水)기운을 가지고 있는 소리기운을 金기운(ㅈ받침)으로 봐야 하는 왜곡현상이 해소가 되면서 정확하게 소리 전체의 기운을 파악할 수 있게 된다.

'**파랑**'이라는 소리가 의미(뜻=기운)하는 색상은 청색(靑色)으로 木기운이다.

하지만 이 경우도 초성(첫받침)으로 보면 '파랑'이라는 소리기운이 水기운(ㅍ받침 : 파)과 火기운(ㄹ받침 : 랑)이 되어 - 수극화(水克火)의 이치에 따라서 - 서로 상극(相克)이 되는 소리기운이 되며, 정작 '파랑'이라는 소리의 의미(뜻=기운) 즉 본질(本質)인 木기운(청색)과는 전혀 상관이 없다.

즉 강한 木기운의 의미(뜻=기운)를 가지고 있는 '파랑'이라는 소리의 특성(대표성과 상징성)을 고려하여 木기운으로 파악하지 못하고, 초성(첫받침)의 의미만으로 획일적으로 소리기운을 정함으로써 소리기운이 왜곡되어 서로 상극(相克)인 水기운(물)과 火기운(불)으로 봐야 하는 왜곡현상이 발생한 경우이다.

따라서 이러한 **소리기운의 왜곡현상을 해소하려면 강한 의미**(뜻=기운)**를 가지고 있는 소리는 이미 「대표성과 상징성을 가지고 있는 소리」**이므로 그 대표성과 상징성을 가지고 있는 강한 의미(뜻=기운)대로 소리기운을 파악하면 된다.

「이렇게 볼 때 '소리기운의 왜곡현상'이 일어나지 않으니」 그 이유는 이렇게 보는 것이 순리(順理)이기 때문이다.

이는 마치 '**눈에 보이지 않는 사람의 마음**(뜻)**과 그 마음을 표현하는 것**(소리)'은 「**둘이 아닌 하나로서 일체**(一體)**를 이룰 수밖에 없는 이치**」와 같다.

그리고 인간의 본질인 마음에서 일어나는 「뜻(생각)」을 - 마음이 자기표현을 한 것이 「뜻(생각)」이다 - 표현하는 과정에서 즉 「뜻」이 투영(投影)되어 「소리」와 「글자」가 생겨(나타)났으므로 이름에 있어 「뜻」이야말로 이름의 본질(本質)이다.

사람은 마음이 변하면, 즉 마음의 뜻(생각)이 변하면 말도 행동도 달라진다. 이런 변화를 경험해보지 못한 사람은 단 한 사람도 없을 것이다.

이처럼 마음의 뜻(생각)이 변하면 그것을 표현하는 말(소리)도 행동(글자)도 달라지는 변화가 자연스럽게 일어난다.

따라서 말(소리) 속에 어떤 「뜻」이 담기느냐에 따라서 표현되는 소리의 의미(기운)도 온도도 달라진다!

이것이 의미하는 것은 「뜻(기운)이 소리와 글자에도 근본적인 영향을 주게 되는 즉 변화시키는 주체가 됨」을 의미한다.

하지만 이러한 변화의 이치를 참작하지 않고 소리기운을 초성(첫받침)의 의미로만 파악하는 음령오행의 이론만을 고수한다면 특성(대표성과 상징성)을 가지고 있는 소리들의 왜곡현상은 앞으로도 계속 일어날 수밖에 없다.

♧ 소리의 왜곡현상(歪曲現象)과 관련해서는 구체적으로 자세하게 언급한 〈2장 변화가 일어나는 소리기운의 비밀〉을 참고하면 이해와 판단함에 많은 도움이 되리라고 생각한다.

3. 음령오행의 맹점(盲點)과 한계(限界)

우리가 살고 있는 차원의 세상에서는 완전한 이론이란 존재할 수가 없다.

따라서 어떤 이론이든 불가피하게 가지고 있는 한계점으로 인해 발생하는 오류와 왜곡현상을 보완하여 해소해 나간다면 이는 더욱더 온전함을 기함과 동시에 크나큰 발전을 이루어가게 되는 결과로 나타나게 될 것이다.

음령오행의 이론은 분명히 일리(一理)가 있음에는 틀림이 없지만 - 모든 이론이 그러하듯이 - 분명한 맹점(盲點)도 있기 때문에 언제나 항상 옳은 무오류의 절대적인 이론이 될 수는 없다.

그것은 마치「흐르지 못하고 고여 있는 물이 썩듯이」변화의 이치가 전혀 배제된 채 획일적으로 고정되어 있는 이론인 음령오행이란 이론 역시 불가피하게 맹점을 가질 수밖에 없기 때문이다.

즉 부분의 의미(첫받침의 소리기운)만을 획일적으로 적용하다 보니 분명한 대표성과 상징성을 가지고 있는 전체의 의미(소리 그 자체의 소리기운)를 놓쳐버림으로써 소리기운이 왜곡되는 경우가 참으로 많다.

예를 들면, 오행(五行) 중 하나인 '**금**(金)'이란 소리는 그 뜻(기운)이 강한 金기운을 가지고 있는 대표성과 상징성을 가지고 있는 소리이므로 소리 그 자체, 즉 소리 전체의 기운으로는 강한 金기운이 작용함에도 불구하고 첫 받침이 「ㄱ」으로 시작된다는 이유만으로 정반대인 木기운으로 봐야 한다.

또 '**불**(火)'이란 소리는 그 뜻(기운)이 강한 火기운을 가지고 있는 대표성과 상징성을 가지고 있는 소리이므로 소리 그 자체, 즉 소리 전체의 기운으로는 강한 火기운이 작용함에도 불구하고 이 역시 첫 받침이 「ㅂ」으로 시작된다는 이유만으로 정반대인 차가운 水기운으로 봐야 한다.

또한 오행(五行) 중 하나인 '**수**(水)'라는 소리는 그 뜻(기운)이 강한 水기운을 가지고 있는 대표성과 상징성을 가지고 있는 소리이므로 소리 그 자체, 즉 소리 전체의 기운으로는 강한 水기운이 작용하지만 이 역시 첫 받침이 「ㅅ」으로 시작된다는 이유만으로 金기운으로 봐야 한다.

또한 십간(十干) 중 하나인 '**정**(丁)'이란 소리는 그 뜻(기운)이 따뜻한 정화(丁火)기운을 가지고 있는 대표성과 상징성을 가지고 있는 소리이므로 소리 그 자체, 즉 소리 전체의 기운으로는 따뜻한 정화(丁火)기운이 작용하지만 이 역시 첫 받침이 「ㅈ」으로 시작된다는 이유만으로 차가운 金기운으로 봐야 한다.

이처럼 **음령오행이란 이론으로만 획일적으로 소리기운을 파악하는 한** 역학과 성명학을 있게 한 근본(根本) 이치(理致)로 가장 중요한 목·화·토·금·수 오행(五行)의 소리기운 조차도 왜곡(歪曲)이 될 수밖에 없다.

즉 초성(첫받침)으로 오행(五行)의 소리기운을 살펴보면 오행(五行)의 의미(뜻)와 같은 기운을 가지고 있는 소리가 하나도 없어 **오행의 순수성(純粹性)과 일체성(一體性)이 완전히 부정**되고 있다.

이처럼 다섯 가지 오행이 가지고 있는 기운을 전부 다 부정(不正)하는 소리기운으로 파악해야 되는 오류와 왜곡이 발생하게 된 것은 바로 **음령오행이라는 이론이 가지고 있는 맹점과 한계** 때문이다.

음령오행의 이론으로 볼 때 목·화·토·금·수 오행(五行)의 소리기운은 다음과 같이 왜곡되었다.

【음령오행에 의해 왜곡된 오행의 소리기운】

오행(五行)	오행의 뜻·소리·글자의 기운	음령오행으로 본 오행의 소리기운
목(木)	木기운으로 순수함(일체성)	水기운으로(ㅁ받침) 왜곡
화(火)	火기운으로 순수함(일체성)	土기운으로(ㅎ받침) 왜곡
토(土)	土기운으로 순수함(일체성)	火기운으로(ㅌ받침) 왜곡
금(金)	金기운으로 순수함(일체성)	木기운으로(ㄱ받침) 왜곡
수(水)	水기운으로 순수함(일체성)	金기운으로(ㅅ받침) 왜곡

이로써 음령오행(音靈五行)이라는 이론의 맹점과 한계점을 분명하게 확인해 볼 수 있다.

4. 음령오행의 맹점을 보완한 자음오행(字音五行)

이러한 음령오행이라는 이론의 맹점이자 한계점을 보완한 것이 자음오행(字音五行)이라는 이론이다.

자음오행이란 이론의 핵심은 강한 뜻(=의미=기운)을 가지고 있는 소리는 이미 「대표성과 상징성을 가지고 있는 소리」이므로 그 대표성과 상징성이 가지고 있는 강한 뜻(의미=기운)대로 소리기운을 파악하자는 것이다.

물론 자음오행에 해당되지 않는 소리, 즉 대표성과 상징성을 가지고 있지 않은 소리는 첫받침이 가지고 있는 의미(음령오행)대로 소리기운을 파악하면 된다.

대표성과 상징성을 가지고 있는 소리 즉 자음오행으로 소리기운을 보게 되면

'**목**(木)'이란 소리기운은 水(ㅁ)기운이 아닌 **木**기운이 되며,
'**화**(火)'라는 소리기운은 土(ㅎ)기운이 아닌 **火**기운이 되며,
'**토**(土)'라는 소리기운은 火(ㅌ)기운이 아닌 **土**기운이 되며,

'금(金)'이란 소리기운은 木(ㄱ)기운이 아닌 金기운이 되며,
'수(水)'라는 소리기운은 金(ㅅ)기운이 아닌 水기운이 되어

비로소 오행(五行)은 뜻과 소리와 글자가 하나의 기운으로서 순수하게 일체를 이루고 있음을, 즉 오행의 순수성(純粹性)과 일체성(一體性)을 확인할 수가 있다.

하지만 모든 소리를 초성(첫받침)에 절대적인 의미를 부여하는 음령오행(音靈五行)이라는 이론만으로 판단하고 적용한다면 소리의 왜곡현상을 해소할 수 없으며, 또한 소리에 관한 한 무지와 독선에서 벗어나기 어려운 부분이 있을 수밖에 없다.

따라서 초성(첫받침)에 의해 모든 소리의 기운을 획일적으로 정해버리는 음령오행이라는 이론의 모순과 맹점에 대해 문제 제기를 하는 소극적인 차원을 넘어서 모순과 맹점을 있는 그대로 들여다봐야 한다.

그리고 그것을 인정하는 용기와 보완 개선해 나가려는 의지를 이제라도 가져서 순리를 따르는 변화를 가질 때 성명학이 더욱더 발전해 나갈 수 있으리라고 생각하며 믿는다.

소리는 또 다른 소리를 만나 서로 어우러질 때 다양한 소리기운의 변화가 일어나 소리의 기운이 근본적으로 전혀 다르게 변하거나 강약이 달라지는 경우도 있다.

예를 들어, 소리기운이 음령오행의 이론으로 볼 때에 첫받침이 「ㄱ」이므로 木기운인 '강'과 첫받침이 「ㅊ」이므로 金기운인 '철'이 서로 어우러져 '강철'이 되면 '강'은 '철(쇠)'의 의미를 더욱 강하게 수식해주는 역할, 즉 녹이 잘 스는 잡철이 아닌 강철을 의미하게 되므로 소리 전체의 기운이 木기운에서 金기운으로 변하게 된다.(강철 : 木金에서 → 金金으로 변함)

그러므로 음령오행의 이론으로만 이를 단순히 보고 '강철'이라는 소리는 金기운에 의해 木기운이 극(克)을 받아 손상되므로 차조심, 즉 교통사고를 조심해야 한다는 잘못된 근거 없는 얘기를 할 필요가 없다.

이 경우도 金기운이 필요한 경우에는 참 좋은 소리가 될 수 있으나 반대로 木기운이 필요한 경우에는 참 안 좋은 소리가 될 수 있다.

또한 소리는 소리를 내는 대상물(對象物)이 가지고 있는 고유한 기운에 따라 소리기운이 그대로 정해지는 경우도 있다.

그것은 보이지 않는 「뜻」이 나타난 것이 「소리」요 「글자」요 「물질」이기 때문이다.

예를 들어, 대나무(木기운)로 '탁'하고 쳤을 때 나는 소리는 대나무(木기운)의 소리이므로 당연히 木기운을 가지고 있는 소리인데, 이를 단순히 음령오행의 이론만을 적용하여 「火기운(ㅌ받침)」이 작용하는 소리라고 할 수 있을까?

3장 음령오행의 맹점과 보완   313

상식적인 판단 여부로 누구나 알 수 있는 이런 경우도 음령오행이라는 이론만을 획일적으로 맹신(盲信)하다 보면 소리기운이 어처구니없이 왜곡되게 된다.

또한 '**정**'이라는 소리도 초성이 「ㅈ받침」이므로 차가운 金기운을 가지고 있는 소리로 봐야 하지만 아무리 부르고 들어도 소리가 따뜻하게만 느껴지는 건 무슨 까닭인지 음령오행의 이론으로는 도저히 알 수가 없다.
(130P ▶정(丁) 참조)

또한 '**현**'이라는 소리도 초성이 「ㅎ받침」이므로 묵직한 土기운을 가지고 있는 소리로 봐야 하지만 아무리 부르고 들어도 소리가 부드럽게만 느껴지는 건 무슨 까닭인지 음령오행의 이론으로는 도저히 알 수가 없다.
(191P ▶현 참조)

이처럼 다양한 소리기운의 특성과 변화를 고려하지 않은 채 덮어놓고 무조건 음령오행만을 따진다면 이는 또 다른 맹신이 될 뿐이다.

음양오행(陰陽五行)과 십간십이지(十干十二支)로부터 비롯된 학문이 바로 역학이며, 역학에서 비롯된 많은 학문 중 하나가 성명학이다. 즉 역학의 이치를 떠나서 성명학은 존재할 수 없다.

필자가 주장하는 대표성과 상징성에 따라 일어나는 소리기운의 변화와 그에 따른 소리기운의 왜곡현상과 또 그 왜곡현상을 해소시키며 보완

해주는 자음오행(字音五行)이라는 이론적 근거도 바로 음양오행(陰陽五行)과 십간(十干)·십이지(十二支)·육십갑자… 등등 역학의 정신과 이치에서 비롯되었다.

기존의 이론에 안주하는 것은 쉽고 편하지만 맹점을 보완해 나가지 않는 한 발전은 기대하기 어려울 것이며, 전문분야로서의 인식의 확대 또한 요원할 것이다.

다음은 2000년 5월에 출판된 『안현덕新작명법』에서 필자가 주장하고 있는 대표성과 상징성을 가지고 있는 소리인 자음오행(字音五行)에 관해 언급한 내용을 일부 발췌하여 수록함으로써 이해를 돕고자 한다.

〈음령오행〉의 이론으로 볼 때에는 초성이 ㄱ받침이라 木기운으로 보는 「경」이라는 소리는 〈자음오행〉으로 볼 때에는 대표성과 상징성을 가지고 있는 십천간(十天干) 중 '경금(庚金)'의 소리와 동음(同音)이므로 木기운이 아닌 강한 경금(庚金)기운을 가진 소리로 봐야 한다고 표시되어 있다.

〈음령오행〉의 이론으로 볼 때에는 초성이 ㄱ받침이라 木기운으로 보는 「강」이라는 소리는 〈자음오행〉으로 볼 때에는 대표성과 상징성을 가지고 있는 '강(江)'이라는 소리와 동음(同音)이므로 木기운이 아닌 강한 임수(壬水)기운을 가진 소리로 봐야 한다고 표시되어 있다.

〈음령오행〉의 이론으로 볼 때에는 초성이 ㄱ받침이라 木기운으로 보는

「금」이라는 소리는 〈자음오행〉으로 볼 때에는 대표성과 상징성을 가지고 있는 오행(五行) 중 '금(金)'의 소리와 동음(同音)이므로 木기운이 아닌 강한 金기운을 가진 소리로 봐야 한다고 표시되어 있다.

〈음령오행〉의 이론으로 볼 때에는 초성이 ㄷ받침이라 火기운으로 보는 「동」이라는 소리는 〈자음오행〉으로 볼 때에는 대표성과 상징성을 가지고 있는 오방(五方) 중 '동(東)'의 소리와 동음(同音)이므로 火기운이 아닌 강한 木기운을 가진 소리로 봐야 한다고 표시되어 있다.

〈음령오행〉의 이론으로 볼 때에는 초성이 ㅁ받침이라 水기운으로 보는 「목」이라는 소리는 〈자음오행〉으로 볼 때에는 대표성과 상징성을 가지고 있는 오행(五行) 중 '목(木)'의 소리와 동음(同音)이므로 水기운이 아닌 강한 木기운을 가진 소리로 봐야 한다고 표시되어 있다.

〈음령오행〉의 이론으로 볼 때에는 초성이 ㅂ받침이라 水기운으로 보는 「병」이라는 소리는 〈자음오행〉으로 볼 때에는 대표성과 상징성을 가지고 있는 십천간(十天干) 중 '병화(丙火)'의 소리와 동음(同音)이므로 水기운이 아닌 강한 병화(丙火)기운을 가진 소리로 봐야 한다고 표시되어 있다.

〈음령오행〉의 이론으로 볼 때에는 초성이 ㅅ받침이라 金기운으로 보는 「수」라는 소리는 〈자음오행〉으로 볼 때에는 대표성과 상징성을 가지고 있는 오행(五行) 중 '수(水)'의 소리와 동음(同音)이므로 金기운이 아닌 강한 水기운을 가진 소리로 봐야 한다고 표시되어 있다.

〈음령오행〉의 이론으로 볼 때에는 초성이 ㅇ받침이라 土기운으로 보는 「**인**」이라는 소리는 〈자음오행〉으로 볼 때에는 대표성과 상징성을 가지고 있는 십천간(十天干) 중 '인목(寅木)'의 소리와 또한 오상(五常) 중 '인(仁)'의 소리와 동음(同音)이므로 土기운이 아닌 강한 木기운을 가진 소리로 봐야 한다고 표시되어 있다.

〈음령오행〉의 이론으로 볼 때에는 초성이 ㅈ받침이라 金기운으로 보는 「**정**」이라는 소리는 〈자음오행〉으로 볼 때에는 대표성과 상징성을 가지고 있는 십천간(十天干) 중 '정화(丁火)'의 소리와 동음(同音)이므로 金기운이 아닌 강한 정화(丁火)기운을 가진 소리로 봐야 한다고 표시되어 있다.

〈음령오행〉의 이론으로 볼 때에는 초성이 ㅌ받침이라 火기운으로 보는 「**토**」라는 소리는 〈자음오행〉으로 볼 때에는 대표성과 상징성을 가지고 있는 오행(五行) 중 '토(土)'의 소리와 동음(同音)이므로 火기운이 아닌 강한 土기운을 가진 소리로 봐야 한다고 표시되어 있다.

〈음령오행〉의 이론으로 볼 때에는 초성이 ㅎ받침이라 土기운으로 보는 「**현**」이라는 소리는 〈자음오행〉으로 볼 때에는 대표성과 상징성을 가지고 있는 부드러운 '현(絃)'이라는 소리와 동음(同音)이므로 土기운이 아닌 부드러운 화초(花草)와 같은 을목(乙木)기운을 가진 소리로 봐야 한다고 표시되어 있다.

〈음령오행〉의 이론으로 볼 때에는 초성이 ㅎ받침이라 土기운으로 보는

「홍」이라는 소리는 〈자음오행〉으로 볼 때에는 대표성과 상징성을 가지고 있는 오방색(五方色) 중 '홍(紅)'의 소리와 동음(同音)이므로 土기운이 아닌 강한 火기운을 가진 소리로 봐야 한다고 표시되어 있다.

〈음령오행〉의 이론으로 볼 때에는 초성이 ㅎ받침이라 土기운으로 보는 「화」라는 소리는 〈자음오행〉으로 볼 때에는 대표성과 상징성을 가지고 있는 오행(五行) 중 '화(火)'의 소리와 동음(同音)이므로 土기운이 아닌 강한 火기운을 가진 소리로 봐야 한다고 표시되어 있다.

【소리의 특성(대표상/상징성)에 따라 변하는 소리기운 사례】

음	자	자의	획수	부수	자음 오행	음령 오행	자의 오행	자형 오행
경	庚	일곱째 천간	8	广	庚金	木→庚金	庚金	庚金
강	江	강·큰 내·성(姓)	7	氵	壬水	木→壬水	壬水	壬水
금	金	쇠·성(姓) 김	8	金	金强	木→金强	金	金
동	東	동녘	8	木	木旺	火→木旺	木旺	木旺
목	木	나무	4	木	木强	水→木强	甲木	甲木
병	丙	남녘·셋째 천간	5	一	丙火	水→丙火	丙火	丙火
수	水	물·평평할	4	水	水强	金→水强	水强	水强
인	寅	셋째 지지(地支)·범	11	宀	寅木	土→寅木	寅木	寅木
정	丁	넷째 천간(天干)·姓	2	一	丁火	金→丁火	丁火	丁火
토	土	흙·땅	3	土	土强	火→土强	土强	土强
현	絃	악기줄·현악기	11	糸	乙木	土→乙木	乙木	乙木
홍	紅	붉을·붉은 빛·주홍	9	糸	火	土→火	火	乙木
화	火	불	4	火	火强	土→火强	火强	火强

5. 순음(脣音)과 후음(喉音)의 정확한 소리기운

훈민정음 해례본(解例本)에서 입모양을 본뜬 「ㅁ」은 입술소리(순음)로 土기운이 작용하고, 목구멍의 모양을 본뜬 「ㅇ」은 목구멍소리(후음)로 水기운이 작용한다고 되어 있다.

순음(脣音)과 후음(喉音)의 소리기운에 대한 훈민정음 해례본의 내용은 이론적으로 일리는 있지만 40년 가까이 실제 생활 속에서 소리기운을 느끼면서 연구해온 필자의 경험에 비추어 볼 때에는 이견(異見)을 가지고 있다.

오행 중에서 빠름은 水기운이 으뜸이다. 그만큼 유연하여 걸림이 없다. 水기운은 색상으로는 흑색(黑色)이다. 춤과 랩과 관련해서도 흑인(黑人)들의 존재감은 인정하지 않을 수 없다. 또 흑인들은 입술도 유난히 두툼하다.

발음기관 중 가장 가볍고 빠르고 자연스럽게 움직여지는 것은 입안의 혀가 아니라 입술이다. 그래서 가볍고 빨라서 소리도 빠르다.

타고난 기운에서 일간(日干)이 물(水)이고 수기(水氣)가 강하면 말을 오래도록 술술 편하게 잘 한다. 그래서 수다(水多)스러운 것과 직접적인 관련이 있는 것도 입이다.

그래서 말 많은 사람을 일러「물에 빠져도 입만 동동 뜰 것」이라고 표현한 것도 근거와 의미가 있는 말이다.

水기운을 가진「민·빈·비·수」같은 소리는 소리가 묵직하지 않고 가볍고 빠르다.

그래서 발음기관 중 水기운의 소리는 입술소리(순음)이다.

목구멍소리(후음)라는 것은 깊은 속 즉 뱃속(土기운)에서 나오는 소리이다. 그래서 묵직하며 울림이 있는 소리이다.

예를 들면, 가운데(土)를 의미(뜻)하는「중·중앙」이란 소리, 또 둥근 원을 의미하는「원」이란 소리, 또한 크고 넓은 땅을 의미하는「성」이란 소리는 묵직하다.

타고난 기운에서 일간(日干)이 토(土)이고 토기(土氣)가 강하면 공명이 잘 되어 듣기 편안한 좋은 소리를 갖게 된다.

묵직한 소리는 무게감에 의해서 소리가 재빠르지 않다. 따라서 목구멍소리는 가볍고 빠른 水기운일 수가 없다. 그래서 발음기관 중 土기운의 소리는 목구멍소리(후음)이다.

6. 성명(姓名)의 소리오행 배열(配列)의 의미

이름을 지을 때 소리기운을 당사자의 타고난 기운(사주)에 맞게 제대로 반영한다는 것은 참으로 어렵다.

그 이유는 소리가 아주 많은 것 같지만 발음이 어려워 부르고 듣기에 적합하지 않은 소리들이 대부분이기 때문이다.

사실 부르기 쉽고 듣기도 편하면서 좋은 이미지를 가질 수 있는 소리는 몹시 제한적이다.

또한 대법원에서 정해준 '인명용한자' 중에서 특정 소리에 해당되는 글자마다 오행의 기운을 골고루 다 가지고 있는 것도 아니어서 이름의 근본인 소리·뜻·글자가 다 좋은 기운으로 가득 채워지는 이름을 짓는다는 것은 몹시 어렵다.

소리기운을 제대로 조합하기 어렵다고 해서 당사자의 타고난 기운(사주)에는 전혀 맞지 않지만 삼원오행이나 음령오행으로 봤을 때에 나타나는 오행의 상생상극(相生相克)의 의미로는 좋은 길(吉)한 소리배열이라고 해서 만약 반영한다고 한다면?

그것이 과연 무슨 의미가 있겠는가? 들쭉날쭉이 되고 순수성을 도외시한 야합이 될 뿐이다.

일반적으로 좋다는 어떤 의미가 모두에게 다 좋을 수는 없다. 그것이 자신에게 맞고 좋을 때 특별한 의미가 되는 것이지 안 맞고 안 좋다면 일반적으로 좋다는 것은 아무런 의미가 없는 정도가 아니라 아주 흉(凶)한 의미를 가지게 된다.

예를 들어보면 다음과 같다.

木木水　木水木　木木木　水水水　金水木

타고난 기운(사주)에서 水木기운이 필요하고 좋을 때는 좋은 소리배열이 되겠지만 반대로 水木기운이 강할 때는 더욱 치우치게 하여 조화가 깨어지므로 좋지 않다. (단, 종격사주로 水木기운이 필요하고 좋을 때는 좋은 소리배열이다.)

木木火　木火木　木火火　火木火　火火木

타고난 기운(사주)에서 木火기운이 필요하고 좋을 때는 좋은 소리배열이 되겠지만 반대로 木火기운이 강할 때는 더욱 치우치게 하여 조화가 깨어지므로 좋지 않다. (단, 종격사주로 木火기운이 필요하고 좋을 때는 좋은 소리배열이다.)

　木火火　木火土　火火土　火土火　火土土

　타고난 기운(사주)에서 火土기운이 필요하고 좋을 때는 좋은 소리배열이 되겠지만 반대로 火土기운이 강할 때는 더욱 치우치게 하여 조화가 깨어지므로 좋지 않다. (단, 종격사주로 火土기운이 필요하고 좋을 때는 좋은 소리배열이다.)

　土金金　土金土　金金土　金土金　金土土

　타고난 기운(사주)에서 土金기운이 필요하고 좋을 때는 좋은 소리배열이 되겠지만 반대로 土金기운이 강할 때는 더욱 치우치게 하여 조화가 깨어지므로 좋지 않다. (단, 종격사주로 土金기운이 필요하고 좋을 때는 좋은 소리배열이다.)

　金金水　金水金　金水水　水金水　水金金

　타고난 기운(사주)에서 金水기운이 필요하고 좋을 때는 좋은 소리배열이 되겠지만 반대로 金水기운이 강할 때는 더욱 치우치게 하여 조화가 깨어지므로 좋지 않다. (단, 종격사주로 金水기운이 필요하고 좋을 때는 좋은 소리배열이다.)

木木土　火火金　土土水　金金木　水水火

타고난 기운(사주)에서 木기운이 필요하고 土기운이 강하여 견제가 필요할 때에는 木木土는 발전적인 의미를 갖는 좋은 소리배열이다.

타고난 기운(사주)에서 火기운이 필요하고 金기운이 강하여 견제가 필요할 때에는 火火金은 발전적인 의미를 갖는 좋은 소리배열이다.

타고난 기운(사주)에서 土기운이 필요하고 水기운이 강하여 견제가 필요할 때에는 土土水는 발전적인 의미를 갖는 좋은 소리배열이다.

타고난 기운(사주)에서 金기운이 필요하고 木기운이 강하여 견제가 필요할 때에는 金金木은 발전적인 의미를 갖는 좋은 소리배열이다.

타고난 기운(사주)에서 水기운이 필요하고 火기운이 강하여 견제가 필요할 때에는 水水火는 발전적인 의미를 갖는 좋은 소리배열이다.

木木木　火火火　土土土　金金金　水水水

타고난 기운(사주)에서 木기운이 강하게 필요할 때에 木木木은 좋은 소리배열이다.

타고난 기운(사주)에서 火기운이 강하게 필요할 때에 火火火는 좋은 소리배열이다.

타고난 기운(사주)에서 土기운이 강하게 필요할 때에 土土土는 좋은 소리배열이다.

타고난 기운(사주)에서 金기운이 강하게 필요할 때에 金金金은 좋은 소리배열이다.

타고난 기운(사주)에서 水기운이 강하게 필요할 때에 水水水는 좋은 소리배열이다.

4장

사격수리의 의미와 문제점

1. 숫자와 수리(數理)의 의미
2. 사격수리(四格數理)의 의미와 문제점
3. 81수리의 근거와 문제점
4. 언제부터 수리길흉?
5. 기본수와 81수의 의미

1. 숫자와 수리(數理)의 의미

오늘날 세계 모든 나라에서 사용하고 있는 0, 1, 2, 3, 4, 5, 6, 7, 8, 9의 아라비아 숫자는 기원전 수세기 동안 수학이 매우 발달했던 인도에서 시작되었다.

0의 개념이 도입됨으로써 자리수와 연산 방식이 획기적으로 발전하게 되었으며, 그 결과 오늘날의 디지털 시대에 들어와서도 아라비아 숫자의 의미와 가치는 더욱 빛을 발하고 있다.

숫자는 우리의 일상 속에서 단순히 셈수로만 쓰이는 경우가 대부분이다.

예를 들어 글자의 획수나 금액을 나타내거나 옷이나 신발 사이즈 및 각종 제품들의 크기를 나타내는 숫자가 그러하다.

일반적으로 숫자는 셈수를 의미하지만 숫자에 대표성과 상징성이라는 의미가 반영되는 순간부터 숫자는 부호처럼 철학적인 의미를 가지게 된다. 즉 '수(數)'에 '이치(理)'가 붙게 되면서 「수리(數理)」로서의 의미를 가지게 되는 것이다.

예를 들어 천부경에 쓰여 있는 수리와 성명학에서 말하는 사격수리가 그러하다.

숫자와 수리를 구분하지 않고 같이 쓸 수도 있으니 숫자가 단순한 셈수의 의미와 철학적인 의미로 각기 쓰일 수 있다는 것을 알고 쓴다면….

숫자는 단순히 셈수의 의미로만 쓰이거나 또는 부호의 의미로만 쓰이거나 또는 셈수와 부호의 의미로 같이 쓰일 수도 있다.

인문학 발전에 크나큰 기여를 하신 어산 박용숙 선생은 저서인 『천부경 81자 바라밀』에서 다음과 같이 밝혔다.

『천부경』81자의 비밀열쇠는 81의 숫자가 셈수가 아니라 천문학자들이 양피지에 적었던 천문학이나 점성술의 부호(符號)라는 것이다. 바로 이것 때문에 『천부경』81자는 많은 연구자들을 삼천포로 끌고 가게 만들었다.

이 책 『천부경 81자 바라밀』은 '삼사성환오칠일묘연(三四成環五七一妙衍)'의 도(道)가 지구의 자전 공전을 뜻하고, 전체 9×9=81자가 그냥 우리가 일상적으로 사용하는 숫자가 아니라 고대의 천문학자들이 사용하는 비밀의 문자임을 밝힌다.

이 비밀의 문자를 풀면 요지부동의 『천부경』 81자가 불교의 『반야경』과 만나게 된다는 사실은 놀라움이라고 할 수 있을 것이다.

『천부경』 81자의 수(數)는 셈수가 아니고 목자들이 양피지에 별을 관찰하며 사용했던 부호(符號)로, 지구가 자전하면서 공전하는 이미지를 전하기 위한 방편이었다.

『천부경』의 첫 자인 일(一)자는 한 해의 시작을 의미한다. 이 일년을 천문학자들은 '회귀년(回歸年 : tropical year)'이라고 말한다. 지구가 한 바퀴를 돌아 제자리로 돌아왔다는 뜻이다.

『천부경』의 문장이 난해한 것은 이분법의 한계를 넘어서 논리를 가졌기 때문이다. 그러니까 시작과 끝이 둘이 아니라 하나의 원이 되는 것이다. 『천부경』은 지구가 자전 공전한다는 말을 '일적십거(一積十鉅)'라고 쓴다. 글자 그대로라면 '하나를 쌓아서 열로 크게 불어난다'는 뜻으로 난해한 말이다.

『천부경』은 불교 이전인 천문학 시대의 경전이다. '일적십거(一積十鉅)'에서 일(一)은 자전이고 십(十)은 공전으로 해석해야 한다. 따라서 '일적십거(一積十鉅)'는 지구가 자전하면서 동시에 공전한다는 뜻으로 읽게 된다. 또 이것을 시간으로 계산하면 자전은 24시간이고, 공전은 그것의 열배가 되는 24절기(節氣)가 된다.

2. 사격수리(四格數理)의 의미와 문제점

　성명학(姓名學)에서 '사격수리(四格數理)'라는 것은 이름을 이루는 근본인 「소리·뜻·글자」 세 가지 중에서 하나인 「글자」 그것도 「글자」가 가지고 있는 기운이 아닌 「글자」의 '획수(숫자)'를 가지고, 즉 성명(姓名) 삼자(三字)의 세 가지 「글자」의 획수(劃數)를 중복이 되지 않게 각기 더하게 되면 '네 가지 숫자'가 나오게 된다.

　이 네 가지 숫자를 원(元), 형(亨), 이(利), 정(貞)이라고 이름 붙여 사격(四格)으로 구분하고 있다.

　즉 「이름의 중간자와 끝 자의 획수를 합한 숫자를 원격(元格)이라 하고 초년(初年)에 작용하며, 성(姓)과 이름 첫 자의 획수를 합한 숫자를 형격(亨格)이라 하고 장년(壯年)에 작용하며, 성과 이름의 끝 자의 획수를 합한 숫자를 이격(利格)이라 하고 중년(中年)에 그리고 성(姓)과 이름 전체의 획수를 다 합한 숫자를 정격(貞格)이라 하고 말년(末年)에 작용한다」고 보며, 이를 사격수리(四格數理)라고 한다.

〔지금까지 중요성에 비해 간과하여 놓치고 있었던 부분은 「글자」의 존재 의미는 획수가 아니라 이름의 본질인 「뜻」의 소중한 의미(기운)가 담겨지는 그릇으로서의 「글자의 기운」에 있다는 점이다. 또한 「글자」는 바로 우리가 그렇게나 애지중지하는 몸(육체)을 의미하기도 한다.〕

셈수의 의미에 불과한 단순한 글자의 획수가 대표성과 상징성이라는 부호의 의미를 가진 사격수리(?)로 정해지는 순간 이제 사격수리는 한평생(?)의 길흉을 좌우한다는 어마무시한 권위(?)를 가지게 되었다(?). 도대체 누구에 의해서?

사격수리(四格數理)에 이러한 절대적인 권위(?)가 부여된 자세한 내막에 대해서는 지금까지 제대로 알려진 바도 밝혀진 바도 없다.

그래서 절대다수의 사람들은 전혀 모르고 있으며, 대신에 이름 감명을 받거나 작명 시 매번 수리길흉의 의미가 가장 또는 너무 중요하다는 설명을 들어온 정도이다.

다시 말해 사격수리의 의미가 절대적인 것이라고 신적(神的) 권위를 가진 어떤 존재가 밝혀준 것도 아니고, 또한 절대다수의 수많은 사람들이 공감하며 인정해 준 바도 없었다.

그런데 **어떻게 오늘날 한국의 성명학에서는 이름의 근본인 「소리·뜻·글자」보다도 사격수리를 더 우선시 절대시하는 이론이 되었는지**

는 이제라도 진지하게 되새겨 봐야 할 가장 중요한 대목이라고 생각한다.

또한 사격수리가 한평생의 길흉을 좌우할 만큼 중요하다면 과연 정말 절대적인 의미와 근거를 가지고 있는지에 대해서 근원적이고 합리적인 의심을 최대한 가지고 명확하게 알아봐야 할 이유는 차고 넘치도록 충분하고도 남는다.

이름에 있어서 가장 중요한 본질이자 핵심인 **「이름에는 분명한 뜻이 있어야 한다! 이름에는 혼이 담겨야 한다!」**는 말이 이름과 관련해서 일반화될 정도로 널리 인식되지 못한 주된 원인은 사격수리에 있다.

즉 사격수리의 길흉 맞추기에만 급급했기 때문이다. 그러다 보니 분명한 뜻이 없는 이름이 너무나도 많이 지어지게 되었고, 그래서 명확한 이름의 뜻도 기재하지 못한 채 대부분 수리풀이 위주의 간략한 문서를 작성하는 것이 오랜 관행(慣行)이 된 것은 엄연한 사실이다.

그런데 성명학에서 이름의 근본인 「소리·뜻·글자」의 의미(이치)보다 더 앞서는 것은 없다!

이름은 '소리'가 있어 부를 수 있고, '뜻'이 있어 느낄 수 있으며, '글자'가 있어 쓸 수가 있으니 「소리·뜻·글자」야말로 이름의 근본(根本)으로 이름을 이루고 있는 삼위일체(三位一體)로 이름 그 자체이기 때문이다.

다시 말해 「소리·뜻·글자」 이 세 가지가 없다면 이름은 이름으로써 존재할 수 없으므로 「소리·뜻·글자」의 의미(이치)보다 앞서는 것은 결코 있을 수가 없다!

그리고 이름의 근본 중 하나인 「글자」는 어디까지나 이름의 본질인 「뜻」이 가지고 있는 의미(기운)가 담겨지는 소중한 그릇으로서 나타난 것이 글자이므로 글자의 존재 이유와 존재 의미는 글자가 가지고 있는 기운이지 획수(劃數)가 아니다.

그러나 이름의 근본 중 하나인 글자, 그것도 글자의 기운이 아닌 글자의 획수에 의해서 발생되는 단순한 셈수로서의 숫자(수리)의 의미가 대표성과 상징성을 가지는 사격수리(四格數理)로서의 의미(?)를 가지게 됨으로써 원형이정(元亨利貞)의 네 가지 수리는 이름 전체를 좌지우지하는 권위(?)를 가지게 되었다고?

그리하여 사격수리(四格數理)가 마치 이름의 근본인 양 절대적인 의미를 부여하다 보니 본말(本末)이 전도(顚倒)가 되어 오늘날의 기형적인 작명풍토가 조성되게 되었다고 하여도 결코 과언이 아닐 것이다.

이는 「삼라만상의 모든 이치가 수리(數理)로 이루어져 있다」는 논리에서 비롯된 것이지만 모든 이치가 수리에만 국한되는 것은 아니다.

진리성(眞理性)을 내포하고 있는 모든 것은 무수한 그물망으로 짜여져 있으면서 서로 상응(相應)하기 때문이다.

그래서 도(道) 즉 진리(眞理)의 속성(屬性)으로 보자면, 사랑으로 모든 것을 보면 사랑 천지요 미움으로 보면 미움 천지요 감사로 보면 감사 천지요 원망으로 보면 원망 천지이다.

삼라만상이 수리로 이루어졌다는 한 가지 논리만으로 모든 것을 본다면 다음과 같은 질문들도 떠올릴 법하다.

하나님과 부처님의 존재는? 음양오행과 십간십이지는 왜 있으며 필요한가? 음양오행과 십간십이지가 없다면 역학과 성명학도 존재할 수가 없는데? 수리만으로 모든 걸 다 표현할 수 있다면 사람의 이름도 「수리」만으로 (짓고 사용이) 가능해야 하며, 그렇게 된다면 「소리·뜻·글자」는 전혀 필요하지 않을 것이다.

그러나 「소리·뜻·글자」 없이는 이름이 존재할 수 없다는 이 단순한 사실이 도대체 무엇을 의미하는지 모를 사람이 있을까?

또한 이름의 본질인 「뜻」이 가지고 있는 소중한 의미(기운)가 담겨지는 그릇으로서의 글자가 나타나지 않는다면 획수라는 것은 존재할 수도 정해질 수도 없다는 것을!

따라서 글자의 존재감, 즉 글자의 기운에 매어 있는(?) 획수! 그리고 그 획수에 의해서 발생하는 「숫자」가 「소리·뜻·글자」로 이루어진 이름의 근본을 거꾸로 뒤집고 새로운 근본이 되었다고?…

「수리의 이치로 모든 것이 이루어져 있다」는 의미도 셈수가 아닌 대표성과 상징성을 가지는 수리를 의미하는 것이며, 셈수인 숫자의 의미로는 실제 우리의 삶 속에서 할 수 있는 것은 지극히 제한적이다.

먼저 이름부터가 불가능하다! 가능했다면 사람의 이름도 모두 다 숫자로 부르고 써 왔을 것이다. 그러나 현실은 전혀 그렇지 않다. 그것은 사람의 이름이 단순한 셈수의 의미로 불리워질 수는 없기 때문이다.

즉 사람의 이름은 대표성과 상징성을 가지는 부호(符號)로, 즉 철학적 의미를 가지고 있기 때문이다. 그래서 이름에는 숫자가 아닌 「소리·뜻·글자」가 있다.

또한 평상시 우리가 금전 거래를 할 때의 숫자도 그냥 셈수일 뿐이지 상징적인 수리의 의미를 생각하면서 거래를 하는 사람은 없다.

이처럼 숫자의 제한성(制限性)과 수리의 무한성(無限性)은 비교 차원이 아니다.

따라서 대표성과 상징성을 가지는 수리는 그에 합당한 근거를 분명하게 가질 때 의미부여와 함께 작용력을 가지게 되는 것이므로 함부로 쉽게 예단(豫斷)하는 것은 지극히 위험함과 동시에 혹세무민(惑世誣民)이 될 수도 있다.

우주의 조화의 이치를 밝히고 있는 『천부경』 81자도 다 숫자로만 되어 있는 것이 아니라 숫자와 글자의 조합으로 되어 있음은 학인(學人)이라면 누구나 다 알고 있는 사실이다.

숫자는 단순히 셈수로만 쓰여져 온 것이 아니라 부호(符號)로, 즉 대표성과 상징성을 가지는 철학적 의미인 수리로도 쓰여 왔다.

사실 그러한 의미로 쓰여질 때 숫자는 수리로서 우주의 조화의 이치를 다 담을 수 있게 되며, 드러낼 수도 있게 되므로 「삼라만상의 모든 이치가 수리로 이루어져 있다」는 논리는 분명한 의미를 가진다.

그런데 여기서 정말 궁금한 것이 있다. **성명(姓名)의 획수를 조합하는 방식과 그로 인해 생기는 수리들이 인생 시기별로(초년, 장년, 중년, 말년) 길흉을 결정짓는 엄청난 의미를 가진다는 사격수리(?)로 변신하게 된 근거도 과연 절대적으로 정확 무오한 것인지 냉철하게 살펴볼 필요가 있다.**

지금까지 성명에서 성(姓)은 변하지 않는 상수(常數)로서의 의미를 가지고 있었다.

동양 사회 특히 한국에서는 과거 문중과 집안의 의미가 절대적 의미에 가까울 정도로 컸던 그 당시의 지배세력에게 성씨(姓氏)는 목숨보다도 더 중요한 의미를 가지기도 했지만 오늘날에 와서는 그것도 무상(無常)할 뿐이다.

우리는 어떤 성씨를 타고 났는지에 따라서 운명에 변화가 생기는 것이 아니라 어떤 부모와 어떤 환경을 만났는지에 따라서 큰 영향을 받게 되므로 사실 성씨는 절대적이라고 할 정도의 엄청난 의미를 부여할 이유도 필요도 없다.

또 태어날 때 성씨는 우리가 선택할 수 없지만 - 출생신고 이후 성씨 변경으로는 가능 - 이름은 부모님을 통해서 또는 개명을 통해서 직간접적으로 선택할 수 있다.

또한 이름 없는 성씨(姓氏)만을 한번 생각해 보자!

역사상에 이름을 남기고 간 인물들이 모두 성씨는 있는데 이름이 없다면…. 개성과 존재감을 전혀 느낄 수 없는 황당함과 함께 이름이 가지는 존재감이 얼마나 크고 중요한지 그리고 성(姓)과 명(名)에서 무엇이 중요한지도 충분히 느낄 수 있다.

따라서 성명학에서 가장 중점을 두어야 하는 것은 당연히 이름(소리·뜻·글자)이다!

성씨가 아무리 중요하다고 해도 불변(不變)하는 진리(眞理)에 비견(比肩) 될 정도의 존재감을 가지고 있다고는 도저히 볼 수 없다.

우주 대자연의 영속적(永續的)인 이치와 인간 영혼의 불멸성(不滅性)은 그 궤를 같이한다. (그래서 사람은 누구나 영원히 살고 싶어 한다. 갈증이 해소되는 물이 있듯이 결코 죽지 않는 영원한 삶이 있기 때문에…. 그리고 원래 영원히 사는 불멸의 존재이므로 자연히 당연히 영원히 살고 싶어 하는 것일 뿐이다.)

따라서 현재의 생에서의 삶은 일회성(一回性)으로 끝나지만 이후 거듭되는 윤회의 삶을 통해 새로운 삶을 지속하게 된다.

태어난 곳, 부모, 성씨, 환경 등등 매번 다 다를 수밖에 없다. 그러므로 **일회성으로 사용하게 되는 현생에서의 성씨에 영속적이고 절대적인 의미를 부여하는 것은 지나친 비약이 된다.** (혹 일회성의 삶으로 모든 것이 끝난다고 생각할 경우에는 더더욱 일회성의 성씨에 절대적인 의미를 부여할 필요가 있을까?)

따라서 성씨에 절대적인 의미를 부여할 수 없다면 성씨(姓氏)의 획수(劃數)의 의미 역시 불변의 진리에 비견되는 존재감을 가지고 있는 숫자, 즉 수리로 보기 어려우므로 그러한 차원에서 볼 때에는 성씨의 획수는 고정 불변의 상수(常數)로 볼 수 없다.

그렇게 되면 굳이 **성(姓)의 획수를 명(名)의 획수와 조합하는 방식으로**

사격수리로 정할 절대적 근거(?)가 되지 못하므로 원형이정 사격수리의 의미를 성명의 획수에서 찾을 것이 아니라 영속(永續)하는 사람의 진면목인 「마음」과 그 마음이 기뻐하고 간절히 원하는 바가 담긴 이름의 「뜻」과 그 뜻이 반영된(나타난) 이름의 「소리」와 「글자」에서 찾아야 할 것이다.

그것이 숫자가 아닌 「인격(人格) 그 자체를 뜻하는 이름의 존재의미에 진심을 다하는 마음가짐이요 자세」라고 생각한다.

사실 누구나 공감하고 인정할 수 있는 절대적 근거를 분명하게 가지고 있다고는 결코 볼 수 없는, 일종의 추론에 불과한 사격수리라는 마법(?)으로 홀려도 여전히 이름의 본질인 「뜻」의 의미(기운)가 담겨지는 그릇으로서의 「글자」가 없다면 획수는 전혀 존재할 수 없다는 것은 명백한 사실이다.

그럼에도 불구하고 글자에 매여 있는(?) 획수가 - 글자에 매여 있다는 의미는 독립적이지 못하다는 얘기 - 사격수리로 변신(?)하면서 글자뿐만 아니라 소리와 뜻의 의미(기운)까지도 무시할 정도로 최강 실세가 되었다고? 도대체 그 권한을 누가 줬으며, 사격수리를 도출해내는 조합 방식이 절대적으로 옳다는 근거는 무엇인가? 추론일 뿐 절대적인 근거를 입증할 수는 없다고?

세상천지에 이야말로 귀신 씨나락 까먹는 소리 아닌가? 획수가 뭐라고? 글자가 없으면 나올 수도 없는 것이!

수리(數理) 이전에 뜻이 먼저 있었으며, 뜻이 곧 말씀이요, 말씀이 화(化)한 것이 곧 삼라만상(森羅萬象)이며, 삼라만상에 속한 모든 존재의 의미를 압축하여 간단 극명하게 나타내어 주고 있는 것이 바로 글자이다.

따라서 이름 그 자체인 이름의 소리, 뜻, 자형에서 강력하게 좋은 기운이 작용한다면 흉수리(凶數理)는 이에 종속(從屬)되고 동화(同化)·흡수(吸收)되어 버리므로 그 의미를 상실(喪失)하게 되니 얼마든지 무시할 수 있다.

숫자 비위(?) 맞추느라 가장 중요한 이름의 「뜻」마저 포기해버려 혼(정신)이 없는 이름이 지천이 된 이 작명풍토가 과연 정상일 수가 있을까?

따라서 근본을 무시한 지나친 수리 놀음(?)으로 본말이 전도된 기형적인 작명풍토는 근본에 충실한 작명풍토로 당연히 개선되어야 한다!

그런데 한자의 획수(劃數)를 원획(原劃)으로 보느냐 아니면 필획(筆劃)으로 보느냐에 따라서 획수가 달라지게 되며, 따라서 사격수리도 달라지게 된다.

이는 마치 사격수리를 도출해내는 조합 방식이 절대적으로 옳다는 근거를 입증할 수 없듯이 획수 산정의 기준도 - 뜻글자이므로 필자는 원획으로 보지만 - 어느 기준이 절대적으로 맞고 옳다고 분명하게 판단할 수가 없는 경우이다.

그럼에도 불구하고 굳이 꼭 대표성과 상징성을 가지는 수리의 의미를 찾고 싶다면 그러한 의미와 가치를 가지고 있다고 볼 수도 있는 **이름 두 자의 글자 획수를 서로 더한 숫자 정도, 즉 이름의 획수만을 반영하는 것만으로도 충분하다고 생각한다.**

그렇게 된다면 기존의 사격수리에서 이름의 획수를 더한 수리만 고려하면 되므로 그만큼 수리길흉에 연연하지 않아도 되고, 따라서 그만큼 이름의 근본에 충실한 건강한 작명풍토가 조성될 수 있다.

하지만 작명 상담을 하는 곳이라면 소수의 드문 경우를 제외하고서는 대한민국 어디에서나 수리길흉을 강조하고 있다. 그리고 인터넷에 들어가면 거의 대부분 수리길흉이 얼마나 중요한지 또 불용문자는 얼마나 불길한지에 대한 정보를 아주 쉽게 접하게 된다. 반면 그와 상반된 정보를 접할 기회는 극히 드물다.

이러한 환경에서 수리길흉과 불용문자의 부정적이고 왜곡된 정보에서 자유로울 수 있기란 사실 너무나 어려운 일이다.

이처럼 오랫동안 사격 수리길흉에 길들여져 온 - 전문성과 연륜 없이도 감명과 작명을 쉽게 할 수 있었던 - 작명풍토는 지금도 여전히 진행형이므로 금방 커다란 변화를 기대한다는 것은 거의 불가능하다.

하지만 혼이 살아있는 근본에 충실한 제대로 된 이름을 생각하고 바라

는 작명가들과 작명의뢰자들이 늘어날수록 그에 비례하여 변화는 반드시 일어날 것이다!

사격수리(四格數理)에서 인생을 초년, 장년, 중년, 말년이라는 사대시기로 구분하고 있는 원형이정(元亨利貞)이란 용어의 원래 의미는 주역(周易) 전반에 걸쳐 등장하는 핵심 개념으로서 주역의 근간을 이루고 있는 사상이다.

주역에서는 이 원형이정의 원리를 바탕으로 삼라만상의 생성과 변화를 그리고 인간의 삶을 해석한다.

그런데 원형이정이란 용어를 한국의 수리성명학에서 사격수리에 인용한 것은 사격수리의 조합이 원형이정이라는 용어를 붙일 정도로 그에 걸맞은 심오한 이치와 근거가 있다고 생각해서인가?

아니면 주역에서 가지는 원형이정(元亨利貞)이란 용어의 엄청난 무게감을 사격수리에 더함으로써 사격수리에 엄청난 권위(?)를 부여하기 위함에서인가?

만약 그렇다면 천격, 인격, 지격, 외격, 총격이라는 용어들에 비해 엄청난 대성공(?)을 거두었음에는 틀림이 없다.

3. 81수리의 근거와 문제점

81수리(數理) 이론과 관련해서는 중국 남송 때의 학자 채침(蔡沈)은 주역의 8×8=64괘의 원리를 확장하여 9×9=81수리를 만들었다. 1부터 9까지의 숫자를 차례대로 곱한 것이다. 즉 1x1, 1x2…9x8, 9x9의 방식으로 홍범81수를 만들었다.

채침은 이 81수를 통해 천지 만물이 생성소멸하는 변화의 이치를 설명하려고 했을 뿐 **사람의 이름을 단순히 글자 획수에 의한 조합으로 길흉을 판단한다는 언급은 전혀 한 바가 없었다.**

즉 후대에 와서 성명학으로 응용을 해간 것일 뿐 채침의 81수는 수리성명학하고는 아무런 관련도 없는 이론이었다.

일본의 수리성명학의 기원은 막부시대 역대 쇼군들 이름에서 비롯되었다고 『성명력(姓名力)』이라는 일본의 작명 베스트셀러 작가인 나카야마 슈가 밝혔다. 즉 그들 이름의 총획수로 - 쇼군의 삶의 명암(明暗)에 따라 - 길수와 흉수를 구분하는 수리작명법이 메이지 시대에 정립이 되었다고 한다.

1929년 일본의 학자 구마사키 겐오는 자신이 고안해낸 81수 수리성명학을 『성명의 신비(姓名の神祕)』란 단행본으로 발간하면서 널리 알려지게 되었다.

구마사키는 81수를 적용하기 위해 일본인의 성명(성 2글자, 이름 2글자)에 맞춰 성 두 글자의 획수를 합쳐 천격, 성의 끝 자와 이름의 첫 자를 합쳐 인격, 이름 두 글자를 합쳐 지격, 성의 앞 글자와 이름의 끝 글자를 합쳐 외격, 네 글자를 다 합쳐 총격이라고 하였다.

그리고 이들 5격의 획수를 81수리론에서 말하는 숫자(수리)의 의미대로 파악해서 길흉을 판단하는 오격부상법(五格剖象法)을 고안해 내었다.

이후 구마사키의 수리성명학은 한국이나 대만 등에서 성행하는 수리성명학의 근간이 되었는데, 특히 1940년 일제의 황국신민화 정책으로 강압적인 창씨개명이 시행되자 구마사키 겐오의 81수리 성명학 이론이 우리나라에 유입되면서 크나큰 영향을 끼쳤다.

당시 구마사키 겐오의 오성각에서 작명을 배우고 돌아온 조선인 문하생들에 의해서 수리성명학은 널리 퍼지게 되었으며, 그 영향력은 오늘날에도 지속되고 있다.

수리성명학에서 21획, 23획, 33획, 39획 같은 숫자는 남자의 경우는 길수(吉數)로 좋지만 여자의 경우는 흉수(凶數)로 보게 된 배경에는 뛰어난 여성의 출현을 차단하고 억압하려는 일본의 전근대적인 남존여비의 편향된 시각이 반영된 결과였다.

채침의 홍범81수의 이론과 구마사키의 81수 이론은 의미론적으로 보면 전자는 설시법을 통한 의리적이고 경학적인 길흉론이라고 할 수 있으며, 후자는 성명학을 염두에 둔 현실적이고 술수학적인 길흉론이라고 할 수 있다.

또한 유사한 면은 이론적 근거에 있어 하도 낙서 체용론, 홍범구주, 마방진 원리를 근거로 들고 있다는 점이다.

반면 확연히 다른 점은 **81수 중에서 27개의 길흉이 상반된다는 점**이다.

한마디로 완전하지 못하다는 것이고, 오류가 있다는 것이다. 이러한 문제를 떠나서도 사실 우리가 살고 있는 불완전한 차원의 세상에서 완전한 것이 어디에 있겠는가?

이처럼 81수 이론의 길흉 판단의 근거는 분명하지가 않다. 이러함에도 맹목적인 신뢰를 가질지 아니면 부정할지의 여부는 개인의 선택의 문제이겠지만 절대적인 의미를 부여한다는 것은 아무리 긍정적으로 본다 하여도 그건 무리라고 생각한다.

그렇다고 기본수가 가지는 의미마저 다 불신할 수는 없다. 오랜 세월 동서양에서 연구해온 숫자가 가지는 의미가 서로 공통된 합의를 이루고 있는 부분에 대해서는 분명히 참고할 만한 근거와 가치가 충분히 있다고 볼 수 있기 때문이다.

이래저래 이름에 있어서 가장 분명하고 중요한 것은 역시 이름을 이루고 있는 근본이자 이름 그 자체인 「소리·뜻·글자」의 존재의미이다.

4. 언제부터 수리길흉?

한두 개의 흉수리만 있어도 온갖 불행이 다 일어날까?

81수로 본 사격수리의 시기별 길흉이 정확하게 맞지 않는 경우가 많아 반신반의하게 되는 정도에 머물러 있으나 현장에서는 이것 위주로 - 이름 짓기도 설명도 간단하니까 - 이름을 쉽게 짓고 이름풀이도 숫자풀이로 대신하는 경우가 너무나 많다.

사람의 한 생애 중 항상 승승장구하는 사람은 단 한 사람도 없다. 누구나 고난과 실패가 있으며, 또한 정도의 차이가 있을 뿐 우여곡절이 없는 사람은 없다.

따라서 모든 사람이 우여곡절 없이 승승장구하게 될 그 날까지(?)는 앞으로도 81수의 의미 중 흉수리(凶數理)의 존재감(?)은 정확하게 맞지 않아도 결코 백안시(白眼視) 당해 퇴색될 일 없이 쭈~욱 계속될 것 같다.

하지만 집에서 지은 이름이라 이름의 수리가 맞지 않는 경우가 대다수였던 과거와는 달리 그동안 수리길흉의 눈높이에 맞춰진 작명이 오래도록 지속되어 왔으므로 앞으로는 단순한 수리길흉 풀이로만 이름 감명을 해서는 이름의 하자를 논하기가 점점 어려워지게 될 것이다.

결국 이름의 근본인 소리·뜻·글자의 의미(기운)가 좋은지 나쁜지를 풀이해줘야 하는 현실이 이미 시작되었다고 볼 수 있다.

수리 이외에도 「글자의 획수(숫자)」를 가지고 확대해석한 삼원오행 등 여러 가지 이론들이 많아서 그 이론들에 주의를 기울이다 보면 정작 이름의 근본이자 이름 그 자체인 「소리·뜻·글자」가 부실(不實)해지는 경우도 참으로 많다.

또한 육효(六爻)나 자미두수(紫微斗數)의 의미를 작명에 반영해서 이름의 근본인 「소리·뜻·글자」와 함께 더욱 충실한 이름이 지어진다면 금상첨화가 되겠으나 만약 이름의 근본이 부실해진다면 무엇보다 이름의 근본에 충실하는 것이 최선이라고 생각한다.

사실 이름의 근본인 「소리·뜻·글자」 이 세 가지를 제대로 맞추어 주는 작업도 사용할 수 있는 좋은 소리와 글자가 너무 부족해서 몹시 어렵다.

부르기 쉽고 듣기 편한 소리를 타고난 기운에 맞게 힘들게 조합해 놓으면 마땅한 글자가 없거나 글자가 있어도 이제는 수리가 안 맞고, 분명한 뜻을 넣어주려니 좋은 뜻을 가진 글자가 너무 부족해서 그것은 더욱 힘들고….

이름 짓는 것을 업(業)으로 하는 분들은 누구나 공감할 것이다. 매번 이름을 지을 때마다 조화가 얼마나 어려운지 느끼게 되는 심정을….

한국에 수리성명학이 시작된 시기는 1940년 일제의 황국신민화 정책으로 강압적인 창씨개명이 시행될 무렵 구마사키 겐오의 81수 성명학 이론이 우리나라에 유입되면서부터 시작되었다고 보는 것이 타당할 것 같다.

한국, 일본, 대만에서 성행해온 수리작명법은 성명의 획수조합에서 나온 숫자들을 고정된 81수 이론에 의해서 간단하게 파악하여 쉽게 길흉을 판단해 왔다.

그런데 그 수리들의 작용력은 우리가 직접 눈으로 보거나 전혀 확인할 수가 없는 부분이다. 따라서 각각의 숫자를 조합하는 방식과 생기는 수리들이 시기별로 가지는 엄청난 의미가 과연 절대적인 근거가 있는 것인지, 또한 81수가 가지고 있는 의미도 오류가 전혀 없는지의 유무가 관건이지만 그것마저도 명백한 근거를 확인할 도리가 없다.

왜냐하면 그 모든 것이 추론(推論)에 불과하니까….

만약에 절대적인 관점에서 볼 때 근거에 무리가 있고 오류 또한 있다면 추론에 의해 쉽게 예단(豫斷)하여 어마무시한 권위(?)를 부여한 이들의 업보에 동참한 과실과 동시에 혹세무민(惑世誣民)의 업보도 같이 져야 할 것이다.

항상 현실적인 논리가 앞섰던 인류의 유구한 역사에서 정신문명과 관련해서는 오랜 가뭄 끝의 단비처럼 양적으로나 질적으로나 희소하고 지리멸렬한 것은 부정할 수 없는 사실이다.

또한 그마저도 훼손되고 왜곡되는 굴절(屈折)의 역사를 거쳐야만 했으니….

이 땅에서도 앞서 존재했던 여러 왕조 시대에 비해 유교적 영향과 함께 역사적 사료보존이 훨씬 용이했던 조선시대에 들어와 판서(장관) 이상의 높은 벼슬을 지냈던 수많은 벼슬아치들의 이름들 중에 사격수리가 다 길수리를 이루는 이름은 희귀하다고 할 정도로 극히 드물었다.

과거(科擧)에 급제(及第)해서 입신출세하여 가문을 빛내는 것을 숙명처럼 알고 살았던 시대에 이름의 수리가 당락(當落)에 영향을 준다고 알고들 있었다면 그렇게 무심할 리가 없었을 것이다.

또한 어른 이름을 함부로 부르지 못하게 할 정도로 이름을 중요하게 생각했던 그 시대에….

이것이 의미하는 바는 **옛날에는 수리길흉 위주로 이름을 짓지 않았다**

는 것을 방증하는 결과이다.

특히 뜻을 중요시 여겼던 옛날에는 뜻 중심의 이름들이 많이 지어졌고, 오늘날 수리 중심으로 지어져 뜻이 없는 이름들이 부지기수인 것과는 크게 대비가 된다.

사실 채침의 홍범81수 이론이든 구마사키 겐오의 81수 이론이든 두 사람이 언급한 81개의 숫자의 의미가 오류가 전혀 없는 완전한 이론이란 근거는 그 어디에도 없다. (두 사람의 81수 중에서 27개의 길흉이 상반된다는 점 자체가 벌써 완전함을 부정하고 있다. 또한 채침의 81수는 수리성명학하고는 아무런 관련도 없는 이론이었다.)

또 두 이론 다 제대로 입증된 바도 없었는데, 이를 마치 신앙인이 절대적인 믿음을 가지고 보는 불경이나 성경처럼 대한다고 생각해 보라! 더구나 신앙인도 아닌데….

대명천지(大明天地)에 이처럼 절대적 신뢰를 가질 만한 근거도 없고 입증도 안 된 이론을 그동안 사람의 일생 중 시기 별로(초년, 장년, 중년, 말년) 운명처럼 작용하는 듯이 믿고 숫자풀이를 해온 **잘못된 작명풍토는 이제라도 변해야 하지 않겠는가!**

만약 일반인이 이런 내막을 안다면 81수 이론에 얼마만큼 의미부여를 하겠는가? 물론 작명책마다 그리고 여기저기 상담소에서 이구동성으로 수리길흉의 중요성을 되풀이 반복하는 그런 환경이 사라진 다음을 전제로 한다면… 아마 제로(0)에 가깝지 않을까?

미래세대에 주역이 될 소중한 아이들이 명확한 뜻(혼, 정신)도 없는 이름들을 부르고 쓰는 것이 다반사가 된 오늘날의 잘못된 작명풍토는 결국 글자가 수리놀음(?)에 볼모로 잡힌 결과라 해도 과언이 아닐 것이다.

그 숫자가 어디서 나왔는지, 즉 나오게 된 근본과 근원이 무엇인지 모른다면….

보이지 않는 '뜻'이 나타나니 글자가 되고 글자가 생겨나니 숫자도 정해진 것인데, 마치 '뜻'이 아닌 숫자에 의해서 소리·뜻·글자가 생겨난 것처럼 **본말이 전도가 된 이 기형적인 작명풍토는 누구보다도 이름의 근본과 이름의 중요성을 잘 알고 있는 전문작명가들의 애정과 노력에 의해서 반드시 시정이 되어져야 한다!**

세상이 정신보다는 물질 지상주의 위주로 가파르게 흘러갈수록….

「'뜻'이 있는 곳에 길이 있다!」고 하면서도 정작 소중한 그 '뜻'은 잊어버리고 이름도 아닌 수리길흉을 최우선적으로 작명에 반영해온 결과, 과연 기본에 충실한 건강한 이름들이 지어지는 작명풍토가 조성이 되어졌는지를 되돌아 볼 때 진심으로 한국의 성명학이 혼(정신)이 살아 있는 건강한 성명학으로 발전되기를 바라는 마음 간절하다.

성명학과 더불어서 항상 거듭거듭 언급되는 한 줌도 안 되는 옛날 얘기들에 대해서는 사실 큰 의미부여도 크게 참작할 것도 없지만 이름의 근본(소리·뜻·글자)에 충실한 실사구시(實事求是)의 마음가짐으로 작명한다면!

인류역사상 심신(心身)을 가진 인간존재에 가장 가까이 다가가는, 즉 인간존재에 가장 부합되는 충실한 작명이 지구촌에서 이루어지고 있다고 표현해도 결코 과언은 아닐 것이다.

5. 기본수와 81수의 의미

1) 기본수의 의미

음양이 공존하는 이치로 보면 절대선도 절대악도 없다. 우리가 살고 있는 차원의 세계도 완전과 완성을 향해서 나아갈 뿐이다.

혹여라도 우리가 살고 있는 차원에서 완전과 완성을 볼 수 있다고 생각한다면 착각은 자유지만 결국 자신을 속이거나 속임 당할 뿐이다.

우리가 살고 있는 세상은 완전과 완성을 결코 수용할 수 없는 3차원의 세계임을 염두에 두면서 완전과 완성의 차원을 향해 나아갈 때 과대망상과 정신착란으로부터 자유로울 수 있다.

우리가 살고 있는 불완전한 현실과 온갖 선악의 실상을 볼 때에 하도도 낙서도 주역도 정역도 완전과 완성을 향해 나아가도록 인도해주는 감사하고 위대한 길잡이일 뿐 결코 완성 그 자체 - 신 또는 부처 - 라고 볼 수는 없다.

이 세상에서 완전한 것은 없기 때문에 기본수의 의미도 무조건 좋고 나쁨의 흑백 논리 차원이 아니라 기본수마다 가지고 있는 고유한 의미(특성)와 장단점을 동시에 살피면서 이해의 깊이를 더해가는 것이 바람직하다고 생각한다.

그렇게 나아가는 것이 더욱더 온전함을 이루어 나가게 되며, 또한 절대선이나 절대악이라는 독선에 빠지지 않게 되는 조화와 공존의 마음가짐이라고 생각한다.

하도에 나타난 기본수 배열을 오행(五行)과 십간(十干)으로 나타내면 다음과 같다.

水오행 : 1은 임수(壬水), 6은 계수(癸水)
木오행 : 3은 갑목(甲木), 8은 을목(乙木)
火오행 : 2는 정화(丁火), 7은 병화(丙火)
土오행 : 5는 무토(戊土), 10은 기토(己土)
金오행 : 4는 신금(辛金), 9는 경금(庚金)

위의 하도에 나타난 수(數)가 체(體)가 된다면 지구의 자전과 공전에 따라 순환하는 사계절의 원리를 나타내는 수(數)는 용(用)이 되며, 이를 오행(五行)과 십간(十干)으로 나타내면 다음과 같다.

木오행 : 1은 갑목(甲木), 2는 을목(乙木)

火오행 : 3은 병화(丙火), 4는 정화(丁火)
土오행 : 5는 무토(戊土), 6은 기토(己土)
金오행 : 7은 경금(庚金), 8은 신금(辛金)
水오행 : 9는 임수(壬水), 10은 계수(癸水)

체(體)를 이루는 수(數)를 선천수(先天數)라고 하고, 용(用)을 이루는 수(數)를 후천수(後天數)라고 하며, 작명 시에는 후천수를 사용하고 있다.

동양에서는 기본수에 대해 흑백 논리적인 시각이 우세하다면 서양에서는 기본수에 대해 다양성과 함께 긍정적으로 보는 시각이 우세하다는 점이 시사하는 바는 분명히 있다고 본다.

함부르크 대학 교수를 역임한 저명한 학자인 오토 베츠(Otto Betz)는 저서 『숫자의 감춰진 비밀』에서 숫자의 의미가 가지는 다양성과 확장성을 잘 보여주고 있다.

1 : 하늘·기본·시초 / 신의 수

1은 하늘을 뜻하는 최초의 태극수(太極數)로 천수(天數)요 양수(陽數)이다. 하늘, 으뜸, 시작, 생명, 출발, 독립, 남성적인 특성을 가진다.

오토 베츠는 "1은 모든 숫자의 출발점이자, 모든 존재의 기원이다"라고 말했으며, 크세노파네스는 "사람들이 모든 사물의 총체라고 명명하는 것은 오직 하나의 유일한 존재, 즉 1이다. 1은 곧 신이다"라고 표현하였다.

2 : 땅·분리·변동 / 상생이면서 독립적 존재의 수

2는 땅을 뜻하는 지수(地數)요 음수(陰數)이다. 땅, 분리, 변동, 유약함, 수동성, 의존성, 여성적인 특성을 가진다.

오토 베츠는 "사물의 다양성은 하나가 두 개로 나누어짐으로써 시작된다. 2는 하나가 가지고 있던 일치와 완전을 깨버린 주범으로 간주되기도 하지만 분리된 것들을 서로 만나게 하고 화해시키는, 일종의 쌍의 개념을 가리키는 숫자이기도 하다. 따라서 2는 상생이면서 독립적 존재의 수"라고 설명하고 있다.

3 : 완성·신생·화합 / 삼위일체 조화의 수

3은 천수요 양수이다. 기본수인 양수 1과 음수인 2가 배합이 되어 완성, 신생, 형성, 신장, 성취, 화합, 안정, 풍족, 부귀의 특성을 가진다.

오토 베츠는 "2가 미해결 상태를 나타내는 숫자라면, 3은 그것을 아우르고 종결시키는 숫자, 즉 어떤 사안을 '조화롭게 완성시키는' 숫자이며,

여러 문화권에 걸처 사람들은 신을 삼위일체의 존재로 파악하였다"라고 설명하고 있다.

4 : 파괴·불화·분파 / 균형과 안정의 수

4는 지수요 음수이다. 분리수인 2와 2가 합한 미정수(未定數)로 음양의 조화를 이루지 못한 수이다. 파괴, 불화, 분파, 분리, 분산의 특성을 가진다.

오토 베츠는 "4각형은 이미 정리가 끝났거나 형태가 확정된 것들을 총체적으로 대표하는 것으로 어떤 특별한 역동성은 없지만 믿음직스럽고 안정적인 느낌을 얻을 수 있다. 피타고라스 학파 철학자들은 숫자 4를 신성한 수 테트락티스의 하나로 숭배했으며, 숫자 4와 사각형이 전체 세계, 특히 질서 잡힌 세계를 묘사한 것"이라고 설명하고 있다.

5 : 주체·안정·정립 / 결합과 만남의 수

5은 천수요 양수이다. 생명운동의 주체로 안정, 정리, 정립, 성취의 특성을 가진다.

오토 베츠는 "2는 짝수의 시작이고, 3은 홀수의 시작으로 5는 2와 3이 합쳐져서 생긴 숫자다. 짝수인 2는 흔히 여성과 동일시되고, 3은 반대로 남성과 동일시되기 때문에 5라는 숫자는 결합과 만남의 수로서 그 가치를 높게 평가받았다는 사실을 알 수 있다"라고 설명하고 있다.

6 : 긴장·대립 / 인내를 통한 완성의 수

6은 지수요 음수이다. 5가 양(陽)의 숫자로 동적(動的)이라면 6은 음(陰)의 숫자로 정적(靜的)이다. 6은 3과 3으로 양분되어 긴장, 대립, 대치의 특성을 가진다.

오토 베츠는 "하나는 하늘로, 다른 하나는 땅으로 향해 있는 두 개의 정삼각형을 겹쳐 만든 육각형의 별인 헥사그램(Hexagram)은 '시온의 별', '다윗의 별'이라고도 불리는데, 이것이 유대교에서 차지하는 역할은 다른 곳에서보다 조금 더 특별하다"면서 "결합의 표시로서 헥사그램은 다양하게 해석될 수 있다"라고 설명하고 있다.

또한 "하늘과 땅의 만남, 신과 인간의 만남, 정신과 물질의 결합, 여성과 남성의 만남을 암시하고 있는 헥사그램은 곧 서로 상반되는 것들의 결합에 대한 총체적인 상징이 된다"라고 표현하고 있다.

7 : 투지·번창·독립 / 완전함과 전체성의 수

7은 천수요 양수이다. 7은 강인한 정신력으로 투지, 번창, 독립의 특성을 가진다.

오토 베츠는 "바빌로니아에서는 7이 전체, 혹은 완전함을 상징하는 숫자로 간주되었다. 특히 창세기에 나오는 '그리고 일곱 번째 날에 주께서 행하셨던 창조 작업이 완성되었다'라는 부분에서 이미 7이 가지고 있는 이러한 특징이 어느 정도 배어 나와 있다고 할 수 있다"라고 설명하고 있다.

8 : 개척·발달 / 구원과 부활의 수

8은 지수요 음수이다. 음기운이 극에 달해 양기운으로 변하면서 개척, 발전, 자수성가의 특성을 가진다.

오토 베츠는 "기독교 경건주의에서 숫자 8은 매우 중요한 의미를 지닌다. 이렇게 된 데는 노아의 방주에서 구출되어 살아남은 사람이 오직 여덟 명에 불과했다는 배경이 깔려 있다. 노아의 홍수를 통한 한 시대가 종말을 맞이하고 물로 깨끗이 정화된 새 시대가 도래하는 것과 마찬가지로 예수는 여덟 번째 날 부활의 시대를 시작한다"라고 설명하고 있다.

9 : 종극·완성·휴식 / 완성·성취·달성의 수

9은 천수요 양수이다. 기본수 중 홀수의 마지막 수로 종극, 완성, 안락, 은퇴, 휴식의 특성을 가진다.

오토 베츠는 "당연히 숫자 9는 숫자 3으로 소급된다. 9는 바로 3을 제곱한 숫자인 것이다. 그 때문에 우리는 언제나 9가 3의 신비를 다시 이어받아 이를 더욱더 분화시키고 있다고 추측한다. 3이 완전한 숫자라고 한다면, 9는 그보다 훨씬 더 완전한 수임에 틀림이 없다. 또한 점성술의 9번째 궁의 위치가 좋은 사람은 신앙 안에서 행복과 영혼의 안식을 얻을 수 있다고 한다"라고 설명하고 있다.

10 : 허무·공허·종말 / 완성과 경계의 수

10은 지수요 음수이다. 기본수의 마지막 수로, 만물이 꽉 찬 것을 의미하는 동시에 다시 무(無)의 상태로 돌아간다는 것을 의미한다. 허무, 공허, 암흑, 종말의 특성을 가진다.

오토 베츠는 "피타고라스 학파만큼 숫자 10을 숭배한 사람들도 없을 것이다. 그들이 숫자 10을 숭배했던 이유는 10을 우리의 숫자체계에 나오는 최초의 숫자 4개를 합산한 수로 이해했기 때문이다. 근원적인 숫자 1과 모든 존재의 이중성을 상징하는 2, 그리고 성스러운 3과 지상의 숫자인 4

가 모두 더해져 10이 되었으니, 10이야말로 완벽한 수이자 '모든 것을 포함하면서도 모든 것의 경계를 규정하는 어머니'와 같은 수인 것이다"라고 설명하고 있다.

2) 81수의 의미

81수의 의미에 관해서는 〈4. 언제부터 수리길흉?〉에서 밝혔다시피 81수 수리길흉을 작명 시 반영하게 된 시기는 1940년 일제의 황국신민화 정책으로 강압적인 창씨개명이 시행될 무렵 구마사키 겐오의 81수 성명학 이론이 우리나라에 유입되면서부터 시작되었다고 보는 것이 타당할 것 같다.

왜냐하면 **오늘날처럼 수리길흉 맞추기에 급급하여 뜻도 없는 이름이 지천으로 지어지는 풍습(風濕)이 과거 우리나라 역사에서는 찾아볼 수가 없기 때문이다.**

수리성명학에 영향을 준 채침의 홍범81수 이론이든 구마사키 겐오의 81수 이론이든 두 사람이 언급한 81개의 숫자의 의미가 오류가 전혀 없는 완전한 이론이란 근거는 그 어디에도 없다. (두 사람의 81수 중에서 27개의 길흉이 상반된다는 점 자체가 벌써 완전함을 부정하고 있다. 또한 채침의 81수는 수리성명학하고는 아무런 관련도 없는 이론이었다.)

또 두 이론 다 제대로 입증된 바도 없었는데, 이를 마치 신앙인이 절대적인 믿음을 가지고 보는 불경이나 성경처럼 대한다고 생각해 보라! 더구나 신앙인도 아닌데….

대명천지(大明天地)에 이처럼 절대적 신뢰를 가질 만한 근거도 없고 입증도 안 된 이론을 그동안 사람의 일생 중 시기별로(초년, 장년, 중년, 말년) 운명처럼 작용하는 듯이 믿고 숫자풀이를 해온 잘못된 작명풍토는 이제라도 변해야 하지 않겠는가!

만약 일반인이 이런 내막을 안다면 81수 이론에 얼마만큼 의미부여를 하겠는가? 물론 작명책마다 그리고 여기저기 상담소에서 이구동성으로 수리길흉의 중요성을 되풀이 반복하는 그런 환경이 사라진 다음을 전제로 한다면… 아마 제로(0)에 가깝지 않을까?

미래세대에 주역이 될 소중한 아이들이 명확한 뜻(혼, 정신)도 없는 이름들을 부르고 쓰는 것이 다반사가 된 오늘날의 잘못된 작명풍토는 결국 이름의 뜻과 글자가 수리놀음(?)에 볼모로 잡힌 결과라 해도 과언이 아닐 것이다.

보이지 않는 '뜻'이 나타나니 글자가 되고 글자가 생겨나니 숫자도 정해진 것인데, 마치 '뜻'이 아닌 숫자에 의해서 소리·뜻·글자가 생겨난 것처럼 본말이 전도가 된 이 기형적인 작명풍토는 누구보다도 이름의 근본과 이름의 중요성을 잘 알고 있는 전문작명가들의 애정과 노력에 의해서 반드시 시정이 되어져야 한다!

《81수리에 대해서는 대동소이한 특성을 가지고 있다고 알려져 있는 격(格)과 운(運)만 밝히고 자세한 언급은 생략하기로 한다.》

1. 태초격(太初格) / 두령운(頭領運)	2. 분리격(分離格) / 재액운(災厄運)
3. 형성격(形成格) / 복덕운(福德運)	4. 불성격(不成格) / 파괴운(破壞運)
5. 복덕격(福德格) / 성공운(成功運)	6. 계승격(繼承格) / 덕후운(德厚運)
7. 자립격(自立格) / 발달운(發達運)	8. 자발격(自發格) / 전진운(前進運)
9. 속패격(速敗格) / 불행운(不幸運)	10. 공허격(空虛格) / 단명운(短命運)
11. 신성격(新成格) / 흥가운(興家運)	12. 박약격(薄弱格) / 고수운(孤愁運)
13. 지모격(智謀格) / 지달운(智達運)	14. 이산격(離散格) / 파괴운(破壞運)
15. 통솔격(統率格) / 복수운(福壽運)	16. 덕망격(德望格) / 재부운(財富運)
17. 용진격(勇進格) / 건창운(建昌運)	18. 발전격(發展格) / 융창운(隆昌運)
19. 고난격(苦難格) / 병액운(病厄運)	20. 허망격(虛妄格) / 단명운(短命運)
21. 두령격(頭領格) / 건실운(堅實運)	22. 중절격(中折格) / 박약운(薄弱運)
23. 공명격(功名格) / 융창운(隆昌運)	24. 입신격(立身格) / 축재운(蓄財運)
25. 안강격(安康格) / 복수운(福壽運)	26. 영웅격(英雄格) / 만달운(晚達運)
27. 중단격(中斷格) / 중절운(中折運)	28. 파란격(波瀾格) / 파란운(波瀾運)

29. 성공격(成功格) / 풍재운(豊財運)	30. 부몽격(浮夢格) / 부침운(浮沈運)
31. 융창격(隆昌格) / 흥가운(興家運)	32. 행운격(幸運格) / 왕성운(旺盛運)
33. 승천격(昇天格) / 왕성운(旺盛運)	34. 변란격(變亂格) / 파멸운(破滅運)
35. 태평격(泰平格) / 안강운(安康運)	36. 영걸격(英傑格) / 파란운(波瀾運)
37. 인덕격(仁德格) / 출세운(出世運)	38. 복록격(福祿格) / 평범운(平凡運)
39. 대성격(大成格) / 부영운(富榮運)	40. 무상격(無常格) / 파란운(波瀾運)
41. 대공격(大功格) / 고명운(高名運)	42. 고행격(苦行格) / 수난운(受難運)
43. 미혹격(迷惑格) / 산재운(散財運)	44. 귀장격(鬼障格) / 파멸운(破滅運)
45. 대지격(大智格) / 현달운(顯達運)	46. 부진격(不進格) / 비애운(悲哀運)
47. 출세격(出世格) / 전개운(展開運)	48. 유덕격(有德格) / 영달운(榮達運)
49. 승패격(勝敗格) / 변화운(變化運)	50. 불행격(不幸格) / 불행운(不幸運)
51. 춘추격(春秋格) / 성패운(成敗運)	52. 지혜격(智惠格) / 시승운(時乘運)
53. 부지격(不知格) / 장해운(障害運)	54. 신고격(辛苦格) / 절망운(絶望運)
55. 미달격(未達格) / 불안운(不安運)	56. 한탄격(恨歎格) / 패망운(敗亡運)
57. 봉시격(逢時格) / 시래운(時來運)	58. 후영격(後榮格) / 후복운(後福運)
59. 재화격(災禍格) / 실의운(失意運)	60. 동요격(動搖格) / 재난운(災難運)
61. 영화격(榮華格) / 재리운(財利運)	62. 고독격(孤獨格) / 쇠퇴운(衰退運)

64. 침체격(沈滯格) / 쇠멸운(衰滅運)	65. 휘양격(輝陽格) / 흥가운(興家運)
66. 우매격(愚昧格) / 쇠망운(衰亡運)	67. 천복격(天福格) / 자래운(自來運)
68. 명지격(名智格) / 흥가운(興家運)	69. 종말격(終末格) / 불안운(不安運)
70. 공허격(空虛格) / 멸망운(滅亡運)	71. 만달격(晩達格) / 발전운(發展運)
72. 상반격(相半格) / 후곤운(後困運)	73. 평길격(平吉格) / 평복운(平福運)
74. 우매격(愚昧格) / 미로운(迷路運)	75. 정수격(靜守格) / 평화운(平和運)
76. 선곤격(先困格) / 후성운(後盛運)	77. 전후격(前後格) / 길흉운(吉凶運)
78. 선길격(先吉格) / 평복운(平福運)	79. 종극격(終極格) / 부정운(不正運)
80. 종결격(終結格) / 은둔운(隱遁運)	81. 환원격(還元格) / 성대운(盛大運)

5장

왜곡된 불용문자의 문제점

1. 왜곡된 불용문자
2. 부정적인 뜻과 자형(字形)을 가진 글자는 누구나 쓸 수 없는 불용문자
3. 상대적으로 쓸 수 없는 불용문자
   (=자신의 타고난 기운에 맞지 않는 글자)
4. 근거도 없는 불용문자의 오류와 미신은 확대해석하면 아웃!

　사람이름에 쓰면 안 좋다는 '불용문자'에 대해서는 거의 대부분의 작명책마다 다 언급이 되어 있다. 그러나 왜 불용문자(不用文字)로 분류가 된 것인지에 대해서 누구나 공감할 수 있는 분명한 이론적 근거를 제대로 밝혀주고 있는 작명책은 없다.

　간혹 드물게 '불용문자'에 관한 이론적 근거에 대해서 일부 언급한 경우에도 일방으로 치우친 주관적 자의적 해석이 대부분일 뿐 객관적 보편적 관점에서 볼 때에는 전혀 수긍하기가 어렵다.

　즉 불용문자에 관해서는 대부분 부정적인 관점으로만 살펴본 부분적인 의미를 크게 확대해석하거나 오히려 긍정적인 면을 정반대로 해석하는 경향이 있다.

　또한 「성명학상 불길(不吉)한 문자(文字)는 옛사람들이 수백년 동안 실험(實驗)한 것이며, 통계학상(統計學上)으로 나타나 있다」는 간단한 언급 이외에 이를 뒷받침할 수 있는 구체적인 실험내용이나 통계자료에 관해 대략적이나마 전해 내려오고 있는 기록도 없다.

　무엇보다도 상식(이치)에 기반한 이론적 근거를 전혀 확인해 볼 수 없다

는 사실이 모든 불용문자에 대해 맹목적인 신뢰를 가지기 어려운 결정적인 이유이다.

성명학과 관련하여 참신하고 발전적인 새로운 내용을 찾아보기 어려운 풍토에서 상식(이치)에 기반한 분명한 이론적 근거 제시도 없이 개인의 사사로운 주관적 생각이 지면에 언급이 되고 나서는 제대로 된 검증과 비판도 없이 그대로 계속 다른 책자에 옮겨지고….

그렇게 반복을 거듭하면서 확산이 된 결과 어느 순간부터인가 정설(定說) 아닌 정설이 되고 획일적인 미신(迷信)이 된 경우가 불용문자에 관한 것뿐이겠으며, 또한 그것이 어디 비단 성명학뿐이겠는가!

따라서 누구나 상식적으로 공감할 수 있는 분명한 이론적 근거가 확실하게 밝혀져 있지 않은 설(說)에 대해서는 의미부여를 하지 않는 것이 바람직하다.

그것이 정보의 홍수 속에서 혼란을 줄이며, 분명한 자기 주관을 가지고 의연하게 살아갈 수 있는 현명한 처세가 아닐까?

예를 들어 불용문자에 속한다는 '순할 순(順) 字'에 대해서도 다른 경우와 마찬가지로 이론적 근거 제시 없이 여러 가지 부정적인 설(說)을 언급하고 있지만….

'순할, 순응할, 도리를 따를 순(順) 字'는 '내 천(川) 字'와 '머리 혈(頁) 字'가 합하여 이루어진 회의문자로 - 형성문자로 보는 견해도 있음 - 물(川)이 머리(頁) 위에서부터 아래로 순리(順理)대로 흐른다는 뜻에서 '순할, 순응할, 도리를 따를'이란 뜻을 가지게 되었다.

'순할 순(順) 字'의 반대가 '거스를 역(逆) 字'이다.

어떤 이는 '순할 순(順) 字'를 파자(破字)하여 「냇가(川)에 머리(頁)를 처박고 있는 형국이라 흉하다」고 보는 견해도 있지만 그렇게 부정적으로 본다면 바로 '거스를 역(逆) 字'의 의미가 되는 것이며, '순할, 순응할, 도리를 따를'이란 뜻을 가질 수가 없다.

'순(順) 字'를 긍정적으로 파자(破字)하면 「시원하고 조용한 냇가(川)에서 머리(頁)를 식히니 머리 속이 맑아지므로 사물의 이치에 대한 분별심이 높아져 도리에 밝아진다」는 의미가 된다.

인간의 우월감과 과시욕 그리고 잔인성은 말 못하는 글자에까지 그대로 반영되어 왔다.

그리하여 어떠한 전제조건하에서 지극히 부분적인 의미에 불과하거나 또는 지극히 주관적이고 자의적인 근거추정만으로 절대적인 의미를 부여하여 멀쩡한 많은 글자들을 사람 이름에 쓸 수 없는 불용문자라고 규정해버린 오만과 독선과 무지함….

그러나 허무맹랑한 그 과정을 모르는 순박한 이들은 막연한 불안감에 떨거나 자기 이름에 대해 부정적(否定的)인 연상(聯想)과 자기암시로 괴로워하게 된다.

오늘도 불용문자(?)에 대해 자신이 100% 확신하지 못하면서도 그저 책자를 통해 보고 배운 바를 단순히 답습하거나 상식적이지 못한 주관적인 견해를 가지고 호언장담하는 상담을 통해, 또는 천편일률적인 불용문자에 대한 인터넷검색을 통해 식자우환(識字憂患)이 되풀이되고 있는 현실이기에 상식적인 논리에 근거하여 불용문자의 허(虛)와 실(實)을 밝히고자 한다.

1. 왜곡된 불용문자

춘(春) / 동(東) / 인(仁) / 호(虎) / 송(松) / 도(桃) / 화(花) / 영(榮) 영(英) / 란(蘭) / 매(梅) / 문(文) / 주(柱) / 죽(竹) / 실(實) / 천(天)덕(德) / 하(夏) / 일(日) / 광(光) / 심(心) / 례(禮) / 애(愛) / 남(南) 성(星) / 휘(輝) / 지(地) / 평(平) / 국(國) / 산(山) / 선(仙) / 용(龍) 미(美) / 부(富) / 복(福) / 중(仲) 진(眞) / 추(秋) / 경(庚) / 철(鐵) 은(銀) / 옥(玉) / 진(珍) / 석(石) / 의(義) / 신(伸) / 신(新) / 분(分) 분(粉) / 월(月) / 동(冬) / 해(海) / 설(雪) / 순(順) / 숙(淑) / 운(雲) 천(川) / 민(敏) / 효(孝) / 길(吉) / 귀(貴) / 완(完) /호(好) / 천(千) 만(萬) / 장(長) / 승(勝) / 희(喜) 기타….

【 춘(春) 】

'봄 춘(春)' 字는 봄이 오면 삼라만상이 변화하게 되므로 사람의 마음도 변화하게 되어 허영에 빠지게 되며, 의지가 약하고, 막힘이 많으며, 애정운이 쇠약하여 배우자 복이 없다고 하여 불용문자라고 분류되어 있지만 이 역시 전혀 근거가 밝혀져 있지 않은 얘기일 뿐이다.

목기(木氣)인 초목(草木)이 성장하는 봄(春)은 생기(生氣)와 성장(成長)하려는 의지(意志)로 가득해지는 계절이다.

따라서 강한 의지와 활발한 활동성이 있으며, 또한 어진 인성(仁性)이 작용하므로 이기심으로 인해 우정이든 사랑이든 적신호가 켜질 가능성은 상대적으로 낮다.

회의문자인 '춘(春)'이라는 글자는 '해 일(日)'字와 '풀 초(艸)'字가 결합한 모습이지만 오랜 세월 사계절 중 봄을 의미하는 글자로 쓰여 온 대표성과 상징성을 가지고 있으므로 글자 구성의 의미를 구분하거나 분류하지 않고 강한 木기운을 가지고 있는 글자라고 볼 수 있는 경우이다.

'봄 춘(春)' 字는 이미지를 중시 여기는 오늘날에는 올드하면서 촌스러운 느낌으로 이름에 제대로 적용하기에는 어려운 글자일 뿐이지 결코 불용문자가 될 수는 없다.

【 동(東) 】

'동녘 동(東)' 字는 장남·장녀가 쓰면 좋으나 그 외에 다른 형제가 쓰면 안 좋다 하여 불용문자로 분류되어 있지만… 해 뜨는 동녘은 「하루의 시작을 의미」하며, 그래서 자식의 시작 즉 「첫 자식」을 의미하는 것으로 혹 볼 수도 있다는 생각이 장남을 우대하는 관습에 편승하여 지나치게 극단적으로 확대해석한 경우이다.

그런데 새해 또는 아침에 자고 일어나 일출(日出)을 보는 것은 특정인에게만 국한되어 있지 않다는 당연한 사실을 상기해 볼 때 정말 쓸데없이 의미부여를 하며, 권위를 내세우기 좋아하는 발상(發想)에서 비롯되었다는 것을 어렵지 않게 짐작해 볼 수 있다.

'동(東)'字 이외에도 장남·장녀만이 사용해야 된다는 글자들인「천(天), 건(乾), 일(日), 춘(春), 인(仁), 상(上), 갑(甲), 자(子), 장(長), 기(起), 신(新), 일(一), 종(宗), 선(先), 초(初), 태(泰), 원(元), 완(完)」字들 역시 단견(短見)과 편견(偏見)에 기인(起因)한 주장이므로 의미부여를 전혀 할 필요가 없는 경우이다.

영원(永遠)을 꿈꾸는 인간의 영적 본능은 신화(神話) 만들기를 좋아하고, 지배욕구(支配慾求)가 꿈틀거리는 인간의 육적 본능은 권위(權威) 덧씌우기를 좋아한다.

그 결과 실제보다 부풀려지고 왜곡되어 미신(迷信)을 조장하게 되는 악순환이 끊임없이 반복돼 왔다.

존엄한 인격체 즉 인간으로 태어나지 않았더라면 장남·장녀 또는 차남·차녀의 구분이 어찌 있을 수 있겠는가? 따라서 장남·장녀의 의미가 인간으로서의 의미나 행복보다 결코 앞설 수 없음은 지극히 당연한 사실이다.

즉 아무리 장남·장녀라 할지라도 자신이 타고난 기운(四柱)에서 木기운이 나쁘다면 '동녘 동(東)' 字를 쓸 수 없다.

마찬가지 이유로 火기운이 절실하게 필요하다면 '남녘 남(南)' 字를 쓸 수 있으며, 또한 차남이라 할지라도 木기운이 절실하게 필요하다면 '동녘 동(東)' 字를 쓸 수 있다.

즉 자기 자신에게 맞는(편안하고 행복한) 방위와 사물을 선택하며 살아가는 것이야말로 지극히 합리적인 삶이며, 또한 저마다 조화로운 삶을 이루어가게 됨으로써 세상의 조화 또한 이루어져 가게 될 것이니 조화란 독선이나 탐욕이 없는 공존의 정신이요 기운이기 때문이다.

'동녘 동(東)' 字는 강한 木기운을 가지고 있으므로 타고난 기운(사주)에서 木기운이 필요한 경우와 필요하지 않은 경우에 따라서 상대적으로 '동녘 동(東)' 字의 의미가 좋은지 안 좋은지를 판단할 수 있는 글자이다.

【 인(仁) 】

'어질 인(仁)' 字가 왜 불용문자로 분류가 되어야 하는지 그 이론적 근거를 명확하게 밝힌 책자를 수 십년이 지난 지금까지 본 적이 없다.

그저 '어질 인(仁)' 字는 고집, 질병, 불행, 무덕(無德)… 등등의 부정적인 의미가 있어 이름에 쓰면 안 좋다는 비슷비슷한 무책임한 결과론적인 언급뿐이지 「왜 무엇 때문에 그렇게 되는지」에 대한 설명이 없다.

이처럼 역학과 성명학에는 누구나 수긍할 수 있는 분명한 이론적 근거 제시 없이 막연하게 떠돌아다니는 - 가지가지 불용문자에다 여성으로는 팔자가 세다는 특정 띠에다가 지나치게 부풀려진 각종 신살(神殺) 등등 - 토막미신(?)이 참으로 많다.

또한 이러한 토막미신들은 유언비어처럼 계속 퍼져나가 불안과 불신을 조성하며 순하고 선량한 인심(人心)을 괴롭힌다.

하지만 참된 지식과 참된 자각을 통해 무지와 오류에서 벗어날수록 더욱 자유롭게 되므로 허무맹랑한 토막미신 따위에 솔깃해지거나 휘둘릴 일이 없게 되니 일찍이 "진리가 너희를 자유케 하리라"고 일러주신 예수님의 말씀에 답이 있다.

'인(仁)'은 오행(五行) 중 木기운의 - 방향은 동쪽, 계절은 봄, 색상은 청색, 맛은 신맛, 인체의 장부로는 간·담을 의미 - 성품(性品)을 나타내며, 소리와 뜻과 글자의 기운이 강한 木기운을 가지고 있다.

그래서 봄이 오면 나무(木)는 왕성한 성장욕구를 가지게 되며, 이는 강한 의욕과 의지로 나타난다.

따라서 타고난 기운에서 木기운이 필요한 경우에 이름에 '인(仁)' 字를 쓴다면 강한 의욕을 북돋우어주게 되므로 자신감과 이성적인 판단력 그리고 어진 성품(性品) 함양(涵養)에도 좋은 영향을 주게 된다.

그러나 木기운이 많아서 불필요한 경우에는 의욕과잉이 되어 독선적인 성향과 자만심을 더욱 부추기게 되니 바람직하지 않다.

단, 사주 전체의 기운이 木기운으로 이루어져 대세(大勢)를 이루는 종격사주(從格四柱)인 경우에 '인(仁)' 字는 참으로 좋은 글자가 된다.

이처럼 '인(仁)' 字는 타고난 기운에 따라서 상대적인 의미를 가지는 글자임에도 불구하고 이를 무조건 흉한 불용문자로 규정한다는 것은 비상식이요 미신일 뿐이다.

'어질 인(仁)' 字가 사람 이름에도 사용할 수 없는 불길(不吉)한 글자였더라면 예학(禮學)에 밝았던 옛사람들이 이를 몰라서 불경(不敬)하게도 태조 5년(1396)에 임금이 거하는 도성(都城)의 동쪽 대문 이름을 「홍인문(興仁門)」이라 했을까? 〔철종 말까지의 『실록』에는 홍인지문이란 명칭이 없는 것으로 보아 고종 때 동대문을 개축하면서 홍인문을 홍인지문(興仁之門)으로 개칭한 것으로 전해짐〕

【 호(虎) 】

'범 호(虎)' 字는 단명한 자가 허다하며, 빈곤함을 면치 못하게 되고, 강한 자만심과 과격한 성격으로 좌충우돌(左衝右突)하여 일을 매듭짓지 못하며, 병약하기 쉽다고 하여 불용문자로 분류되어 있다.

이 역시 호랑이의 이미지를 떠올리면서 부정적인 연상(聯想)만 많이 한 결과이며, 단명과 빈곤함과 병약에 대한 근거는 어디에도 밝혀져 있지 않다.

'인(寅)'은 십이지(十二支) 중 셋째 지지(地支)로 담력이 있고, 독립적이며, 고독한 예술성을 가지고 있다.

따뜻한 木기운 즉 온목(溫木)의 기운을 강하게 가지고 있으므로 온목(溫木)기운이 필요한 경우에는 좋으나 土金기운이 필요한 경우에는 좋지 않은 상대적인 의미를 가지고 있을 뿐 불용문자라고 할 수는 없다.

'범 호(虎)' 字를 이름에 쓰는 것만으로도 이렇게 안 좋다면 그럼 실제 타고난 기운(사주)에서 호랑이 기운을 타고난 경우, 즉 호랑이 띠(虎年)나 호랑이 날(虎日)에 태어난 사람은 모두 불행해지는가?

【 송(松) 】

'소나무 송(松)' 字는 평생 파란(波瀾)을 면치 못하며, 중도(中途)에 좌절(挫折)하게 되며, 고독을 면하기 어렵고, 매사가 허무하며, 박약하다고 하여 불용문자라고 분류되어 있지만 소나무의 품성(品性)과 자태(姿態)로 미루어 보건대 전혀 사리(事理)에 맞지 않는 얘기이다.

이런 식의 단정적이고 극단적인 치우친 시각과 편견은 학인(學人)의 마음가짐이라고는 보기 어렵다고 생각한다.

일찍이 공자님은 "날씨가 추워진 뒤에야 송백(松柏)이 더디 시듦을 알게 된다"라는 말씀으로 송백의 지조와 절개를 칭송하셨고, 사마천은 『사기』에서 송백(松柏)을 일러 '백목지장(百木之長)' 즉 '모든 나무의 으뜸'이라 했다.

우리 선조들 역시 소나무를 지조·절개·충절의 상징으로 여겼으며, 척박한 풍토에도 뿌리를 내리며 풍상(風霜)에 시달려도 의연하고 끈질긴 생명력을 지니고 있는 소나무는 한민족의 기질과도 꼭 닮았다. 그래서 한국인이 가장 좋아하는 나무도 소나무이다.

'송(松)'이라는 한자에는 진시황과 얽힌 전설이 있다. 진시황이 태산에 올랐을 때 갑자기 소나기를 만났으나 소나무 아래에서 비를 피할 수 있게 되자 이를 고맙게 여겨 공(公)이란 벼슬을 내려주고 목공(木公)이라 불렀다고 한다. 나중에 두 글자가 합쳐져 송(松)자가 됐다는 이야기가 전해져 온

다. 〔당시 벼슬 품계에서 공(公)이란 벼슬은 공(公)-후(侯)-백(伯) 가운데 가장 높은 품계였다.〕

북풍한설에도 푸름을 잃지 않고 독야청청하는 소나무의 모습에서 느껴지는 높은 지조와 고고한 기품이 고독해 보인다면 그건 보는 사람의 마음 탓일 것이다.

고고한 품성(品性)과 자태(姿態)로 한결같이 의연하게 존재하는 소나무는 파란도 좌절도 고독도 모른다. 비극을 떠올리며 호들갑 떠는 어린(?) 광대가 지어낸 이야기 그 이상도 이하도 아닐 뿐이다.

'소나무 송(松)' 字는 강한 木기운을 가지고 있으므로 타고난 기운(사주)에서 木기운이 필요한 경우와 필요하지 않은 경우에 따라서 상대적으로 '소나무 송(松)' 字의 의미가 좋은지 안 좋은지를 판단할 수 있는 글자이다.

【 도(桃) 】

'복숭아나무 도(桃)' 字는 화류계 팔자라 파란을 면하기 어려우며, 끈기가 없고, 허영심이 많으며, 일신이 고되고 되는 일이 없다고 하여 불용문자라고 분류되어 있다.

역학이든 성명학이든 가장 큰 폐단은 일부 잘못 다루면 미신을 조장할 수도 있는 내용을 지나치게 부풀리거나 막말을 너무나 쉽게 내뱉는다는 점이다.

그로 인한 불신과 맹신으로 화합을 저해하면서 혹세무민의 구업을 짓게 되니 자업자득이 되어 자신에게로 되돌아오는 것을 안다면 결코 그렇게 하지 못할 것이다.

사악한 기운 즉 사기(邪氣)를 내쫓는 기운을 가지고 있다 하여 상서(祥瑞)로운 나무로 일컫는 나무가 바로 복숭아나무이다.

유비·관우·장비가 도원(桃園)에서 의형제를 맺은 「도원결의(桃園結義)」는 너무나 유명한 고사(故事)이다.

누구나 복숭아나무와 그 꽃의 아름다움과 상서로움에 호감을 느껴 남녀노소 구분 없이 이름에 사용하게 되었고, 과거 기생(妓生) 이름에도 쓰였는데, 결과론적으로 '복숭아나무 도(桃)' 字를 쓴 기생들이 있어서 화류계 팔자 운운하는 것은 의식 수준이 유치하기 짝이 없다.

'도화(桃花)'는 색기(色氣)라는 편향된 시각으로만 도화살(桃花殺)을 떠올려 쉽게 매도하고 부정적으로만 보는 것은 바람직하지 않다.

신살(神殺)에서 도화살(桃花殺)인 자(子)·오(午)·묘(卯)·유(酉)는 장성살(將星殺)이기도 하여 강한 주관과 자존심 그리고 리드십을 가지고 있으며,

특히 재능과 매력 즉 끼를 가지고 있는 기운이다.

'복숭아나무 도(桃)' 字는 뜻과 글자의 기운은 강한 木기운을 가지고 있으며, 소리기운은 火기운을 가지고 있어서 木·火기운이 필요한 경우에는 참으로 좋은 글자이다.

【 화(花) 】

'꽃, 꽃이 필, 꽃다울 화(花)' 字는 만인이 사랑하는 것이 꽃이므로 사랑을 지나치게 받다보면 연애(戀愛)에 빠지게 되어 화류계에 종사하기 쉬워 화류계 여성 이름에서 많이 볼 수 있는 글자라 하여 불용문자로 분류되어 있다.

또 일찍 이성에 눈을 떠 사랑의 고초와 실패를 겪기 쉽고, 재물복이 약하며, 고독·구설·이별·허영·과소비를 유발시키는 글자라 하여 불용문자로 분류되어 있다.

이 경우에도 꽃과 여성을 지나치게 동일시하여 '여자는 아무나 꺾을 수 있는 꽃과 같은 존재'라는 성적 차별과 여성비하의 시각이 그대로 드러나 있는 남성 중심의 편견일 뿐이다.

아름다운 꽃을 보고 마음이 어두워지는 사람은 없을 것이다. 더구나 음심(淫心)을 품는 자는 더더욱 없을 것이다.

꽃은 만물의 정수(精髓)가 모여 피어난 존재물로 사람 다음으로 가장 빼어난 것이 꽃이기에 뛰어난 인재를 의미하며, 그래서 '꽃부리 영(英)' 字는 「영웅-(英雄)」이란 뜻으로도 쓰이고 있다.

글자 속에 육체(肉體)가 아닌 '마음 심(心) 部'를 가지고 있는 '사랑 애(愛)' 字를 이성적 육체적 은밀한 사랑의 의미로만 잘못 국한시켜 보았던 경직된 가치관이 지배적이었던 그 옛날!

그래서 '사랑 애(愛)' 字가 이름에 노출되는 것을 꺼리며 부정적인 시각으로만 보았던 그 옛날!

같은 이유로 '아름다울 미(美)' 字도 '꽃부리 영(英)' 字도 '꽃 화(花)' 字도 편견을 가지고 보았던 그 옛날의 어두운 그림자가 아직까지도 남아 있어 「불길한 불용문자」라는 멍에를 쓰고 있는 게 참으로 안타깝고 어이없는 현실이다.

이제라도 서로 구업(口業)을 짓지 말고, 맹신(盲信)하지 않으면 되는데….

삼국통일의 정신적 구심점이 되었던 화랑도(花郎道)와 화랑(花郎)들….

「화랑(花郎)」이란 용어에서 '화(花)'는 '뛰어난 젊은 인재(人材)'를 의미할 뿐 그 어디에도 여성만을 의미한다거나 비하한 흔적을 찾을 수 없다.

국선·화랑·낭도의 자격에 남녀 차별과 승속(僧俗)을 가리지 않았던 진취적인 기상이 있었던 나라가 신라였다!

'꽃, 꽃이 필, 꽃다울 화(花)' 字는 소리기운이 강한 火기운(화=火)이며, 글자에는 '초두머리(艹)'가 있어 木기운이 작용하므로 火기운과 木기운을 필요로 할 경우에는 참으로 좋은 글자이다.

【 영(榮) 】

'꽃이 필, 무성할, 빛날, 영화, 명예 영(榮)' 字는 시력이 약해지며, 근심걱정이 떠나지 않고, 매사 성취가 어렵다고 하여 불용문자라고 하지만 글자의 뜻이나 자형의 의미로 볼 때 이 역시 상식적으로 도저히 납득이 가지 않는 얘기이다.

본시 '꽃이 필, 무성할, 빛날, 영화, 명예 영(榮)' 字는 한자의 부수(部首 : 木)와 뜻에서도 확인할 수 있듯이 「나무(木)에 꽃(火火)이 활짝 무성(茂盛)하게 피어 있어 가장 아름답고 원숙한 절정(絶頂)의 조화로운 상태를 의미」한다.

그래서 '빛나고 영화롭고 명예롭다'는 뜻도 가지게 된 것이다.

우리는 '어떤 사물의 가장 아름답고 원숙한 절정(絶頂)의 조화로운 상태'를 「눈부시게 아름답다」라고 표현한다. 이때의 '눈부심'이란 '햇빛에 눈부실 때'의 외면적, 물질적 의미와는 달리 내면적, 정신적인 의미이다.

'영(榮)' 字는 자형(字形)에서 木 위에 두 개의 火가 나란히 옆으로 있는데, 이때 두 개의 火는 '나무에 핀 꽃' 즉 「나무에 아름다운 꽃이 무성하게 피어난 것」을 나타내고 있다.

따라서 타고난 기운(사주)에서 木기운이 필요한 경우에는 참으로 좋은 글자이다.

나무(木)는 게으를 줄 모른다. 사시(四時)의 변화에 순리(順理)로 지혜롭게 적응하는 것이 나무이며, 나무의 왕성한 성장욕구는 무성(茂盛)한 결실로 나타난다.

또한 木기운은 인체의 장부(臟腑)로는 간(肝)·담(膽)과 근육(筋肉) 및 시력(視力)을 관장(管掌)한다.

따라서 시력(視力)을 관장하는 木기운을 이처럼 왕성하게 가지고 있는 글자를 '시력이 약해진다'고 본 것은 자형(字形)에 대한 잘못된 시각과 논리 비약의 결과이겠지만 木기운이 왕성한 멀쩡한 글자를 오랫동안 불용문자로 낙인찍은 무지와 혹세무민의 책임은 누가 지는가?

이제부터라도 하는 일이 잘 안 풀려 답답해서 사주팔자를 보러 갔다가 「이름에 들어 있는 '영화로울 영(榮)' 字가 불용문자라서 매사 성취가 어렵다」는 말에 혹시라도 잘 되기를 바라는 마음에서 개명하는 분들이 없기를 바라며….

【 영(英) 】

'꽃부리 영(英)' 字는 남성에게는 일신에 영화가 있고, 맡은 업무에서 두각을 나타내며 출세할 수 있으나 여성은 불길한 운을 유도하는 글자로 미천한 직업을 갖게 되는 경우가 많다고 하여 불용문자라고 한다.

하지만 '꽃부리 영(英)' 字의 의미가 남성과 여성에게 이처럼 극과 극으로 달라지는 근거가 전혀 밝혀져 있지 않은 차별적인 황당한 설(說)에 불과할 뿐이다.

'꽃부리'라는 것이 얼마나 보드랍고 부드러운지 손가락으로 문지르면 금방 형체를 알아보기 어렵게 되는데, 이러한 외면적인 측면만을 볼 것 같으면 아름답지만 너무 약해서 꺼려지는 글자라고 생각할 수도 있다.

그러나 존재 그 자체가 가지는 의미, 즉 인간 세상에서 사람 다음으로 가장 아름다운 것이 만물(萬物)의 정수(精髓)가 모여 피어난 「꽃」이라 했다.

그래서 「꽃」은 뛰어난 인물 즉 인재(人材)를 의미하며, '꽃부리 영(英)' 字에는 영웅이라는 뜻도 들어있는 까닭이다.

타고난 기운(사주)에서 木기운이 필요한 경우에는 참으로 좋은 글자이다.

【 란(蘭) 】

'난초 란(蘭)' 字는 부부운과 자녀운이 쇠약해지며, 고독하고, 질병을 앓거나 단명하게 되며, 운세(運勢)를 비하(卑下)시키고, 모든 일의 결과가 쇠패(衰敗)하게 된다고 하여 불용문자라고 분류되어 있다.

이 역시도 과거 화류계 여성들 이름에 많이 쓰여진 글자라서 그 여성들의 비관적인 신세와 운명이 연상(聯想)되는 창작물이라고 짐작된다.

아니, 난초(蘭草)가 무슨 몹쓸 독초(毒草)도 아니고 무슨 죄가 그리 많아서 저렇게도 저주를 가득 머금었단 말인가?

'난초'라는 뜻을 가진 글자를 쓰는 것만 해도 저리 흉악한 운명이 작용하는데, 실물인 난초를 가까이하며 키운다면 얼마나 불행해질까?

정말 저 내용이 사실이라면 어디 섬찟해서 난초를 키울 수나 있겠나? 쳐다보기도 싫을 텐데….

그래서 이제 앞으로 사무실 개소식에 고급 난을 선물할 경우 엄청 욕을 얻어 먹을까? 결코 그럴 일은 없을 것이다.

실제 우아하고 고상한 품격이 느껴지는 난초는 가격대도 천차만별이며, 색깔별로 꽃말도 다양할 만큼 사람으로부터 많은 관심과 애정을 받고 있는 귀한 화초이다.

신분의 고하와 직업의 귀천을 떠나서 아름다움을 동경하고 선호하는 것은 특히 모든 여성들의 로망이다. 그래서 우아하고 고상한 품격과 많은 관심과 애정을 받고 있는 귀한 화초인 난초 역시 여성들로부터 사랑을 받을 수밖에 없다.

그런데 이 우아하고 고상한 화초를 뜻하는 '난초 란(蘭)' 字를 화류계 여성들 이름에만 썼을까?

결단코 그렇지는 않을 것이다. 유교적 규범이 강조되었던 옛날 시대에는 대갓집이든 여염집이든 여성들의 존재는 드러나기가 어려웠지만 풍류를 좋아했던 권세가나 돈 많은 남정네들에 의해 노출이 되었던 유명한 기생들 이름에서 볼 수 있었으며, 현대에 와서는 소설이나 드라마 또는 영화에 등장하거나 가십난에 오르내리던 화류계 여성들 이름에서 자주 볼 수 있었을 뿐이다.

과거 남성들의 이름은 돌림자를 넣어 이름을 지었기에 자연히 동질감을 가지고 있는 이름들이 대부분이었다.

그런데 여성인 경우는 돌림자를 쓰지 않았는데도 동질감을 가진 이름이 부지기수였으니 그것은 형제간의 우애를 생각해서 줄줄이 사탕처럼 큰딸 이름이 순애이면, 둘째 딸은 정애, 셋째 딸은 영애, 넷째 딸은 미애….

그래서 여성들의 이름에 자연히 '애(愛), 화(花), 영(英), 란(蘭), 실(實), 례(禮), 미(美), 은(銀), 옥(玉), 숙(淑), 순(順)' 字가 들어간 이름들이 풍년이었다.

그런데 이러한 현상은 도외시한 채 자신이 상담해준 불행한 여성들 이름에서 많이 보이는 글자들이라고 의미를 부여하여 이를 일반화해서 왜곡된 결론을 도출하여 아무 죄없는 글자에 주홍글씨처럼 멍에를 뒤집어 씌운 것은 큰 오류이자 잘못이다.

이 세상에서 매양 승승장구하는 사람이란 존재할 수 없다. 살아가기 너무나 힘들어 지푸라기라도 잡고 싶을 때는 그 어려움에서 벗어나기 위해 원인과 방법을 찾게 된다.

그럴 때 이미 알고 있는 근본적인 문제점 해결보다는 제일 먼저 만만하게 따져보게 되는 것 중의 하나가 이름이다.

그래서 잘못된 이름을 개명하게 되는 것은 좋은 변화가 될 수 있지만 멀쩡한 이름이 애꿎은 희생양이 되기도 한다.

　木기운이 좋은 여성에게 '난초 란(蘭)' 字는 불용문자가 될 수 없다. 만약 그 반대라면 맞지 않기 때문에 쓰지 않는 것이 바람직한 글자일 뿐이다.

　즉 자신에게 맞고 안 맞고에 따라서 호불호(好不好)가 나누어지는 상대적인 의미를 갖게 되는 글자일 뿐이다.

【 매(梅) 】

'매화 매(梅)' 字는 눈 속에 피는 꽃이라 청순가련하여 일신에 장애가 많고, 배우자 덕도 인덕도 없어 고독하며, 여성 질환을 앓을 수 있다고 하여 불용문자라고 분류되어 있다.

　모든 사물은 보는 시각과 기준에 따라서 극과 극으로 나누어질 수 있다.

　만물이 추위에 떨고 있는 혹독한 동절(冬節)에 꽃을 피우며 봄소식을 가장 먼저 알려주는 매화는 불의(不義)에 굴하지 않는 선비정신의 표상(表象)으로도 삼았다.

　또한 매화(梅花)는 동양화에서 고결함을 상징하는 매(梅), 란(蘭), 국(菊), 죽(竹) 사군자(四君子) 중 하나이기도 하다.

이 세상에서 완전하지 못함에서 필연코 오며 느끼게 되는 고독에서 자유로운 사람은 단 한 사람도 없다. 그래서 인간은 누구나 고독한 존재일 수밖에 없다.

추운 겨울에 꽃을 피우는 매화(梅花)의 강인함은 실제이요 사실이지만 그러한 매화를 보고 청순가련하여 보호가 필요한 나약한 존재로 보는 것은 주관적인 감상일 뿐이다.

매화(梅花)의 고고함보다 고독을 먼저 생각하는 것도 마찬가지이다.

냉기(冷氣)가 심한 한겨울은 타고난 기운에서 냉습(冷濕)한 기운이 강한 여성일 경우 냉증(冷症)과 관련된 질환(疾患)을 조심하여 몸을 항상 따뜻하게 해주어야 할 시기이다.

하지만 타고난 기운에서 火·土기운 즉 열토(熱土) 기운이 몹시 강하면서 자신이 초목(草木)으로 태어난 경우에는 전혀 해당 사항이 없으며, 오히려 겨울의 차가운 냉기(冷氣)를 가지고 있는 '매화 매(梅)' 字는 건조한 초목에 생기(生氣)를 더해주는 좋은 글자가 된다.

【 문(文) 】

'글월 문(文)' 字는 모든 일이 파손(破損)되어 동분서주(東奔西走)하게 된다고 하여 불용문자라고 분류되어 있다.

만약 '문(文)' 字가 불용문자라면 그 여부를 확인해보는 방법은 아주 간단하다.

'문(文)' 字를 평생 성씨(姓氏)로 쓰고 있는 분들에게 확인해보면 쉽게 검증이 가능한 일이다.

「소리·뜻·글자」가 강한 木기운을 가지고 있으므로 타고난 기운(사주)에서 木기운이 필요하면서 학문 즉 교육 분야가 맞는 경우에는 참으로 좋은 글자가 된다.

【 주(柱) 】

'기둥 주(柱)' 字는 부부가 서로 이별하며, 육친의 덕이 없어 불행을 초래하게 된다고 하여 불용문자로 분류되어 있다.

이 글자 역시 근거는 전혀 밝혀져 있지 않다. 글자의 자형(字形)이 허약하거나 뜻이 부정적인 것도 전혀 아닌데….

애초에 이런 근거 없는 얘기들을 용감하게(?) 발설한 이들은 무엇이 켕겨서 자신의 이름도 제대로 밝히지 못했을까? 당당하게 밝히지….

「나무(木) 즉 나무 기둥은 집에 있어서 가장 중요한 부분이기 때문에 중심(主)이 된다」는 뜻의 '기둥 주(柱)' 字는 중심이 되는 대표성과 분명한 주관과 의지를 가지고 있는 글자이다.

글자의 뜻과 자형은 강한 木기운을 가지고 있는데, 소리는 金기운을 가지고 있어 서로 상극(相克) 관계가 되는 것이 아쉬운데, 이런 경우의 한자가 많아서 소리·뜻·글자의 기운을 상생(相生) 관계로 일관되게 작명하기가 어렵다.

소리의 의미는 경우(뜻)와 때(뜻)에 따라서 변하기도 한다. 즉 절대적이지 않다.

예를 들면, 신앙인들이 「주여! 주여!」 할 때의 그 「주」는 절대자를 의미하므로 그렇게 부르는 당사자에게는 관(官)을 의미하는 소리기운이 된다.

즉 자신이 갑목(甲木)인 사람이 「주 또는 주님」이라고 부를 때는 관(官)인 金기운을 의미하는 소리기운이 된다.

자신이 병화(丙火)인 사람이 「주 또는 주님」이라고 부를 때는 관(官)인 水기운을 의미하는 소리기운이 된다.

자신이 무토(戊土)인 사람이 「주 또는 주님」이라고 부를 때는 관(官)인 木기운을 의미하는 소리기운이 된다.

자신이 경금(庚金)인 사람이 「주 또는 주님」이라고 부를 때는 관(官)인 火기운을 의미하는 소리기운이 된다.

자신이 임수(壬水)인 사람이 「주 또는 주님」이라고 부를 때는 관(官)인 土기운을 의미하는 소리기운이 된다.

이처럼 「뜻」에 의해서 일어나는 소리기운의 변화를 도외시한 채 음령오행이란 이론에 의해서 초성(첫받침)으로만 모든 소리를 획일적으로 판단·적용해 오던 관행은 늦었지만 이제라도 소리기운의 변화의 이치를 참작함으로써 왜곡된 소리기운으로 잘못 부르고 쓰게 되는 일이 빠르게 개선이 되어져 나가길 바랄 뿐이다.

누구보다도 먼저 자기 자신을 위해서!

【 죽(竹) 】

'대, 대나무 죽(竹)' 字는 가정불화하며, 만사가 깨어지고 실패하게 되고, 속이 비어 있어 실속 없는 생활이 지속되며, 자존심과 아집이 강하여 원만하지 못하므로 인덕이 따르지 않는다고 하여 불용문자로 분류되어 있다.

모든 것은 양면이 있어 보는 마음에 따라 긍정 또는 부정적으로 볼 수가 있다.

사시사철 푸른 대나무를 긍정적으로 좋게 볼 사람이 대부분일 것이다.

또 대나무 속이 비어 있는 것은 「온갖 헛된 욕심을 내려놓고 허망하지 않은 참된 것을 받아들이기 위해 깨끗이 비워 둔 청정(淸淨)한 마음」을 의미한다고 본다면 이미 욕심을 버렸는데 또 시비(是非)와 불화(不和)에 얽매여 연연할 게 뭐 있을까?

예로부터 대나무의 곧음은 지조(志操)를 상징하고, 대쪽같은 기질은 절개(節槪)와 정절(貞節)을 상징했다.

아호(雅號)로 주로 사용하였으며, 이름으로 쓰는 경우는 드물었다.

오늘날에는 먹는 「죽」을 쉽게 연상하게 되어 이미지가 사람의 이름과는 너무 동떨어져 보이므로 이름에는 사용하기가 어려운 글자이나 아호로는 사용할 수 있다.

【 실(實) 】

'열매 실(實)' 字는 고독을 면하기 어려워 독신생활을 하게 되며, 일이 막히고 끊겨 재물이 모이지 않는다고 하여 불용문자로 분류되어 있다.

'열매'는 좋은 결실과 결과를 의미하므로 부정적인 뜻을 가질 이유나 근거는 전혀 없다.

회의문자인 '실(實)' 字는 갓머리('宀' ☞ 집, 집 안)部와 貫[관 ☞ 끈으로 꿴 많은 동전 → 재화(財貨)의 뜻]의 합자(合字)이다. 집안에 금은재보(金銀財寶)가 가득함을 의미하며, 전(轉)하여 씨가 잘 여문 「열매」, 「참다움」, 「내용」이라는 뜻으로 쓰이고 있다. (출처 : 디지털 한자사전 e-한자)

「집안에 재물이 가득 있음」을 의미하므로 타고난 기운(사주)에서 재물 즉 재성(財星)이 강하게 필요한 경우에는 참으로 좋은 글자이다.

다만 소리의 이미지가 오늘날에는 올드한 느낌을 주므로 아기나 젊은 여성들 이름에 적용하기에는 어울리지 않는 글자일 뿐이지 결코 불용문자가 될 수는 없다.

【 천(天) 】

'하늘 천(天)' 字는 끝없이 높은 하늘은 상대가 없으므로 고독하게 되며, 부모덕이 없고, 가난하고 적막해지며, 여자의 이름에 '천(天)' 字가 있으면 남편운이 없어 재혼수가 많고 고독과 불행을 초래한다고 하여 불용문자로 분류되어 있다.

'천(天)' 字는 하늘, 하느님, 임금, 제왕(帝王), 천자(天子), 자연(自然), 천체

(天體)… 등등 많은 의미를 담고 있는 글자이다.

높은 하늘을 우러러보며 겸허하게 살아가기를 바란다면 사용할 수 있는 글자이나 만약 구속감을 느낀다면 피하는 것이 좋다.

즉 타고난 기운(사주)에서 관(官)을 몹시 필요로 하는 경우에는 좋으나 관(官)이 힘든 경우에는 쓰지 않는 것이 좋다.

천지(天地)의 의미로서 보면 '천(天)'은 '건(乾)'이 되고, '지(地)'는 '곤(昆)'이 된다. 하늘은 푸르고(靑) 땅은 누르스름하니(黃) 푸름은 목기(木氣)를 그리고 누름은 토기(土氣)를 의미한다.

옛날 어른들이 「남자는 결혼을 해야 돈이 모인다」는 말의 의미도 나무(木)인 남자(―)가 땅(土)인 여자(－ －)를 만나 「나무가 땅에 뿌리를 내리듯이 안정을 이루게 된다」는 이치가 담긴 말씀이었다.

그런데 '천(天)' 字를 정말 여자는 쓰면 안 될까? 모든 것에는 예외가 있듯이 남편 같은 아내가 있고, 아내 같은 남편이 있으니 남편 같은 아내이면서 관(官)이 좋은 여성이라면 못 쓸 이유가 없지 않겠는가?

【 덕(德) 】

'큰 덕(德)' 字는 부모형제의 덕이 없어 고독하고, 업무에 성과가 미진하며, 특히 여성에게는 부부간에 생리사별이 있고, 자손으로 인한 근심사가 있게 되며, 조난·피살·자살·단명 등을 암시하여 불러들이게 된다고 하여 불용문자로 분류되어 있다.

'큰 덕(德)' 字가 저렇게 많은 불행의 의미를 가지고 있다고 언급하면서도 그 근거는 전혀 밝혀져 있지 않다.

따라서 팩트에 근거한 상식적인 견해와 분명한 주관을 가지고 살아가는 사람이라면 일말의 의미도 부여하지 않을 것이지만 마음이 어리고 여려서 미신적인 것에 기대어 의존하는 마음이 있는 사람이라면 심적인 동요를 겪을 수도 있을 것이다.

회의문자인 '덕(德)' 字는 「은덕」이나 「선행」이라는 뜻을 가진 글자로 '조금 걸을 척(彳)' 字와 '곧을 직(直)' 字, '마음 심(心)' 字가 결합한 모습이다. '덕(德)' 字는 「곧은 마음으로 길을 걷는 사람→ 곧은 마음가짐을 가지고 사는 사람」이라는 뜻으로 해석된다. (출처 : [한자로드(路)] 신동윤)

'큰 덕(德)' 字는 「클, 덕으로 여길, 덕을 베풀, 도덕(道德), 은덕(恩德), 복(福), 행복(幸福), 선행(善行), 가르침」이라는 많은 좋은 뜻을 가지고 있는 글자이다. (출처 : ㈜오픈마인드인포테인먼트)

'큰 덕(德)' 字와 같이 좋은 뜻, 좋은 기운을 가지고 있는 글자는 누구나 구애(拘礙)를 받지 않고 사용할 수 있는 글자라고 볼 수 있다.

【 하(夏=昰) 】

'여름 하(夏)' 字는 만물이 조열(燥熱)해져 병들게 되어 불행해지며, 파란이 많고, 결실이 적으며, 교통사고를 조심해야 한다고 하여 불용문자로 분류되어 있다.

회의문자(會意文字)인 '여름 하(夏)' 字는 頁(혈 ☞ 큰머리)과 절구구변(臼 ☞ 절구)部(깍지끼다), 천천히걸을쇠발(夊 ☞ 천천히 걷다)部의 합자(合字)이다.

탈을 쓰고 춤추는 모양을 나타내고 있다. 여름의 뜻으로 쓰게 된 것은 「여름에 지내는 제사 때 춤추는 데서 유래되었다」고 한다. (출처 : 디지털 한자사전 e-한자)

여름은 화기(火氣) 즉 양기(陽氣)가 가장 왕성한 때로 한 해 중 이때 만물은 가장 팽창하며 번성하게 된다.

사물의 한 단면이나 한 시점에 치우쳐 편협하게 보고 판단하게 될 경우 대개 부정적인 결론을 내리게 되는데, 이는 조화로운 사물의 이치를 탐구하는 학인(學人)의 자세가 아니다.

타고난 기운(四柱)이 화기(火氣)가 대세(大勢)를 이루고 있어 화기가 길(吉)한 종격사주(從格四柱)인 경우에는 화기가 강한 '여름 하(夏/昰)' 字가 참으로 좋은 글자가 된다.

하지만 이런 예외적인 경우를 제외하고서는 일반적으로 양기(陽氣) 즉 화기(火氣)가 필요한 경우에는 여름이 좋으며, 반대로 음기(陰氣) 즉 수기(水氣)가 필요한 경우에는 겨울이 좋은 경우로 나누어진다.

따라서 타고난 기운이 종격사주(從格四柱)는 아니면서 화기(火氣)가 강하여 조열(燥熱)할 경우 '여름 하(夏)' 字를 쓴다면 화기가 더욱 치우치게 되어 크게 불리하겠으며, 또한 화극금(火克金)의 이치에 따라 차(車 : 金기운) 사고도 조심할 필요가 있다.

하지만 반대로 냉습(冷濕)한 金·水기운이 강한 경우에는 '여름 하(夏)' 字는 귀하고 소중한 글자가 된다. 이처럼 상대적으로 좋고 나쁨이 양극단으로 나누어지는 글자일 뿐이며, 결코 불용문자로는 볼 수 없다.

모든 이치는 상식(常識)의 연장(延長)이다. 만약 정말 「여름」이란 뜻을 가진 '여름 하(夏)' 字라는 글자가 사람 이름에 쓰면 불길(不吉)한 불용문자임에 틀림이 없었다면 실제 '여름'이란 계절은 사람에게 더더욱 불길했을 것이다.

그래서 오랜 세월 모든 사람들의 불행이 여름이란 계절마다 되풀이돼

왔을 것이고, 그래서 누구나 여름이란 계절을 극도로 꺼리고 두려워하며 싫어하게 되었을 것이다. 하지만 우리가 살고 있는 여름 세상은 어떠한가? 과연 그러한가?

따라서 부정적인 뜻을 가진 '죽을 사(死)' 字와 '망할 망(亡)' 字를 아무도 사람 이름에 쓰지 않듯이 '여름 하(夏/昰)' 字 역시 모든 사람들의 불행이 여름마다 되풀이되어 왔다면 그 체험적 결과로 누구도 '여름 하(夏/昰)' 字를 사람 이름에 쓰지 않는 관습과 문화가 아득한 옛날부터 전해져 내려왔을 것이며, 누구도 이에 대해 이의 제기를 하거나 의문을 가지는 일조차도 없었을 것이다.

하지만 우리가 살고 있는 세상의 현실은? NO! 그럼 불용문자 '하(夏)' 字는 개뻥?

음기(陰氣)가 강한 추운 겨울을 힘들어하는 대신 양기(陽氣)가 가득한 여름을 좋아하고, 여름을 전혀 타지 않으며, 되려 생생해지는 사람들에게 있어서 여름이란 은혜로운 축복의 계절이다.

덧붙이자면, 여름을 타는 체질과 여름을 타지 않는 체질이란 어느 쪽이 정상인지 또는 비정상인지 구분하거나 평가할 수 있는 절대적 기준이 아니라 단지 상대적인 체질의 차이에 불과하다.

즉 여름에는 강하지만 겨울에는 약하고, 겨울에는 강하지만 여름에는 약한 상대적인 차이점에 불과할 뿐인데, 굳이 어느 한쪽에 절대적인 의미를 부여한다면 이는 사실 여부를 왜곡시킴과 동시에 미신을 조장하는 결과를 가져오게 될 뿐이다.

마찬가지 이유로 '여름 하(夏/昰)' 字도 강한 화기(火氣)가 필요한 경우에는 아주 좋은 글자이지만 반대로 강한 수기(水氣)가 필요한 경우에는 쓰지 말아야 할 경우에 해당하는 상대적인 의미를 가지는 글자일 뿐 결코 불용문자가 될 수는 없다.

여름 '하(夏)' 字의 고자(古字)로 여름 '하(昰)' 字가 있다.

옥편에 '昰' 字는 두 가지의 소리, 즉 '하'와 '시'로 발음할 수 있는데, '하'로 발음할 경우에는 '여름 하(夏)' 字의 고자(古字)인 '하(昰)'를 의미하며, '시'로 발음할 경우에는 '옳을 시(是)' 字의 본자(本字)인 '시(昰)'를 의미한다.

「탈을 쓰고 춤추는 모양」을 나타내는 '여름 하(夏)' 字와 달리 고자(古字)인 '여름 하(昰)' 字는 글자의 자형에 「여름」이란 뜻을 온전히 가지고 있다.

즉 「하늘 한가운데서(正) 찬란하게 빛나는 태양(日)」을 의미하는 회의문자로 '하루 중 또는 일년 중 태양이 가장 강하게 비칠 때' 즉 「여름」을 뜻하게 되었다. 〔'昰' 字에서 정(正)의 의미를 '바르다'란 뜻으로 보면「옳다」는 뜻이 되고, '한가운데·중앙'이란 뜻으로 보면「여름」이란 뜻이 된다.〕

【 일(日) 】

'날, 해 일(日)' 字는 부진(不振)하고 불성(不成)하여 패가망신(敗家亡身)하며, 항상 고독하고, 부부운과 재물운이 약해지며, 육친(六親)과 무덕(無德)해진다고 하여 불용문자라고 분류되어 있다.

만약 태양(日)이 이 세상에서 사라진다면 사람을 비롯하여 모든 존재물이 받게 될 치명적인 악영향을 한 번 생각해보라! 그런 다음 '일(日)' 字가 불용문자라는 주장이 과연 근거가 있는지 아니면 황당한 헛소리에 불과한지 그 여부는 우리가 바로 판단할 수가 있다.

'일(日)' 字는 「태양」을 의미하므로 강한 火기운을 필요로 하는 경우에는 참으로 좋은 글자이지만 金기운이나 水기운을 필요로 하는 경우에는 반대로 몹시 안 좋은 글자가 된다.

즉 상대적인 의미를 가지는 글자이지 불용문자와는 아무런 관련이 없는 글자이다.

【 광(光) 】

'빛 광(光)' 字는 두뇌는 명석하지만 체질이 약해 병치레로 쇠약해지며, 빛에 눈이 부시므로 시력이 약해지고, 명예는 있으나 재운(財運)에 풍파가 많으며, 다소 단명하거나 불구가 될 수도 있다고 하여 불용문자라고 분류되어 있다.

'빛 광(光)' 字는 양기(陽氣)인 강한 화기(火氣)를 가지고 있는 글자이므로 병치레와는 거리가 멀다. 그것은 거의 대부분 냉기(冷氣)는 사람의 몸을 병들게 하지만 온기(溫氣)는 사람의 몸을 건강하게 해주기 때문이다.

시력도 마찬가지 이치인데, 「빛에 눈이 부시므로 시력이 약해진다」는 단순한 부정적인 논리는 - 상식적으로 햇빛이든 횃불이든 24시간 계속 쳐다보는 사람은 없다 - 시력의 좋고 나쁨에 대한 충분한 근거 있는 이유가 되지는 못한다.

'광(光)' 字는 「빛」을 의미하므로 강한 火기운을 필요로 하는 경우에는 참으로 좋은 글자이지만 金기운이나 水기운을 필요로 하는 경우에는 반대로 몹시 안 좋은 글자가 된다.

【 심(心) 】

'마음 심(心)' 字는 항상 주변 환경이나 마음에 갈등과 고통이 따르고, 신경이 예민하며, 부부 애정이 희박하고 불길해 이별수가 있으며, 신체가 허약하고, 재물이 흩어지며, 매사에 실패가 속출하여 말년이 고독하다고 하여 불용문자라고 분류되어 있다.

마음을 통해 우리는 일상에서 행복이든 불행이든 기쁨이든 슬픔이든 모든 것들을 느끼며 살아간다.

내가 존재함을 느낄 수 있는 것도 마음(心)이 있어서 마음(心)을 통해서 가능한 일이다. 그러므로 마음은 진정한 나의 진면목(眞面目)이다.

그런데 누구나 가지고 있는 인간존재의 본질인 '마음'을 뜻하는 '마음 심(心)' 字에 대해서 - 도저히 근거가 있을 수가 없는 경우 -이러쿵저러쿵 해서 안 좋다는 얘기를 한다는 것은 황당할 따름이다.

이는 '마음'을 가진 모든 사람의 '마음(心)'을 부정하며, 욕되게 하는 내용이 되기 때문이다.

'마음 심(心)' 字에 대해 어떻게 이렇게나 부정적인 의식으로 가득 찬 시각으로 볼 수 있었는지 그 마음이 안타까울 따름이다.

일체의 모든 것은 오직 마음이 지어내는 것이며, 일체의 모든 것은 오로지 마음에 달려 있음을 밝혀 준 말씀이 바로 그 위대한 「일체유심조(一切唯心造)」이다.

상형문자인 '마음 심(心)' 字는 「마음」은 쉼 없는 생명 그 자체이므로 사람의 인체에서도 생명을 의미하는 쉼 없이 뛰는 심장의 모양을 그려 '심(心)'으로 나타낸 것이 사람의 「마음」이다.

따뜻한 심장(心臟)으로「마음」을 표현했다는 것은「마음」은 본래 따뜻한 것이며, 따라서「마음」이 따뜻할 때 병들지 않고 건강할 수 있음을 나타내어 주고 있다.

사람의 몸 역시 따뜻하게 체온을 유지할 때 감기가 들어오지 못하고 건강을 유지할 수 있듯이 그래서 마음과 몸은 일체이다.

'마음 심(心)' 字는 누구나 사용할 수 있는 글자이지만 소리의 이미지가 오늘날에는 올드한 느낌을 주므로 이름에 제대로 적용하기에는 어려운 글자이다.

하지만 법명(法名)이나 아호(雅號)로 쓰기에는 여전히 사용하기에 전혀 어려움이 없다.

【 례(禮) 】

'예도, 예절 례(禮)' 字는 고독한 과부가 되거나 부부가 불화하고, 집안의 재산이 흩어져 망하게 되며, 육친이 무덕하고, 부부 이별수가 있다고 하여 불용문자로 분류되어 있다.

「하늘에서 일월성신(日月星辰)이 초자연적인 징조를 통해 인간에게 길흉화복을 보여주고 알려준다」는 의미의 '보일, 가르칠, 알릴 시(示)' 字는 초자연적인 대상이나 초월적인 존재 즉 신(神)을 의미한다. 그래서 사람의 지혜로는 알 수 없는 진리를 신이 깨우쳐 알게 해주실 때 「계시(啓示)를 받았다」라고 표현하게 된다.

회의문자이자 형성문자인 '례(禮)' 字는 '보일, 가르칠, 알릴 시(示)' 字와 「의식(儀式)에 쓰이는 굽 높은 그릇에 많은 음식이 담겨있는 모양을 본뜬 글자」인 '굽 높은 그릇 례(豊)' 字가 어우러져 「신에게 바칠 음식(제물)」을 의미하게 되었고, 이는 「신(示)을 향해 지극한 정성(豊)으로 제사를 지내는 인간의 기본적인 도리」 즉 '예(禮)'를 나타내고 있다.

무례(無禮)한 사람이야말로 독불장군처럼 고독할 것이며, 불화(不和)하여 함께하기 어려울 것은 지극히 당연한 얘기이다.

하지만 '예(禮)' 字를 이름에 쓴다고 「고독하고 불화하게 된다」며 궤변을 일삼는다면 '예(禮)' 字의 근본 뜻을 한번 되새겨 보길 권한다!

알고 보면 그것이 얼마나 하늘을 욕되게 하는 궤변인 것을….

오행 중 火기운은 예의(禮儀)에 밝은 특성(特性)이 있어 그 성품을 '예(禮)'라고 표현한다. 火기운은 싹싹하여 눈치가 빠르고 붙임성이 있으며 상냥하다.

또한 열정적이고 적극적이다. 이러한 좋은 의미(기운)가 '례(禮) 字'에 가득 담겨 있으므로 타고난 기운에 화기(火氣)가 필요하다면 참으로 좋은 글자이다.

단지 소리의 이미지가 오늘날에는 올드한 느낌을 주므로 이름에 제대로 적용하기에는 어려움이 있을 뿐 결코 불용문자일 수가 없는 글자이다.

【 애(愛) 】

'사랑 애(愛)' 字는 이름에서 사랑을 받게 되니 타인의 애정을 받지 못하고 무정세월을 보내게 되며, 부모형제와의 인연도 박(薄)해지고, 불륜·음란·갈등·이별…등등의 부정적인 의미가 있다고 하여 불용문자로 분류되어 있다.

정말 미신을 조장하는 이런 내용은 성명학을 욕되게 하는 황당한 궤변이 아닐 수 없다!

오늘날 쓰고 있는 '사랑'이란 말에는 의미를 달리하는 여러 가지 의미가 담겨 있다.

이성을 애틋하게 그리워하고 열렬히 좋아하는 마음 또는 그런 관계나 사람을 의미하는 「개인적 이성적 사랑」의 의미가 있고, 또 다른 사람을 아끼고 위하며 소중히 여기는 마음 또는 그런 마음을 베푸는 일을 의미하는 「이타적 사랑」의 의미도 있다.

또한 자신을 희생함으로써 실현되는 인간에 대한 신의 절대적인 사랑과 인간의 신과 이웃에 대한 「아가페적인 사랑」을 의미하기도 한다.

특히 '사랑 애(愛)' 字는 기독교의 '신망애(信望愛)' 3가지 덕목 중 으뜸으로 이는 성적(性的)인 사랑(에로스)이 아니라 헌신적(獻身的)이며 순수(純粹)한 아가페적인 사랑을 의미하는 글자이다.

글자 속에 육체(肉體)가 아닌 '마음 심(心)部'를 가지고 있는 '사랑 애(愛) 字'를 성적(性的)인 사랑(에로스), 즉 이성적 육체적 은밀한 사랑의 의미로 잘못 착각하여 부정적인 시각으로 봄으로써 '사랑 애(愛)' 字에 대해 편견을 가지게 되었던 것이라고 충분히 짐작할 수 있다.

그런데 이 '사랑 애(愛)' 字라는 한자를 쓰는 것만으로도 안 좋고 불행해진다면 실제 아가페적인 사랑을 추구하는 기독교인은 말할 것도 없고, '아가페적인 사랑을 하는 모든 사람들은 다 불행해진다'는 얘기가 되는데, 이 얼마나 논리도 근거도 없는 황당한 얘기인가?

오랜 세월 이 '사랑 애(愛)' 字 때문에 마치 자신의 운명이 더욱 불행해졌다고 믿고 한탄하거나 고민하다가 개명을 한 수많은 여성들을 한번 생각해 보라!

이처럼 잘못된 미신(迷信)이야말로 인간을 불행하게 만들 뿐이다!

애초 이런 좋은 글자를 모두가 공감할 수 있는 근거 제시도 없이 무조건 불용문자라고 낙인을 찍어 혹세무민케 하는 미신(迷信)을 만든 사람이나 또한 그것을 답습(踏襲)하는 미신가(迷信家)들은 분명히 천지(天地)가 있으니 뿌린대로 거두지 않겠는가?

'사랑 애(愛) 字'는 소리기운이 土기운이며, 자형(字形)에 '마음 심(心)部'가 있어 정화(丁火)기운이 작용하므로 火기운과 土기운을 동시에 필요로 할 경우에는 참으로 좋은 글자이지만 오늘날에는 올드한 느낌을 주므로 이름에 사용하는 경우가 드물다.

【 남(南) 】

'남녘 남(南)' 字는 부모를 일찍 여의고, 의지할 데가 없어 외롭게 된다고 하여 불용문자로 분류되어 있다.

성씨가 남씨(南氏)인 분들은 이런 근거도 없는 얘기를 들으면 섭한 정도가 아니라 황당해하지 않을까?

강한 화기(火氣)를 가진 '남녘 남(南) 字'는 타고난 기운(사주)에서 火기운이 필요한 경우에는 참 좋은 글자가 될 수 있고, 그 반대라면 몹시 안 좋은 글자가 될 수 있다.

【 성(星) 】

'별 성(星)' 字는 외로운 천상(天上)의 별처럼 일찍 과부(寡婦)가 되며, 단명(短命)하는 경우가 많다고 하여 불용문자로 분류되어 있다.

이 역시 '별(星)'에 대한 부정적인 연상에서 나온 얘기일 뿐 절대적인 근거가 있는 것이 아니므로 의미부여를 할 이유가 없다.

사실 고독함으로 말할 것 같으면 인간은 독립된 개체이므로 정도의 차이일 뿐이지 고독하지 않은 존재가 있을까? 사람이라면…

'별 성(星)' 字는 밤하늘에 빛나는 별과 같은 존재감을 가지고 있는 글자이다.

배우 신성일(申星一)씨는 한평생 밤하늘의 별처럼 빛나는 존재로 살았다.

'성(星)' 字는 소리기운이 초성(初聲)으로 보면 金기운이지만 소리 전체로 보면 '성(城)'과 동음(同音)이므로 묵직한 土기운이며, 뜻은 정화(丁火)의 기운 그리고 글자는 병화(丙火:日)와 풀과 땅의 기운(生)을 가지고 있으므로 특히 火기운과 土기운을 강하게 가지고 있는 글자이다.

이때 「하나(一)의 별(星)」을 의미하는 '일(一)' 字 역시 「별」을 의미하므로 이름의 뜻이 가지고 있는 기운은 정화(丁火)의 기운을 강하게 가지고 있는 이름이다.

【 휘(輝) 】

'빛날 휘(輝)' 字는 변화가 극심(極甚)하므로 한평생 파란(波瀾)을 거듭하게 된다고 하여 불용문자로 분류되어 있다.

이 역시 지나치게 편향된 얘기이지만 「휘」라는 소리는 흔하지 않은 소리일 수는 있지만 발음을 해보면 소리의 안정감이 떨어지는 것은 분명하다.

소리는 그 소리를 발음할 때 자신의 입모양을 보면 그 소리가 부르기 쉽고 듣기 편한 소리인지 또한 소리에 힘이 실리는지의 여부도 금방 확인해 볼 수 있다.

뜻과 글자의 기운은 강한 火기운을 가지고 있는 좋은 글자이다.

【 지(地) 】

'땅 지(地)' 字는 기초가 약하고, 삶에 변화가 많아 몸이 고되며, 노력한 만큼 성과가 돌아오지 않으며, 재화(災禍)와 조난(遭難)을 당하기 쉽고, 성공하기에는 엄청난 방해가 따르게 된다고 하여 불용문자로 분류되어 있다.

땅이란 튼튼한 기반(基盤)이 있기에 사람은 뛸 수도 있고, 차나 기차가 달릴 수도 있고, 거대한 건축물을 지어 올릴 수도 있는 게 땅인데 기초가 약하다니….

만약 땅을 의미하는 '땅 지(地)' 字가 정말 사람에게 안 좋다면 땅을 의미하는 「글자」가 아닌 실물(實物)인 땅을 날마다 밟고 다니는 이 세상 모든 사람들에게 땅은 얼마나 안 좋을 것인가?

이와 관련해서 '땅 지(地)' 字와 실물인 '땅'은 서로 전혀 별개라고 명쾌하게 모든 사람들을 납득시킬 만한 말재주(?)를 가진 미신가(迷信家)가 존재하기는 할까?

결국 「땅 위에서 살아가고 있는 모든 사람들은 불행해진다」는 이 허무맹랑한 얘기를 믿을 경우 믿는 사람만 바보가 될 뿐이다.

온갖 악취 나는 쓰레기를 삼켜 썩혀서 거름으로 만들어 다시 생산(生産)을 하는 위대한 땅 즉 대지(大地)는 그래서 산고(産苦)를 치르고 자식을 출산(出産)하는 위대한 어머니의 자애로운 품과 같다.

그래서 대지(大地)는 화평과 공존과 포용력이 있듯이 土기운의 종교인 불교도 그러하다. 반면 변혁과 심판의 기운을 가진 金기운의 종교는 전쟁과 수많은 피를 흘리지 않을 수 없었으니 기운은 거짓말을 안 하기 때문이다.

천지(天地) 즉 천(天 - 하늘, 남자, 靑木)과 지(地 - 땅, 여자, 黃土)는 함께 존엄하고 함께 위대한 존재로 차별(差別)이란 있을 수 없는 이치이다.

여기서 '땅(大地)'은 강한 土기운을 가지고 있으므로 타고난 기운에서 강한 土기운이 필요한 경우와 필요하지 않은 경우에 따라서 상대적으로 '땅 지(地)' 字의 의미가 좋은지 안 좋은지를 판단할 수 있는 글자이지 결코 불용문자일 수는 없다.

【 평(平) 】

'평평할 평(平)' 字는 만사가 뜻대로 되지 않으며, 심신이 곤고(困苦)하게 되고, 하천인(下賤人)에게 사용하는 글자이며, 주도면밀하지 못해 경솔하고, 매사 중도에 좌절되기 쉬워 재물에 실패가 많고, 삶에 역경이 많으며, 잔병치레·위장 장애·간기능 저하 등을 겪을 수 있다고 하여 불용문자로 분류되어 있다.

'평(平)' 字라는 글 한 자(字)에 이렇게 부정적인 의미로만 가득한 다양한 내용이 전혀 근거 제시도 없이 언급돼 있다는 것이 놀랍다.

이토록 고약하고 불길한 글자가 왜 「평화(平和)」나 「천하태평(天下泰平)」에도 들어가 있을까? 글자가 어떻게 쓰여 왔는지를 살펴보면 자연히 그 글자가 가지고 있는 본래의 뜻이 무엇인지를 확인해 볼 수 있다.

땅은 평평(平平)하다. 그래서 그 평평한 땅의 넓이를 표현할 때도 '평(坪)' 字로 나타낸다.

땅은 넓으며 둥근 중앙을 의미한다. 그래서 '평'이라는 소리는 강한 土기운을 가지고 있는 소리이며, 지명(地名)에 '평'이라는 소리가 붙여진 곳에는 넓은 평야(平野)가 있기 마련이다.

따라서 타고난 기운에서 강한 土기운이 필요한 경우와 필요하지 않는 경우에 따라서 상대적으로 '평평할 평(平)' 字의 의미가 좋은지 안 좋은지를 판단할 수 있는 글자이다.

【 국(國) 】

'나라 국(國)' 字는 조난(遭難)을 당하고, 박명(薄明)하며, 불행(不幸)해지고, 관재구설(官災口舌)이 많으며, 심신이 약하여 모든 일이 쇠약해진다고 하여 불용문자로 분류되어 있다.

지구촌에 있는 수많은 나라마다 '나라(國)'라는 의미의 글자를 쓰고 있는 현실에서 이제 이런 말도 안 되는 황당한 설(說)에 더 이상은 연연해하지도 의미부여도 하지 말자!

우리가 사는 세상에서 「나라」라는 의미(뜻)는 협소한 공간과는 정반대의 의미, 즉 엄청나게 넓은 공간, 넓은 땅을 의미하므로 타고난 기운에서 몹시 강한 土기운이 필요한 경우에는 참으로 좋은 글자이다.

【 산(山) 】

'뫼 산(山)'字는 고지식하고, 강직한 성격으로 자기주장이 너무 강해 남과 융화할 줄 모르고, 험준한 산을 오르듯이 생애에 고통이 많으며, 고독하고, 부부간에 다정하지 못하며, 자식 근심이 있다 하여 불용문자로 분류되어 있다.

'산(山)'에 대해서 몹시 부정적인 측면으로만 상상력을 발휘한 내용이다.

특히 「부부간에 다정하지 못하며, 자식 근심이 있다」는 이런 내용은 뇌피셜일 수밖에 없으며, 그 결과는 미신을 조장하는 일에 일조를 한 업보로부터 자유롭지 못할 것이다.

사람이 두 쪽(양쪽)을 다 보라고 두 눈이 있는 것인데, 어쩌면 이다지도 부정적인 쪽으로만 보고 치우쳤을까?

　정말 이런 미신적인 설(說)에 일희일비(一喜一悲)하는 사람이 있다면 진실과 사실보다는 전설이나 신화를 더 동경하여 추종하는 경우일 것이다.

　'산(山)'은 대토(大土)로서 무토(戊土)에 해당된다. 타고난 사주(四柱) 구성(構成)이 편굴(偏屈)하지 않다면 일반적으로 토기운이 왕성한 경우에는 중후(重厚)한 인품이 있어 모나지 않으며 넉넉한 포용력이 있다.

　'뫼 산(山)' 字는 타고난 기운에서 강한 土기운이 필요한 경우에는 참으로 좋은 글자이지만 오늘날에는 올드한 느낌을 주므로 이름에 제대로 적용하기에는 어렵지만 아호(雅號)로 쓰는 경우는 많다.

【 선(仙) 】

　'신선 선(仙)' 字는 신선(神仙)이 되기 위해 세속의 모든 욕망을 버려야 하듯이 고독하고, 재물이 따르지 않으며, 부부 이별수에 온갖 고생을 다 한다고 하여 불용문자로 분류되어 있다.

　신선(神仙)이란 우리와는 차원이 다른 초월적 존재로 이미 우리와 같은 사람이 아니다. 이름에 이 글자를 쓴다는 것은 「인간으로서의 자신의 존재를 부정하는 것」이나 다를 바 없다.

다시 말해「자신이 현실 속에서 살아가는 사람이 아닌 현실을 초월한 신적인 존재」라는 뜻을 가지고 있는 이름에 대해서 더 무슨 말이 필요하겠는가?

글자의 자형(字形)도 사람(亻)이 산(山) 속에 있어 현실을 벗어났으니 현실 속에서 뿌리를 내리며 살아가는 사람이라는 의미는 찾아볼 수가 없는 글자이다.

사람의 이름은 사람다운 것이 좋으며 바람직하다.

【 용-(龍) 】

'용- 용-(龍)' 字는 용은 실제 존재하지 않는 상상 속의 존재이므로 허영(虛榮)에 빠지기 쉽고, 운명이 박약(薄弱)하게 되며, 호사다마(好事多魔)에 인덕이 약하고, 주위로부터 경쟁·시샘·구설이 많으며, 인내하기 어려운 숱한 고생을 한 후에 크게 성공할 수도 있으나 대부분 중도에 좌절하는 경우가 많다고 하여 불용문자로 분류되어 있다.

거의 대부분의 불용문자들은 매사를 긍정적인 부분은 도외시하고 부정적인 측면으로만 보며 그것을 침소봉대하여 부풀리는 것을 능사로 알고 있는 이들의 잡설(雜說)이요 악담(惡談)일 뿐인데, 이런 허무맹랑한 얘기에 솔깃해하며 반응을 보여서 문제가 될 뿐이다.

따라서 거짓말을 하는 사람보다 그것을 믿는 사람이 더 문제라고 볼 수 밖에 없다.

'용(龍)'은 12지지(地支) 중 다섯째 지지(地支)를 의미하는데, 이름이 있다는 것은 보이든 보이지 않든 존재한다고 보는 것이 맞다. 사람의 마음도 보이지는 않지만 존재하는 것이 틀림없는 사실이듯이….

존재하지 않는 것은 쓰일 수가 없는데, 용(龍)은 12지지(地支) 중 다섯째 지지(地支)로 존재감을 가지고 있으며, 타고난 기운(사주)에서도 용띠·용달·용날로 년월일시의 지지(地支)에 '용 진(辰)' 字로 쓰이고 있다.

'용(龍)'은 계수(癸水)를 머금고 있는 진토(辰土), 즉 윤토(潤土)이므로 열토(熱土)나 조토(燥土)가 아닌 윤토(潤土)를 필요로 하는 경우에는 참으로 좋은 글자이다.

【 미(美) 】

'아름다울 미(美)' 字는 고독하며, 한 번 크게 파란곡절을 당하고, 부부운도 좋지 않으며, 허약하여 수술수가 있고, 여성은 냉증(冷症)이 있게 된다고 하여 불용문자로 분류되어 있다.

아름다움을 추구하는 것은 여성의 자연 본능적인 발로(發露)이며, 딸자식을 둔 부모의 마음도 같을 것이다.

그러다 보니 자연히 여성의 이름에 '아름다울 미(美) 字'가 많이 쓰이게 되었다.

특히 신에게 바치는 제물로서 귀하게 쓰여 온 양(羊)은 순결과 희생을 상징하기도 한다.

무리 지어 살며, 높은 곳에 오르길 좋아하는 양은 고고한 품성이 있어 자존심이 강한 만큼 간섭받기를 싫어한다. 또한 고독 대신 사색을 즐기는 품성이 학구적이다.

양(羊)은 역학에서 '여덟째 지지 미(未)' 字로 표현하고, 일년 중 음력 6월을 미월(未月) 즉 양달이라고 한다.

오행으로는 미토(未土)라고 하며, 음력 6월 즉「한여름의 뜨거운 땅」이라 해서 '열토(熱土)'라고도 한다.

따라서 '아름다울 미(美)' 字는 양기(陽氣)인 화기(火氣)와 토기(土氣)가 강하므로 타고난 기운에서 수기(水氣)가 부족하거나 화기(火氣)가 강한 경우에는 쓰지 않는 것이 좋으며, 만약 화기(火氣)와 토기(土氣)를 동시에 필요로 할 경우에는 참으로 좋은 글자가 된다.

【 부(富) 】

'부자 부(富)' 字는 빈천(貧賤)하게 되며, 단명(短命)하게 되고, 호사다마(好事多魔)가 되어 복(福)이 깨어지며, 뜻밖의 재앙(災殃)으로 말년이 쓸쓸해지고, 재물이 물처럼 새어나가므로 경제적 고충이 많게 된다 하여 불용문자로 분류되어 있다.

「꿈은 현실의 반대」라는 주장이 과연 얼마나 절대적인 근거와 설득력을 가지고 있을까? 아직까지 명확하게 밝혀진 바는 없지만 분명한 것은 우여곡절이 많은 세상에서 그렇게나마 긍정적으로 좋게 해석하고 믿고 싶은 바람은 누구나 가지고 있으며, 그 간절한 바람을 표현한 것이라고 생각한다.

하지만 안 좋은 꿈을 정반대로 해석해서 긍정적으로 대처하려고 하는 것은 충분히 이해가 가지만 좋은 꿈까지 정반대로 해석해서 불안과 근심을 껴안으려고 하는 것은 「꿈은 현실의 반대」라는 주장을 백프로 믿지 않고서는 도저히 이해하기가 어렵다.

그런데 「꿈은 현실의 반대」라는 주장처럼 과연 모든 꿈이 그렇게 다 맞아떨어졌다는 절대적인 결과를 아직까지 보여 준 이도 보고 들은 이도 없는데 너무 오버 아닐까?

많은 불용문자들 역시 한결같이 좋은 글자의 뜻과는 정반대로 부정적으로만 보는 경향이 지배적인 것을 볼 때 그렇게나 부정적으로 치우친 시각으로 쏟아낸 악담(惡談)들에 대해서는 눈곱만큼의 관심도 의미도 가질 이유도 필요도 없다고 생각한다!

회의문자인 '부(富)' 字는 '집 면(宀)' 字와 '찰 복(畐)' 字가 결합하여 「술단지에 술 또는 물건이 가득 차 있음」을 나타내므로 「집에 재물이 가득 있음」을 의미하게 되었다.

따라서 타고난 기운(사주)에서 재물운(財物運)을 강하게 보강해줘야 할 경우에는 참으로 좋은 글자이다.

【 복(福) 】

'복 복(福)' 字는 이름에 행복(幸福)이 들어 있으므로 이와는 반대로 모든 일이 파멸(破滅)하게 되며, 노력도 하기 전에 그저 하늘의 복만을 구한 탓인지 도리어 천박하게 되고, 곤궁 속에 금전적으로 실패하는 경우가 많으며, 특히 여성은 남편덕이 없게 된다고 하여 불용문자로 분류되어 있다.

노력도 하기 전에 그저 하늘의 복만을 구한 탓인지 → 그럼 노력을 한 다음에 - 어느 정도(?) - 복(福) 자를 사용해야 된다(?) → 갓 태어난 아기가 뭔 노력을(?) → 이런 주관적인 견해를 전제로 해서 멋대로 불행한 결과가 따르게 된다는 귀신 씨나락 까먹는 소리를 아직도 믿고 싶은지….

회의문자인 '복 복(福)' 字는 신(神)을 의미하는 '보일 시(示)' 字와 '찰 복(畐)' 字가 결합하여 「신에게 술이 가득한 술단지를 바치고 있음」을 나타내고 있다.

'복 복(福)' 字는 글자의 뜻이 「복(福)을 받기 전에 먼저 신에게 정성을 다하는 마음과 행위가 담겨 있는 글자」인데 마치 무임승차하는 얌체족 취급을 해서 악담을 한다는 것은 - 글자의 뜻조차도 제대로 파악하지 않았다는 얘기 - 이야말로 어이상실이 아닌가!

'복 복(福)' 字는 정성을 다하는 마음과 행위를 하늘에 보이면서 행복하게 잘 살기를 바라는 기원이 담겨있는 좋은 글자이다.

단지 소리의 이미지가 오늘날에는 올드한 느낌을 주므로 이름에 제대로 적용하기에는 어려운 글자이다.

【 중(仲) 】

'버금 중(仲)' 字는 불행(不幸)하며, 고독(孤獨)하고, 남의 모략(謀略)을 받게 된다고 하여 불용문자로 분류되어 있다.

회의문자인 '버금 중(仲)' 字는 '사람 인(人)' 字와 '가운데 중(中)' 字가 결합하여 '으뜸' 다음인 '버금'과 '둘째, 중간'을 나타내고 있다.

이 글자는 '둘째'를 뜻하므로 둘째가 쓸 수 있는 글자이며, 특히 뜻과 글자 그리고 소리가 '중간'을 의미하므로 강한 土기운이 필요한 경우에 쓰면 좋은 글자이다.

【 진(眞) 】

'참 진(眞)' 字는 화란(禍亂)과 불행(不幸)으로 사사건건(事事件件) 엎어지고 자빠진다고 하여 불용문자로 분류되어 있다.

매사를 꿈 해몽식으로, 즉 반대로 부정적으로 보는 것은 전혀 근거로 볼 수도 없고, 또한 근거가 될 수도 없다.

이렇게나 뜻이 흉(凶)한 글자를 현실에서는 왜 그렇게나 중요한 의미로 많이 쓰고 있을까?

그것은 시시각각 변하는 불안한 세상에서 변하지 않는「참, 진리(眞理), 진실(眞實)」이라는 뜻이 너무 좋기 때문이다. 안정감을 느끼며 마음을 붙일 수 있기 때문에…

회의문자인 '眞' 字는 사방팔방(八) 어느 곳에서 보더라도(目) 올바른 것으로「참」을 뜻한다고 본다. (디지털 한자사전 e-한자)

'眞' 字는 '될 화(化)' 字의 고자(古字 : 匕), '숨을 은(隱)' 字의 고자(古字 : 乚), 八(丌의 省文)의 회의자(會意字)로, 사람이 도(道)를 닦아 신선(神仙)으로 변하여 하늘로 올라간 사람이란 뜻이다. 도를 깨친 사람에서「참되다」의 뜻이 되었다. 선인(仙人)을 진인(眞人)이라고도 칭함에서도 알 수 있다.
(상용한자 자원풀이, 진태하 著)

「참, 진리(眞理)」라는 뜻은 어둠을 밝혀 주고 어리석음을 깨우쳐주는 한량없이 좋은 뜻을 가지고 있는 글자이므로 어느 한 가지 오행의 기운으로 한정할 수 없으므로 누구라도 쓸 수 있는 참으로 좋은 글자이다.

【 추(秋) 】

'가을 추(秋)' 字는 금기(金氣)가 태왕(太旺)하여 만물(萬物)을 숙살(肅殺)하게 되니 강폭(强暴)해져 불길해지며, 쓸쓸히 떨어지는 낙엽처럼 고독하고, 일시적 성공은 있으나 곧 정상의 자리에서 밀려나게 되며, 부부간에 정이 부족하게 된다고 하여 불용문자로 분류되어 있다.

가을은 숙살지기(肅殺之氣)인 금기(金氣)가 작용하여 모든 것을 정리(심판)하는 시기, 즉 추수의 계절이므로 결실의 기쁨과 함께 결실 뒤에 오는 공허함도 같이 느끼게 되는 계절이다.

마치 늦가을 산천을 형형색색 아름답게 물들이는 단풍에 흠뻑 취했다가 곧이어 떨어져 구르는 낙엽을 보며 쓸쓸함에 노을 진 석양을 바라보게 되는 시기이다.

　회의문자인 '추(秋)' 字의 갑골문을 보면 '禾' 字가 아닌 메뚜기가 그려져 있었다. 이것은 메뚜기를 구워 단백질을 보충하던 시기를 표현한 것이다. 그러니까 본래「가을은 메뚜기를 구워 먹는 계절」이라는 뜻이었다. 그러나 소전에서 메뚜기가 아닌 '禾' 字가 쓰이면서「수확의 계절인 가을」을 뜻하게 되었다. (출처 : [한자로드(路)] 신동윤)

　'가을 추(秋)' 字의 뜻기운은 金기운이 강하게 작용하는 계절을 의미하므로 소리와 글자도 기운도 뜻기운을 따라 金기운으로 통일이 된다.

　따라서 타고난 기운(사주)에서 강한 金기운이 필요한 경우에는 참으로 좋은 글자이지만 '추'라는 소리의 어감이 다른 소리와 편안하게 어우러지기가 쉽지 않아 이름에 제대로 적용하기에는 어려움이 있다.

【 경(庚) 】

　'일곱째 천간 경(庚)' 字는 인덕이 따르지 않고, 앞길에 막힘이 많으며, 고독하고, 신체가 허약하며, 교통사고가 나거나 수술 등의 흉터를 지니게 되고, 가정도 우울해지며 삶의 신고(辛苦)가 많으나 군인·경찰·법률·의학 계통에 종사하면 흉을 면할 수 있다고 하여 불용문자로 분류되어 있다.

역학(易學)에서 10개의 '천간(天干)'과 12개의 '지지(地支)'는 마치 베를 짜는 베틀의 날줄과 씨줄의 관계처럼 서로 어우러져 만물을 이루어낸 근본 이치로서, 「천간은 사람의 정신」과 같고 「지지는 몸」과 같으니 이 둘이 합하여 온전한 사람을 이룬 것처럼 우주를 이루었다고 보고 있다.

그래서 십간(十干)과 십이지(十二支)의 소리·글자란 신령(神靈)한 의미(=기운)를 가지고 있다. 그저 사주팔자를 볼 때나 써먹는 단순한 소리·글자가 아니다.

진실로 역학을 공부하거나 특히 이를 업(業)으로 한다면 '천간 경(庚)' 字를 흉(凶)한 글자라고 잘못 말하는 무지(無知)를 범해서는 안 될 것이다.

만약 '경(庚)' 字가 이름에 써서는 안 되는 흉한 글자라고 한다면, 태어난 날의 천간(天干) 즉 자기 자신이 경금(庚金)인 날에 태어난 사람들, 또한 운(運)에서 경금(庚金)기운이 작용하는 사람들은 모두 불길(不吉)해진다는 얘기(?)가 되는데, 이러한 황당한 논리를 건전한 상식을 가진 이라면 누가 받아들이겠는가!

'천간 경(庚)' 字는 강한 경금(庚金)기운을 가지고 있으므로 이 경우도 타고난 기운에서 金기운이 필요한 경우와 필요하지 않은 경우에 따라서 상대적으로 '천간 경(庚)' 字의 의미가 좋은지 안 좋은지를 판단할 수 있는 글자이다.

【 철(鐵) 】

'쇠, 단단할, 굳셀 철(鐵)' 字는 불행(不幸)하고, 불성(不成)하며, 부진(不振)하고, 성품은 영리하고 민첩하지만 성질이 난폭해지기 쉬우며, 업무에 손재(損財)와 재난(災難)이 따르고, 학업운(學業運)이 약하며, 생각없이 처신해서 화근(禍根)을 자초(自招)한다고 하여 불용문자로 분류되어 있다.

'철'이라는 소리기운은 음령오행으로 볼 때에도 金기운(ㅊ받침)이 작용하지만 소리 그 자체, 즉 소리 전체의 의미로 볼 때에도 '철'이란 소리는 강한 金기운을 가지고 있으며, 뜻(字意)과 자형(字形)에서도 강한 金기운을 가지고 있다.

타고난 기운에서 金기운이 많이 필요한 경우에는 차(車)를 타면 편안하고, 오랫동안 운전을 해도 별로 피곤한 줄을 모른다.

반면에 金기운이 크게 맞지 않는 경우에는 차(車)를 무서워하고, 오래 타면 많이 피곤해지게 된다.

이처럼 '차(車)'든 '철(鐵)'이란 글자든 金기운이 필요한 사람에게는 좋게 작용되는 것이 오행의 이치이다.

그런데 누구든지 '철(鐵)'이란 글자를 사람 이름에 쓰면 안 좋다고 하는 것은 너무나 주관에 치우친 편견이요 망상일 뿐이다.

따라서 타고난 기운에서 金기운이 필요한 경우와 필요하지 않은 경우에 따라서 상대적으로 '쇠, 단단할, 굳셀 철(鐵)' 字의 의미가 좋은지 안 좋은지를 판단할 수 있는 글자이다.

【 은(銀) 】

'은 은(銀)' 字는 여난(女難)을 만나게 되며, 평생 사업이 중단(中斷)되는 경우가 많다고 하여 불용문자로 언급이 되어 있지만 그렇게 보지 않는 견해도 있어 의견이 나뉘는 글자이다.

몸에 은(銀)반지든 은(銀)목걸이든 은(銀)귀걸이든 지니는 사람마다 너도 나도 불상사가 생기고 불행해졌다면 특히 모든 여성들에게는 삽시간에 기피대상 1호의 '재수 옴붙은 보석'이라고 소문이 났을 것이다.

그 결과 은(銀)값의 대폭락 정도의 문제가 아니라 1급 발암물질인 석면보다도 더욱더 인체에 유해한 금속으로 분류되어 누구도 은(銀) 근처에 가지도 않는 불문율이 이미 관습이 되어 내려왔을 터이고, 독극물처럼 엄격한 법적인 단속과 격리의 대상이 되었을 것이다.

실제 '은 은(銀)' 字는 金기운이 필요한 경우에는 아주 좋은 「소리·뜻·글자」의 기운을 가지고 있는 한자이며, 반대로 木기운이 필요한 경우에는 아주 나쁜 「소리·뜻·글자」의 기운을 가지고 있는 글자가 된다.

이처럼 상대적인 의미를 가지고 있는 멀쩡한 글자를 주홍글씨처럼 글자에 불행(不幸)의 낙인(烙印)을 찍어 미신(迷信)을 조장(助長)하는 업보(業報)는 더 이상 짓지 않는 것이 모두를 위해서 바람직한 일이다.

【 옥(玉) 】

'구슬 옥(玉)' 字는 재산(財産)이 흩어지고, 박명(薄命)하며, 고독(孤獨)해지고, 부부 사이에 가정불화가 많아지며, 신경이 몹시 예민해지고, 항상 근심 걱정이 떠나질 않으며, 조난(遭難)·객사(客死)·단명(短命)을 초래(招來)한다고 하여 불용문자로 분류되어 있다.

옥(玉)은 귀한 보석이라 아득한 옛날부터 높은 신분과 권위를 나타내는 용도로 많이 쓰였다. 만약 옥(玉)이 불길한 보석이었다면 그 오랜 세월 애지중지했겠는가?

'구슬 옥(玉)' 字는 타고난 기운(사주)에서 강한 金기운이 필요한 경우에는 참으로 좋은 글자이지만 '옥'이라는 소리의 어감이 오늘날에 와서는 올드한 느낌으로 인해 여아들 이름에 적용하기는 어렵다.

【 진(珍) 】

'보배 진(珍)' 字는 보배란 세상에 좋은 물건이지만 이와 반대가 되면 도리어 천박한 물건이 되듯이 천민(賤民)이 된다고 하여 불용문자로 분류되어 있다.

사물을 있는 그대로 보지 못하는 것도 큰 병(病)이 아닐는지?

회의문자인 '보배 진(珍)' 字는 부수에 귀한 구슬 옥(玉)를 넣어 「보배」라는 뜻으로 만들어졌으며, 보배처럼 드물게 「맛있는 음식」을 의미하기도 한다.

'보배 진(珍)' 字는 소리기운이 습토(濕土)기운인 강한 진토(辰土)기운이 작용하며, 뜻과 글자의 기운은 구슬 옥(玉) 즉 강한 金기운을 가지고 있으므로 타고난 기운(사주)에서 강한 土·金기운이 필요한 경우에는 참으로 좋은 글자이다.

【 석(石) 】

'돌 석(石)' 字는 불성(不成)하며, 불신(不伸)하게 되니 매사(每事)에 실패(失敗)하게 되고, 일에 좌절이 많아 재물 모으기가 힘이 들며, 다소 우직하고 고집이 세며 융화력이 없어 대인관계에 처세가 불편하고, 자식 농사가 잘 안 되고 부부 애정운마저 허약하여 가정에 찬기류가 흐르는 글자라고 하여 불용문자로 분류되어 있다.

만약 '돌 석(石)' 字가 말을 한다면 「왜 가만히 있는 '돌 석(石)' 字를 가지고 멋대로 소설을 쓰고 있냐?」고 항의를 할 것 같지 않은가?

'돌 석(石)' 字는 소리·뜻·글자의 기운이 강한 金기운을 가지고 있으므로 타고난 기운(사주)에서 강한 金기운이 필요한 경우에는 참으로 좋은 글자이다.

하지만 「머리가 안 좋다」는 선입견과 '돌'이라는 소리가 주는 어감이 아이들 이름에 쓰이기가 어려운 점이 있으나 아호로는 거리낌 없이 쓸 수 있다.

【 의(義) 】

'옳을 의(義)' 字는 모든 일의 진행이 순조롭지 않으니 장애가 생겨 효과를 볼 수 없게 되며, 인덕과 배우자덕이 없어 고독하며, 불행해진다고 하여 불용문자로 분류되어 있다.

사사로운 이해득실을 떠나 「올바르고 의로움」이란 큰 뜻을 가지고 있는 글자를 놓고 뇌피셜로 이러쿵저러쿵하는 것은 글자의 뜻이 가지고 있는 격(格)에는 전혀 맞지 않다.

'옳을 의(義)' 字는 오행(五行) 중 金기운의 성품(性品)을 나타낸 것으로 타고난 기운(사주)에서 강한 金기운이 필요한 경우에는 참으로 좋은 글자이다.

하지만 사사로운 개인의 행복추구에 진심인 경우에는 사용하지 않는 것이 좋겠다.

【 신(伸) 】

'펼 신(伸)' 字는 인덕(人德)이 없고, 노력한 만큼 결과가 따르지 않으며, 자손(子孫)을 극(克)하고, 고독해진다고 하여 불용문자로 분류되어 있다.

'펼 신(伸)' 字는 「사람이 자신의 의지나 포부를 넓게 펼친다」는 적극적이고 진취적인 좋은 뜻을 가진 글자인데, 여기에다가 재를 뿌리는 것도 아니고….

회의문자인 '펼 신(伸)' 字는 '사람 인(人)' 字와 '펼 신(申)' 字가 결합한 모습이다. 따라서 「사람이 능력을 발휘하여 펼친다」라는 뜻을 가지고 있다.

'펼 신(伸)' 字는 소리기운이 여덟째 천간(天干)인 신금(辛金)과 아홉째 지지(地支)인 신금(申金)과 동음(同音)이며, 또한 글자에도 신금(申金)이 들어 있으므로 타고난 기운(사주)에서 신금(辛金, 申金)기운이 필요한 경우에는 참으로 좋은 글자이다.

【 신(新) 】

'새 신(新)' 字는 고독(孤獨)하고, 곤고(困苦)하며, 병약(病弱)하게 되고, 새 것에는 쉽게 때가 잘 타듯이 타인의 중상모략이 종종 있게 되며, 풍파(風波)도 많고, 신체가 허약하게 되어 장수(長壽)할 수가 없게 된다고 하여 불용문자로 분류되어 있다.

새로운 시작이란 대개의 경우 성공에 대한 기대감과 실패에 대한 불안감을 안고 시작하지만 사실 성패(成敗)의 결과를 어느 한쪽으로 예단할 수는 없다.

그럼에도 불구하고 주저리주저리 잡담도 아닌 악담만을 늘어놓고 있으니 사고(思考)가 경도(傾倒)된 사람의 말은 새겨들을 만한 가치가 없는 경우와 다를 바가 없다.

'새 신(新)' 字는 소리기운이 여덟째 천간(天干)인 신금(辛金)과 아홉째 지지(地支)인 신금(申金)과 동음(同音)이며, 또한 글자에도 신금(辛金)과 근(斤)이 들어 있으므로 타고난 기운(사주)에서 신금(辛金, 申金)기운이 필요한 경우에는 참으로 좋은 글자이다.

사람의 이름에 쓰는 경우는 드물지만 상호(商號)에는 많이 쓰는 글자이다.

【 분(分) 】

'나눌 분(分)' 字는 자신에게 주어진 복(福)마저 반으로 감소하게 되고, 이동수가 잦으며, 객지에서 고생하고, 타인의 덕도 별로 없는 데다가 배우자 복도 없어 부부 이별수가 있으며, 모아두었던 금전마저도 뿔뿔이 흩어진다고 하여 불용문자로 분류되어 있다.

회의문자인 '나눌 분(分)' 字는 사물이 둘로 나누어진 모습을 그린 '나눌 팔(八)' 字와 '칼 도(刀)' 字가 결합하여 「물건을 반으로 나누었다」는 뜻을 가지게 되었다.

봉사적인 삶을 추구하는 경우에는 쓸 수 있겠으나 자신의 삶에 충실하기를 원하는 경우에는 사용하기가 부적합한 글자라고 볼 수 있겠다.

'나눌 분(分)' 字는 오랜 옛날에는 여성 이름에 쓰는 경우가 있었으나 오늘날에 와서는 거의 쓰지 않는 글자이다.

【 분(粉) 】

'가루 분(粉)' 字는 과부운(寡婦運)을 면하기 어려우며, 신체장애가 있고, 바람에 이리저리 흩날리듯 마음 중심이 약해지며, 정처없는 불안정한 생활 속에서 애정에 파란이 많아 결혼생활이 순탄치 못하고, 항상 경제적 어려움으로 삶이 고달프게 된다고 하여 불용문자로 분류되어 있다.

봉사적인 삶을 추구하는 경우에는 쓸 수 있겠으나 자신의 삶에 충실하기를 원하는 경우에는 사용하기가 부적합한 글자라고 볼 수 있겠다.

콩가루는 고소하지만 콩가루가 집구석과 어울리면 막장이 되고, 쌀가루는 빵이나 떡을 만들어 먹을 수는 있지만 사람의 인격에는 어울리지 않듯이 무릇 「가루」라는 이미지는 응집력이 없어 흩어져버리게 되므로 이름에 사용하는 것은 불가하다.

'가루 분(粉)' 字는 오랜 옛날 잘 몰라서 혹 이 글자를 이름에 쓴 경우가 있을 수는 있겠으나 여성 이름에 사용하는 것은 몹시 바람직하지 못한 글자이다.

【 동(冬) 】

'겨울 동(冬)' 字는 북풍한설(北風寒雪) 눈보라 치는 겨울엔 산천초목(山

川草木)이 얼어붙듯이 위축되므로 하는 일마다 실패가 많고, 가정에도 냉기가 흘러 부부 갈등 속에 이별수까지 있으며, 고생·부상·수술 등을 초래하고, 여성인 경우 생식기 계통에 질환이 있을 수 있다고 하여 불용문자로 분류되어 있다.

이 경우도 역시 겨울이란 계절의 부정적인 측면만 더 강조되고 부풀려진 내용이다.

타고난 기운(사주)에서 추위도 겨울(水기운)이 더 편하고 좋은 경우에는 참 좋은 글자이다.

너무 춥다는 의미만으로 '겨울 동(冬)' 字를 '여름 하(夏, 昰)' 字처럼 일반화시켜서 몹쓸 글자로 만들어버리는 것은 새겨들을 가치가 전혀 없다.

【 해(海) 】

'바다 해(海)' 字는 변화무쌍(變化無雙)한 바다처럼 인생행로에 파란곡절이 많고, 재물이 새어나가며, 특히 여성은 고단한 삶 속에서 애정운과 자녀운이 약해진다고 하여 불용문자라고 분류되어 있다.

생명체에 필수적인 원소들이 화학적인 결합을 통해 생명체를 형성하기 위해서는 물 분자의 역할이 가장 중요하며, 이는 생명체가 탄생하기 위해서는 물이 반드시 필요하다는 의미가 된다.

이러한 사실은 「바다에서 생명의 기원이 시작되었다」는 학설을 뒷받침해주는 증거가 되며, '바다 해(海)' 字 역시 문자로서 그 사실을 밝혀주고 있다.

'해(海)' 字를 풀어보면, 「물(氵)에 사람(人)의 어미(母) 즉 생명의 기원이 있음」을 의미한다.

음양(陰陽) 중 음(陰)에 속하는 물(氵)은 검고 어두우므로 '검을 현(玄)' 字를 붙여 '(물이) 깊고 넓을 현(泫)' 字로 나타낸다.

'바다 해(海)' 字는 엄청나게 강한 水기운을 가지고 있으므로 타고난 기운에서 강한 水기운이 몹시 필요한 경우와 필요하지 않은 경우에 한해서 상대적으로 '바다 해(海)' 字의 의미가 좋은지 안 좋은지를 판단할 수 있는 글자이다.

【 설(雪) 】

'눈 설(雪)' 字는 부부가 이별하게 되며, 근심과 고통을 면하기 어렵고, 일찍 한쪽 부모를 잃거나 육친간에 무덕(無德)하며, 돈이 잘 모이지 않고, 특히 여성은 이별수가 있고 고독하게 된다 하여 불용문자라고 분류되어 있다.

　사물을 한쪽으로만 볼 경우 편견이 생기게 되고, 그로 인한 부정적인 뇌피셜이 작동하기 시작하여 만족감이 들 때까지 끝도 없이 망상(妄想)의 나래를 펼치다 보면 어느샌가 미신(迷信)이라는 수렁에 빠지고 만다.

　이건 '차가운 눈이 내리는 추운 겨울'을 생각하며 긍정이 아닌 부정적인 시각으로만 떠올린 망상(妄想)에서 건져낸 불안과 근심을 퍼트리는 미신일 뿐!

　눈이 내려 쌓인 '설경(雪景)'을 보는 감회가 사람마다 크게 남다르지 않을 것이다! '눈이 내리면' 온갖 더러움도 쓰라린 상처도 다 덮어 버리고 깨끗한 새로운 세상이 되듯이 '눈'은 「새로 태어남」을 의미하는 강한 상징성(象徵性=기운)이 있다.

　역학에서 '흰눈'은 金기운이다. 그래서 약한 수기(水氣)를 도와주며, 강한 목기(木氣)를 다스려주고, 강한 화기(火氣)를 식혀주는 소중한 기운이다.

　따라서 金기운이 자신의 타고난 기운(四柱)에 맞다면 얼마든지 사용할 수 있는 글자이다.

【 순(順) 】

'순할 순(順)' 字는 하천(下賤)하며, 고독하고, 신경이 예민해지며, 일시적인 성공은 있으나 실패가 따르고, 가정에 파란(波瀾)을 면하기 어려워 부부 사이에 이별수가 있으며, 중년말(中年末)부터 불운 속에 곤궁하게 지내는 수가 많게 되고, 냉증(冷症)이나 잔병치레 및 관절계통에 문제가 있을 수 있다고 하여 불용문자로 분류되어 있다.

순리(順理)대로 순응(順應)하며 살아가는 뜻과 기운으로 가득한 글자를 놓고 이 무슨 망상일까?

회의문자로 '내 천(川)' 字와 '머리 혈(頁)' 字 결합한 모습으로 물이 머리 위에서부터 아래로 순리(順理)대로 흐른다는 데서 「순하다」는 뜻을 가지게 되었다.

물(水)의 성품(性品)이자 특성(特性)은 순리(順理)를 따르는 지혜로움(智)에 있다.

타고난 기운(사주)에서 水기운(川)과 木기운(頁)이 필요한 경우에는 좋은 글자이지만 오늘날에는 올드한 느낌을 주므로 이름에 사용하는 경우가 거의 드물다.

【 숙(淑) 】

'맑을 숙(淑)' 字는 천성은 고결하고 착하지만 고집이 지나치게 강하고, 육친의 덕이 부족하며, 애정문제로 고민이 많고, 결혼 후에도 부부간에 의견대립과 이상의 차이로 이별수가 있으며, 고독과 풍파가 겹치게 된다고 하여 불용문자로 분류되어 있다.

이 세상에 태어나 승승장구만 하는 경우란 있을 수가 없으며, 누구나 또한 어느 가정이든 우여곡절과 기복이 있기 마련이다. 아무리 크게 성공한 극소수라 할지언정….

과거 여성들 이름에 돌림자도 아니건만 형제간의 우애와 동질감을 가진 이름을 선호하다 보니 자연히 참으로 많이도 쓰였던 글자들 중에 '맑을 숙(淑)' 字도 있었다.

대부분의 부모 입장에서는 우리 소중한 딸이 「맑고 깨끗하게」 잘 자라 풍파없이 행복하게 잘 살아가기를 바라는 마음이 담긴 이름들이었다.

부모의 그러한 염원(念願)이 담겼던 글자에 재를 뿌리지 말자!

글자의 기운이 타고난 기운(사주)에 맞고 안 맞고에 따라서 쓰면 좋고 안 좋고가 나누어지는 상대적인 의미를 가지고 있는 글자들에 대해서 몹쓸 짓을 하지 말자!

사실 사람이름에 도저히 쓸 수 없는 불용문자(不用文字)는 거의 대부분 우리 모두가 다 알고 있는 글자들이다.

그 기준은 글자의 뜻이 흉측하거나 부정적이거나 또는 인격체인 사람의 이름에 적합하지 않은 뜻을 가지고 있거나 글자의 뜻이나 자형(모양)이 몹시 약한 경우이다.

예를 들면 죽을 사(死), 일찍 죽을 요(夭), 미칠 광(狂), 질병 병(病), 귀신 귀(鬼), 망할 망(亡), 아이 밸 임(妊), 기울어질 경(傾), 범할 범(犯), 약할 약(弱), 싹 아(芽), 게으를 만(慢)… 등등.

'맑을 숙(淑)' 字는 「흐르는 맑고 깨끗한 물」을 의미하므로 강한 水기운을 가지고 있는 글자이다.

따라서 타고난 기운(사주)에서 水기운이 필요한 경우에는 좋은 글자이지만 올드한 느낌 때문에 오늘날 아기들 이름에는 사용하기가 어렵다.

【 운(雲) 】

'구름 운(雲)' 字는 구름은 모였다 흩어졌다 하므로 재물도 그와 같은 형국이 되며, 바람 부는 대로 흘러가는 뜬구름처럼 중심이 약하고, 구름이 모여 비가 되어 사라지듯이 재물이 새어나가고, 색정(色情)으로 인한 어려움이 따른다고 하여 불용문자라고 분류되어 있다.

구름은 하늘 높은 곳에 떠 있으므로 '운(雲)' 字는 높음을 뜻하기도 하지만 금세 사라지기도 하기에 덧없는 것으로 비유되기도 한다.

정처(定處)가 없는 것이 구름이므로 이름에 사용하기보다는 자유분방하게 재능을 발휘하는 문인이나 예술가의 아호(雅號) 그리고 법명(法名)에 사용할 수 있는 글자이다.

【 천(川) 】

'내 천(川)' 字는 고독(孤獨)하고, 곤궁(困窮)하며, 가족을 이별(離別)하게 된다고 하여 불용문자라고 분류되어 있다.

'내 천(川)' 字는 물이 굽이쳐 흐르는 모습을 형상화한 상형문자로 하천을 따라 흐르는 물이 잘 표현되어 있다.

생명과 문명의 발상지가 다 물에서 시작되었듯이 썩지 않는 흐르는 물이 있는데 게으르지 않은 다음에야 어찌 곤궁해질 수 있겠는가?

또한 고정되어 있지 않은 흐르는 물이 고독할 틈이 있겠는가?

때가 되어 가족 간에 이별하지 않는 가족이 어디 있겠는가? 올 때는 순서가 있었지만 갈 때는 순서도 없는 게 우리 인생 아니던가?

강한 수기(水氣)를 가지고 있는 '내 천(川)' 字는 水기운이 필요한 경우에 좋은 글자이지만 오늘날에는 올드한 이미지로 신생아 이름에 쓰는 경우는 거의 드물다.

【 민(敏) 】

'민첩할 민(敏)' 字는 허약하고, 고독해지며, 평생 불안해지고, 성격이 예민하며, 노력에 비해 결과가 적다고 하여 불용문자라고 분류되어 있다.

단순한 농경사회가 아닌 각종 스트레스가 넘쳐나는 복잡한 현대사회에서 예민한 면이 없이 무디기만 한 경우란 극히 드물 것이며, 또한 엄청난 경쟁 속에서 노력한 만큼 결과가 따른다면 이는 큰 성공이 아니겠는가?

그러므로 '민(敏)' 字를 이름에 쓰든 쓰지 않든 이와는 상관없이 앞서 언급된 내용 중 「예민하고 노력에 비해 결과가 적다」라는 경우에 해당하는 사람은 당연 지극히 많을 수밖에 없다.

대개의 불용문자가 그러하듯이 '민(敏)' 字 역시 이러한 주장을 뒷받침해줄 분명한 이론적 근거에 대한 언급은 다른 경우와 마찬가지로 전무(全

無)하다.

'민(敏)'字를 풀어보면, 「사람(人=자식)의 어미(母)가 한결같이 늘(每) 훈육(攵→又)함」을 의미한다. 그래서 '민첩하다, 총명하다'라는 뜻을 가지게 되었다.

혹 '(손으로) 치다, 채찍질하다(攵=攴)'라는 의미만을 지나치게 확대해석하여 이를 학대 또는 변태를 의미하는 부정적인 뜻을 가진 글자로 단정하여 주장하는 경우가 있으나 '민(敏)'字에는 '어미 모(母)'字가 들어 있으므로 '훈육(攵=攴)함'을 의미하는 뜻으로 보는 것이 맞다고 생각한다.

만약 그렇지 않다면 「어미(母)로부터 학대(攵=攴)를 받아 영리해지고 총명해진다」는 궤변을 우리는 인정해주는 꼴이 된다.

'민(敏)'字는 「어머니」를 의미하는 뜻(기운)이 강한 글자이다.

역학(易學)에서 자신을 도와주는 오행의 기운을 인성(印星)이라 하며, 이는 자신을 낳아주신 어머니, 학업, 문서를 의미한다.

따라서 역학적인 관점에서 봤을 때 자식의 교육은 「엄마」의 역할이 가장 크다고 볼 수 있으며, 자연 동서고금에는 이와 관련된 고사나 일화가 많다.

'맹모삼천지교(孟母三遷之敎)'의 고사(故事) 중 '삼천(三遷)'의 의미에서 자식교육에 관한 「적극적인(본능적인) 모성(母性)의 면모」를 맹모(孟母)는 일관되게 보여 주었다.

맹모(孟母)의 자식을 향한 지극정성(至極精誠)에 답하듯 맹자는 결과적으로 정치적 사상적 대 혼란기에 인의(仁義)의 왕도정치사상을 정립하였으며, 커다란 학문적 성취를 이루고 84세를 일기로 성공적인 삶을 살다 갔다.

【 효(孝) 】

'효도 효(孝)' 字는 부모 형제의 덕이 없고, 매사 불성(不成)하며, 성품은 충직(忠直)하나 가정이 적막(寂寞)해지고, 운(運)이 하락(下落)이 되어 고생을 한다고 하여 불용문자라고 분류되어 있다.

'효(孝)' 字는 '늙을 노(耂)' 字와 '아들 자(子)' 字가 결합한 글자로 아들이 늙은 부모를 등에 업은 것과 같은 모습이다.

'효도 효(孝)' 字의 뜻으로 볼 때 부모님의 은혜에 감사할 줄 아는, 자식다운 자식 즉 선하고 아름다운 본성을 가지고 실천하는 훌륭한 인격(人格)을 의미하므로 어느 한 가지 오행의 기운으로 구분하기는 어렵다.

따라서 근거도 없는 설(說)에 의미부여를 하지 않는다면, 효심(孝心)을 소중히 여겨 이름에도 반영하고 싶은 경우에는 얼마든지 사용할 수 있는 좋은 글자이다.

【 길(吉) 】

'길할 길(吉)' 字는 이름에서 길(吉)하게 되므로 행복(幸福)을 받지 못하게 되며, 다정한 성품이나 매사 말뿐이고, 업무(業務)가 부진(不振)하며, 곤궁(困窮)하다. 주거가 안정되지 못하고, 주색(酒色)을 조심해야 하며, 가정운이 쇠약(衰弱)해지며, 조난(遭難)·교통사고·형액(刑厄)을 초래(招來)하기 쉽고, 천박(淺薄)하여 인품이 고상하지 못하다고 하여 불용문자라고 분류되어 있다.

인간은 고약한 버릇이 있다. 거짓 없는 자연처럼 있는 그대로 보지 않고 정반대인 부정적으로만 보거나 비틀거나 꼬거나 뒤집거나….

그렇게 보면, 그렇게 하면 불안감이 가라앉고 속이 편안해지는지는 알 수 없으나 그렇다면 그 속은 정상이 아닌 속이다.

성씨(姓氏)가 길(吉)씨인 분들이 몰라서 그냥 넘어갔지 만약 제대로 알게 되었다면 「우리 성씨를 욕되게 하는 이런 말 같지도 않은 얘기의 근거를 대라!」고 윽박지르면서 큰 소리를 낸다면…

그때는 근거는 못 대고 성씨와는 무관하고 이름에 쓸 경우에만 그렇다고 구차한 변명을 할 것인가!

만약 글자 자체가 그런 부정적인 의미를 가지고 있다면 성씨이든 이름이든 그것과 무슨 상관이 있겠는가?

회의문자인 '길할 길(吉)' 字는 '선비 사(士)' 字와 '입 구(口)' 字가 결합한 글자로 「선비(학식이 있는 사람)의 말은 곧아서 따르면 길하다」는 뜻으로 볼 수 있다.

「길하다」라는 뜻을 가지고 있으므로 이름에 사용할 수 있는 좋은 글자로 소리기운이 초성(初聲 : 첫받침)으로 보면 木기운이지만 '길'이라는 소리 전체의 의미로 보면 땅기운 즉 강한 土기운이 된다.

또한 '길'은 나아가는 진로(進路), 즉 진로운(進路運)을 의미하므로 타고난 기운(사주)에서 진로운(進路運)인 土기운이 필요한 경우에는 참으로 좋으나 오늘날에는 올드한 느낌을 주므로 이름에 제대로 적용하기에는 어려운 글자이다.

【 귀(貴) 】

'귀할 귀(貴)' 字는 이름에서 귀(貴)하다고 했으니 반대로 천(賤)하게 되고, 곤고(困苦)하게 되며, 부모 형제의 덕이 전혀 없고, 가정불화 속에 부부 이별수가 있으며, 부귀영화와 수명이 어느 한순간에 흩어지고, 조난(遭難)·객사(客死)·단명(短命)한다고 하여 불용문자라고 분류되어 있다.

형성문자인 '귀할 귀(貴)' 字는 '삼태기 궤(虫)' 字와 '조개 패貝(조개 패)' 字가 결합한 글자로「흙이나 물건을 담을 수 있는 삼태기에 재물이 가득 들어 있어 귀하다」는 뜻을 가지게 되었다.

「재물(財物)이 있어야 귀(貴)하게 된다」는 의미가 되니 역학에서 재물(財物)이 관운(官運)을 생조(生助)해 주는 이치가 그대로 반영된 글자라고 볼 수 있다.

타고난 기운(사주)에서 재물운과 관운이 필요하고 좋은 경우에는 참으로 좋은 글자이다.

하지만 오늘날에는 올드한 느낌을 주므로 이름에 제대로 적용하기에는 어려운 글자이다.

【 완(完) 】

'완전할 완(完)' 字는 형이 쓰지 않고 동생이 이 글자를 쓸 경우에는 형이 망(亡)하게 되며, 부부 사이가 안 좋아 갈등이 계속되고, 자식으로 인해 근심이 따르며, 신체가 허약해지고, 교통사고·부상 등을 초래하게 된다고 하여 불용문자라고 분류되어 있다.

존엄한 인격체 즉 인간으로 태어나지 않았더라면 장남·장녀 또는 차남·차녀의 구분이 어찌 있을 수 있겠는가?

따라서 장남·장녀의 의미가 인간으로서의 의미나 행복보다 결코 앞설 수 없음은 지극히 당연한 사실이다.

즉 아무리 장남·장녀라 할지라도 자신이 타고난 기운(四柱)에서 木기운이 나쁘다면 '동녘 동(東)' 字를 쓰지 않는 것이 좋으며, 만약 火기운이 필요하다면 '남녘 남(南)' 字를 쓸 수 있으며, 또한 차남이라 할지라도 木기운이 필요하다면 '동녘 동(東)' 字를 쓸 수 있다.

즉 자기 자신에게 맞는(편안하고 행복한) 방위와 사물을 선택하며 살아가는 것이야말로 지극히 합리적인 삶이며, 저마다 조화로운 삶을 이루어가게 됨으로써 세상의 조화 또한 이루어져 가게 될 것이니 조화란 독선이나 탐욕이 없는 공존의 정신이요 기운이기 때문이다.

'완(完)' 字 이외에도 장남·장녀만이 사용해야 된다는 글자들인 「천(天), 건(乾), 일(日), 춘(春), 인(仁), 상(上), 갑(甲), 동(東), 자(子), 장(長), 기(起), 신(新), 일(一), 종(宗), 선(先), 초(初), 태(泰), 원(元)」字들 역시 단견(短見)과 편견(偏見)에 기인(起因)한 주장이므로 의미부여를 전혀 할 필요가 없는 경우이다.

회의문자인 '완전할 완(完)' 字는 '집 면(宀)' 字와 '으뜸 원(元)' 字가 결합한 글자이다. '元' 字는 사람의 머리를 의미하여 「으뜸, 근원」이라는 뜻을 갖고 있다.

그래서 '완(完)' 字는 「으뜸으로 잘 지어진 집」을 나타내는 글자이며, 또한 「일이 잘 마무리됨」을 의미하기도 한다.

글자의 뜻으로 볼 때 지나치게 완벽을 추구하는 성격인 경우에는 피하는 게 좋겠으나 소극적이거나 끝맺음이 약한 경우에는 사용하면 좋은 글자이다.

'집(宀)'은 식상운(食傷運) 즉 진로운(進路運)을 의미하므로 타고난 기운(사주)에서 진로운이 필요하다면 참으로 좋은 글자이다.

【 호(好) 】

'좋을 호(好)' 字는 매사 불성(不成)하며, 평생 빈천(貧賤)하게 되고, 여자(女)와 남자(子)가 서로 마주 보는 형상으로 바람기가 내포되어 있으며, 매사 실속 없는 생활 속에 주거 변동과 직장 이동이 많아 생활터전이 불안정하고, 무슨 일이든 속성속패(速成速敗)하게 된다고 하여 불용문자라고 분류되어 있다.

'좋을 호(好)' 字는 '여자 여(女)' 字와 '아들 자(子)' 字가 결합한 글자로 「여자(女)의 아들(子)」을 의미한다.

그것은 동자(同字)인 '좋을 㚽(호)' 字를 보면 확연해진다. 여자 즉 엄마는 아들을 좋아한다는 의미이며, 또한 여성 즉 어머니의 자식에 대한 사랑을 나타낸 글자이다.

그래서 '좋을 호(好)' 字는 호인(好人), 호사(好事), 호기(好機), 호감(好感), 호경기(好景氣) 등 「부정이 아닌 긍정의 좋은 뜻」으로 쓰이고 있는 글자이다.

만약 황당한 내용대로라면 여자와 남자는 서로 가까이 있으면 다 바람피우게 되고 속성(速成)으로 폭삭 망하게 된다는 논리인데, 그렇다면 세상은 이미 오래전에 망했어야 되는 거 아닌가?

어머니의 자식에 대한 사랑을 나타낸 글자인 '좋을 호(好)' 字가 불용문자일 리가 없다. 사람 이름에 쓰이는 경우는 드물지만 주로 「좋다」는 의미로 많이 쓰이고 있는 글자이다.

【 천(千) 】

'일천 천(千)' 字 역시 팩트도 없이 「선친(先親)의 덕이 없고, 구설(口舌)이나 관재(官災)를 초래(招來)하며, 초혼에 실패하기 쉬우므로 늦게 결혼해야 한다」며 불용문자라고 하는데, 사실이 그렇다면 '일천 천(千)' 字를 성씨(姓氏)라서 쓸 수밖에 없는 분들은 태어나는 순간부터 모두 선친의 덕이 없고, 초혼의 실패가 꺼려져 늦게 결혼해야만 하는 불행한 사람들이 되고 마는 것인가?

이런 황당한 주장이 천씨(千氏) 성씨를 쓰는 후손들에게 제대로 알려진다면 자신의 성씨에 대해서 자존감을 가지고 있는 후손들이 과연 이를 납득하고 인정할까?

'일천(一千) 천(千)' 字의 뜻처럼 「수많음」을 의미하므로 작명 시 가장 소중하고 필요로 하는 것을 강조·수식해 주는 의미로 쓰일 경우에는 좋은 글자가 된다.

하지만 오늘날에는 소리의 어감이 예스러운 느낌이 있어 신생아 이름에는 사용하기가 어렵다.

【 만(萬) 】

'일만 만(萬)' 字는 꽃은 피지만 열매를 맺지 못하는 형상이라 매사 결과가 무산되어 버리고, 노력의 대가가 없으며, 남성은 정력이 약할 수 있고, 여성은 난산(難産)하기가 쉽다 하여 불용문자라고 분류되어 있다.

글자 한 자를 놓고 마치 본 듯이 상상의 나래를 마음껏 펴면서 창작하는 것도 재주이지만 근거를 전혀 밝히지 못하니 신뢰하기가 어렵다.

차라리 창작 소설 쪽이 훨씬 더 능력 발휘에는 좋을 듯하나 그것도 매사 한쪽으로만, 즉 부정적인 쪽으로만 보고 글을 쓴다면 과연 재미가 있을 것인가 하는 의문이 든다.

'일만(一萬) 만(萬)' 字도 '일천(一千) 천(千)' 字의 뜻처럼 「수많음」을 의미하므로 작명 시 가장 소중하고 필요로 하는 것을 강조·수식해 주는 의미로 쓰일 경우에는 좋은 글자가 된다.

하지만 오늘날에는 소리의 어감이 예스러운 느낌이 있어 신생아 이름에는 사용하기가 어렵다.

【 장(長) 】

'길 장(長)' 字는 인생의 오고 감이 허망(虛妄)해지며, 파도(波濤)가 높아져 풍파(風波)를 겪으며, 분주(奔走)하게 살아간다고 하여 불용문자라고 분류되어 있다.

'장(長)' 字는 「길다, 어른, 우두머리」라는 뜻을 가지고 있는 글자로 다음과 같은 의미로 많이 쓰이고 있다.

장남(長男), 장녀(長女), 장손(長孫), 장수(長壽), 촌장(村長), 족장(族長), 동장(洞長), 국장(局長), 은행장(銀行長), 회장(會長)….

'길 장(長)' 字가 허망한 불용문자임에도 불구하고 그동안 사람들이 어리석어 잘 몰라서 저렇듯이 오랫동안 대표성을 부여하는 중요한 의미를 가진 글자로 계속 써왔을까?

그것은 '길 장(長)' 字의 뜻과 글자가 대표성을 가지고 있는 글자이기 때문에 당연히 그리 써온 것이며, 이는 지극히 자연스러운 것이다.

정작 이상한 것은 어떠한 팩트도 근거도 없이 저렇게 멀쩡한 글자에 허망한 저주의 족쇄를 채워서 왜곡시켜온 것이 아니겠는가?

사람은 오랜 세월을 통해 축적된 경험에 의해서 존재의 의미를 분별할 수 있는 이성과 감성을 가지고 있는 위대한 존재이다.

예를 들면, 불용문자로 잘못 알려진 '여름 하(夏)' 字의 사실 여부도 아득한 옛날부터 여름이란 계절만 돌아오면 수많은 사람들이 재앙으로 죽거나 병에 걸려 고통을 겪게 되는 일이 다반사로 반복돼 왔다면 여름이란 뜻을 가지고 있는 '여름 하(夏)' 字는 이미 누구나 기피하는 글자, 즉 쓰지 않는 저주의 글자가 되어 있었을 것이다!

왕성하게 성장하는 에너지를 가진 여름이란 계절이 없다면 농사를 지을 수가 없게 되고, 자연히 수확의 결실이란 기쁨도 가질 수 없게 된다는 사실을 지각(知覺)이 있는 사람이라면 모르는 사람이 없다.

또한 오랜 세월을 통해 축적된 기록과 경험에 의해서 사람들은 여름이란 계절이 누구에게나 다 불행한 계절이라는 확신(確信)도 미신(迷信)도 전혀 가지고 있지 않다.

하지만 자신의 이름에 들어 있는 '여름 하(夏)' 字의 의미를 제대로 알고 싶어 작명책을 찾아봤을 때, 거의 대부분의 작명책에 불용문자로 분류되어 있는 '여름 하(夏)' 字를 보게 되는 순간 막연한 불안감과 함께 마음이 혼란스러워지면서 흔들리게 된다.

이처럼 주홍글씨마냥 말 못하는 글자에 팩트도 근거도 없이 불용문자(不用文字)라는 족쇄를 채워 불안감과 함께 미신을 조장해온 잘못된 관행

(慣行)은 늦었지만 이제라도 사라져야 한다!

사실 불용문자의 기준은 너무나 단순해서 이미 누구나 다 알고 있다. 글자의 뜻이 흉측하거나 부정적이거나 또는 인격체인 사람의 이름에 적합하지 않은 뜻을 가지고 있거나 글자의 뜻이나 자형(모양)이 몹시 약한 경우이다.

예를 들면 죽을 사(死), 일찍 죽을 요(夭), 미칠 광(狂), 질병 병(病), 귀신 귀(鬼), 망할 망(亡), 아이 뱰 임(妊), 기울어질 경(傾), 약할 약(弱), 싹 아(芽), 게으를 만(慢)… 등등이다.

작명책에 언급되어 있는 거의 대부분의 불용문자는 상대적인 의미를 가지고 있는 글자들, 즉 글자의 기운이 자신의 타고난 기운(사주)에 맞느냐 맞지 않느냐에 따라서 쓸 수 있거나 쓸 수 없거나의 차이를 가지고 있을 뿐인 글자들이다.

【 승(勝) 】

'이길 승(勝)' 字는 재액(災厄)이 끊어지지 않으니 곤궁(困窮)해지고, 불안해지며, 업무에 중단과 좌절이 많고, 대인관계에 하극상(下剋上)의 일을 저질러 인덕과 출세에 손상이 오기 쉬운 글자이지만 직업이 스포츠 계통의 승부세계에 있는 사람은 도리어 전도양양하고, 승승장구할 수 있다고 하여 불용문자라고 분류되어 있다.

이러한 내용의 상당부분은 「지나치게 이기기 위해 승부에 집착(執着)하는 것」을 연상해 본다면 누구나 충분히 짐작해 볼 수 있는 내용이다.

또한 「이긴다」는 의미도 스포츠 분야만 연관시키는 것은 너무나 단순하고 뻔한 발상(發想)일 뿐이다. 정말 가장 이기기 어려운 싸움은 자기 자신과의 싸움이다.

신약사주(身弱四柱)로 근성(根性)이 약한 경우에는 '이길 승(勝)' 字를 쓰면 좋겠으나 자아가 몹시 강한 경우에는 쓰지 않는 것이 좋겠다.

【 희(喜) 】

'기쁠 희(喜)' 字는 이름에서 이미 기쁨을 느끼고 누리고 있으므로 현실에서는 그와 반대의 운명이 작용하게 된다고 하여 불용문자라고 분류되어 있다.

회의문자인 '기쁠 희(喜)' 字는 「기쁘다, 즐겁다」라는 뜻을 가진 글자로 '북 고(鼓)' 字의 획줄임(壴)과 '입 구(口)' 字가 결합한 모습이다.

이것은 신나게 북을 치며 노래 부르면서 즐겁게 노는 것을 의미하는 글자로 바로 축제나 공연 분위기를 가지고 있는 글자이기도 하다.

'喜' 字는 「기쁨과 즐거움」이란 좋은 뜻과 함께 이를 「행동으로 표현한다」는 강한 의미를 가지고 있으므로 육신(六神) 중 식상(食傷)의 의미인 진로운(進路運)에 해당한다.

「북을 치고 노래를 부르며 즐거워한다」는 뜻을 가지고 있으므로 특히 예능(禮能) 분야와 잘 어우러지는 글자이지만 새롭고 흔치 않은 이미지의 소리를 선호하는 시대라서 예명에 쓰이는 경우는 드물다.

【 기타 : 명(明) / 채(蔡) / 유(劉) / 이(李) 】

위의 글자들은 다 성씨(姓氏)로 쓰고 있는 한자들이다.

이 중 '명(明)' 字와 '옥(玉)' 字는 불용문자로 분류되어 있는 한자이지만 이 역시 전혀 근거가 없는 설(說)일 뿐이다.

낮과 밤을 주관하는 두 광명을 의미하는 '명(明)' 字는 음양(陰陽) 조화를 이루고 있는 글자로 좋은 글자이지만 작명 시에 음(陰)기운을 필요로 할 때에는 양(陽)기운인 일(日)이 있어 적합하지 않으며, 반대로 양(陽)기운이 필요로 할 때에는 음(陰)기운인 월(月)이 있어 부적합할 뿐이다.

'성씨, 풀, 나라 이름 채(蔡)' 字에는 「쇠약해진다」는 뜻도 있다고 아주 드물게 부정적으로 보는 경우도 있으나 실제 그러한 뜻으로 쓰이는 경우는 전무하다.

또한 '제사 제(祭)' 字가 들어 있다고 「귀신이 붙어 있는 글자」라는 미신적인 말을 하는 이도 간혹 있는 모양인데, 제사는 아무에게나 드리는 게 아니고 자신을 돌아보면서 감사를 드리며 축복을 기원하기 위해 조상이나 신앙의 대상에게 드리는 중요한 의식이다.

혈통줄로 이어진 조상과 후손의 관계가 조상이 세상을 떠났다고 귀신으로 본다면 자기 자신은 귀신의 후손이 되는데, 이런 몰상식하고 황당한 말을 듣는 경우에는 귀에 담아두지 않고 멀리하는 것이 바람직하다.

'형통할, 통달할, 제사를 올릴 형(亨)' 字도 옛날에 참으로 많이 쓰였던 글자이다. 「조상에게 제사를 지냄으로써 모든 일이 잘 풀리게 된다」는 의미가 담겨있는 글자이지만 「귀신이 붙어 있는 글자」라는 말을 들어본 적이 없다. 아마도 워낙 이 글자를 많이 썼기 때문에 쉽게 황당한 말을 내뱉지 못했을 것이다.

'죽일, 베풀, 이길 유(劉)' 字에는 선칼도방(刂)이 있어 「죽인다」는 뜻을 가지게 되었겠지만 실제 그러한 뜻으로 쓰이는 경우는 전무하다.

'오얏, 오얏나무, 자두, 다스리는 벼슬아치, 별 이름, 보따리, 심부름꾼,

성(姓) 이(李)' 字의 뜻에서 실제 「보따리, 심부름꾼」이라는 뜻으로 쓰이는 경우는 전무하다.

이처럼 뜻글자인 한자는 오래도록 이어져 내려오면서 자꾸만 뜻이 덧붙여지다 보니 자연 뜻이 많아지거나 서로 상반된 뜻을 가지고 있는 한자가 많다.

그래서 색안경을 끼고 부정적으로만 볼 경우에는 더욱더 마음에 걸려 꺼려지는 한자가 있을 수밖에 없다.

하지만 이 경우도 온통 부정적인 뜻만을 가지고 있는 한자라면 사용하지 않는 것이 바람직하겠지만 긍정적인 뜻 위주로 오래도록 사용해온 한자라면 전혀 문제 될 것이 없다.

그 이유는 부정적인 뜻이 덧붙여져 있더라도 실제 그러한 부정적인 뜻으로 쓰인 경우가 없으며, 또한 그러한 부정적인 뜻으로 사용돼 온 한자는 정작 따로 있기 때문이다.

2. 부정적인 뜻과 자형(字形)을 가진 글자는 누구나 쓸 수 없는 불용문자

사람이름에 도저히 쓸 수 없는 불용문자(不用文字)가 있다면 그 기준은 글자의 뜻이나 자형이 인격체인 사람의 이름에는 맞지 않는 경우가 되겠다.

예를 들면, '신선 선(仙)' 字는 '사람 인(人)' 字와 '뫼 산(山)' 字로 이루어진 회의문자(會意文字)로 「인간 세상을 떠나 산에 사는 사람」을 의미한다.

더 정확하게 표현하자면 「이미 인간이 아닌 초월적인 존재인 신선」을 의미하므로 사람을 뜻하는 글자가 아니다.

따라서 사람 이름에 '신선 선(仙)' 字를 쓴다면 이는 자기부정, 즉 자신이 인간임을 부정하는 것이다.

이처럼 두 발로 땅을 딛고 사는 존재인 인간으로서의 자기 존재와 현실 세계를 부정하는 '신선 선(仙)' 字는 누구에게나 쓸 수 없는 불용문자가 될 수밖에 없는 글자이다.

즉 진정한 의미의 불용문자(不用文字)란 글자의 뜻과 자형이 불길(不吉)하거나 부정적(否定的)이거나 흉(凶)한 경우와 몹시 약한 경우로 지극히 상식적이므로 누구나 쉽게 알 수 있는 부분이다.

✤ 누구나 알고 있는 진정한 의미의 불용문자들

죽을 사(死), 귀신 귀(鬼), 일찍 죽을 요(夭), 미칠 광(狂), 재앙 재(災), 질병 병(病), 망할 망(亡), 옛 고(故), 어두울 명(冥), 속일 기(欺), 훔칠 도(盜), 베어 죽일 수(殊), 아이 밸 임(妊), 정탐할 정(偵), 조상할 조(弔), 신선 선(仙), 술 주(酒), 천할 천(賤), 사치할 태(汰), 형벌 형(刑), 근심 환(患), 기울어질 경(傾), 약할 약(弱), 싹 아(芽), 게으를 만(慢), 날짐승 금(禽), 벌레 충(蟲)… 등등.

3. 상대적으로 쓸 수 없는 불용문자
(=자신의 타고난 기운에 맞지 않는 글자)

자신의 타고난 기운(四柱)에 맞지 않는 글자는 당연히 상대적으로 쓸 수 없는 불용문자(不用文字)에 해당한다.

예) 木기운이 필요한 사주에 강한 金기운을 가지고 있는 글자들
「서녘 서(西), 상서로울 서(瑞), 옥돌 민(珉), 쇠북 종(鍾), 쇠 철(鐵)」字

예) 火기운이 필요한 사주에 강한 水기운을 가지고 있는 글자들
「강 이름 수(洙), 강 이름 은(濦), 바다 해(海), 호수 호(湖), 깊을 준(浚)」字

예) 土기운이 필요한 사주에 강한 木기운을 가지고 있는 글자들
「동녘 동(東), 마룻대 동(棟), 소나무 송(松), 광나무 정(楨), 기둥 주(柱)」字

예) 金기운이 필요한 사주에 강한 火기운을 가지고 있는 글자들
「여름 하(夏), 밝을 병(昞), 빛날 정(炡), 밝을 현 (炫), 비출 도(燾)」字

예) 水기운이 필요한 사주에 강한 土기운을 가지고 있는 글자들
「땅 지(地), 터 기(基), 동산 원(園), 언덕 아(阿), 산 이름 윤(崙)」字

4. 근거도 없는 불용문자의 오류와 미신은 확대해석하면 아웃!

- 동녘 동(東)자 → 해가 뜨는 동쪽은 하루의 시작을 의미 → 따라서 첫 자식인 장남/장녀를 의미 → 그래서 동녘 동(東)자는 장남/장녀만 사용 가능, 차남/차녀가 쓰면 불길(不吉) → 그럼 장남/장녀가 사는 주거공간도 장남/장녀를 의미하는 방위(方位)인 동쪽에서 살아야 길(吉)하고 다른 방위에서 살면 흉(凶)할까?

만약 장남/장녀가 아닌 차남/차녀가 동쪽에서 살면 하극상(下剋上)이 일어나거나 쫄딱 망할까?

이처럼 허무맹랑한 이런 미신적인 내용을 알고 나서도 믿고 싶은 사람이 있을까?

- 여름 하(夏)자 → 만물이 조열(燥熱)해져 병들게 되어 불행해진다(?) → 그래서 이름에 쓰면 병들어 일찍 죽게 된다(?) 그것도 여름철에 집중적으로(?) → 그것이 사실이라면 전 세계적으로 사망자수가 해

마다 여름 한철에 폭발적으로 발생해야 앞뒤가 맞는 말이 될걸(?)

- 땅 지(地)자 → 누구나 공감할 수 있는 정확한 근거나 팩트 제시도 없이 그냥 기초(?)가 약하고 장애가 발생(?)하며 재난(災難)을 당하기 쉽다(?) → '땅'이라는 뜻을 가지고 있는 글자 즉 '땅 지(地)' 자를 사람 이름에 쓰는 것만으로도 안 좋은 불용문자(?)라면 → 그럼 땅을 의미하는 글자가 아닌 실물인 땅을 날마다 밟고 다니는 이 세상의 모든 사람들은 더더욱 얼마나 안 좋을 것인가(?)

땅을 기피하면서 살아야 한다면 이제 사람들은 제 다 어디 가서 살아야 하나?

- 은 은(銀)자 → 이름에 쓰면 인덕이 없다(?)는 것을 여성들이 다 알게 되어 은제품으로 된 액세서리를 일절 하지 않게 되므로 은값이 완전히 똥값이 되어 세계 도처에 은이 수북이 쌓여 은무덤을 이루게 될 확률은? 제로(0)! 한마디로 씨알도 안 먹힌다는 얘기지!

그럼에도 불구하고 황당한 걸 믿는 마음 약한 사람들은 어째?

- 천간 경(庚)자 → 이름에 쓰면 인덕이 없고 장애가 따른다(?)는 허무맹랑한 이 얘기가 사실이라면 타고난 기운(四柱)의 연간(年干), 월간(月干), 일간(日干), 시간(時干) 중에 천간 경(庚)자가 들어 있어서 아예 타고날 때부터 천간 경(庚) 자의 기운을 타고나는 사람들이 지천일

텐데, 그 수 많은 사람들이 다 인덕이 없고 장애를 가지게 된다(?)

- 좋을 호(好)자 → 이름에 쓰면 여자(女)와 남자(子)가 서로 마주 보는 형상으로 바람기가 내포되어 있고, 속성속패(速成速敗)하게 된다(?) → 여기서 '子' 字의 뜻은 '남자'가 아니라 '아들, 자식'이므로 '호(好)'字는 「여자(女)의 아들·자식(子)」을 의미한다.

그것은 동자(同字)인 '좋을 㜈(호)' 字를 보면 확연해진다. 여자 즉 엄마는 자식을 좋아한다는 의미이며, 또한 여성 즉 어머니의 자식에 대한 사랑을 나타낸 글자이다.

그래서 호인(好人), 호사(好事), 호기(好機), 호감(好感), 호경기(好景氣) 등 「부정이 아닌 긍정의 좋은 뜻」으로 쓰이고 있는 글자이다.

만약 황당한 내용대로라면 여자와 남자는 서로 가까이 있으면 다 바람 피우게 되고 속성(速成)으로 폭삭 망하게 된다는 논리인데, 그렇다면 세상은 이미 오래전에 망했어야 했는데, 왜 이 세상은 아직도 안 망한거?

- 눈 설(雪)자 → 부부가 이별하게 되며, 근심과 고통을 면하기 어렵고, 일찍 한쪽 부모를 잃거나 육친간에 무덕(無德)하며, 돈이 잘 모이지 않고, 특히 여성은 이별수가 있고 고독하게 된다는데….

왜? 어째서 그런지? 즉 팩트도 근거도 없는 카더라 통신 이상도 이하도

5장 왜곡된 불용문자의 문제점 475

아닌 이런 내용이 대다수의 작명책마다 비슷하게 기재되어 있다.

이건 '차가운 눈이 내리는 추운 겨울'을 생각하며 긍정이 아닌 부정적인 시각으로만 떠올린 망상(妄想)에서 건져낸 불안과 근심을 퍼트리는 미신일 뿐!

더우면 떨어지고 싶고 추우면 더 가까이 붙게 되는 음양의 이치는 엿 바꿔 먹고, '차가운 눈과 추운 겨울'에서 떠올린 아무도 찾아오지 않는 적막강산! → 아! 고독한 인간(?)… 남성적 우월감과 편견으로 걸핏하면 여성이 어쩌구 저쩌구….

그런데 우리는 지금껏 살아오면서 단 한 번도 이런 뉴스를 들어본 적이 없다!

「시청자 여러분! 올해도 역시나 계속 내리는 눈으로 전국적으로 망하는 기업과 자영업자들이 속출하고 있습니다. 또한 부부 및 연인과의 이별로 극심한 스트레스장애를 호소하는 여성들로 병원마다 넘쳐나고 있다는 안타까운 소식입니다!」

한편, 흰 눈이 내린 토담집! 집안에선 물 끓는 주전자에서 김이 모락모락 올라오고 따끈한 커피 한 잔과 훈훈하고도 아늑한 분위기에 정담(情談)은 끝이 없고….

근거 없이 매사를 흑백 논리로만 본다면 긍정과 부정은 끝이 없다!

역학에서 '흰눈'은 金기운이다. 그래서 금생수(金生水)의 이치에 따라 약한 수기(水氣)를 도와주며, 또 강한 목기(木氣)를 다스려주고, 또한 강한 화기(火氣)를 식혀주는 소중한 기운으로 그것이 자신의 타고난 기운(四柱)에 맞는지의 여부만 정확하게 살펴본 다음 좋고 나쁨을 판단하면 될 일!

눈이 내려 쌓인 '설경(雪景)'을 보는 감회가 사람마다 크게 남다르지 않을 것이다! '눈이 내리면' 온갖 더러움도 쓰라린 상처도 다 덮어 깨끗한 새로운 세상이 되듯이 '눈'은 「새로 태어남」을 의미하는 강한 상징성(象徵性=기운)이 있다.

- 큰 덕(德) 자 → 육친(六親)과 무덕(無德)하여 고독하며, 특히 여성은 부부간 생리사별하게 되고, 남녀불문하고 조난(遭難)·피살(被殺)·자살(自殺)·단명(短命) 등을 암시하여 불러들이게 된다(?) → 역시나 전혀 팩트나 근거가 없다.

'큰 덕(德)' 字는 「클, 덕으로 여길, 덕을 베풀, 도덕(道德), 은덕(恩德), 복(福), 행복(幸福), 선행(善行), 가르침」이라는 많은 좋은 뜻을 가지고 있는 글자이다. (출처 : ㈜오픈마인드인포테인먼트)

만약 벽면에 '덕(德)' 字가 붙어 있는 것을 보고 그것을 '무덕(無德)'이라는 글자로 읽고 또한 그러한 뜻으로 이해하는 사람이 있다면 필시 「청개

구리가 사람으로 둔갑을 한 것」일 게다!

　매양 거꾸로 청개구리처럼 「있는 그대로 보고 느끼고 말하면 속이 거북해서 배배 꼬이고 뒤틀려 악담을 뱉거나 튀거나 잘난 체를 해야 직성이 풀리는 겉똑똑이(?)가 풀어놓은 설(說)」이 이리저리 사방으로 퍼져나가 불용문자(?)가 된 건 아닐까?

　어쩌겠는가! 사실에는 귀를 기울이거나 자세히 살펴보지도 않고 실제와 달리 거꾸로 해석하거나 침소봉대하여 그럴듯하게 여기저기 설(說)을 풀어놓으면 바짝 귀를 기울이며 따라가는 가벼운 세상인심도 한몫하지 않았을까?

　물론 대부분의 작명책마다 또는 정보의 바다라는 인터넷을 통에서 근거가 없음에도 불구하고 쉽게 불용문자라고 확인이 되는 상황에서 의심할 줄 모르고 믿었던 선량한 이들이야 무슨 잘못이 있으랴!

　돗자리장수에서 촉한의 황제가 된 유현덕(劉玄德)!

　살수대첩을 승리로 이끈 고구려의 명장 을지문덕(乙支文德)!

　국난 극복에 앞장섰던 일등공신이자 조선의 명재상인 한음(漢陰) 이덕형(李德馨)!

역사에 커다란 발자취를 남기고 간 이분들의 삶이 이름(名)에 들어간 '큰 덕(德)' 字가 가지고 있는 의미와 결코 무관(無關)하지 않다고 느껴지는 건 바람일까? 상상일까? 사실일까?

분명한 건 이름의 「뜻」은 이름의 본질(本質)로 바로 혼(魂)이요 정신(精神)이다!

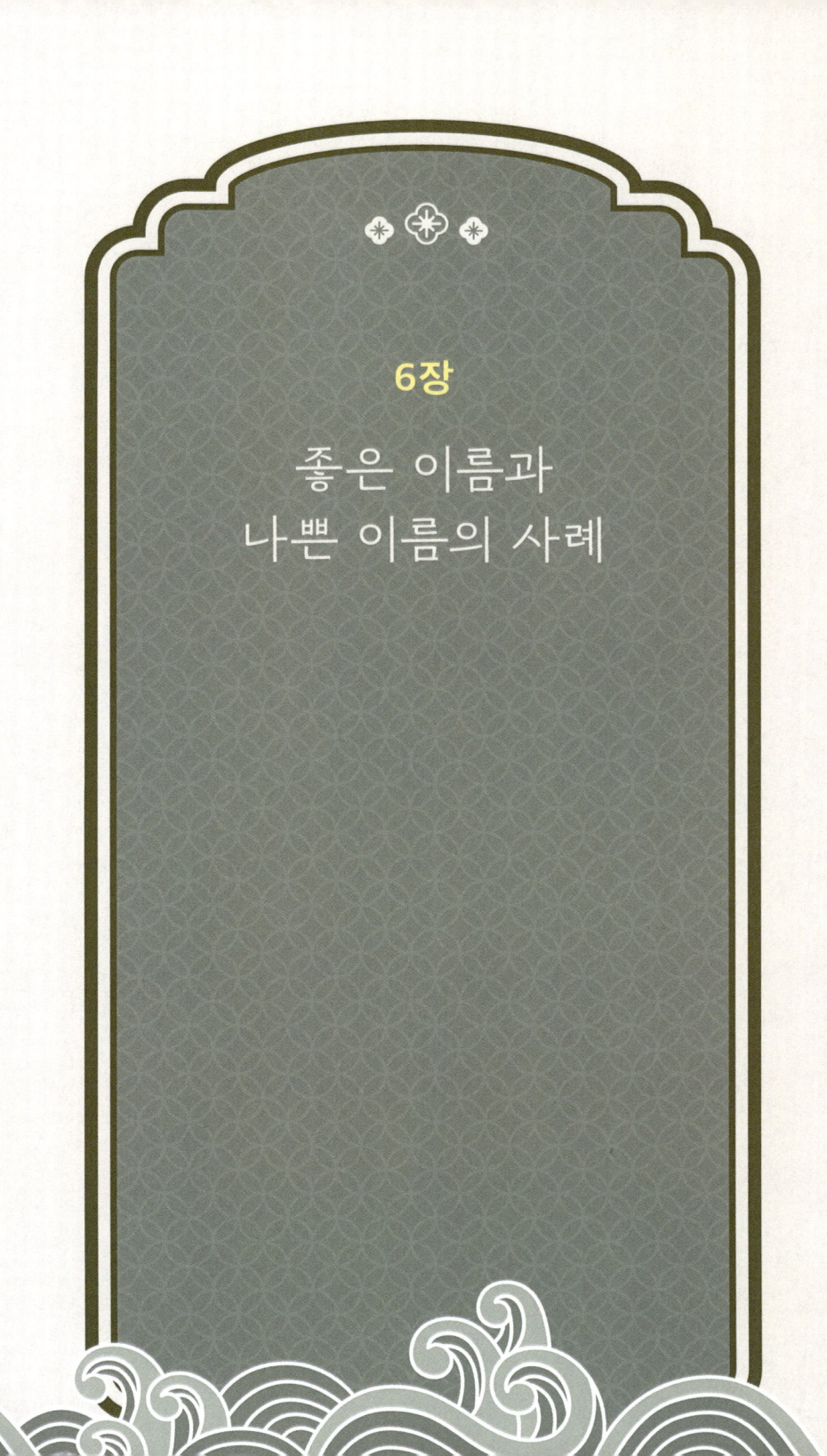

坤. 장수민(張洙瑉)

四柱八字와 陰陽五行				
시	일	월	년
甲	(己)	丁	癸
양木	음土	음火	음水
戌	亥	巳	巳
양土	음水	음火	음火

자기자신을 의미하는 일간(日干) 기토(己土)가 화왕절(火旺節)인 사화월(巳火月)에 태어났으나 월지장간(月支藏干)으로는 여기(餘氣)인 무토(戊土)와 중기(中氣)인 경금(庚金)이 작용하고 있으며, 정기(正氣)인 병화(丙火)는 아직 작용하기 전(前)이다.

초여름 해(年)인 사화년(巳火年)에 태어나고, 또 월간(月干)과 시지(時支)에 정화(丁火)와 술토(戌土)가 있다.

또한 시간(時干)의 갑목(甲木)이 일간(日干) 기토(己土)와 합(合)이 되면서 갑기합토(甲己合土)가 되니 火·土기운이 강하므로 金·水기운을 필요로 하는 사주(四柱)이다.

타고난 기운(四柱)에서 연간(年干)에 계수(癸水)가 있으나 월간(月干)의 정화(丁火)가 정계충(丁癸沖)하여 극(克)하므로 무력(無力)해지며, 월지장간(月支藏干)에 경금(庚金)과 일지(日支)에 해수(亥水)가 있으나 약하므로 金·水 기운을 더욱더 강하게 보강해줌이 바람직하다.

따라서 이름에는 강한 水기운과 또한 금생수(金生水)의 이치에 따라 수기(水氣)가 마르지 않도록 생조(生助)해주는 강한 金기운을 보강(補强)해줄 때 좋은 이름이 된다.

이름에서 '수민(洙珉)'이란 소리는 초성(初聲 : 첫받침)의 의미 즉 음령오행(音靈五行)의 이론으로 볼 때에는 金기운(ㅅ)과 水기운(ㅁ)으로 볼 수 있지만 '수'라는 소리는 소리 전체의 기운이 역학(易學)을 있게 한 근본인 오행의 소리 즉 목화토금수 중 '수'와 같은 소리이므로 강한 水기운이 작용하게 된다.

즉 '수민'이란 소리기운은 소리의 강약이 강한 水기운(수)과 보통 水기운(민) 즉 水기운으로만 이루어져 있어 타고난 기운(四柱)에서 태부족(太不足)인 수기(水氣)를 강하게 보충(補充)해주고 있다.

이름의 뜻기운(강 이름=水, 옥돌=金)과 글자(洙=水, 珉=玉)의 기운도 모두 金·水기운을 강하게 가지고 있으니 이처럼 이름의 근본인 소리·뜻·글자의 기운이 모두 상생(相生) 관계인 좋은 기운으로만 가득 채워져 있어 불순물이 없는 순수한 이름으로 강력한 결속력을 가지는 만큼 강한 에너지가 발산되는 좋은 이름이다.

이름의 뜻 역시「강(洙)이 있어 대지(大地)는 윤택(潤澤)해지며, 또한 강물에 씻겨진 단단한 옥돌(瑉)이 더욱 빛이 나고 차가워짐」을 뜻하므로 타고난 기운(四柱)과 조화를 이루는 이상적으로 좋은 뜻을 가지고 있는 이름이다. 즉 뜻이 살아있는 이름이다.

乾. 박성우(朴城佑)

四柱八字와 陰陽五行			
시	일	월	년
戊	(乙)	丁	甲
양土	음木	음火	양木
寅	卯	卯	寅
양木	음木	음木	양木

자기자신을 의미하는 일간(日干) 을목(乙木)이 목왕절(木旺節)인 묘목월(卯木月)에 태어나고, 또 지지(地支)가 모두 목국(木局)으로 이루어져 있으며, 또한 연간(年干)에도 갑목(甲木)이 있으니 木기운이 몹시 왕성(旺盛)해져 대세(大勢)를 이루게 된다.

이처럼 木기운이 대세(大勢)를 이루면서 타고난 기운(四柱)에 대세(大勢)인 木기운을 극(克)하므로 가장 꺼리는 金기운이 전혀 나타나 있지 않으므로 곡직격(曲直格)이 된다.

곡직격은 대세인 木기운과 상생관계인 水·木·火기운이 좋고, 상극관계인 土·金기운은 나쁜데, 시간(時干)에 무토(戊土)가 있어 생금(生金)해주게 되니 손재(損財)가 발생할 수 있는 부정적인 의미를 가지게 되며, 이때 무토(戊土)는 처(妻)와 처의 형제를 의미한다.

실제 축토(丑土) 재(財)가 신금(辛金) 관(官)을 돕는 2021년 신축년(辛丑年)에 처의 형제로 인하여 커다란 손재(損財)가 발생했다.

이름에서 '성우'란 소리기운은 소리의 강약이 강한 土기운(성)과 보통 土기운(우) 즉 土기운으로만 이루어져 있어 토생금(土生金)의 이치에 따라 생금(生金)해주게 되므로 타고난 기운(四柱)의 대세(大勢)인 木기운을 극(克)하게 되니 나쁜 의미가 된다.

'성(城)'은 뜻과 글자의 기운도 무토(戊土 : 산·언덕·들판)에 해당된다.

또한 「큰 성(城)이 돕는다(佑)」는 이름의 뜻도 타고난 기운(四柱)의 특성과는 전혀 맞지 않는다.

즉 土기운(城)은 대세(大勢)인 木기운과 상극(相克) 관계가 되므로 실제로 土기운(城)은 돕기는커녕 「처가나 재물로 인한 손재가 발생하게 되고 명예까지 손상될 수 있다」는 의미가 되기 때문이다.

그래서 이름의 뜻이 이 이름의 주인공에게는 「큰 성이 도우므로 즉 처와 처가 그리고 재물로 인한 풍파와 손재가 발생하게 됨」을 의미하는 악담과 저주가 된다.

이처럼 이름의 근본인 소리·뜻·글자의 기운이 모두 타고난 기운과 맞지 않으므로 필히 개명해야 될 이름에 속한다.

'성'이란 소리는 음령오행으로 보면 초성이 'ㅅ'이므로 치음(齒音)으로 분류하여 金기운으로 보지만 실제 발음(發音)을 해보면 후음(喉音)으로 「묵직하게 울림이 있는 소리임」을 누구나 느낄 수 있으며, 강한 土기운을 가지고 있는 소리이다.

실제 한 나라의 도읍지, 즉 수도마다 웅장하게 세워지는 '성(城)'이 있는 곳에는 드넓은 평야 즉 무토(戊土)가 있기 마련이다.

소리의 기운도 강약(强弱)이 다른 경우가 많다. 또 소리의 기운을 파악하는 기준도 초성(첫받침)의 의미로만 소리기운을 파악하는 경우가 있는가 하면 소리 그 자체, 즉 소리 전체의 소리가 가지고 있는 특성(대표성과 상징성)에 의해 소리기운을 파악하는 경우가 있다.

예를 들면, '금'이란 소리는 초성으로 보면 'ㄱ받침'으로 시작되므로 木기운으로 보지만 소리 전체의 기운은 역학(易學)을 있게 한 근본인 오행의 소리 즉 목화토금수 중 '금'과 같은 소리이므로 강한 金기운이 작용하는 소리이다.

또한 '물'과 '불'이란 소리도 초성으로 보면 'ㅁ받침'과 'ㅂ받침'으로 시작되므로 둘 다 같은 水기운으로 보지만 - 그래서 출판된 거의 모든 작명책에는 水기운으로 표기되어 있음 - 소리 전체의 소리기운은 '물'은 강한 水기운을 가지고 있는 소리요, '불'은 강한 火기운을 가지고 있는 소리이다.

그런데 '음령오행'이란 이론만을 획일적으로 적용하다 보니 소리기운의 특성(特性)을 놓쳐버리게 되어 이처럼 소리기운이 왜곡된 것이다.

이 세상에 완전한 이론이란 있을 수 없다. 설령 어떤 완전한 것이 있다 하더라도 3차원의 세계인 이 세상에는 둘 데가 없다.

이처럼 완전하지 못한 세상에 하나의 이론만을 획일적으로 적용하다 보니 무리한 적용으로 인한 오류와 맹점이 자연히 그리고 당연히 생길 수밖에 없다.

乾. 신성원(申晟園)

四柱八字와 陰陽五行			
시	일	월	년
甲	(己)	乙	癸
양木	음土	음木	음水
戌	未	卯	亥
양土	음土	음木	음水

자기자신을 의미하는 일간(日干) 기토(己土)가 목왕절(木旺節)인 묘목월(卯木月)에 태어나니 木기운이 강한데, 또 지지(地支)에 해묘미(亥卯未)가 삼합(三合)을 이루어 목국(木局)이 되니 木기운이 더욱 강해진다.

이처럼 木기운이 왕성(旺盛)하여 일간(日干) 기토(己土)가 약해지는데, 월간(月干)에도 연간(年干) 계수(癸水)의 생조(生助)를 받는 을목(乙木)이 있으니 더욱 약해진다.

다행히 시간(時干)의 갑목(甲木)이 갑기합토(甲己合土)하여 일간(日干) 기토(己土)를 돕고, 또한 시지(時支)에 술토(戌土)가 있어 좋으나 따뜻한 火·土기운을 더욱더 강하게 보강해줘야 할 사주(四柱)이다.

이름에서 '성원(晟園)'이라는 소리는 초성의 의미로 볼 때에는 '金기운

(ㅅ), 土기운(ㅇ)'으로 볼 수 있으나 소리전체의 의미로 볼 때에는 '성'은 '성(城)'과 동음(同音)이므로 강한 土기운이 작용한다.

'원'은 초성의 의미로 볼 때에도 '土기운(ㅇ)'이지만 소리 전체의 의미로 볼 때에도 시작도 끝도 없는 영생과 조화를 뜻하는 둥근 '원(圓)'과 동음(同音)이므로 강한 土기운이 작용한다.

이처럼 '성원(晟園)'이라는 소리는 두 소리가 모두 다 강한 土기운을 가지고 있으므로 참으로 좋은 소리이다.

또 이름의 뜻기운(태양이 왕성할=火, 동산=土)과 글자의 기운(日=火, 口=土)도 따뜻한 火·土기운을 강하게 가지고 있다.

따라서 이름의 근본인 소리·뜻·글자의 기운이 모두 일관(一貫)되게 같은 좋은 기운으로만 순수하게 집중된 이름으로 힘과 조화를 갖춘 좋은 이름이다.

이름의 뜻 역시 「찬란하게 빛나는 강한 태양이 따뜻하게 비추어주는 동산」이란 뜻으로 타고난 기운(四柱)과 이상적으로 조화를 이루는 좋은 뜻을 가지고 있는 이름이다.

즉 뜻이 살아있는 이름이다.

坤. 이수경(李洙璟)

四柱八字와 陰陽五行			
시	일	월	년
庚	(丙)	甲	癸
양金	양火	양木	음水
寅	戌	子	亥
양木	양土	양水	음水

자기자신을 의미하는 일간(日干) 병화(丙火)가 수왕절(水旺節)인 자수월(子水月)에 태어나고, 또 년간(年干)과 년지(年支)에도 계수(癸水)와 해수(亥水)가 있으니 추운 겨울 해·겨울 달에 냉습(冷濕)한 물(水)이 가득하므로 따뜻한 보온(保溫)이 필요한 월간(月干)의 갑목(甲木)은 뿌리가 상(傷)해서 아픈 상태이다.

일간(日干) 병화(丙火)가 동절(冬節)에 수왕(水旺)하므로 크게 약하여 木기운의 생조(生助)를 절실하게 바라지만 월간(月干)의 갑목(甲木)은 워낙 습목(濕木)이라 생화(生火)가 어려우나 시지(時支)에 온목(溫木)인 인목(寅木)이 있고, 일지(日支)에 조토(燥土)인 술토(戌土)가 있어 약(藥)이 되니 그나마 다행스럽다.

의지·의욕을 의미하는 木기운이 이 사주(四柱)에서는 모친·생각·문서를 의미하는데, 갑목(甲木)이 상(傷)해 아픈 것이 현실로는 생각하는 힘이 굳세지 못하여 흔들리므로 결정장애를 겪으며 힘들어하고 있으나 사주(四柱)에 약(藥)이 있으므로 충분히 극복이 가능하다.

일간(日干) 병화(丙火)가 필요로 하는 온기(溫氣)와는 정반대의 기운으로 부친을 의미하는 냉금(冷金)인 경금(庚金)이 시간(時干)에 있어 모친(母親)을 의미하는 시지(時支)의 소중한 인목(寅木)을 극(克)하니 불길(不吉)해진다.

즉 시주(時柱)의 경인(庚寅)은 금목상쟁(金木相爭)의 관계에다가 역마살이 작용하여 다행히 부모님이 일찍 서로 헤어져 살았으며, 여기서 동절(冬節)의 인목(寅木)은 냉금(冷金)으로부터 자신을 지키기 위해 화극금(火克金)의 이치에 따라 불(火)을 찾아야 하니 모친은 주점(酒店)을 오랫동안 해오고 있다.

이 사주(四柱)의 주인공은 부모님이 서로 헤어져 산 것이 좋은 경우이며, 또한 냉금(冷金)은 금생수(金生水)의 이치에 따라 냉수(冷水)를 생(生)해 주므로 부친과도 어려서부터 떨어져 산 것이 되레 다행스러우니 부친의 덕을 기대하기가 어려운 경우이다.

이름에서 '수경(洙璟)'이란 소리는 초성의 의미로 볼 때에는 金기운(ㅅ)과 木기운(ㄱ)으로 보지만 소리 전체의 기운은 역학(易學)을 있게 한 근본(根本)인 오행(五行)의 소리 즉 목화토금수(木火土金水) 중 '수(水)'의 소리와 그리고 십천간(十天干)인 갑을병정무기경신임계(甲乙丙丁戊己庚辛壬癸) 중 '경

(庚)'의 소리와 같은 강한 영동력(靈動力)을 가지고 있는 소리이므로 강한 水기운과 강한 경금(庚金)의 기운을 가지고 있는 소리이다.

수기(水氣)는 겨울을 의미하고, 금기(金氣)는 가을을 의미한다. 즉 음(陰)의 계절인 가을과 겨울의 기운인 냉습한 金·水기운을 강하게 가지고 있는 '수경'이란 소리는 냉습(冷濕)한 기운이 몹시 강한 소리이므로 타고난 기운(四柱)과는 전혀 맞지 않는 대흉(大凶)한 소리이다.

이름의 뜻기운(강 이름=水, 옥빛/옥 광채=金)과 글자의 기운(洙=水, 環=玉)도 냉습한 金·水기운을 강하게 가지고 있어 이름의 근본인 소리·뜻·글자의 기운이 모두 잘못된 경우로 필히 개명해야 될 이름에 속한다.

이름의 뜻 역시 「차가운 강(洙)이 있어 대지(大地)는 더욱 냉습해지고, 또한 강물에 씻겨진 냉(冷)한 옥(環)이 있음」을 뜻하므로 타고난 기운(四柱)의 부조화를 더욱 심화시킨 몹시 부정적인 뜻을 가지고 있는 이름이다.

즉 이름의 뜻(정신)이 잘못된 이름이다.

乾. 최민재(崔珉洓)

四柱八字와 陰陽五行			
시	일	월	년
己	(甲)	甲	辛
음土	양木	양木	음金
巳	戌	午	未
음火	양土	양火	음土

자기 자신을 의미하는 일간(日干) 갑목(甲木)이 화왕절(火旺節)인 오화월(午火月)과 한여름해(年)인 미토년(未土年)에 태어나고, 또 조토(燥土)인 일지(日支)의 술토(戌土)도 월지(月支)의 오화(午火)와 합(合)이 되면서 오술반화국(午戌半火局)이 되어 화기(火氣)로 변화게 된다.

또한 시지(時支)에도 사화(巳火)가 있으니 화기(火氣)가 몹시 강하여 양(兩) 갑목(甲木)의 뿌리는 바짝 마르고, 강한 화기(火氣)와 열토(熱土) 위에 있는 신금(辛金)도 물러져 조후(調喉)가 시급(時急)하므로 시원한 金·水기운을 강하게 보완해줄 때 좋은 이름이 되는 사주(四柱)이다.

이름에서 '민재(珉洓)'라는 소리는 초성의 의미로 볼 때에 水기운(ㅁ)과 金기운(ㅈ)을 가지고 있으며, 또 이름의 뜻(옥돌, 강 이름)과 글자의 기운(王=玉, 氵=水)도 시원한 金·水기운을 강하게 가지고 있어 이름의 근본인 소리·뜻·글자의 기운이 모두 일관(一貫)되게 같은 좋은 기운으로만 순수하게 집중된 힘과 조화를 갖춘 좋은 이름이다.

이름의 뜻 역시 「단단한 옥돌(珉)이 강물(泇)에 씻겨 더욱 빛이 나고 차가워지며, 또한 강가의 나무도 생기(生氣)가 있어 무성(茂盛)해짐」을 뜻하므로 타고난 기운(四柱)과 조화를 이루는 이상적으로 좋은 뜻을 가지고 있는 이름이다.

즉 뜻이 살아있는 이름이다.

坤. 전미선(田美善)

四柱八字와 陰陽五行			
시	일	월	년
己	(壬)	壬	戊
음土	양水	양水	양土
酉	戌	戌	午
음金	양土	양土	양火

자기자신을 의미하는 일간(日干) 임수(壬水)가 토왕절(土旺節)인 술토월 (戌土月)에 태어나고, 또 일지(日支)에도 술토(戌土)가 있고, 년간(年干)과 시 간(時干)에도 무토(戊土)와 기토(己土)가 있으니 토기(土氣)가 몹시 강하여 양간(陽干)인 일간(日干) 임수(壬水)가 토기(土氣)에 흡수(吸收)되어 약해지 므로 문제가 되는 사주(四柱)인데, 너무 많아도 탈, 너무 적어도 탈이다.

또 년지(年支)에 더운 여름 해(年)인 오화(午火)가 있으니 술토(戌土)가 오 화(午火)와 합(合)이 되면서 오술반화국(午戌半火局)이 되어 화기(火氣)로 변 화게 되면 화기(火氣)도 더욱 강해지니 약한 일간(日干) 임수(壬水)는 강한 화기(火氣)와 토기(土氣)에 의해, 즉 돈과 시어머니(火) 그리고 남편과 남자 들(土)에게 시달리며 살아가야 하는 운명(運命)이다.

몸은 약하지만 관(官)을 깔고 앉아 있으면서 관살혼잡(官殺混雜)에 관

(官)이 지나치게 많아 급한 성격에 경솔하고 쓰잘때기 없는 권위욕과 양인(羊刃)에다 관대(冠帶)가 거듭 있어 자신의 강한 기질에 휘둘려서 안하무인(眼下無人)으로 돌변(突變)한다.

또 태(胎)와 목욕(沐浴)이 있어 이성(異性)을 선택(選擇)함에는 어둡고 색정(色情)에는 빠지기 쉽고 간섭은 받지 않고 자기 마음대로 살고 싶어하니 두 번 이혼으로도 부족하여 스스로 고통을 자초하며 살아가고 있으니 자기 분수를 직시할 때까지는 어쩔 수 없이 불행한 삶을 되풀이할 수밖에….

고초(苦楚)를 더 겪다가 시지(時支)에 각성(覺醒)의 끈이 되는 유금(酉金)이 있으니 그 끈을 꼭 잡고 신앙생활을 통해 안정과 보다 나은 삶을 이루어 가거나 아니면 임술(壬戌) 양(兩) 백호대살(白虎大殺)로 약물중독(藥物中毒)에 빠지거나 어디까지나 선택의 몫은 자기자신이다.

이름에서 '미선(美善)'이란 소리는 초성의 의미로 볼 때에는 수기운(ㅁ)과 金기운(ㅅ)으로 볼 수 있으나 '미'란 소리 전체의 기운은 역학(易學)을 있게 한 근본인 십이지(十二支) 중 한여름의 뜨거운 열토(熱土)기운을 가지고 있는 '미(未)'와 소리가 같으므로 강한 미토(未土) 기운이 작용하는 소리가 된다.

그러므로 강한 火·土기운이 타고난 기운(四柱)에 안 맞는 경우에는 양(羊=未)의 기운을 가지고 있는 '미(美)'라는 소리·글자와 '선(善)'이라는 글자는 이름에 쓰지 않는 것이 좋다.

이름의 뜻기운(아름다울, 착할)은 일반적인 의미로 볼 때에는 좋으나 이러한 뜻이 십이지(十二支) 중 「미(未) 즉 양(羊=熱土)이란 기운으로부터 비롯」된 의미이므로 그 근원의 기운을 살펴보게 될 때에는 전혀 맞지 않음을 알 수 있다.

일반적으로 좋다는 의미와 가치는 나에게 좋을 때 특별한 의미와 가치가 있는 것이지 그렇지 못할 때에는 전혀 무가치할 뿐만 아니라 오히려 크게 해로운 의미가 된다.

이름의 글자의 기운(美 : 羊=熱土, 善 : 羊=熱土)도 열토(熱土)의 기운을 강하게 가지고 있으며, 성씨(姓氏 : 田)의 기운도 土기운이니 火·土기운이 몹시 강한 타고난 기운(四柱)의 문제점이 이름에 그대로 나타나 있다.

「안에서 새는 바가지는 밖에서도 샌다」는 속담처럼 기운도 거짓이 없어서 집에서 지어진 이름들을 보면 타고난 기운(四柱)의 특징이 이름에 그대로 나타나는 경우를 참으로 많이 보게 된다.

시원한 金·水기운을 강하게 가지고 있어야 좋은 이름이 될 수 있는 조건이 충족되는데, 이 이름 역시 이름의 근본인 소리·뜻·글자의 기운이 모두 잘못된 경우로 필히 개명해야 될 이름에 속한다.

乾. 김주원(金鉒原)

四柱八字와 陰陽五行			
시	일	월	년
丁	(丁)	甲	壬
음火	음火	양木	양水
未	酉	辰	寅
음木	음金	양土	양木

자기자신을 의미하는 일간(日干) 정화(丁火)가 만춘(晩春)인 진토월(辰土月)에 태어났으나 년간(年干)의 임수(壬水)가 일간(日干) 정화(丁火)와 합(合)이 되어 정임합목(丁壬合木)하여 도우며, 또 연지(年支)와 월간(月干) 그리고 시간(時干)에 인목(寅木)과 갑목(甲木) 그리고 정화(丁火)가 있으니 木·火기운이 몹시 강하다.

따라서 일간(日干) 정화(丁火)는 강한 화기(火氣), 즉 강한 집중력과 분석력을 발산(發散)·발휘(發揮)할 수 있는 진로운(進路運)인 토기(土氣)와 재물운(財物運) 금기(金氣)를 취용(取用)하므로 土·金기운을 강하게 보완해줄 때 좋은 이름이 되는 사주(四柱)이다.

타고난 기운(四柱)에서 시지(時支)에는 열토(熱土)인 미토(未土)가 있으나 월지(月支)에 습토(濕土)인 진토(辰土)가 있어 일지(日支)의 유금(酉金)과 합

(合)이 되어 진유합금(辰酉合金)이 되면서 상생화합(相生和合)하니 좋으나 土·金기운을 더욱 강하게 보강해줌이 바람직하다.

이름에서 '주원(鉒原)'이라는 소리는 초성의 의미로 볼 때에 金기운(ㅈ)과 土기운(ㅇ)을 가지고 있다.

또 이름의 뜻기운(쇳돌=金, 근원/언덕/들=土)과 글자의 기운(鉒=金, 原=土)도 土·金기운을 강하게 가지고 있어 이름의 근본인 소리·뜻·글자의 기운이 모두 일관(一貫)되게 같은 좋은 기운으로만 순수하게 집중된 힘과 조화를 갖춘 좋은 이름이다.

이름의 뜻 역시 「쇳돌(鉒)이 나는 비옥한(泉) 언덕(厂)」이란 뜻으로 타고난 기운(四柱)과 조화를 이루는 이상적으로 좋은 뜻을 가지고 있는 이름이다.【원(原) : 샘(泉)을 머금고 있는 비옥(肥沃)한 넓은 땅(언덕, 들판)】

坤. 구창숙(具昌淑)

四柱八字와 陰陽五行			
시	일	월	년
丁	(癸)	乙	癸
음火	음水	음木	음水
巳	亥	卯	丑
음火	음水	음木	음土

대운(大運)						
63	53	43	33	23	13	3
壬	庚	辛	己	戊	丁	丙
戌	酉	申	未	午	巳	辰

자기자신을 의미하는 일간(日干) 계수(癸水)가 목왕절(木旺節)인 묘목월(卯木月)에 태어나 설기(泄氣) 되지만 묘목(卯木)이 습목(濕木)인 데다가 태어난 해(年)가 냉습(冷濕)한 기운이 몹시 강하게 작용하는 가장 추운 겨울 해(丑年)이므로 습기(濕氣)가 더욱 심해지니 습목(濕木)은 수기(水氣)를 제대로 흡수할 수 없게 된다.

년지(年支)의 축토(丑土) 속에 들어 있는 계수(癸水)가 연간(年干)의 계수(癸水)로 투출(透出)하여 계수(癸水)가 강하니 월간(月干)의 을목(乙木)도 습

(濕)해지고, 일지(日支)에도 해수(亥水)가 있으니 습기(濕氣)를 제거(除去)해주는 화기(火氣)가 몹시 필요한 사주(四柱)인데, 시간(時干)과 시지(時支)에 정화(丁火)와 사화(巳火)가 있어 좋은 경우이다.

사해충(巳亥沖)이 있지만 해수(亥水)가 묘목(卯木)과 합(合)이 되므로 탐합망충(眈合忘沖)의 이치에 따라 사해충(巳亥沖)은 해소(解消)가 되니 좋으나 묘목(卯木)은 더욱 습목(濕木)이 되므로 습기(濕氣)를 제거(除去)해줄 화기(火氣)가 더욱 절실해진다.

그래서 따뜻한 것을 좋아하는 당사자는 차갑게 느껴지는 '창'이란 소리를 몹시 싫어하여 '구하연(具昰延)'으로 개명을 하게 된 경우이다.

이름에서 '창숙(昌淑)'이란 소리는 초성의 의미로 볼 때에도 '金기운(ㅊ), 金기운(ㅅ)'으로 이루어져 있어 당연히 따뜻한 것을 좋아하는 당사자 입장에서는 듣기 싫은 차가운 소리가 된다.

특히 '창'이란 소리는 소리 전체의 기운이 '날카롭고 뾰족한 차가운 쇠(辛金)'이므로 더욱 듣기가 싫었던 것이다.

이름의 뜻기운(태양처럼 창성할=火, 강물이 맑을=水)과 글자의 기운(日=火, 氵=水)이 일간(日干) 계수(癸水)에게 좋은 火기운과 나쁜 水기운이 혼재(混在)되어 있으니 하나의 이름 속에서 자중지란(自中之亂)이 일어난다.

즉 갈등과 혼란이 발생하여 강한 결집력(結集力)을 갖지 못하고 분열(分裂)이 되므로 타고난 기운(四柱)과 조화를 이루는 좋은 이름이라고는 볼 수 없는 이름이다.

더구나 이름의 본질인 이름의 뜻이 「물이 있어(도우므로) 창성한다(昌淑)」는 의미가 되는데, 水기운이 부족하다고 본 스님으로부터 받은 이름이었다.

혹 이 사주(四柱)를 신약사주(身弱四柱)로 보고 金·水기운을 보완해주는 이름이 좋은 이름이 될 것이라고 판단할 수도 있겠으나 그렇지 않다.

실제로 대운(大運)에서 재물운(財物運)인 火기운이 강하게 작용하는 여름 대운의 시기(巳午未)에는 경제적으로 윤택하였으나 문서운(文書運)인 金기운이 강하게 작용하는 가을 대운의 시기(庚申)인 43세 이후부터는 경제적 어려움으로 차압(差押)이 들어오는 등 각종 빚독촉 문서로 인해 고통스러운 시기를 살고 있다.

이름이란 이름의 근본인 소리·뜻·글자의 기운이 모두 자기자신을 돕는 좋은 기운으로만 가득 채워진 이름이 가장 완성도가 높은 좋은 이름이 된다.

즉 「자신을 돕는 좋은 기운만 가득한 대신에 자신을 힘들게 하는 기운인 불순물이 전혀 들어 있지 않는 '순수한 이름'이 가장 힘과 조화를 갖춘 좋은 이름」이 된다.

　인간관계도 마찬가지이다. 순수(純粹)할 때 애정이든 우정이든 가장 뜨겁고 견고하며, 반대로 불순(不純)할 때 의혹과 불신이 생기면서 균열이 가게 되고, 결국에는 깨어지게 되듯이 '순수한 이름'과 '불순한 이름'의 의미도 같은 이치이다.

구하연(具昰延)

　이름에서 '하연(昰延)'이라는 소리는 초성의 의미로 볼 때에는 土기운(ㅎ)과 土기운(ㅇ)으로 볼 수 있으나 소리 전체의 의미로 볼 때에 '하'는 사계절을 상징하며 대표하는「춘하추동」의 '하'와 동음(同音)이므로 강한 火기운이 작용하는 소리가 된다.

　소리기운이 火·土기운(하연)이 되어 강한 화기(火氣)와 온토(溫土)의 기운이 작용하므로 초목(草木)이 뿌리를 내려 안정을 이루게 된다.

　이름의 뜻기운(여름, 끌어들일)과 글자의 기운(日=火)에 재물운(財物運)인 강한 火기운을 가지고 있어 참으로 좋다.

　'여름'이란 뜻 속에는 강한 木기운도 내포(內包)되어 있으니 양기(陽氣)가 가장 왕성해지는 여름에 양기(陽氣)를 받아 초목(草木)도 가장 무성해지기 때문이다.

　그래서 '여름 하(夏, 昰)' 字는 강력한 火기운과 木기운을 동시에 가지고 있는 글자로도 볼 수 있다.

　「여름의 기운(火기운=재물)을 적극적으로 끌어당긴다(받아들인다)」가 되어 이름의 뜻이 살아 있는 이름이다.

소리와 글자도 「여름기운」을 가진 소리인 '하'와 그리고 「여름기운」을 가진 글자인 '하(昊)' 字로 이루어져 있다.

따라서 이름의 근본인 소리·뜻·글자의 기운이 화기(火氣), 즉 재물운(財物運)이 가장 중요한 의미를 가지는 사주(四柱)의 특성과 온전하게 조화를 이루고 있는 순수한 이름이 되었다.

「왜곡된 불용문자(不用文字)의 문제점」 중에서 '여름 하(夏, 昊)' 字에 대해서 자세히 언급하였지만 여름이란 계절이 없다면 만물이 성장할 수가 없다!

또한 여름을 많이 타며 힘들어하는 체질과 여름을 전혀 타지 않을 뿐만 아니라 오히려 생생해지는 체질인 경우도 있다.

그러니 단순히 체질의 차이만을 가지고 정상과 비정상으로 구분한다면 이 얼마나 어리석은 노릇일까?

'여름'이란 '뜻'을 가지고 있는 글자라고 무조건 '여름 하(夏, 昊)' 字를 불용문자로 분류한다는 것도 같은 맥락의 어리석음이요 미신(迷信)을 조장하는 구업(口業)을 짓게 되는 것이다!

'여름 하(夏, 昊)' 字는 '여름에 해충(害蟲)이 들끓는다'고 또 '너무 더워서 생활하기 힘들다'고 사람 이름에 사용하면 안 좋다는 얘기는 불용문자의 근거로는 전혀 공감할 수 없는 내용에 불과하다.

또한 '매사에 결실이 없고, 운전 시 교통사고를 조심해야 한다'는 주장도 무의미할 뿐이니 양기가 가득한 여름철은 결실을 위해 만물이 가장 왕성하게 성장하는 은혜로운 계절이다.

교통사고는 타고난 기운(사주)에서 자기 자신인 일간(日干)이 불(火)이면서 화기(火氣)가 몹시 강한 대신 금기(金氣)가 몹시 약한 경우에 이름에도 강한 화기(火氣)를 가지고 있는 '여름 하(夏, 昰)' 字를 쓴다면 조심할 필요가 있다.

반대로 타고난 기운(사주)에서 자기 자신인 일간(日干)이 불(火)이면서 화기(火氣)가 몹시 약한 대신 금기(金氣)가 몹시 강한 경우에는 이름에 '여름 하(夏, 昰)' 字를 쓰는 것은 오히려 차(車 : 金)로부터 자신(火)을 보호해주는 소중한 의미를 가지게 되는 글자가 되므로 참으로 좋다.

이제 성명학이 더욱 발전해 나가기 위해서라도 철 지난, 근거도 팩트도 없는 미신적인 불용문자(不用文字)라는 잔재(殘滓)는 떨쳐버려야 한다!

그리고 더욱 자연의 순리(順理)에 귀 기울이며 옷깃을 여미는 마음가짐으로 근본에 충실한 이름을 짓기 위해 계속 정성을 다할 때 성명학도 작명가도 더욱 인정과 존중을 받게 되지 않을까?

坤. 박은자(朴銀子)

四柱八字와 陰陽五行			
시	일	월	년
丙	(甲)	己	庚
양火	양木	음土	양金
寅	辰	卯	申
양木	양土	음木	양金

자기자신을 의미하는 일간(日干) 갑목(甲木)이 목왕절(木旺節)인 묘목월(卯木月)에 태어나니 木기운이 강한데, 또 지지(地支)에 인묘진(寅卯辰)이 동방합(東方合)을 이루니 木기운이 더욱 강해진다.

이처럼 木기운이 왕성(旺盛)한데, 음토(陰土)인 월간(月干)의 기토(己土)가 냉금(冷金)인 년간(年干)의 경금(庚金)을 도와 설기(泄氣)되므로 일간(日干) 갑목(甲木)은 따뜻한 햇빛(火)과 따뜻한 흙(土), 즉 따뜻한 火·土기운을 필요로 하는 사주(四柱)이다.

시간(時干)에 병화(丙火)가 있어 좋으나 사주의 구성(構成)이 불리(不利)한 경우인데, 재물(財物)인 월간(月干)의 기토(己土)가 토생금(土生金)의 이치에 따라 남편과 관청을 의미하는 연간(年干)의 경금(庚金)에게로 빠져나가므로 돈을 벌어도 모이지를 않으니 남편이나 관청에 대한 감정이 살아가면서 점점 더 부정적으로 변할 수밖에 없다.

실제 '괴로운(庚金) 문서(子水)가 발생'하는 냉습(冷濕)한 경금(庚金)기운과 자수(子水)기운이 작용하던 경자년(庚子年)에 부부갈등이 극심해지면서 이혼이란 결론에 도달하게 되고, 냉습(冷濕)한 축토(丑土)와 냉(冷)한 신금(辛金) 기운이 작용하던 신축년(辛丑年)에 이혼하였다.

그러나 절대 포기할 수 없는 火기운에 해당하는 소중한 자식은 자신이 키우기로 하였으니 이 역시 자연(自然)의 순리(順理)이다.

이름에서 '은자(銀子)'라는 소리는 초성의 의미로 볼 때에는 '土기운(ㅇ), 金기운(ㅈ)'으로 볼 수 있으나 소리 전체의 의미로 볼 때에는 '은'은 '은(銀)'과 동음(同音)이므로 강한 金기운이 작용하며, '자'는 십이지지(十二地支) 중 '자(子)'와 동음(同音)이므로 강한 자수(子水)기운이 작용한다.

이처럼 소리기운이 따뜻한 기운과는 정반대인 냉습한 강한 金·水기운으로 이루어져 있으니 이는 괴로운(金) 문서(水)를 불러들이는, 즉 고통을 초래하는 몹시 흉(凶)한 소리가 된다.

이름의 뜻인 '은(銀)과 아들/자식(子)'의 의미도 타고난 기운(四柱)의 관점에서 보게 되면, 金기운인 '은(銀)'은 남편을 그리고 '아들/자식'은 水기운이 아니라 火기운을 의미한다.

따라서 화극금(火克金)의 이치에 따라 '남편(金)과 아들/자식(火)' 간의 갈등과 마찰을 의미하게 되므로 안 좋다.

또 타고난 기운(四柱)에 부합(符合)하는 이름의 혼(魂)이자 정신(情神)인 '뜻'을 가지고 있는 이름인지 그 여부를 살펴보면, 「은(銀)처럼 귀한 자식」이란 뜻으로 볼 수 있다.

일반적인 의미로는 '귀하고 소중한 자식'을 의미하므로 좋은 뜻으로 볼 수 있으나 정작 타고난 기운(四柱)으로 볼 때에는 「태양(火)처럼 귀한 자식」이란 뜻이 맞고 좋다.

따라서 이름의 소리도 뜻도 글자도 다 타고난 기운(四柱)에 맞지 않는 냉습한 강한 金·水기운으로 이루어져 있으므로 필히 개명해야 될 이름임에 틀림이 없다.

이처럼 일반적으로 좋다는 의미와 가치는 나에게 좋을 때 특별한 의미와 가치가 있는 것이지 그렇지 못할 때에는 전혀 무가치할 뿐만 아니라 오히려 크게 해로운 의미가 될 뿐이다.

乾. 김지오(金址旿)

四柱八字와 陰陽五行			
시	일	월	년
己	(甲)	辛	壬
음土	양木	음金	양水
巳	午	亥	寅
음火	양火	음水	양木

　자기자신을 의미하는 일간(日干) 갑목(甲木)이 초동(初冬)인 해수월(亥水月)에 태어나고, 또 년지(年支)의 인목(寅木)과 월지(月支)의 해수(亥水)가 합(合)이 되어 인해합목(寅亥合木)이 되며, 또한 년간(年干)에도 임수(壬水)가 있으니 냉습(冷濕)한 水·木기운이 강하므로 따뜻한 火·土기운을 필요로 하는 사주(四柱)이다.

　타고난 기운(四柱)에서 일지(日支)와 시지(時支)에 따뜻한 오화(午火)와 사화(巳火)가 있어 일간(日干) 갑목(甲木)이 건왕(健旺)해지며, 또한 시간(時干)의 기토(己土)가 온토(溫土)가 되니 참으로 좋다.

　이름에서 '지오(址旿)'라는 소리는 초성의 의미로 볼 때에는 金기운(ㅈ)과 土기운(ㅇ)으로 볼 수 있으나 소리 전체의 의미로 볼 때에는 '지'는 '천지(天地)' 중 '지(地)'와 동음(同音)이므로 강한 土기운이 작용한다.

또 '오'는 십이지지(十二地支) 중 '오(午)'와 동음(同音)이므로 강한 오화(午火)기운이 작용한다.

따라서 '지오(址昨)'라는 소리기운은 강한 土·火기운을 가지고 있으므로 참으로 좋다.

또한 이름의 뜻기운(터/토대=土, 낮 밝을/한낮/대낮=丙火)과 글자의 기운(址=土, 昨=丙火, 午火)도 土·火기운을 강하게 가지고 있다.

따라서 이름의 근본인 소리·뜻·글자의 기운이 모두 일관(一貫)되게 같은 좋은 기운으로만 순수하게 가득 채워져 있으므로 참으로 힘과 조화를 갖춘 좋은 이름이다.

특히 타고난 기운의 일지(日支)에 있는 동적(動的)인 오화(午火)의 기운이 글자에도 들어 있어 반복 강조해 주고 있어 참으로 좋은데, '오(昨)' 字에는 「태양(日)이 강하게 비치는 한낮에 힘껏 질주(疾走)하는 말(午=馬)의 기세(氣勢)」를 가지고 있는 좋은 글자이다.

이름의 뜻 역시 「소중한 삶의 터전(址)이 햇빛이 강하게 비치는 한낮(昨)의 온기(溫氣)로 가득 채워져 따뜻하므로 나무(일간 갑목)가 뿌리를 깊게 내려 안정과 발전을 이룸」을 뜻하므로 타고난 기운(四柱)과 조화를 이루는 이상적으로 좋은 뜻을 가지고 있는 이름이다. 즉 뜻이 살아있는 이름이다.

坤. 김태희(金泰熙)

四柱八字와 陰陽五行			
시	일	월	년
庚	(丁)	辛	癸
양金	음火	음金	음水
戌	丑	酉	巳
양土	음土	음金	음火

자기자신을 의미하는 일간(日干) 정화(丁火)가 금왕절(金旺節)인 유금월(酉金月)에 태어나고, 또 지지(地支)에 사유축(巳酉丑)이 삼합(三合)이 되어 금국(金局)을 이루니 금기운이 몹시 강하다.

또한 시지(時支)의 술토(戌土)도 생금(生金)하여 시간(時干)의 경금(庚金)을 도우니 이처럼 금기운이 대세(大勢)를 이루고 있어 일간(日干) 정화(丁火)는 대세(大勢)인 금기운을 따르게 되므로 종재격(從財格)이 된다.

종재격(從財格)인 경우에는 대세(大勢)인 금기운과 상생(相生)이 되는 土·金·水기운이 좋으나 '태희(泰熙)'라는 이름의 뜻은 「큰 태양의 기운이 왕성함」을 의미하므로 대세(大勢)를 이루고 있는 금기운을 극(克)하여 타고난 기운(四柱)의 특성(特性)을 부정하니 몹시 부적합하다. 즉 이름의 뜻(정신)이 크게 잘못된 이름이다.

또한 글자의 기운(泰 : 水, 燨 : 火)도 상극(相克)인 水기운과 火기운으로 이루어져 윗사람과의 갈등과 마찰을 의미하므로 역시 크게 부적합하며, 필히 개명해야 될 이름임에 틀림이 없다.

乾. 강성원(姜盛元)

四柱八字와 陰陽五行			
시	일	월	년
庚	(癸)	己	乙
양 金	음 水	음 土	음 木
申	酉	丑	卯
양 金	음 金	음 土	음 木

자기자신을 의미하는 일간(日干) 계수(癸水)가 가장 추운 한겨울인 축토월(丑土月)에 태어나니 몹시 차가운 냉수(冷水)인데, 또 일지(日支)와 시간(時干) 그리고 시지(時支)에 유금(酉金)과 경금(庚金) 그리고 신금(申金)이 거듭거듭 있다.

또한 냉습토(冷濕土)인 월지(月支)의 축토(丑土)도 유금(酉金)과 합(合)이 되어 유축반금국(酉丑半金局)이 되니 이처럼 냉금(冷金)인 금기운이 몹시 강하여 더욱 냉기(冷氣)를 더해주면서 소중한 목기(木氣)를 극(克)하므로 이것이 이 사주(四柱)의 병(病)이 된다.

그런데 타고난 기운(四柱)에서 병을 치료해줄 약(藥)인 화기(火氣)가 전혀 나타나 있지 않으니 발복(發福)하기가 어려운데, 처갓집을 의미하는 년간(年干)과 년지(年支)의 을목(乙木)과 묘목(卯木)은 습목(濕木)인 데다가 때가 한겨울이라 생화(生火)를 해줄 수 있는 형편이 전혀 못 된다.

자연 결혼이 쉽지 않아 늦어질 수밖에 없는 운명인데, 마흔이 되던 해(年)에 병을 치료해주는 약인 양기(陽氣)가 왕성(旺盛)하게 작용하는 갑오년(甲午年)에 발복(發福)하여 자식을 보게 되었다.

'강성원(姜盛元)'이란 이름은 유명한 역학자가 지어준 이름으로 「으뜸이 되는 기운이 왕성(旺盛)하여 잘 되기를 바라는 의미」에서 지어준 이름이라고 볼 수 있다.

또한 '원(元)' 字는 본래 사람의 머리를 뜻하기 위해 만든 글자이므로 갑목(甲木)의 의미로도 볼 수 있다.

그런데 가장 아쉬운 점은 사주(四柱) 전국(全局)에 조화와 안정을 가져다줄 화기(火氣)가 이름에 전혀 반영되지 못했다는 것이다.

구체적 현실 속에서 살아가는 사람의 이름은 추상적이지 않고, 구체적이며, 명확한 것이 바람직하다.

만약 필자가 이름을 지었다면 '강동오(姜東旿)'라는 구체적인 의미와 오행의 기운을 가지고 있는 이름을 지어 추천해 줬을 것이다.

이름에서 '동오(東旿)'라는 소리는 초성의 의미로 볼 때에는 火기운(ㄷ)과

土기운(ㅇ)으로 볼 수 있으나 소리 전체의 의미로 볼 때에는 '동'은 '동서남북(東西南北)' 중 '동(東)'과 동음(同音)이므로 강한 木기운이 작용한다.

또 '오'는 십이지지(十二地支) 중 '오(午)'와 동음(同音)이므로 강한 오화(午火)기운이 작용한다.

따라서 '동오(東旿)'라는 소리기운은 강한 木·火기운을 가지고 있으며, 또 성씨(姓氏)의 소리인 '강'도 초성의 의미로 볼 때에는 木기운(ㄱ)으로 볼 수 있으나 소리 전체의 의미로 볼 때에는 '강(江)'과 동음(同音)이므로 강한 水기운이 작용한다.

이처럼 성명(姓名)의 소리기운이 水·木·火기운으로 이루어져 수생목(水生木)하고 목생화(木生火)하는 이치에 따라 상생(相生)으로 순리(順理)대로 소통(疏通)이 이루어져 병(病)을 치료해 주게 된다.

또한 이름의 뜻기운(동녘=木, 낮 밝을/한낮/대낮=丙火)과 글자의 기운(東日=木火, 旿=丙火, 午火)도 木·火기운을 강하게 가지고 있어 이름의 근본인 소리·뜻·글자의 기운이 모두 일관(一貫)되게 같은 좋은 기운으로만 순수하게 가득 채워져 있으므로 참으로 힘과 조화를 갖춘 좋은 이름이 된다.

'동오(東旿)'라는 이름의 소리·뜻·글자의 기운은 바로 병(病)이 치료되면서 발복(發福)하여 자식을 보게 되었던 해(年), 곧 木·火기운이 왕성(旺盛)하게 작용하였던 갑오년(甲午年)의 기운과 같은 기운을 가진 이름이다.

만약 어려서부터 이 이름을 부르고 써왔더라면 좀더 발복을 앞당길 수도 있었을 것이다.

이름은 반복해서 부르고 씀으로써 자신의 후천운(後天運)을 선도(善導)해 나가는 자기자신의 노력이며, 따라서 좋은 이름을 부르고 쓴다는 것의 중요성은 아무리 강조하여도 지나침이 없다.

乾. 심연우(沈淵祐)

四柱八字와 陰陽五行			
시	일	월	년
辛	(乙)	甲	甲
음金	음木	양木	양木
巳	丑	戌	辰
음火	음土	양土	양土

자기자신을 의미하는 일간(日干) 을목(乙木)이 土기운이 강하게 작용하는 술토월(戌土月)에 태어나고, 또 타고난 기운(四柱)에서 속에 계수(癸水)를 품고 있는 습토(濕土)인 진토(辰土)가 년지(年支)에 있고, 일지(日支)에는 속에 계수(癸水)와 신금(辛金)을 품고 있는 냉습토(冷濕土)인 축토(丑土)가 있어 냉습(冷濕)한 土기운이 강하다.

때가 늦가을이라 초목(草木)은 습기(濕氣)보다는 따뜻한 온기(溫氣)가 필요할 때인데, 시지(時支)에 소중한 사화(巳火)가 있으나 시간(時干)의 신금(辛金)과 간지암합(干支暗合)이 되어 병신합수(丙辛合水)가 되거나 행운(行運)에서 유금(酉金)이 오면 사유축(巳酉丑) 금국(金局)이 되는 변수에 의해 작용력이 지속적이지 못하고 약해지므로 몹시 아쉽다.

년간(年干)과 월간(月干)에 갑목(甲木)이 거듭 있어 의지가 되니 좋으나 소중한 화기(火氣)가 설기(泄氣) 되는 냉습(冷濕)한 土기운이 강하고, 또한 술토(戌土)와 축토(丑土) 속의 신금(辛金)이 시간(時干)으로 투출(透出)하여 일간(日干) 을목(乙木)을 을신충(乙辛沖)하여 자르는 형국이므로 더욱더 화기(火氣)가 필요한 경우이다.

따라서 온기(溫氣)를 더해줄 강한 화기(火氣)와 우군(友軍)인 목기(木氣)를 보강해줘야 하는데, 집에서 돌림자인 '못 연(淵)' 字를 넣어서 잘못 지어진 이름이다.

즉 강한 양기가 필요한데, 강한 음기가 가세(加勢)하니 습한 땅이 더욱 습해지고, 초목은 뿌리가 상하게 되면서 위축(萎縮)이 된다.

이름의 뜻은 「못 물(水)이 도와줌(淵祐)」을 의미하여 水기운을 강하게 가지고 있는 이름인데, 火기운을 필요로 하는 아기에게 정반대가 되는 이름이 지어진 경우이다.

이름의 소리도 부드럽고 세련된 중성적인 이미지를 가지고 있는 이름이지만 '연우'라는 소리는 '土土기운'으로 소중한 화기(火氣)를 흡수해버리는 기운이므로 부적합하다.

특히 「못 물(水)이 도와줌(淵祐)」을 의미하는 이름의 뜻(정신)이 크게 잘못된 경우이다.

돌림자가 타고난 기운(四柱)에 맞는 경우는 열 명 중 두 명이 채 못 될 정도로 드물다. 돌림자가 안 맞을 경우에는 나머지 한 자에 아무리 좋은 소리와 글자를 붙인다고 하여도 50점 이상이 되는 이름이 지어지기가 어렵다.

坤. 문정인(文炡仁)

四柱八字와 陰陽五行			
시	일	월	년
乙	(壬)	丁	甲
음木	양水	음火	양木
巳	午	卯	辰
음火	양火	음木	양土

자기자신을 의미하는 일간(日干) 임수(壬水)가 木기운이 강하게 작용하는 춘절(春節)인 묘목월(卯木月)에 태어나고, 또 타고난 기운(四柱)에서 년간(年干)과 시간(時干)에도 갑목(甲木)과 을목(乙木)이 있으니 木기운이 더욱 강해진다.

또 木기운이 강하게 작용하는 묘월(卯月)이라 속에 을목(乙木)을 품고 있는 년지(年支)의 진토(辰土)도 동방(東方) 소속(所屬)이므로 木기운으로 작용하게 된다.

또한 일간(日干) 임수(壬水)와 월간(月干)의 정화(丁火)가 서로 합(合)이 되면서 정임합목(丁壬合木)이 되므로 木기운이 더욱더 강해져 대세(大勢)를 이루게 된다.

또한 일간(日干) 임수(壬水)가 의지할 金기운이 일점(一點)도 나타나 있지 않으므로 일간(日干) 임수(壬水)는 자연히 대세(大勢)인 木기운을 따르게 되는데, 이미 일간(日干) 임수(壬水)의 정신(精神)은 월간(月干)의 정화(丁火)와 합(合)이 되면서 정임합목(丁壬合木)이 되어 발생(發生)한 木기운을 향(向)하고 있다.

따라서 정임합화목격(丁壬合火木格)의 특성(特性)을 가지게 되므로 일간(日干) 임수(壬水)는 대세(大勢)인 木기운과 상생(相生)관계인 水·木·火기운을 취용(取用)하게 된다. 즉 水기운은 대세(大勢)인 木기운을 도우므로 좋으며, 木기운은 대세(大勢)인 木기운이 더욱 왕성(旺盛)해지니 좋으며, 火기운은 대세(大勢)인 木기운이 순리(順理)로 발산(發散)되니 역시 좋다.

이때 土기운과 金기운은 목극토(木克土)하고 금극목(金克木)하는 이치에 따라 대세(大勢)인 木기운과 상극(相克) 관계가 되므로 이름에 반영하지 않는 것이 바람직하다.

그러므로 이름에도 水·木·火기운을 강하게 넣어 부르고 쓸 때 일간 임수(壬水)가 안정과 발전을 이루게 되며, 또한 타고난 기운과도 조화를 이루는 좋은 이름이 된다.

이름에서 '정인(姃仁)'이라는 소리는 초성의 의미로 볼 때에는 金기운(ㅈ)과 土기운(ㅇ)으로 볼 수 있으나 소리 전체의 의미로 볼 때에는 '정'은 '십천간(十天干)' 중 '정(丁)'과 동음(同音)이므로 강한 火기운이 작용한다.

또 '인'은 '십이지지(十二地支)' 중 '인(寅)'과 그리고 '오상(五常)' 중 '인(仁)'과 동음(同音)이므로 강한 木기운이 작용한다.

따라서 '정인(炡仁)'이라는 소리기운은 강한 火·木기운을 가지고 있으므로 참으로 좋다.

또한 이름의 뜻기운(빛날=火, 어질=木)과 글자의 기운(炡=火, 仁=木)도 火·木기운을 강하게 가지고 있어 이름의 근본인 소리·뜻·글자의 기운이 모두 일관(一貫)되게 같은 좋은 기운으로만 순수하게 가득 채워져 있으므로 참으로 힘과 조화를 갖춘 좋은 이름이다.

이름의 뜻 역시 「빛나는 태양이 따뜻하게 비추어주므로 어진 덕이 발현(發顯)되어 인망(人望)을 얻게 되므로 안정과 발전을 이룬다」는 뜻으로 타고난 기운(四柱)과 조화를 이루는 이상적으로 좋은 뜻을 가지고 있는 이름이다.

이름의 근본인 소리·뜻·글자의 기운을 모두 일관(一貫)되게 같은 좋은 기운으로만 순수하게 가득 채워지는 이름을 짓는다는 것은 사실 인명용한자(人名用漢字)에 좋은 뜻을 가진 글자가 너무 부족하다 보니 참으로 어렵다.

인명용한자에는 글자의 뜻이 부정적이거나 흉측하거나 도저히 이름에 분명한 뜻을 가질 수 없는 뜻을 가진 글자가 너무 많기 때문이다.

사람의 속생각 즉 '뜻'을 표현하기 위해 '소리'와 '글자'가 생겨났으므로 「뜻이 있는 곳에 길이 있다」는 격언은 누구나 잘 알고 있는 사실이지만 「소리와 글자가 있는 곳에 길이 있다」는 얘기는 누구도 들은 바가 없다.

그것은 이름의 근본인 「소리·뜻·글자」 중에서도 「뜻」이 이름의 본질(本質)이기 때문이다.

사람도 분명한 뜻을 가지고 살아가는 것과 그렇지 못한 것을 생각해 보면 그것이 얼마나 큰 차이인지를 모를 사람은 없을 것이다.

글자 환경이 열악하고 수리길흉에 얽매여 이름 전체가 조화롭게 잘 어우러진 가장 완성도가 높은 좋은 이름을 짓는다는 것은 참으로 어렵다.

하지만 최소한 「타고난 기운(四柱)의 특성과 조화를 이루는 좋은 이름의 뜻만큼」은 분명히 이름에 반영이 되는 그래서 이름의 뜻이 살아있는 작명풍토가 조성이 되었으면 좋겠다.

미래세대의 주역이 될 이 땅의 아들딸들을 위해! 혼(정신)이 살아있는 이름을!

낙	落
봉	鳳
파	坡

　삼국지(三國志)를 보면 지명(地名)이 '봉(鳳)이 떨어지는 언덕'이라는 의미의 낙봉파(落鳳坡)에서 설흔 여섯이라는 젊은 나이에 웅지(雄志)를 제대로 펴보지도 못한 채 비참하게 생(生)을 마감한 불운의 사나이가 있으니 그가 바로 봉추 선생인 방통(龐統)이다.

　도호(道號)인 봉추(鳳雛)는 봉(鳳)의 새끼를 의미하는데, 자신을 낮춘다는 겸양의 의미로도 볼 수 있으나 일반적 의미로는 아직 유약하고 미성숙한 상태를 나타낸다.

　중국식 발음으로는 새새끼 '추(雛)'와 추할 '추(醜)'는 추(chu)와 초우(chou)로 차이가 있으나 우리 발음으로는 똑같다.

　봉황은 예로부터 상상 속의 상서로운 길조(吉鳥)로 봉(鳳)과 추(醜)는 전혀 어울리지 않는 글자인데, 실제 봉추 선생의 생긴 모습이 눈썹은 숱이 많아 시커멓고 코는 들창코에 얼굴은 까맣고 수염은 짧아서 괴이했다고 전해지고 있다.

낙봉파는 '봉(鳳)이 떨어지는 언덕'인데, 봉(鳳)의 새끼야 오죽하랴! 나는 새(鳥)는 칼이 아닌 화살에 맞아 죽는 법, 봉추 선생 역시 화살이 비 오듯 쏟아지는 난전(亂箭) 속에서 쓰러졌다.

이 세상에 의미 없이 존재하는 것은 아무것도 없으니 땅의 기운(地氣)과 지명(地名) 그리고 인명(人名)은 상통(相通)함을 보여주는 고사(故事)이다.

7장

건강한 작명법
(=근본작명법)

1. 건강한 작명법의 핵심 - "뜻이 살아있는 이름"
2. 이름에 수리길흉 꼭 반영해야 하나?
3. 작명 시 소리기운의 왜곡 여부 반드시 체크해 보기
4. 성명학과 작명가가 존중받기 위하여
5. 작명가와 의뢰자의 입장을 절충한 이름풀이 예시

1. 건강한 작명법의 핵심 -"뜻이 살아있는 이름"

사람은 거울 없이는 자기 눈 밑을 보지 못한다.
그래서 행복의 파랑새를 찾아서 그리도 헤매었던가 보다!

그렇게나 가까이 두고서도…

이름에 있어서도 마찬가지이다. 누구나 알고 있는, 이름을 이루는 이름 그 자체인 「소리·뜻·글자」를 두고서 실체도 없는 수리놀음(?)에 빠져 수리 (숫자)로 좋은 이름을 지을 수 있다고 여전히 생각한다면?

이름에 있어서 행복의 파랑새는 수리가 아니라 바로 이름의 근본인 「소리·뜻·글자」이다.

세상에는 많은 종류의 성명학이 있다. 그러나 아무리 많은 종류의 성명학이 있다 하더라도 이름의 근본과 이름을 건강하게 짓는 작명기준은 변함없이 동일하다.

사람이 자꾸 덧대서 복잡하게 만든 것이지 결코 복잡하지도 않다. 근본을 떠나서는 온갖 현란한 기교나 술법을 부려도 무익하고 허망할 뿐이다.

사람은 아득한 옛적부터 자신의 마음속 뜻(생각)을 말(소리)과 그림(글자)으로 표현하면서 살아왔다. 즉 뜻에서 소리와 글자가 나오게 된(=파생된) 것이다.

이름이 이름일 수 있는 필수 조건인 근본도 「소리·뜻·글자」이며, 그중에서도 이름의 본질은 「뜻」이다.

그 까닭은 이름의 「뜻」에서 「소리」와 「글자」가 나왔기 때문이다. 즉 「뜻」이 자신을 표현하기 위해서 「소리」와 「글자」라는 자식을 낳은 것이다.

그리고 이름의 「뜻」은 사람의 「마음속 뜻(생각)」에서 왔다. 즉 「마음」이 구체적으로 자기표현을 한 것이 「뜻」이며, 그 마음의 「뜻」이 이름의 「뜻」으로 표현되어지면서 나타난 것이 바로 「소리」와 「글자」이다.

그래서 타고난 기운(사주)에 맞는 좋은 「뜻」이 이름에 제대로 반영이 되면 좋은 「소리」와 「글자」도 대부분 따라온다.

그래서 **타고난 기운(사주)에 맞는 좋은 「뜻」이 살아 있는(=반영된) 이름을 짓는 것이 가장 중요하다.**

「뜻」이란 살아있는 '생명체(生命體)'가 간절히 원(願)하고 지향(志向)하는 생명의 기운이 강력하게 응집(凝集)된 것으로서 그 자체로 역동적(力動的)이다.

그래서 「뜻」이 있는 곳에 길이 있다'는 말은 「뜻」이 분신과도 같은 「소리」와 「글자」를 타고 물처럼 흐르고 말처럼 달려서 길을 만들어 나가게 됨을 의미한다.

그래서 「소리」와 「글자」는 「뜻」을 표현하는 '뜻의 자식'과도 같다.

따라서 **이름에서 가장 중요한 것은 「뜻이 살아있는 이름」이다. 그리고 그 뜻을 나타내는(전달하는) 소리와 글자이다.**

이것이 건강한 작명법의 핵심이다. 즉 이름의 「뜻」과 「소리」와 「글자」가 모두 당사자의 타고난 기운과 조화를 이루면서 도울 때 힘과 조화를 갖춘 건강한 작명이 이루어진다.

그러므로 이름 그 자체인 「소리·뜻·글자」에 충실하게 이름을 짓는 것 말고는 작명을 하는 데에 있어서 특수비법이란 없다.

만약 이것보다 더 중요한 특수비법을 말하는 이가 있다면 자신의 존재감을 더욱 부각시키려는 다른 사심(私心)이 있기 때문이므로 주의가 필요할 수 있다.

2. 이름에 수리길흉 꼭 반영해야 하나?

한국의 작명풍토에서는 사격수리(四格數理)가 마치 이름의 근본인 양 절대적인 의미를 부여한다. 그러다 보니 본말(本末)이 전도(顚倒)가 되어 분명한 이름의 뜻이 존재하지 않는 이름들이 부지기수로 지어지는 기형적인 작명풍토가 조성되었다고 하여도 결코 과언이 아니다.

이러한 작명계의 풍토는 「삼라만상의 모든 이치가 수리(數理)로 이루어져 있다」는 논리에서 비롯된 것이지만 모든 이치가 수리에만 국한되는 것은 아니다. 진리성(眞理性)을 내포하고 있는 모든 것은 무수한 그물망으로 짜여져 있으면서 서로 상응(相應)하기 때문이다.

그래서 도(道) 즉 진리(眞理)의 속성(屬性)으로 보자면, 사랑으로 모든 것을 보면 사랑 천지요 미움으로 보면 미움 천지요 감사로 보면 감사 천지요 원망으로 보면 원망 천지이다.

삼라만상이 수리로 이루어졌다는 한 가지 논리만으로 모든 것을 본다면 다음과 같은 질문들도 떠올릴 법하다. 하나님과 부처님의 존재는? 음양오행과 십간십이지는 왜 있으며 필요한가?

　음양오행과 십간십이지가 없다면 역학과 성명학도 존재할 수가 없는데? 수리만으로 모든 걸 다 표현할 수 있다면 사람의 이름도 「수리」만으로 (짓고 사용이) 가능해야 하며, 그렇게 된다면 「소리·뜻·글자」는 전혀 필요하지 않을 것이다.

　그러나 「소리·뜻·글자」 없이는 이름이 존재할 수 없다는 이 단순한 사실이 도대체 무엇을 의미하는지 모를 사람이 있을까?

　그럼에도 불구하고 아직도 「소리·뜻·글자」의 의미를 말(末)로 보고 「수리」의 의미를 본(本)으로 보고 있다면 이야말로 행복의 파랑새를 찾아서 길 떠났지만 아직도 행복의 실체를 보지 못하고 헤매고 있는 경우와 크게 다를 바 없지 않을까?

　누구나 공감하고 인정할 수 있는 절대적 근거를 분명하게 가지고 있다고는 결코 볼 수 없는, 일종의 추론에 불과한 사격수리라는 마법(?)으로 홀려도 여전히 이름의 본질인 「뜻」의 의미(기운)가 담기는 그릇으로서의 「글자」가 없다면 획수는 전혀 존재할 수 없다는 것은 명백한 사실이다.

　그럼에도 불구하고 글자에 매여 있는(?) 획수가 - 글자에 매여 있다는 의미는 독립적이지 못하다는 얘기 - 사격수리로 변신(?)하면서 글자뿐만 아니라 소리와 뜻의 의미(기운)까지도 무시할 정도로 최강 실세가 되었다고? 도대체 그 권한을 누가 줬으며, 사격수리를 도출해내는 조합 방식이 절대적으로 옳다는 근거는 무엇인가? 추론일 뿐 절대적인 근거를 입증할 수는 없다고?

세상천지에 이야말로 귀신 씨나락 까먹는 소리 아닌가? 획수가 뭐라고? 글자가 없으면 나올 수도 없는 것이!

수리(數理) 이전에 뜻이 먼저 있었으며, 뜻이 곧 말씀이요, 말씀이 화(化)한 것이 곧 삼라만상(森羅萬象)이며, 삼라만상에 속한 모든 존재의 의미를 압축하여 간단 극명하게 나타내어 주고 있는 것이 바로 글자이다.

따라서 이름 그 자체인 이름의 소리, 뜻, 자형에서 강력하게 좋은 기운이 작용한다면 흉수리(凶數理)는 이에 종속(從屬)되고 동화(同化)·흡수(吸收)되어 버리므로 그 의미를 상실(喪失)하게 되니 얼마든지 무시할 수 있다.

숫자 비위(?) 맞추느라 가장 중요한 이름의 「뜻」마저 포기해버려 혼(정신)이 없는 이름이 지천이 된 이 작명풍토가 과연 정상일 수가 있을까?

따라서 근본을 무시한 지나친 수리 놀음(?)으로 본말이 전도된 기형적인 작명풍토는 근본에 충실한 작명풍토로 당연히 개선되어야 한다!

그런데 한자의 획수(劃數)를 원획(原劃)으로 보느냐 아니면 필획(筆劃)으로 보느냐에 따라서 획수가 달라지게 되며, 따라서 사격수리도 달라지게 된다.

이는 마치 사격수리를 도출해내는 조합 방식이 절대적으로 옳다는 근거를 입증할 수 없듯이 획수 산정의 기준도 - 뜻글자이므로 필자는 원획으로 보지만 - 어느 기준이 절대적으로 맞고 옳다고 분명하게 판단할 수가 없는 경우이다.

그럼에도 불구하고 굳이 꼭 대표성과 상징성을 가지는 수리의 의미를 찾고 싶다면 그러한 의미와 가치를 가지고 있다고 볼 수도 있는 **이름 두 자의 글자 획수를 서로 더한 숫자 정도, 즉 이름의 획수만을 반영하는 것만으로도 충분하다고 생각한다.**

그렇게 된다면 기존의 사격수리에서 이름의 획수를 더한 수리만 고려하면 되므로 그만큼 수리길흉에 연연하지 않아도 되고, 따라서 그만큼 이름의 근본에 충실한 건강한 작명풍토가 조성될 수 있다.

하지만 작명 상담을 하는 곳이라면 소수의 드문 경우를 제외하고서는 대한민국 어디에서나 수리길흉을 강조하고 있다. 그리고 인터넷에 들어가면 거의 대부분 수리길흉이 얼마나 중요한지 또 불용문자는 얼마나 불길한지에 대한 정보를 아주 쉽게 접하게 된다. 반면 그와 상반된 정보를 접할 기회는 극히 드물다.

이러한 환경에서 수리길흉과 불용문자의 부정적이고 왜곡된 정보에서 자유로울 수 있기란 사실 너무나 어려운 일이다.

이처럼 오랫동안 사격 수리길흉에 길들여져 온 - 전문성과 연륜 없이도 감명과 작명을 쉽게 할 수 있었던 - 작명풍토는 지금도 여전히 진행형이므로 금방 커다란 변화를 기대한다는 것은 거의 불가능하다.

하지만 혼이 살아있는 근본에 충실한 제대로 된 이름을 생각하고 바라는 작명가들과 작명의뢰자들이 늘어날수록 그에 비례하여 변화는 반드시 일어날 것이다!

3. 작명 시 소리기운의 왜곡 여부
반드시 체크해 보기

불가(佛家)에서는 고정됨이 없이 시시각각 변해가는 만물의 이치를 「제행무상(諸行無常)」이라는 교리로 설명하고 있다.

또한 도가(道家)에서도 도덕경에서 노자 역시 시시각각 변해가는 대자연의 이치를 「도를 도라고 하면 더 이상 도가 아님을 뜻하는 도가도비상도(道可道非常道)」라는 개념으로 설명하고 있다.

결국 무엇이든지 순환과 변화의 여지가 없이 일정한 틀에 가두어 버리게 되면 독선과 부조화로 인한 변질과 변형이 일어나게 된다.

마치 물이 고여 있기만 하면 썩게 되지만 흐르게 해주면 순환이 되므로 부패(腐敗)하지 않게 되면서 맑은 물이 항상 정화(淨化)해줄 수 있는 이치와 같다.

세상사도 기본적인 일정한 틀은 있어야 하지만 항상 변화를 수용할 수 있는 여지 또한 가지고 있음으로써 독선과 획일이라는 고정된 틀에서 벗어나 더욱 온전한 조화를 이루어 갈 수 있게 됨은 모두가 알고 있는 상식이다.

이러한 이치는 소리기운을 판단함에도 그대로 적용되어야 하지만 한국 성명학의 현실은 그렇지 않다. 초성(初聲:첫받침)에 의해서 획일적으로 소리기운을 파악하는 음령오행(音靈五行)의 이론만을 적용해오고 있다.

다시 말해 작명 시 소리기운은 전적으로 음령오행(音靈五行)의 이론에만 의존하여 획일적으로 판단·적용하고 있는 것이 한국 작명계의 오랜 현실이다.

첫받침에 의해 모든 소리를 정해버릴 수 있는 음령오행이란 단순한 이론으로 인해서 자연히 소리기운의 특성과 변화에 관한 연구는 필요하지가 않다 보니 정말 어려운 소리기운의 특성과 변화를 따로 제대로 연구하는 경우는 극히 드물다.

소리기운은 초성(첫받침)의 의미만으로 단순하게 소리기운을 파악할 수 있는 경우도 많으나 소리 그 자체, 즉 소리 전체가 가지고 있는 특성(대표성과 상징성) - 분명한 강한 뜻(의미=기운)을 가지고 있는 소리 - 에 의해서 소리기운을 파악해야 하는 경우도 많다.

하지만 이러한 **소리의 특성에 따른 변화는 전혀 고려하지 않고 무조건**

초성(첫받침)의 의미만으로 획일적으로 소리기운을 파악하게 되면 불가피하게 소리기운의 왜곡현상(歪曲現象)이 일어나게 된다.

비근한 예를 들어보면 다음과 같다.

'**불**'이란 「뜻(의미)」을 한 번 생각해 보고 나서 '불'의 「모습」 즉 형체(形體)를 보라! ('불'은 「뜻」의 기운도 「모습」의 기운도 뜨거운 火기운이다.)

그리고 나서 '불'이란 소리가 초성(첫받침)의 의미(ㅂ받침)에 의해서 차가운 水기운이 작용하는 소리기운으로 봐야 한다는 논리(論理)가 합당(合當)하다고 생각되는지 또한 그렇게 느껴지는지….

이것이 모든 소리를 음령오행이라는 이론에 의해서 초성(첫받침)의 의미로만 봤을 때에 나타나는 소리기운의 왜곡(歪曲)이다!

즉 하나의 기운을 가지고 있는 순수한 불(火)은 「소리」도 「뜻」도 「모습(=형체=글자)」도 다 순수한 하나의 기운인 火기운으로 이루어져 있을 뿐 결코 초성(첫받침)의 의미에 의해서 소리기운이 차가운 水기운이 작용한다고는 도저히 볼 수가 없다!

다시 언급하자면, 눈에 보이지는 않지만 '불'이라는 강한 「뜻」에 의해서 현실적으로 나타나 있는 '불'의 「모습(형체=글자)」처럼 명백히 대표성과 상징성을 가지고 있는 '불'이라는 강한 「뜻」이 소리기운에도 자연히 당연히 영향을 주게 된다.

즉 초성(첫받침)의 의미로 본 '불'이란 소리기운(水기운)이 '불'이란 강한 「뜻(火)」기운에 의해서 火기운으로 변하게 되는 이치로 보게 되면 소리의 왜곡현상이 해소가 되면서 '불'은 「뜻」과 「소리」와 「글자」가 다 火기운으로 통일이 되면서 순수해진다.

그런데 실상은 애초부터 '불'이란 소리기운은 대표성과 상징성을 가지고 있는 '불'이란 강한 「뜻(火)」기운에 의해서 水기운이 아니라 火기운이었으며, 이를 초성(첫받침)의 의미로만 봄으로써 水기운으로 잘못 알고 있었던 것뿐이다.

'**돌**'이란 소리도 마찬가지이다.

'돌'이란 「뜻」을 한 번 생각해 보고 나서 '돌'의 「모습」 즉 형체(形體)를 보라! ('돌'은 「뜻」의 기운도 「모습」의 기운도 차가운 金기운이다.)

그리고 나서 '돌'이란 소리가 초성(첫받침)의 의미(ㄷ받침)에 의해서 뜨거운 火기운이 작용하는 소리기운으로 봐야 한다는 논리(論理)가 합당(合當)하다고 생각되는지 또한 그렇게 느껴지는지….

이 역시 애초부터 '돌'이란 소리기운은 대표성과 상징성을 가지고 있는 '돌'이란 강한 「뜻(金)」기운에 의해서 뜨거운 火기운이 아니라 차가운 金기운이었으며, 이를 초성(첫받침)의 의미로만 봄으로써 火기운으로 잘못 알고 있었던 것뿐이다.

사람은 마음의 뜻(생각)이 변하면 그것을 표현하는 말(소리)도 행동(글자)도 달라지는 변화가 자연스럽게 일어난다.

따라서 말(소리) 속에 어떤 「뜻」이 담기느냐에 따라서 표현되는 소리의 의미(기운)도 온도도 달라진다!

이것이 의미하는 것은 **「뜻(기운)」이 소리와 글자에도 근본적인 영향을 주게 되는, 즉 변화시키는 주체가 됨**을 의미한다.

그러므로 소리 그 자체 즉 소리 전체가 가지고 있는 특성(대표성과 상징성) - 분명한 강한 뜻(의미=기운)을 가지고 있는 소리 - 에 의해서 소리기운을 파악해야 하는 경우인지 그 여부가 궁금할 때에는 〈2장 변화가 일어나는 소리기운의 비밀〉을 참고하면 이해와 판단함에 많은 도움이 되리라고 생각한다.

따라서 여지껏 왜곡된 줄도 모르고 초성(첫받침)에 의한 획일적인 이론 적용으로 인하여 잘못 알고 있었던 소리기운들은 바로 알고 바로 써야 한다!

하지만 소리기운을 초성(첫받침)의 의미만으로 단순하게 소리기운을 파악할 수 있는 경우도 많으며, 이 경우에는 기존의 음령오행이라는 이론을 그대로 적용하면 된다.

이처럼 소리가 가지는 특성(대표성과 상징성) 여부에 따라서 소리기운에 왜곡이 발생하는 경우가 많으므로 작명시 소리기운의 왜곡 여부는 반드시 체크해 볼 필요가 있다.

4. 성명학과 작명가가 존중받기 위하여

작명과 관련해서 이런 부분까지 언급하는 책은 극히 드물겠지만 그래서 「오지랖이 넓다」는 얘기를 들을 수도 있겠지만 다른 분야 다른 사람 얘기가 아니라 필자가 평생해온 업(業)과 관련된 얘기이니 분명 오지랖은 아니다. 안타까워서 발전적인 변화를 모색(摸索)해서 나아지기를 바라는 마음에서이다.

정체되어 발전이 없는 구태의연한 성명학의 현주소와 함께 평생 작명을 업(業)으로 해오고 있는 작명가들에 대한 대우 역시 마찬가지이다.

거의 대부분의 직장이나 제품이 직급과 연륜에 따라 또한 품질의 등급에 따라 대우와 가격이 다르며 그렇게 해서 시스템이 유지되며 돌아간다.

하지만 이쪽 분야는 지금까지 전문분야로서의 이해와 존중의 문제와 맞물려 전문성과 연륜과는 별 상관 없이 작명료는 도토리 키 재기식 비교 수준에서 벗어나지 못하고 있어 전문성과 연륜에 걸맞은 대우를 기대하기가 어렵다.

따라서 어느 사회에서나 초보나 아마추어 또는 베테랑의 대우가 별 차이가 없다면 활력은 떨어지고 발전은 정체되며 높은 수준의 장인 정신은 점점 기대하기가 어려워지면서 타성에 젖기 마련이다.

대부분이 자기 분야 이외에는 잘 모르지만 특히 이 분야에 대해서 잘 모르는 국민들과 의뢰자들이 가지고 있는 인식이란 그러한 인식을 갖게 되도록 오랜 세월 이 분야에 종사해온 작명가들이 보여준 영향과 책임이 가장 크다고 생각한다.

과연 얼마나 전문성과 연륜이 제대로 반영된 좋은 이름을 지어 자세한 이름풀이를 해서 정보를 공유해 왔는지, 그로 인해 얼마나 전문성에 대한 신뢰와 존중을 쌓아왔는지….

그런데 실상은 작명기준도 밝혀져 있지 않고, 이름의 혼(정신)인 분명한 뜻도 없어 기재해 주지 못하고, 그저 수리풀이 위주의 간략한 정보 공유가 일반적인 관행이었다고 해도 결코 과언이 아닐 것이다.

이름을 이루는 근본인 「소리·뜻·글자」가 타고난 기운에 맞게 제대로 반영된 이름인지 그리고 작명기준과 분명한 이름의 뜻이 무엇인지에 대한 설명과 내용이 빠진 정보는 아무리 이름을 잘 지었다 하더라도 전문성과 연륜을 언급하기에는 부끄러운 노릇이며, 또한 이는 믿고 작명을 의뢰해 준 의뢰자에 대한 예의도 도리도 아니다.

잘난 척하기 위해서 또는 뭔가 비난을 목적으로 이런 글을 쓰는 의도는 전혀 없다. 만약 그랬다면 그것은 누워서 침뱉기이고, 또한 성명학의 발전에 하등의 도움도 안 된다는 것을 모를 나이도 아니다.

한국의 성명학이 명실공히 전문분야로서 제대로 자리매김함으로써 좀 더 존중받으면서 더욱더 발전해 나가기를 간절히 바라는 마음에서일 뿐임을 거듭 밝힌다.

5. 작명가와 의뢰자의 입장을 절충한 이름풀이 예시

　법조계나 의학계에 종사하는 전문가의 입장에서 하는 말은 듣는 사람의 입장을 고려해서 쉽게 풀어서 설명해주지 않는다면 제대로 알아듣기가 어려운 것처럼 이름풀이도 마찬가지이다.

　하지만 역학과 성명학이 전혀 생소한 의뢰자의 눈높이에 맞추어 이름풀이를 제대로 한다는 것은 참으로 어려운 일이다.

　따라서 차선으로라도 작명가가 서로의 입장을 절충해서 지어진 이름의 가장 소중한 가치(의미) 정도는 그래도 알려드리는 것이 믿고 이름을 의뢰해준 고마운 믿음에 대한 당연한 화답이며, 또한 전문작명가로 존중받는 길이라고 생각한다.

　우리의 작명풍토가 지금까지 전문작명가로서 존중받기 위하여 지어진 이름의 가장 중요한 부분(타고난 기운/작명기준/소리·뜻·글자에 담긴 의미/이름의 명확한 뜻)에 대한 정보는 제대로 공유해 왔는지….

아니면 수리길흉 중심의 형식적인 이름풀이에 그치는 경우가 다반사였는지, 만약 그랬다면 그것이 아무리 오래된 관행이라고 하여도 존중받기 어려운 잘못된 관행이었다는 성찰에서부터 성명학의 발전도 작명가에 대한 존중도 시작된다고 본다.

부족함과 곡해의 여지가 있을 수 있다 하여도 개의치 않고 작명가와 의뢰자 입장을 절충한 이름풀이 예시를 공개하는 이유는 한국 성명학의 발전을 위해 또한 후학들에게 참고가 되어 지금보다 전문분야 종사자로서 더욱더 제대로 존중받게 되기를 바라는 마음에서이다.

출산율이 경제협력개발기구(OECD) 국가들 가운데서도 최저 수준으로 계속 떨어져서 인구절벽이 가속화되는 초유의 국가소멸 위기 사태에서 가장 큰 역풍을 맞게 된 직종 중의 하나이기도 한 힘겨운 현실일수록 더욱 성심을 다해서 작명에 임하는 것만이 최선이라고 생각한다.

설명록(說名錄)

(성명) 나연서, 나연재, 나연수

(생년월·일·시) 坤. ○○○ 1998. (양) ○. ○. (음 ○/○) 寅時

四柱八字와 陰陽五行			
甲	(戊)	戊	戊
양木	양土	양土	양土
寅	申	午	寅
양木	양金	양火	양木

대 운 (大運)						
68	58	48	38	28	18	8
辛	癸	壬	甲	乙	丙	丁
亥	子	丑	寅	卯	辰	巳

나	羅	20	나	羅	20	나	羅	20
연	衍	9	연	瑈	19	연	淵	13
서	西	6	재	溨	13	수	琇	12

◈ 사주와 성명의 의미 ◈

일간(日干 : 자기 자신을 의미함) 무토(戊土)가 火기운이 강하게 작용하는 여름인 오화월(午火月)에 태어나고, 또 년지(年支)의 인목(寅木)이 월지(月支)의 오화(午火)와 합(合)이 되어 인오반화국(寅午半火局)이 되어 火기운으로 변하며, 또한 년간(年干)과 월간(月干)에 무토(戊土)가 거듭 있으니 火・土기운이 몹시 강하면서 조열(燥熱)하므로 일간(日干) 무토(戊土)는 시원한 金·水기운을 취용(取用)한다.

 타고난 기운(四柱)에서 일지(日支)에 신금(申金)이 - 신금(申金) 속에 임수(壬水)가 들어 있음 - 있어 좋으나 시지(時支)의 인목(寅木)과 인신충(寅申沖)이 되고, 또한 월지(月支) 오화(午火)의 화기(火氣)에 약해지므로 金·水기운을 더욱더 강하게 보강해줌이 바람직하다.

 타고난 기운(四柱)에서 시간(時干)과 시지(時支)에 갑목(甲木)과 인목(寅木)이 있어 불리(不利)해지니 왕토(旺土)를 소토(疎土)해주는 공(功)은 기대하기 어렵다.

 그 까닭은 하목(夏木)은 조목(燥木)이라 일간(日干) 무토(戊土)의 재물(財物)인 물(水)을 엄청 많이 흡수하게 되고, 또한 목생화(木生火)의 이치에 따라 강한 화기(火氣)를 더욱 돕게 되어 결과적으로 金·水기운이 더욱 약해지게 된다. 또한 인신충(寅申沖)이 되어 일간(日干) 무토(戊土)의 진로(進路)인 신금(申金)기운을 방해(妨害)하기 때문이다.

 金기운은 왕성한 土기운이 토생금(土生金)의 이치에 따라 순리(順理)대로 발산(發散)되니 좋으며, 또 금생수(金生水)의 이치에 따라 재물운(財物運)인 水기운을 생조(生助)해주니 참으로 좋다.

 水기운은 더워진 여름의 금(金)을 차고 시원하게 해주며, 또 땅(土)을 적셔주므로 윤택해지고, 또한 화기(火氣)를 식혀주니 참으로 좋다.

그러므로 이름에도 金·水기운을 강하게 넣어 부르고 쓸 때 일간 무토(戊土)가 안정과 발전을 이루게 되며, 또한 타고난 기운과도 조화를 이루는 좋은 이름이 된다.

여기서 金기운은 진로운(進路運 : 자식, 조모, 후배, 아랫사람, 의식주, 활동, 직장, 사업체)을 의미하며, 水기운은 재물운(財物運 : 부친, 시어머니, 재물)을 의미한다. 평소에 입는 옷 색상은 백색(金기운)과 흑색(水기운) 계통이 가장 좋으며, 청색(木기운)과 적색(火기운)은 적게 입거나 안 입는 것이 좋다.

진로(進路)는 컴퓨터, 전자, 전기, 통신, 기계, 금속 분야(分野)와 관련된 전문기술분야(專門技術分野) 및 수자원(水資源)과 관련된 경제분야(經濟分野)가 유망하다.

【참고사항】

1961년 양력 8월 10일 子時 이후부터 현재까지 쓰고 있는 시간은 국내 표준시(동경 127°30′)가 아닌 일본 표준시(동경 135°)를 기준으로 한 것이므로 현재의 시간에서 30분을 빼줄 때 정확한 우리나라 시간(국내 표준시)을 알 수 있습니다.

그러므로 ○○○님은 묘시(卯時 : 새벽 5시~아침 7시)가 아닌 인시(寅時 : 새벽 3시~5시)에 태어나신 것이 맞습니다.

【참고사항】

작명 시에 기재하는 획수(劃數)와 옥편에 기재되어 있는 획수는 서로 일치하지 않을 때가 많습니다. 그 까닭은 옥편에 기재되어 있는 획수는 단순히 필획(筆劃)의 수(數)만을 계산한 것이며, 작명 시에는 한자(漢字) 부수(部首)의 원래 획수를 참작하여 글자 전체획수를 계산하기 때문입니다.

예를 들면 다음과 같습니다.

3획인 삼수변(氵) → 4획(水)으로 계산 / 4획인 구슬옥변(王) → 5획(玉)으로 계산 / 4획인 초두변(艹) → 6획(艸)으로 계산 / 3획인 좌부방변(阝) → 8획(阜)으로 계산 / 3획인 우부방(阝) → 7획(邑)으로 계산 / 3획인 재방변 또는 손수변(扌) → 4획(手)으로 계산 / 5획인 그물망(罒) → 6획(网)으로 계산…

나연서(羅衍西)

소리오행(音五行) : 「나」는 첫받침(ㄹ)의 의미(음령오행)로 볼 때에 火기운이 작용한다.

「연」은 첫받침(ㅇ)의 의미(음령오행)로 볼 때에 土기운이 작용한다.

「서」는 첫받침(ㅅ)의 의미(음령오행)로 볼 때에도 金기운이 되지만, 소리전체의 의미(자음오행)로 볼 때에도 동(東)·서(西)·남(南)·북(北)의 '서(西)'를 의미하므로 강한 金기운이 작용한다.

※ **소리기운** : 火·土·金기운이 작용하니, 土기운이 土生金하는 이치에 따라 진로운(進路運)인 金기운이 더욱더 강하게 작용하여 일간 무토(戊土)를 도우므로 안정과 발전을 이루게 되니 참으로 좋다.

자의오행(字意五行) : 「넘쳐흐를, 퍼질, 만연할, 넓힐 연(衍)」은 강한 水기운이 작용한다.

「서녘, 서쪽 서(西)」는 강한 金기운이 작용한다.

※ **뜻기운** : 水·金기운이 작용하니, 진로운(進路運)인 金기운과 재물운(財物運)인 水기운이 강하게 작용하여 일간무토(戊土)를 도우므로 안정과 발전을 이루게 되니 참으로 좋다.

이름의 뜻은 '金기운이 왕성(旺盛)하게 작용하는 서방(西方)을 향해 힘차게 흐르는 강이 있어 대지(大地)가 비옥(肥沃)해지므로 안정과 발전을 이룸(衍西)'을 의미한다.

자형오행(字形五行) : 「衍」은 강한 水기운이 작용한다.
「西」는 강한 金기운이 작용한다.

※ **자형(字形)의 기운** : 水·金기운이 작용하니, 진로운(進路運)인 金기운과 재물운(財物運)인 水기운이 강하게 작용하여 일간 무토(戊土)를 도우므로 안정과 발전을 이루게 되니 참으로 좋다.

수리길흉(數理吉凶) : (元格)15획 통솔(統率):吉　(亨格)29획 성공(成功):吉 (利格)26획 영웅(英雄):半半 (貞格)35획 태평(太平):吉

획수음양(劃數陰陽) : 20(陰), 9(陽), 6(陰)

나연재(羅瑈渽)

소리오행(音五行) : 「나」는 첫받침(ㄹ)의 의미(음령오행)로 볼 때에 火기운이 작용한다.

「연」은 첫받침(ㅇ)의 의미(음령오행)로 볼 때에 土기운이 작용한다.

「재」는 첫받침(ㅈ)의 의미(음령오행)로 볼 때에 金기운이 작용한다.

※ **소리기운** : 火·土·金기운이 작용하니, 土기운이 土生金하는 이치에 따라 진로운(進路運)인 金기운이 더욱더 강하게 작용하여 일간 무토(戊土)를 도우므로 안정과 발전을 이루게 되니 참으로 좋다.

자의오행(字意五行) : 「옥돌 연(瑈)」은 강한 金기운이 작용한다.

「(물이) 맑을 재(渽)」는 강한 水기운이 작용한다.

※ **뜻기운** : 金·水기운이 작용하니, 진로운(進路運)인 金기운과 재물운(財物運)인 水기운이 강하게 작용하여 일간무토(戊土)를 도우므로 안정과 발전을 이루게 되니 참으로 좋다.

이름의 뜻은 '강이 있어 대지(大地)는 비옥(肥沃)해지며, 또한 맑은 강물에 씻겨 더욱 빛나는 아름답고 단단한 옥돌이 도우므로 안정과 발전을 이룸(瑈渽)'을 의미한다.

자형오행(字形五行) : 「瑈」은 강한 金기운이 작용한다.

「減」는 강한 水기운이 작용한다.

※ **자형(字形)의 기운** : 金·水기운이 작용하니, 진로운(進路運)인 金기운과 재물운(財物運)인 水기운이 강하게 작용하여 일간 무토(戊土)를 도우므로 안정과 발전을 이루게 되니 참으로 좋다.

수리길흉(數理吉凶) : (元格)32획 행운(幸運):吉 (亨格)39획 대성(大成):凶→吉 (利格)33획 승천(昇天):凶→吉 (貞格)52획 지혜(智慧):吉

획수음양(劃數陰陽) : 20(陰), 19(陽), 13(陽)

나연수(羅淵琇)

소리오행(音五行) : 「**나**」는 첫받침(ㄹ)의 의미(음령오행)로 볼 때에 火기운이 작용한다.

「**연**」은 첫받침(ㅇ)의 의미(음령오행)로 볼 때에 土기운이 작용한다.

「**수**」는 첫받침(ㅅ)의 의미(음령오행)로 볼 때에는 金기운이 되지만, 소리전체의 의미(자음오행)로 볼 때에는 오행(五行) 중 '수(水)'와 동음(同音)이므로 강한 水기운이 작용한다.

「**연수**」란 음(音)은 「연수(軟水=soft water) 즉 부드러운 물」을 의미하므로 강한 水기운이 작용한다.

※ **소리기운** : 火·水·水기운이 작용하니, 재물운(財物運)인 水기운이 강하게 작용하여 일간 무토(戊土)를 도우므로 안정과 발전을 이루게 되며, 또한 강한 水기운이 화기(火氣)를 조절(調節)하여 조화를 이루니 참으로 좋다.

자의오행(字意五行) : 「못, 물이 깊이 차 있는 곳, 깊을 연(淵)」은 강한 水기운이 작용한다.

「옥돌 수(琇)」는 강한 金기운이 작용한다.

※ **뜻기운** : 水·金기운이 작용하니, 진로운(進路運)인 金기운과 재물운(財物運)인 水기운이 강하게 작

용하여 일간무토(戊土)를 도우므로 안정과 발전을 이루게 되니 참으로 좋다.

이름의 뜻은 '넓고 깊은 못이 있어 대지(大地)는 비옥(肥沃) 해지며, 또한 못물에 씻겨 더욱 빛나는 아름답고 단단한 옥돌이 도우므로 안정과 발전을 이룸(淵琇)'을 의미한다.

자형오행(字形五行) : 「淵」은 강한 水기운이 작용한다.
「琇」는 강한 金기운이 작용한다.

※ **자형(字形)의 기운** : 水·金기운이 작용하니, 진로운(進路運)인 金기운과 재물운(財物運)인 水기운이 강하게 작용하여 일간 무토(戊土)를 도우므로 안정과 발전을 이루게 되니 참으로 좋다.

수리길흉(數理吉凶) : (元格)25획 안강(安康):吉 (亨格)33획 승천(昇天):凶→吉 (利格)32획 행운(幸運):吉 (貞格)45획 대지(大智):吉

획수음양(劃數陰陽) : 20(陰), 13(陽), 12(陰)

《왜곡(歪曲)된 수리(數理)의 의미에 대해서》

81개의 수리(數理) 중 남자는 길(吉)하지만 여자는 흉(凶)하다고 보는 수리들-(21획, 23획, 33획, 39획)-은 전근대적인 남존여비(男尊女卑)의 편향된 시각에서 비롯된 것이므로 문제될 것이 없습니다.

예를 들어 두령격(頭領格)인 21획은 리더십을 가진 지도자(우두머리)를 뜻하는데, 여성의 이름에 이 수리가 들어 있으면 팔자가 세어 남편을 극(剋)하게 되는 과부의 수리라 하여 몹시 나쁘게 보고 있는 것이 바로 그것입니다.

즉 뛰어난 여성을 용납하지 않겠다는 지극히 남성중심의 유교적인 가치관이 반영되어 있는 것입니다. (따라서 아주 길한 수리는 대부분 남성차지가 됨)

현실에서는 남편(남성)이 주장해서 이끌어 가는 가정도 있고, 그 반대로 부인(여성)이 주장해서 이끌어 가는 가정도 있습니다.

음양(陰陽)을 단순히 남녀관계로만 파악한다는 것은 문제점이 있으며, 음(陰 : 여성)은 양(陽 : 남성)의 하부개념이 아니고, 음양(陰陽)은 상호 평등·보완·공생 관계이므로 두령격(頭領格)인 21수리를 여성에게만 나쁜 수리로 본다는 것은 분명히 무리와 억지가 따르는 논리임에 틀림이 없으며 오늘날의 현실과도 맞지 않습니다.

수리(數理)란 글자의 획수(劃數)에 따라 생기는 것에 불과하므로 글자의 의미(意味=氣運)에 종속(從屬)될 뿐입니다. 즉 근본(根本)인 글자가 정해져야 수리(數理) 또한 정해지므로 그 중요성이나 영향력 면에서 볼 때 글자의 뜻(字意)과 글자의 모양(字形)이 가지는 의미를 결코 수리가 앞설 수는 없습니다.

수리(數理) 이전에 뜻이 먼저 있었으며, 뜻이 곧 말씀이요, 말씀이 화(化)한 것이 곧 삼라만상(森羅萬象)이며, 삼라만상에 속한 모든 존재의 의미를 압축하여 간단 극명하게 나타내어 주고 있는 것이 바로 글자입니다.

따라서 이름 그 자체인 이름의 소리, 뜻, 자형에서 강력하게 좋은 기운이 작용한다면 흉수리(凶數理)는 이에 종속(從屬)되고 동화(同化)·흡수(吸收)되어 버리므로 그 의미를 상실(喪失)하게 되니 얼마든지 무시할 수 있습니다.

이제 한국의 성명학(姓名學)도 단순한 수리길흉(數理吉凶)의 잣대와 글자의 첫받침이 무엇으로 시작되는지에 따라 무조건 소리 전체의 기운을 쉽게 단정해 버리는 획일적인 음령오행(音靈五行)이라는 이론의 맹신(盲信)에서 벗어나 근본(소리·뜻·자형의 기운)에 충실한 작명을 할 때가 되었습니다.

참고문헌

『姓名學全書』, 권세준, 동양서적

『萬方吉凶寶典(全)』, 김우제·이상철, 명문당

『姓名判斷法』, 김백만, 명문당

『이름대로 산다』, 김광일, 무궁화

『천부경 81자 바라밀』, 박용숙, 소동

『숫자의 감춰진 비밀』, 오토 베츠, 푸른영토

『안현덕新작명법』, 안현덕, 좋은글

『운이 강한 자를 건드리지 마라』, 안현덕, 백송

〈네이버 한자사전 한자 구성원리〉 출처 : [한자로드(路)] 신동윤 한자로드 漢字之路 - YouTube

〈네이버 한자사전 한자 구성원리〉 출처 : [디지털한자사전e-hanja] 사전편집부편 2025. www-e-hanja.kr ㈜오픈마인드인포테인먼트

『常用漢字 字源풀이』, 진태하, 명문당

『순우리말 오류 사전』, dic, 기획 김형주

『새國語大辭典』, 이숭녕, 조동문

〈대구MBC 경술국치 100주년 특별기획 다큐멘터리〉- 우리 이름, 가는 길을 묻다

《구마사키 81수에 관한 비판적 고찰 - 채침 81수와의 비교를 통하여》, 송진희, 최정준